U0954382

复杂地质地形区
城市快速路建设技术

李　杰　包卫星　主编

人民交通出版社股份有限公司
北　京

内 容 提 要

本书针对西部复杂地质地形区城市快速路建设与运营面临的问题，以乌鲁木齐东二环城市快速路为依托，介绍了复杂地质地形区城市快速路建设技术。本书分8章，主要内容包括复杂地质地形区城市快速路勘测与设计技术、城市快速路下伏急倾斜煤层采空区治理技术、干旱大风区桥梁建设技术、大温差区混凝土质量控制技术、城市快速路品质工程建设技术、基于BIM的城市桥梁施工区域大流量交通组织技术、干旱荒漠区城市快速路环境保护技术。

本书图文并茂，资料全面，参考性强，可供西部复杂地质地形区城市快速路建设技术人员及采空区治理、干旱大风区桥梁建设、大温差区混凝土质量控制、干旱荒漠区城市环境保护等相关研究人员参考，可为其他类似工程的建设及研究提供一定的借鉴和思路，也可作为高等学校公路工程、桥梁工程等专业师生的参考书。

图书在版编目(CIP)数据

复杂地质地形区城市快速路建设技术 / 李杰，包卫星主编. — 北京：人民交通出版社股份有限公司，2021.6

ISBN 978-7-114-17257-1

Ⅰ.①复… Ⅱ.①李…②包… Ⅲ.①城市道路—快速路—道路建设 Ⅳ.①U412.37

中国版本图书馆CIP数据核字(2021)第072681号

Fuza Dizhi Dixing Qu Chengshi Kuaisulu Jianshe Jishu

书　　名：复杂地质地形区城市快速路建设技术
著 作 者：李　杰　包卫星
责任编辑：刘　倩
责任校对：孙国靖　龙　雪
责任印制：张　凯
出版发行：人民交通出版社股份有限公司
地　　址：(100011)北京市朝阳区安定门外外馆斜街3号
网　　址：http://www.ccpcl.com.cn
销售电话：(010)59757973
总 经 销：人民交通出版社股份有限公司发行部
经　　销：各地新华书店
印　　刷：北京虎彩文化传播有限公司
开　　本：787×1092　1/16
印　　张：19
字　　数：433千
版　　次：2021年6月　第1版
印　　次：2021年6月　第1次印刷
书　　号：ISBN 978-7-114-17257-1
定　　价：110.00元

(有印刷、装订质量问题的图书由本公司负责调换)

工人们奋战在博格达峰山脚下

永顺街高架桥 24 联开始浇筑混凝土,工人们统一着装上岗

箱梁顶板钢筋吊装

预制箱梁钢筋采用胎架绑扎整体吊装

东二环项目第 15 联顺利浇筑完成

一线工人和技术员连夜奋战

最后一榀梁架设中

东山高架桥沥青路面摊铺

观园路高架桥上面层铺装顺利完成

准备通车前的路面

东山高架桥

完工的弯道路段

本书编委会

主　编　李杰　包卫星

副主编　哈米提·吐尔逊　王立鹤　李陆军　贾龙海　梁邦伟　车承文　徐遵江

参　编　马志伟　王海波　王占亮　移斌强　薛益中　李发恒　周振邱　王军　钟元羚　马超　亚克亚·吉力力　戚颜　殷慧　郭玉峰　高鹏举　李晓磊　李晓蕾　郗江华　齐莹　李军　金士宝　盛继智　贺伟　张毅　刘青峰　道布达　冯树林　吾布力·吐尔逊　潘虎　徐天斌　韦刚　胡维平　阿布都艾尼·阿布拉　李勇　何仁清　王江永　何小志　吴景伟　徐冉　韩士权　马林林　刘云鹏　韩增武　王龙　张雪垠　侯俊梅　张金英　柳教斌　刘开红　朱旭　佟少新　高磊　赵晖　田兆明

前言

Preface

随着丝绸之路经济带的深入推进，地处中国西北部、亚欧大陆腹地的新疆维吾尔自治区(简称新疆)从中国交通网络末端变为向西开放前沿。其首府乌鲁木齐市(简称乌市)位于新疆中部，地处北天山北麓、准噶尔盆地南部。市区三面环山，北部平原开阔；东部有博达山、喀拉塔格山、东山；西部有喀拉扎山、西山；南部有伊连哈比尔尕山东段(天格尔山)、土格达坂塔格等。城市地势起伏悬殊，山地面积广大，城市南北之间存在明显的“蜂腰”。乌鲁木齐是世界上离海洋最远的城市，属中温带大陆性干旱气候，每年最热的时候是7、8月，平均气温25.7℃；最冷的时候是1月，平均气温-15.2℃。由于远离海洋，年降雨量极低，同时日照时间长，年均蒸发量远大于降水量。乌鲁木齐独特的地形地貌和自然气候条件，使得筑路工作者在该地区修筑公路时需要做针对性和特殊性研究。

本书以乌鲁木齐东二环城市快速路为依托，采用现场踏勘、理论分析、数值模拟、现场试验和室内试验等手段，从复杂地质地形区城市快速路勘察与设计技术、城市快速路下伏急倾斜煤层采空区治理技术、干旱大风区桥梁建设技术、干旱荒漠区城市快速路环境保护技术、城市快速路品质工程建设技术等方面系统地对复杂地质地形区城市快速路建设所面临的相关问题进行研究。主要成果如下：针对复杂地质地形区的自然环境特点，精准勘测、因地制宜、多种勘测方法相互印证，提出乌鲁木齐复杂地质地形区城市快速路“合天山之壁，联都市之珠”的设计理念；得出了城市快速路下伏急倾斜煤层采空区的有效治理措施；形成了西北大风气候条件下高墩大跨径现浇支架施工关键技术、复杂交通条件下高净空现浇箱梁施工关键技术、大跨重载高空跨路支架设计与施工技术、超低温大体量混凝土质量控制技术、高温差地区桥梁混凝土外观质量控制技术、基于BIM的城市桥梁施工区域大流量交通组织技术等复杂地质地形区城市快速路建设关键技术；揭示了碎卵石的破碎面对混凝土性能的影响机理，提出了破碎卵石代替碎石在混凝土中应用的施工工艺和混凝土质量控制方法；针对西部复杂地质环境和气候特点，为保证项目建成通车后运营期的安全，提出了干旱荒漠区城市快速路环境保护技术。

本书的相关研究成果得到了新疆维吾尔自治区交通运输厅、新疆维吾尔自治区交通建设管理局的资助,同时也得到了长安大学、中交第二航务工程局有限公司、中交一公局集团有限公司、济南市市政工程设计研究院(集团)有限责任公司、中交第一公路勘察设计研究院有限公司等相关单位的大力支持与协助,在此表示衷心感谢。另外,书中参考了部分国内外同行的有关论文、著作,引用和借鉴了他们的研究成果,在此一并表示感谢。

编　者

2020 年 10 月

目录
Contents

第1章

绪论

公路交通是连接城市的重要纽带,是城市发展的主要动力,对生产要素的流动、城镇体系的发展具有决定性的影响。城市快速路是城市交通网络的主体,对城市的发展起着重要的引导作用。而西部城市地质灾害多发、地形起伏大、气候条件恶劣,公路建设条件十分复杂,城市快速路下伏急倾斜煤层采空区治理、大风干旱区桥梁建设、大温差区混凝土质量控制等,成为公路建设者们必须面对的难题和挑战。乌鲁木齐市是我国面向中亚地区的国际商贸中心,西北地区重要的中心城市和新型工业基地。根据《乌鲁木齐市城市总体规划修编》(2011—2020年)中的综合交通规划,乌鲁木齐市将建成以内环路、二环路、绕城高速公路为环线,加上河滩快速路等十五条射线,形成"三环十五射"的快速路网格局。快速路网的形成将有效疏解乌鲁木齐市交通压力,加强与区域干线公路网的衔接,促进乌鲁木齐都市圈经济社会快速发展,同时也将为公路交通建设行业带来重要的发展机遇。西部城市复杂地形、大风气候、干旱高温差环境等复杂建设条件是城市交通网络发展的难题,也是公路建设者在该区域修筑公路时需要面临的严峻挑战。

为破解复杂地质地形区城市快速路建设的难题,促进乌鲁木齐市交通网络的优化,新疆维吾尔自治区交通运输厅、新疆维吾尔自治区交通建设管理局于2011年陆续立项复杂地质地形区桥梁、路面、特殊路基处理等建设关键技术课题,由新疆维吾尔自治区交通建设管理局主持,联合科研、高校、设计、施工等单位就工程建设中的重大关键技术问题共同攻关,形成复杂地质地形区城市快速路建设成套技术。项目研究成果不仅能够加快乌鲁木齐市建成"三环十五射"的快速路网格局,而且对西部城市复杂地质地形区城市快速路的建设具有重要的指导意义和参考价值,将进一步推动我国西部城市公路建设领域整体技术进步和技术标准体系的丰富与完善。

本书针对西部复杂地质地形区城市快速路建设过程中亟须解决的问题,以国道216线乌鲁木齐市过境段公路工程为依托,分别从复杂地质地形城市快速路勘察与设计、城市快速路下伏急倾斜煤层采空区治理技术、大风干旱区桥梁建设技术、大温差区混凝土质量控制、城市快速路品质工程建设技术、基于BIM的城市桥梁施工区域大流量交通组织技术、干旱荒漠区城市快速路环境保护技术等方面系统地对复杂地质地形区城市快速路建设时面临的相关问题进行研究。

(1)复杂地质地形区城市快速路勘察与设计技术

针对西部城市复杂地质地形区的自然环境特点、工程地质条件,本次勘察以地质钻探为主，辅以地质调绘、挖探、原位测试、土工试验等勘察方法，进行综合工程地质勘察。对于采空区等特殊路段，根据地形特点采用多种相应的勘察方法，互相验证与分析。根据勘察结果，结合新疆跨越式大发展要求的大通道，突出“合天山之壁，联都市之珠，精心打造西部综合交通枢纽”的设计主题。

(2)城市快速路下伏急倾斜煤层采空区治理技术

首先比选采空区处治方法，对采空区施工工法资料进行整理分析。进而对治理过程中的注浆法及适用范围、注浆材料及配合比、钻进工艺等参数进行现场试验和现场测试，确定急倾斜煤层采空区治理时注浆最佳方法与参数设计。然后再运用钻孔检测、单孔法波速检测、地面沉降观测3种方法对注浆质量和注浆治理效果进行检测分析。

(3)大风干旱区桥梁建设技术

依托乌鲁木齐东二环项目，针对西北大风气候条件下高墩大跨径现浇支架施工、大风条件下螺旋钢管性能、复杂交通条件下高净空现浇箱梁施工、大跨重载高空跨路支架设计与施工4项关键技术进行研究分析，对于西部干旱大风区桥梁建设中遇到的难题给出了合理的解决方案。

(4)大温差区混凝土质量控制技术

依托乌鲁木齐东二环项目，针对超低温大体量混凝土质量控制、破碎卵石代替碎石在混凝土中的应用、高温差地区桥梁混凝土外观质量控制、现浇箱梁施工混凝土质量控制4项关键技术进行研究分析，研究成果为乌鲁木齐东二环工程提供了技术支持，确保了施工的安全和工程质量，在确保安全的前提下，可降低工程造价、减少人力使用和缩短工期，对类似桥梁工程的建设具有重要的实际意义。

(5)城市快速路品质工程建设技术

根据交通运输部与新疆维吾尔自治区交通运输厅“打造品质工程”建设指导意见，围绕“设计、制造、人”这三个要素，以建设管理水平提升、设计建造水平提升、建设人员水平提升为目标，从项目管理标准化、工艺控制标准化、工序现场标准化、安全施工标准化、信息应用标准化5个方面进行管理，以“精进管理、精工建造、精益求精”为指导思想，打造品质工程项目。

(6)基于BIM的城市桥梁施工区域大流量交通组织技术

首次将BIM信息化技术应用于城市区内桥梁工程施工阶段的交通组织管理中，并成功搭建基于BIM的桥梁工程施工阶段交通组织管理信息系统。针对大流量交通环境，利用Autodesk Navisworks软件实现建筑物的拆迁演示，将工程初建时的状态与建成后的状态形成鲜明对比；同时进行管线与主体结构的碰撞检测，模拟地下管线的搬迁过程；在各交通路段设置监控设备，实时采集车流量、道路路况等交通数据，并对交通疏导进行四维(4D)模拟，为管理人员提供实施方案，实现了城市区大流量交通环境下工程施工的有序化管理。采用Fuzor Mobile手机端软件，实现4D模拟轻量化展示，大大减少了多方交流沟通的时间损耗，提高了工作效率，推动了道路与桥梁施工交通疏解工程的进程。

(7)干旱荒漠区城市快速路环境保护技术

针对西部复杂地质环境和气候特点，为保证项目建成通车后运营期的安全，提出干旱荒漠区城市快速路环境保护技术。干旱荒漠区寒暑变化剧烈、干燥少雨、光照丰富、蒸发量大、植被稀疏、水土流失严重，生态环境十分脆弱。环保设计以恢复公路生态、防治水土流失为出发点，追求人、车、路与自然环境和社会环境的和谐统一。

本书从以上多个方面阐述对复杂地质地形区城市快速路建设关键技术进行的全面深入的研究，对于降低建设工程造价、提高城市快速路建设质量、保障公路安全运营都具有十分重要的社会经济意义，也可为其他类似工程的研究治理提供一定的借鉴和思路，具有重要的理论意义和工程实践价值。

第 2 章

复杂地质地形区城市快速路勘测与设计技术

2.1 概述

乌鲁木齐市是我国面向中亚地区的国际商贸中心，西北地区重要的中心城市和新型工业基地。根据国家推进新疆经济社会跨越式发展和国家“一带一路”倡议的逐步实施，覆盖城乡的综合运输体系将是乌鲁木齐交通建设发展的趋势。进一步加快乌鲁木齐环城快速路的建设，将有效疏解乌鲁木齐市交通压力，加强与区域干线公路网的衔接，促进乌鲁木齐都市圈经济社会快速发展。

2.1.1 项目背景及建设意义

根据《乌鲁木齐市城市总体规划修编》(2011—2020 年)中的综合交通规划，乌鲁木齐市将建成以内环路、二环路、绕城高速公路为环线，并加上河滩快速路等十五条射线，形成“三环十五射”的快速路网格局。东二环项目是乌鲁木齐综合交通枢纽的重要组成部分。快速路网的形成将有效疏解乌鲁木齐市交通压力，加强与区域干线公路网的衔接，促进乌鲁木齐都市圈经济社会快速发展，同时也将为公路交通建设行业带来重要的发展机遇。本项目地理位置示意如图 2-1 所示。

2.1.2 设计标准

根据本项目工程可行性研究报告(简称工可)研究结论、工可批复，以及本项目在乌鲁木齐路网中的功能定位，全线快速路采用双向八车道，设计速度 80km/h 的城市快速路设计标准；辅道采用双向四～六车道(快速路高架桥段辅道为双向六车道，快速路地面段辅道为双向四车道)，设计速度 40～50km/h 的次干路设计标准。本项目主要设计指标见表 2-1。

图 2-1 项目地理位置

主要设计指标表 表 2-1

序号	项 目	单位	设 计 标 准	
1	区段		主线	辅道
2	道路等级		快速路	次干路
3	路线长度	km	43.079	42.440
4	设计速度	km/h	80	40～50
5	红线宽度	m	60/70	
6	平曲线一般最小半径	m	400	150
7	平曲线极限最小半径	m	250	70
8	不设超高平曲线最小半径	m	1000	300
9	停车视距	m	110	40
10	最小坡长	m	200	110
11	最大纵坡	%	3.5	6.5
12	汽车荷载		公路—Ⅰ级	公路—Ⅰ级

续上表

序号	项　目	单位	设 计 标 准	
13	地震动峰加速度系数		0.2g	0.2g
14	设计洪水频率		高架桥 1/300;其他桥涵及路基 1/100	

2.1.3 路线起讫点及主要工程量

路线起点与吐乌大高速公路上沙河互通立交顺接,国道 216 线乌鲁木齐市过境段公路工程位于乌鲁木齐市东侧,线路起点为吐乌大高速公路上沙河立交,途径卡子湾村二组、八道湾村、雪莲山高尔夫球场、新疆华电红雁池第二发电有限责任公司等,与乌奎高速公路南郊互通相接,线路全长约 43.079km。

从起点到终点方向,地面高程不断抬升。主要工程量有:路基土石方 1710.69 万立方米,防护与排水工程 59.725km^2,路面 1762.213 千平方米,高架桥 13786m/10 座,互通立交 3 座,中小桥 3 处,分离立交 7 处(含高尔夫路分离式立交),天桥 9 处,特殊路基处理 38.543m(不包含采空区)。

2.2 工程地质概况

2.2.1 地形、地貌

乌鲁木齐东二环道路沿线从起点到终点方向,地面高程不断抬升。总体地形前段(K0 + 000 ~ K3 + 900)较平缓;K3 + 900 ~ K35 + 800 波状起伏,低山丘陵和山间河谷阶地、沟谷交替出现;后段(K35 + 800 ~ K43 + 039)较平缓。全线地貌总体可划分为山前洪积扇、低山丘陵、冲洪积平原 3 个一级地貌单元,并根据各段的微地貌特征,进一步划分为冲洪积平原、山前洪积扇、低山、丘陵、山间河谷、沟谷等次级地貌单元。地形、地貌示意如图 2-2 所示。

a)　　b)

图 2-2

c)

d)

图 2-2 地形、地貌

2.2.2 区域地质

线路所在区域在大地构造上表现为其南部山区为天山褶皱带，中部平原为山前凹陷带，北部沙漠区为准噶尔地块，其间以深大断裂为界。北天山褶皱带是古生带的地槽，加里东运动使依连哈比尔尕山系及博罗霍洛复背斜发生褶皱。华力西运动结束了地槽发育过程。东段为晚石炭纪—早二叠纪末期隆起，西段为石炭纪末期形成。经各次造山运动的岩浆活动，使组成褶皱带的志留系、泥盆系、石炭系受到不同程度的变质，伴随产生褶皱断裂，其构造与天山走向一致，为复背斜形式。

天山褶皱带北缘的平原区为山前凹陷带，在构造上是华力西褶皱基底上发育起来的山前凹陷，其内为中生代和新生代陆相沉积物所覆盖。中、新生代地层发育较完整，自三叠系至第三系均有出露。岩性主要为磨拉石建造、含煤建造和红色建造，厚度可达 13000m 以上。更新世以前及其中晚期的造山运动，使山前凹陷带的中、新生界发生褶皱，形成轴向与天山平行的一系列背斜和向斜，南部隆起，沉积中心向北推移。山前凹陷带中部沉积了巨厚的第四纪沉积物。

北部沙漠区处于准噶尔地块上，准噶尔地块在古生代的基底上沉积了巨厚的中生代和新生代的沉积物，基底由西北向东南倾斜，局部地区有微弱隆起。

第四纪地层的分布特点是：一般在 2400m 高程地带有第四纪早期的冰川堆积；在深切河谷中，由冰碛物组成了残缺不全的高阶地，岩性为卵砾石夹砂，具有一定的交错和层理；在平原区由山麓到北部沙漠，第四纪颗粒由粗变细，层次由少变多，在垂直方向上，由下到上岩层由老变新。

东二环线路走廊带沿线，总体属于天山褶皱带的山前凹陷带，多由短轴向斜、背斜及逆冲性断裂组成，总的构造线方向为北东东向，与天山纬向构造带的展布方向基本一致。其中，二级构造带中的次级构造主要有七道湾背斜、八道湾向斜、乌鲁木齐箱状向斜、碗窑沟断裂、水磨沟断裂。

1）褶皱

（1）七道湾背斜

分布在七道湾至水磨沟河以东，向东延伸到白杨河以东，其轴部位于线路 K7 +500 处，走向长 25 ~ 35km。背斜轴向 70° ~ 75°，向西略转南为 60°，呈一弧背向北的弧形，轴面南倾，倾角 76°～88°。背斜向西倾伏，向东翘起。背斜北翼被 F2 断层切割，上盘形成北部单斜，地层倾角一般为 70°～80°，局部受断层影响呈直立或倒转。

（2）八道湾向斜

位于七道湾背斜之南，两轴相距约 1.5km，其轴部位于线路 K9＋600 处，长度与七道湾背斜相同，西宽东窄。轴线方向与七道湾背斜基本平行，向斜轴线，向东部 70°～75°，向西逐渐转为 60°～65°。轴面南倾，倾角 65°～75°。向斜自西向东缓缓翘起，两翼地层基本相同，依次为头屯河组（J_2t）、西山窑组（J_2x）、三工河组（J_1s）。向斜两翼倾角不等，南翼倾角大，为 70°～85°；北翼倾角小，在 45°～60°之间。

（3）乌鲁木齐箱状向斜

箱状向斜位于乌鲁木齐市东、南一带，可见长度 28km、宽 7～8km，西段北第四系地层覆盖。向斜轴向北北东，东部翘起，西段缓缓倾伏。轴部位于地层为中上三叠系小泉沟组（$T_{2-3}xq$），为黄绿色～青灰色泥岩、硬砂岩夹砾岩，在雪峰民用爆破器材公司，以及明华街、红雁路、金泉公园、红雁北路、燕北立交西侧兰新铁路一带零星有露头出露，轴部平缓，形成桌状地形。向斜两翼位于红雁池组（P_2h），为灰绿色硬砂岩、砂砾岩、泥岩、泥灰岩夹砂岩以及位于下三叠系上仓房沟组（T_1sh），为紫红色砾岩、泥岩夹硬砂岩。在雪莲山至东山公墓、东山垃圾场及雪峰民用爆破器材公司、红二电花儿沟街、天山水泥厂、仓房沟一带有零星露头，地层产状倾向的方位角为 130°～145°，倾角为 40°～45°。线路 K14＋800～K43＋039 段穿越该向斜，K23＋000 和 K32＋000 为向斜轴部位置。

2）断裂

（1）碗窑沟断裂（F_1）

在该区域主要为碗窑沟逆冲断裂（F_1）及其次级派生断层。西起乌鲁木齐河，经红光山、芦草沟、铁厂沟延伸至水磨沟以东，延伸长度大于 35km，断层面西北倾，倾角 60°～83°，具逆冲性质。断裂位于七道湾背斜的北翼或背斜轴部，在红光山、碗窑沟煤矿、碱沟、芦草沟等地，断层北盘侏罗系向南逆冲到上更新统砾石和黄土层。该断裂斜穿线路 K7＋910 处。

该断裂全新世含砾粉土被切割，全新世晚期坡积物覆盖在断层顶端，由全新世含砾亚砂土的厚度可知其垂直断距至少有 2.0m，属地壳浅层断裂，为一活动断裂，但预测碗窑沟断裂发生极大地震的震级不会大于 7 级。

（2）水磨沟断裂（F_2）

水磨沟断裂穿越线路 K14＋800 附近，为博格达弧形构造带的主干断裂之一，由多条分枝断层构成，西起乌鲁木齐雅玛里克山西北麓，呈东西向弧形延伸，经红山嘴、水磨沟延伸至吉木萨尔县的大龙口，全长 130km。断裂面南倾，倾角 70°～80°，深部倾角为上陡下缓、凹面向上，断裂破碎带宽 50～60m。该断裂在天池以西为古生界与中生界的分界断层，北支大体为三叠系与侏罗系的分界线，南支为二叠系与三叠系的分界线。在乌鲁木齐雅玛里克山西北麓至水磨沟，其断续出露于地表并为厚度不大的全新世坡积物所覆盖。在地貌上，断裂形成南高北低陡坎，坎高 2.0～2.5m。

该断裂全新世平均垂直位移速度 $S=0.11\mathrm{mm/a}$，由此确定该断裂属于 B 级活断裂。温泉东路附近的温泉是该断裂活动的有力证据，但由于该构造带内的断裂切割深度都不大，故预测该断裂未来发生极大地震的震级不会大于 7 级。

2.2.3　地震及冻土深度

(1)项目所在区域,地震动峰值加速度为 0.20g(图 2-3)。按中国地震局 1990 年发布的《中国地震烈度区划图》,其地震烈度为Ⅷ度。地震动反应谱特征周期 0.40s(图 2-4),属地震活动基本稳定区,工程构筑物应采取相应措施设防。

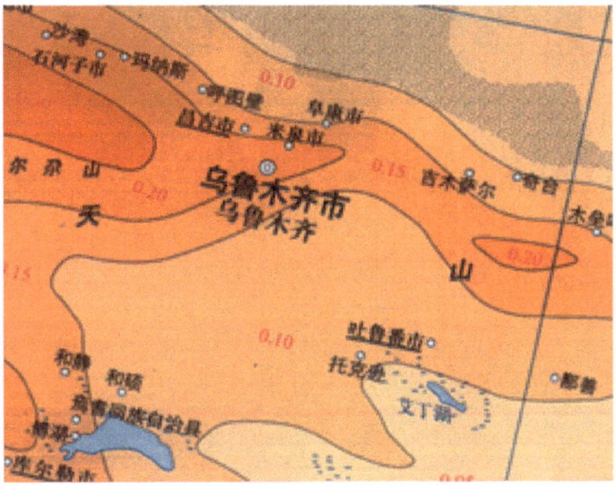

图 2-3　地震动峰值加速度

图 2-4　地震动反应谱

(2)根据《中国季节性冻土标准冻深线图》可知,本区标准冻深为 120～140cm,最大冻土深度 150cm。

2.2.4　不良地质

(1)采空区

线路主线经过卡子湾新纪露天煤矿西侧,并穿越丰源煤矿、军区煤矿、八道湾煤矿采空区间的预留煤柱段落,分布在 K7+080～K8+000 和 K11+060～K11+860 段。

(2)砂土液化

线路沿线地震动峰值加速度为 0.20g,相当于地震烈度Ⅷ度区。线路 K5+350～K12+700 段部分路段,浅部地层有上更新统～全新统(Q_{3+4}^{al+pl})的冲洪积粉土和砂土粉土,在饱水状态下存在砂土液化的可能,但其下部为上更新统(Q_3^{al+pl})砂砾卵石或基岩,钻孔地下水水位约 12.5m。根据《公路工程抗震规范》(JTG B02—2013),地震烈度Ⅷ度区地下水水位埋深大于 7m 时,则初判不会出现砂土液化。其余路段浅部为上更新统(Q_3^{al+pl})砂砾卵石或基岩及全新统残坡积物,为非液化地层,可不考虑砂土液化影响。

2.2.5　特殊性岩土

线路经过区段内,地基土主要为卵石、角砾、圆砾,特殊土较少。存在的特殊土主要为湿陷性黄土和盐渍土。

(1)湿陷性黄土

主要分布于线路 K4+020～K5+300、K9+200～K9+600、K12+900～K14+560、K14+

920 ~ K15 + 760 段的黄土丘陵和斜坡上，以雪莲山最具代表性。岩性主要是第四系上更新统风积的粉土（Q_3^{eol}），其结构较疏松，虫孔、大孔隙较发育，遇水可能发生湿陷，并沿其底面产生滑动（斜坡地段），对拟建公路造成影响。

经过对线路黄土层取样进行湿陷性试验，并对黄土湿陷量进行计算，结果表明黄土的湿陷系数为 0.016 ~ 0.109，湿陷总量 23.1 ~ 1193.5mm；黄土的自重湿陷系数 0.016 ~ 0.084，自重湿陷总量 11.0 ~ 757.5mm。根据《湿陷性黄土地区建筑规范》（GB 50025—2004）黄土的湿陷程度为轻微 ~ 强烈。黄土地基的湿陷等级为Ⅰ级（轻微）自重湿陷 ~ Ⅳ级（很严重）自重湿陷，黄土湿陷厚度 0.7 ~ 18.5m。

（2）盐渍土

根据地质调绘、钻探结果，线路沿线存在盐渍土，可见盐霜、盐膜。线路初勘、详勘时，对线路沿线的粉土、砂土、砂砾卵石、泥岩、砂岩、粉砂岩、砾岩等进行了易溶盐测定试验，结果表明全线范围内分布着硫酸型盐渍土、亚硫酸型盐渍土、氯盐渍土、亚氯盐渍土等多种类型的盐渍土，以弱 ~ 中等盐渍土为主，局部为强盐渍土。对混凝土具弱 ~ 强腐蚀性，并对混凝土结构中钢筋具微 ~ 中等腐蚀性。

2.2.6 水文地质

乌鲁木齐市地下水按照含水介质和埋藏条件可分为第四系松散岩类孔隙水、碎屑岩类孔隙裂隙水、基岩裂隙水三种地下水类型。

（1）第四系松散岩类孔隙水，分布在线路 K0 + 000 ~ K3 + 920、K5 + 340 ~ K12 + 700、K35 + 800 ~ K43 + 079 段。

（2）碎屑岩类孔隙裂隙水分布在河谷两侧的低山丘陵和东山山前地带，主要分布在线路 K3 + 920 ~ K5 + 340、K12 + 700 ~ K16 + 720 段。

（3）基岩裂隙水主要分布在乌鲁木齐东部、南部中低山区，分布在线路 K16 + 720 ~ K20 + 800、K20 + 800 ~ K29 + 860、K30 + 500 ~ K30 + 740、K31 + 240 ~ K32 + 030、K33 + 620 ~ K35 + 800 段。

2.3 勘察与测量技术

2.3.1 综合勘察方法

本项目地处乌鲁木齐，海拔 680 ~ 920m，自然坡度 12% ~ 15%；地势东南高、西北低，地形大致为东、南、西三面环山，北部为倾斜平原，东可见天山主峰博格达峰，南依天山中段天格尔峰，西北向准噶尔盐地倾斜。乌鲁木齐东二环北起于上沙河立交，向东到卡子湾一带转向南北方向，沿城区东部走向，到红雁池二电厂后，折向西方，经城区南部到乌市西南方，连接乌奎高速公路，形成东二环道路。

本次勘察工作原则：

（1）先面后点地详细研究初勘地质、遥感、水文、气象、地震、不良地质等有关资料。在此基础上进行工程地质调绘，对地层岩性、地质构造、地貌单元、水文地质等做进一步复核、纠正、补充，详细查明路线走廊带的工程地质条件，为勘探点的布置及线路设计提供依据。

(2)进一步查明对确定工程场地的位置起控制作用的不良地质条件、特殊岩土的类别、范围、性质，评价其对工程的危害程度，提供避绕或治理的地质依据。

(3)勘察工作量布置遵循“保证重点、兼顾一般”的原则，重点突出，以能控制地层变化为目的。

本次勘察以地质钻探为主，辅以地质调绘、挖探、原位测试、土工试验等勘察方法，进行综合工程地质勘察。工作量的布置依据《市政工程勘察规范》(CJJ 56—2012)要求，参照《岩土工程勘察规范》(GB 50021—2001)和《公路工程地质勘察规范》(JTG C20—2011)，根据现场地形、地质条件和设计对地质资料的深度要求，进行勘探点、线和工作量布置，统筹考虑各种勘察方法的选择，以充分利用各种勘察方法的优势，使其相互配合、相互补充、相互验证，达到确保勘察质量的目的。

2.3.2 测量技术

2.3.2.1 GPS控制测量

路线中桩放样采用GPS动态测量技术(RTK)。该技术具有精度高、速度快、不受通视条件影响等特点，极大提高了外业测量效率。

首级控制布设四等GPS平面控制网。线路主线43.079km，辅道及连接线75km，共布设GPS点32个，联测已知国家高等级点3个，共施测四等GPS点35个。

1)使用仪器

标称精度优于$5mm+10^{-6}D$(D为定位装置与RTK基准站的距离，以km为单位)的华测双频接收机7台，南方单频接收机1台、双频接收机2台。所有接收机均具有24个以上的独立通道，自动跟踪并锁定可接收到的全部卫星。所有机型均通过仪器检测中心鉴定，仪器性能可靠，精度满足设计要求。

2)GPS网的布设

本次采用三个国家四等点进行联测，共布设GPS点33个。经两两相互检核后发现，三点内符合精度很高，全网应用三点解算，精度满足设计要求。GPS平面控制网由边连接方式构成，该网的技术指标见表2-2。

GPS网技术指标　　表2-2

总GPS点数(个)	35	必要基线向量	36
同步环(个)	79	重复基线向量	12
异步环(个)	55	多余基线向量	52
总基线向量	124	平差选用基线向量	94

从解算结果来看，该网精度高、可靠性较强，完全满足设计要求。

3)外业观测

(1)天线的架设

①天线距地面1m以上，严格整平，基座测前经过检验；

②严格对中,其对中误差小于或等于1mm。

(2)天线高量取

①开机前,量取天线高,从标石中心量至天线护圈;

②互成120°各量取一次,较差小于3mm,并取平均值作为天线高。

观测基本技术要求见表2-3。

观测基本技术要求　　表2-3

观测模式	静态	数据采集时隔(s)	20
卫星截止高度角(°)	≥15	天线安置的对中误差(mm)	1
有效观测卫星数(个)	≥4	两次丈量天线高之差(mm)	≤3
观测时段长度(min)	≥60	卫星的几何图形强度因子 PDOP	≤6
观测时段数(个)	≥1	任一卫星的有效观测时间(min)	≥15

(3)外业记录簿

观测过程中记录员记录以下内容:测站名、测站编号、观测日期、观测员、记录员、时段号、接收机号、天线高、开关机时间、卫星信噪比及天气情况等信息。

4)GPS成果计算

根据乌鲁木齐市城市勘察测绘院提供的数字化地形图,以及规划线路走向的特点,测区内中央子午线设计依然是87°,由起点至KZ15投影面高程为600m,KZ15至终点投影面高程采用800m。此设置的目的是为了满足变长每千米投影变形误差不得大于2.5cm的相关要求。

GPS点的平面坐标由WGS-84坐标系转换成北京54坐标系(BJZ54),各项闭合差指标均符合限差规定。然后,将计算成果采用CeoTrans坐标转换软件转化为乌鲁木齐城市坐标系统。

2.3.2.2　四等水准测量

测区高程控制网为四等水准,水准网沿道路敷设,水准点高程采用Ⅰ乌奇6、Ⅰ乌库4环道路布设,施测采用中纬ZD700L电子水准仪,按照机载程序设置的要求完成。高程系统采用1956黄海高程基准,高程网采用清华山维公司的网平差软件NASEW 2003进行严密平差。平差精度指标见表2-4。

水准测量技术指标　　表2-4

附合水准路线长度(km)	闭合差(mm)	限差(mm)
104.304	118	204

2.3.2.3　地形图测绘及修补测

沿道路两侧的1:1000地形图,由乌鲁木齐市城市测绘院提供。对于在实测工程中出现变化的地区,采用GPS RTK和全站仪机助成图系统进行实测,具体补测方法如下:

(1)对于线状地物如管线、高压电力线、通信线等,补测了其支架或电打的位置,高压线注明了功率值,当与路线交叉时,测量了悬高。地下光缆及地下管线按指示桩进行了测量。

(2)对公路及其附属设施按实际形状进行了实测;对铁路实测了铁轨位置、铁路范围、铁轨高,并标注了铁路名称。

(3)对河流测量了河堤、河滩及水崖线。沟渠根据实际情况采用双线表示,并测绘了其主要附属设施。

每天的数据采集结束，使用传输软件传入计算机，进行转换后利用计算机进行展点，然后利用南方 CASS 7.0 软件，对照草图进行编辑。编辑时所用各种符号按《国家基本比例尺地图图式 第1部分：1:500，1:1000，1:2000 地形图图式》(GB/T 20257.1—2007)的规定执行。

2.3.2.4 路线测量

中线测量和横断面测量，使用中纬全站仪(TCR 602)、拓普康全站仪(LQ3500)、华测 T6、双星 GNSS RTK 接收机、华测 X90 GPS RTK 单星接收机进行实测。所有设备均采用计算机上传道路中线资料，进行中桩测量和横断面测量，RTK 在手簿进路测量软件的控制下进行中桩测量和横断面测量。使用中均采用静态结算所求得的七参数，并对第二个 GPS 点进行检查无误后，方可进入放样、采集断面数据工作。放样的范围控制在以基准站为中心 4km 内，放线过程中对周围的已知 GPS 控制点进行检核。

采用全站仪进行中线放样按极坐标法进行，放样完后测量中桩处的地面高程，并以木桩标注作为标记。对分离式路基按各自的中线进行独立放样。为了保证中线测量的正确性，中桩放样前，对设站点与后视控制点的距离及高差均进行了检核，并记录后视点的实测坐标、高程、平距等数据，检查无误后才进行中线放样。控制点连续支站一般不多于 2 站，测站转移后，对已放桩点至少检查 2 个，用于校核。测量过程中支站点编号为控制点号-编号。

横断测量采用全站仪和 GPS RTK 共同完成。每个中桩对应一条横断面，横断面宽度一般为设计中确定的用地宽度两侧各外扩 5～10m。分离式路基按各自的中桩测量左、右线横断面。在掌上电脑道路测量软件和 GPS RTK 手簿测量软件的控制下，能够保证横断面测量的方向与其中桩的切线严格垂直。为了确保自由设站的准确无误，断面测量前，对控制点进行平面位置及高程检查，检查无误后再开始横断面测量。另外，在掌上电脑道路测量软件的控制下，实时显示道路中心桩的实测横断面图，可检查断面宽度、点距和点位密度是否满足设计要求，现场核对图形趋势是否与实际地形相符。外业共放样中线 121km，共放样中桩 2602 个，测量横断面 2602 个。

2.3.2.5 市区管线勘察

本项目穿越市区，地下地表分布着大量的管线，会对施工方法和施工进度造成较大程度的影响。管线探测采用仪器探测与实地调绘相结合的方法。对于地表可见管线点(各种窨井、架空管线等)，采用实地调查和测绘，管线埋设区采用管线仪探测。

不同材质的地下管线，其地球物理场的特征也不同，可分为如下三种。

(1)电力管线地球物理场特征：电力管线因自身带电，在其周围空间存在交变电磁场，而且电力管线均为良导体，可对其进行充电而激发产生二次交变电磁场。

(2)金属材质管线地球物理场特征：金属管线均为良导体，尽管它不带电，但可以通过外加电磁场对其进行充电或感应，使之带电或产生感应电流，并在其周围空间产生二次交变电磁场。

(3)非金属材质管线地球物理场特征：由于其材质不具备电磁效应，仪器难以探测，本次探测以实地调查为主。

可以看出，电力管线和各类金属管线具有不同的地球物理场特征，而且均与周围介质存在明显的物性差异，这种差异就为物探方法进行管线勘测提供了理论基础和依据。

2.3.2.6 自检

共完成四等 GPS 测量 22 个,一级导线测量 40km,四等水准测量 45km,地形图测绘 27.3km^2。各项工作都严格按照规范和规定施测。并根据《公路勘测规范》(JTG C10—2007)规定,对10%左右的测绘成果进行自检。本次控制测量自检共施测11.65km,大于规范规定的10%。自检结果显示,水平角最大差值12″,小于20″测回较差规定,平距及高差较差优于规范强制性规定。说明测量成果精度可靠,满足设计要求。

地形测量分两种办法进行检查。先对测绘的地形图进行100%的野外巡视检查,对漏测的地物进行补测,然后再进行外业打点检查,检查比例为30%,检查地点重点放在路线附近及巡视检查发现问题的地方。检查结果显示,测图精度良好,能完全满足设计要求。

控制测量自检选取部分路段,共计11.65km。自检结果显示,水平角最大差值12″,小于20″测回较差规定,平距及高差较差优于规范强制性规定,点位最大误差为10mm,高程最大较差为9mm。说明测量成果精度可靠,满足设计要求。

中线测量自检:根据实际测设中线情况,对测设中线选取部分段落进行自检,自检量不少于总量的10%。共自检中线4km,根据自检结果对比可知,中线测量最大误差为0.036m,符合规范规定,可供下一步使用。

2.4 东二环线路总体设计

2.4.1 项目特点与设计理念、设计原则

2.4.1.1 项目特点

(1)项目处于乌鲁木齐郊区,沿线构造物众多,路线布设应综合考虑现状路网、建筑物、杆线、管线、铁路、水源地、军事设施、墓葬区、城市路网规划等方面的因素。

(2)路线在八道湾位置经过煤矿采空区,选择合理、经济的处理方案至关重要。

(3)项目区域内地形起伏较大,应重视路线平纵组合设计,避免出现长大下坡。

(4)本项目跃进街、花儿沟街位置应充分考虑与绕城高速公路(东线)连接线的衔接。

(5)项目终点乌奎互通立交应结合绕城高速公路(东线)改扩建段建设统一考虑。

(6)项目沿线存在湿陷性黄土、盐渍土等特殊岩性土,应对该部分路段路基设计进行深入研究。

(7)项目区地震烈度较高,应进行详细的桥梁结构抗震计算。

(8)项目沿线土地资源紧张,项目的建设应充分带动乌鲁木齐地区经济、社会的发展。

(9)项目处于西北干旱区,乌鲁木齐是缺水的城市,绿化种植、灌溉压力较大,应采取经济合理的措施将本项目建设成乌鲁木齐市的景观大道。

2.4.1.2 设计理念、设计原则

1)设计指导思想

本项目作为乌鲁木齐环城快速路,其设计指导思想是以人为本。目标是将本项目建设成

安全舒适、方便快捷的环城通道;建设成符合新疆跨越式大发展要求,自然与时代相融合的景观大道;建设成经济合理、营运安全、资源节约的效益路。

2)设计理念

本项目的建设应体现"资源节约,经济耐久,安全舒适,环境融合"的理念,突出"合天山之璧,联都市之珠,精心打造西部综合交通枢纽"的设计主题。

3)设计原则

(1)安全性原则:把安全放在首位,采取一切有效方法和措施,保证道路设施自身安全、运行车辆行驶安全。

(2)适度超前原则:长远考虑、适度超前原则。着眼于适应新疆经济社会跨越式发展的需要,充分考虑乌鲁木齐市经济社会和交通运输的中长期发展需求,注重设计的前瞻性。

(3)注重衔接原则:路线走向符合《乌鲁木齐市城市总体规划》。东二环路不仅要与已建成的吐乌大高速公路实现良好互通,还要与乌奎高速公路实现良好的衔接,为远期乌鲁木齐二环路网骨架的形成奠定好基础;同时,还要与城市总体规划、国土规划等相关规划充分结合。

(4)坚持可持续发展的原则:坚持可持续发展理念,增强环境保护意识,节约利用土地资源,实现交通发展与绿洲资源、环境的和谐统一;对现有的基础设施在科学改造的基础上尽量予以利用;道路建设与地下管线、绿化景观及其他附属设施相结合,先地下、后地上,统一设计,合理利用地下空间资源。

(5)整体协调性原则:道路是一个"带状"特性的工程,纵向跨度大。设计中要求公路本身的特性指标要与沿线周边自然和人文环境相协调,使得所有相关的设计要素、景观作为一个有机整体统一考虑,做到路、人、景协调融合。

(6)自然性原则:设计中尽量少建"人造景观",应重点体现对原有景观的保护、利用和开发,重点体现道路主体与社会相融,努力实现"不破坏就是最大的保护"这一目标。

(7)动态设计原则:本项目大部分路段地处低山丘陵,地形起伏,高填深挖、高边坡、高墩大跨桥梁等工程集中,部分路段地质条件异常复杂,隐蔽性大,很难彻底查清,或者即使查清了,在项目实施过程中也应进行伴随设计,及时根据事故中出现的新情况、新问题不断调整和优化设计,确保方案达到最优。

(8)适应性原则:路面设计根据使用要求及气候、水文、土质等自然条件,密切结合当地实践经验,进行路基路面综合设计,并遵循因地制宜、合理选材、方便施工、利于养护的原则,使设计技术先进、经济合理、使用安全,并与自然气候相适应。

(9)经济性原则:在保证结构安全、适用、美观的前提下,对构造物的结构形式力求最经济合理。

2.4.2 路线设计

2.4.2.1 总体选线思路

本项目路线以工程可行性研究报告提供的路线为基础,根据沿线地形、地物、地质及水文条件、经济规划、路网、互通式立交位置、高架桥的布设、环境保护、人文景观等多种因素综合确定。

2.4.2.2 路线布设原则

(1)路线布设时,一般应满足区域经济、城镇、区域路网、水利水电设施的规划的要求;尽可能减少对地块、地形、厂区、居民区、村庄的分割,少占耕地、鱼塘,减少拆迁;远离环境敏感区,最大限度减轻噪声、废气对居民生产生活的影响。

(2)合理运用路线平、纵面技术指标,设计中注重平、纵线形的配合,力求路线平面顺适,纵坡连续均衡,横向合理,视觉良好,使行车安全舒适。互通式立交区和大型构造物前后,一般采用较高的平、纵面技术指标;地形狭窄受限、自然横坡陡的路段,根据实际情况采用相对较低的技术指标。

(3)路线由平、纵、横三面综合设计确定,避免路线过于迂回弯曲;避免只顾经济节约而过分迁就地形,降低平面标准,或只顾平面顺捷而造成高填深挖,工程量过大,且不利于安全环保的做法。

(4)尽量使道路线形、桥涵、立交和沿线设施与自然景观相协调。对周围环境实行"最大限度保护原则",减少人工痕迹,尽可能减少工程实施对环境造成的影响。

(5)严格控制填挖高度,尽量避免大填大挖,减少对环境的影响。局部路段考虑路基与桥梁的比选论证,确定合理的工程方案。

2.4.2.3 技术标准采用情况

路线平面线形以曲线为主并适应地形地貌变化,避免采用一般最小半径;纵面线形设计时应注重纵坡的均衡性,并适应纵面地势的变化。注重平纵组合,考虑平纵指标的搭配和对应关系以及与构造物的协调。竖曲线半径在工程量规模增加不大情况下尽量满足视觉要求,以利于行车的舒适性。路线所采用的主要设计指标见表 2-5。

推荐方案快速路主要设计指标　　表 2-5

指标名称	单位	指标值
设计速度	km/h	80
设计里程	km	43.079
路基宽度	m	高架桥 32.5/路基段 33
行车道宽度	m	3.75/3.5
最小平曲线半径	m	600
不设超高平曲线最小半径	m	1000
缓和曲线最小长度	m	120
同向平曲线间直线最小长度	m	481.39
反向平曲线间直线最小长度	m	164.46
最大纵坡及坡长	%、m	3.5/1000
最小坡长	m	200
凸形竖曲线最小半径	m	4500
凹形竖曲线最小半径	m	2700
竖曲线最小长度	m	98.22

续上表

指标名称	单位	指标值
平均每公里交点数	个	0.604
平曲线占路线总长	%	57.926
平均每公里变坡点数	个	1.46

注:伴行辅道与主线平纵指标相同。

2.4.2.4 路线起终点论证及与其他道路的衔接方式

本项目起终点位置的确定主要取决于以下几个方面:①本项目与乌奎高速公路,及其北联络线的合理衔接;②上沙河立交、燕北立交为城市短途交通的主要区段,起终点的设置应最大限度缓解城区交通压力,且不应使绕行距离过远;③路线起终点衔接时的地形地貌、现状建筑及其他工程因素的影响;④本项目应符合乌鲁木齐市城市总体规划及乌鲁木齐市相关文件、会议精神。考虑以上因素,路线起终点位置加以明确:路线起点位于乌鲁木齐市北郊,吐乌大高速公路(国道G216)上沙河立交处,见图2-5。

项目路线终点按照路网规划,接入G30连霍高速公路(乌奎高速公路)3597km位置,近期与乌奎高速公路、乌奎高速公路北联络线形成闭合二环路线,见图2-6。

图2-5 路线起点示意

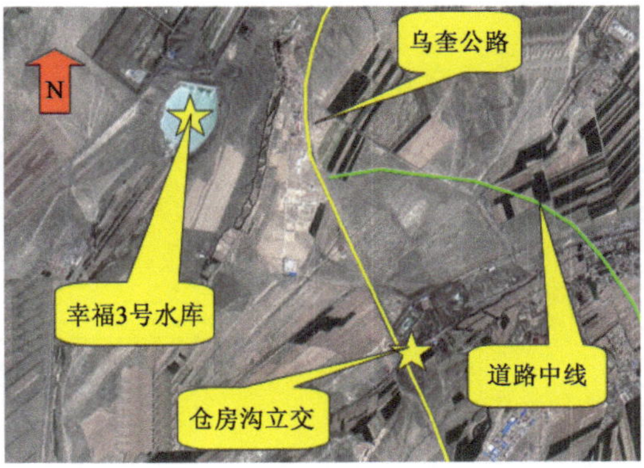

图2-6 路线终点示意

拟建项目设置喀什路互通立交、河南路互通立交、乌奎互通立交,利用现有沙河互通立交、燕北立交,分别与米东大道(S111)、喀什路、河南路、跃进街、乌奎高速公路、乌奎高速公路北联络线、河滩快速路连接,实现交通转换。

2.4.3 快速路出入口设计

为保证二环快速路与城市主干道及沿线区域的交通联系,以及相交道路之间的交通转换,在二环路沿线互通立交、上下匝道之间设置一定数量的快速路出入口,完善各道路间交通转换。

2.4.3.1 出入口布设原则

(1)出入口的位置、间距及形式,应满足主线车流稳定、分合流交通安全迅速的要求;

(2)出入口的设置应能保证各道路的交通联系,各道路交通转换顺畅、安全;

(3)出入口的设置数量不宜过多或过少,既要保证快速路的经济有效利用,又不能影响快速路的交通;

(4)出入口的布置应有利于沿线土地的开发利用。

2.4.3.2 出入口设计

根据《城市快速路设计规程》(CJJ 129—2009)关于出入口设计的要求,进行本项目出入口设计。加(减)速车道采用直接式,加(减)速车道长度与出入口渐变率(单车道)见表2-6,出入口最小间距要求见表2-7,快速路出入口设置形式如图2-7所示。

加(减)速车道长度与出入口渐变率(单车道)　　表2-6

主线设计速度(km/h)	减速车道长度(m)	加速车道长度(m)	渐变段长度(m)	渐变率	
				出口	入口
80	80	160	50	1/20	1/30

出入口最小间距(m)　　表2-7

主线设计速度(km/h)	出入口形式			
	出—出	出—入	入—入	入—出
80	610	210	610	1020

注:对出入口端部间距不能满足本表要求的路段,进行集散车道设计。

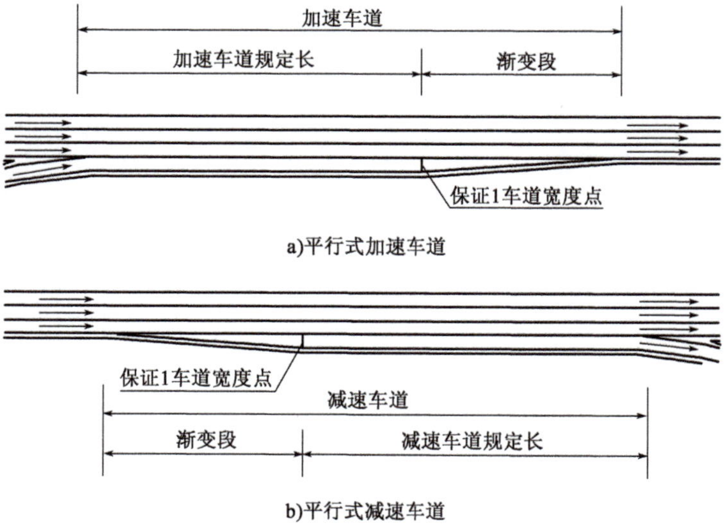

图2-7　快速路出入口设置形式

2.4.4 桥型总体设计方案

2.4.4.1 设计原则

(1)桥梁结构设计遵循安全、适用、经济、美观、环保的基本原则。

(2)树立全寿命周期成本的设计理念,桥梁选用的结构必须具有足够的强度、刚度、稳定性和耐久性,所选用的结构形式应技术成熟,施工质量有保证,并且满足行车安全、平顺、舒适、快速的要求。

(3)由于本项目工期较紧,所选用的结构形式要满足能同时开展多个工作面施工的要求。

(4)桥梁设计应结合桥型特点和路线纵断面情况,尽量采用标准跨径,集中预制,以保证工程质量,加快建设速度,降低工程造价。

(5)桥梁设计还要结合本工程地面道路布置和交通规划,选择适宜的桥梁下部结构形式,为地面道路留出适宜的净高和净宽。

(6)本项目桥梁应采用适宜的跨径,布置上应和谐统一。在跨越河流及交叉路口时,应根据相关规划及实际情况,选用合理的跨径跨越,尽量一跨跨过。

(7)重视桥梁结构的防震防灾设计,确保结构的安全性。

(8)注重桥梁景观设计,并兼顾施工的便利和后期的养护。

(9)桥梁孔径布置要满足河流防洪、泄洪的要求。

(10)因地制宜,近远结合,从工程实际出发,兼顾施工期间的通行要求。

(11)项目沿线地区人口比较稠密,桥梁设置应适当兼顾沿线群众生活、生产的需要。

(12)为减缓桥头跳车,所有桥梁均设置桥头搭板,搭板长度视桥头填土的高度而定。

2.4.4.2 桥梁结构形式

1)上部结构形式比选

城市高架桥适合的桥梁结构形式可选择连续结构体系,也可以采用简支结构。连续结构外观流畅,轻盈美观,耐久性好,行车条件舒适,施工过程中受客观条件限制时可适应桥跨布置调整,逐渐成为高架桥建设的主流。根据本项目特点,桥梁上部结构形式在连续结构体系中进行比选。在城市高架桥中,使用较多的结构形式包括如下几种:预应力混凝土连续箱梁、简支转连续预应力混凝土小箱梁、钢-混凝土组合箱梁。

(1)预应力混凝土连续箱梁:结构整体受力性能好,跨越能力较强,能适应各种平面线形和桥宽变化,抗弯、抗扭刚度大,尤其适用于小半径曲线桥梁;施工工艺成熟,外形美观,但造价略高。

(2)简支转连续预应力混凝土小箱梁:结构简单,设计经验成熟,经济指标较低,可工厂化预制,质量容易保证;上部架设简单,工程造价低。其主要缺点是结构整体性、耐久性、行车舒适性及景观效果略差,需要设置建筑高度较大的大悬臂预应力盖梁,在非标准跨径及变宽段适应性差。

(3)钢-混凝土组合箱梁:钢桥跨越能力强,与混凝土桥梁结构相比自重小。可通过工厂分段制造后在现场组装,再浇筑混凝土桥面板,施工速度快,桥下仅需搭设部分支架,在工期紧、桥下通行要求高的情况下有较大的优势。但该结构形式造价高、构造复杂,对施工要求严格,且运营养护费用高,行驶振动与噪声较大,因此不宜常规化采用。

各种上部结构形式桥梁的经济性、适用性比较见表2-8。

各种上部结构形式桥梁的经济性、适用性比较　　表 2-8

桥 型 方 案	造价	景观效果	施工难度	对交通影响	对变宽段和跨越路口段的适应性	斜弯段适应性
预应力混凝土连续箱梁	略高	简洁流畅	一般	较大	好	好
简支转连续预应力混凝土小箱梁	低	桥下梁格纵横	简单	小	差	差
钢-混凝土组合箱梁	高	轻盈美观	较困难	小	好	较好

考虑本项目具体特点，结合安全、适用、经济、美观且满足建设进度的设计原则，并考虑对地面交通的影响，本项目桥梁上部结构推荐采用预应力混凝土连续箱梁和简支转连续预应力混凝土小箱梁。对地面人流交通量较大、景观要求较高的路段及变宽、跨路口非标准跨径段，采用预应力混凝土连续箱梁；其余标准宽度、标准跨径段，采用简支转连续预应力混凝土小箱梁。

2）上部结构施工方法

预应力混凝土连续箱梁常用的施工方法有满堂支架现浇、移动模架或移动支架现浇、预制节段拼装及整孔预制吊装施工。现就上述施工方法在本项目的适用性阐述如下。

图 2-8　满堂支架浇筑施工

（1）满堂支架现浇

满堂支架浇筑施工（图 2-8）是国内现浇箱梁应用最广泛、最常规的一种施工方法，而且可以多工作面同时施工，能有效缩短施工周期。当墩高在 15m 以下时，该方案较为经济，国内采用支架施工的最大墩高有 40 余米，但当墩高较大时，施工时需重视支架的强度和稳定性，以确保结构安全。对有交通需求的路口，可以采用钢管桩配合贝雷片取代支架，以保证桥下道路的通行需求。该方案对非标准跨径及变宽桥梁具有优势。

（2）移动模架或移动支架现浇

移动模架逐孔现浇施工方法近年来得到了广泛应用，并在工程实践中不断改进、发展。根据模架的承重梁位置，移动模架逐孔现浇施工支架可分为下导梁式、上导梁式两种（图 2-9）。下导梁式的模板置于承重梁上，承重梁低于桥面，其长度大于桥梁跨径，浇筑混凝土时承重梁支承在桥墩托架上。上导梁式的模板悬吊于承重梁下方，承重梁高于桥面，其长度大于 2 倍的桥梁跨径，浇筑混凝土时后支点支承于已浇筑的墩顶梁段上，前支点支承与桥墩上。上导梁在双幅桥之间模架平移方便，但需在墩顶预埋钢材，增加钢材用量；下导梁式对成桥线形控制较为理想。

移动模架施工在超高段及缓和曲线路段模板条件较为困难，每孔施工周期加长。移动模架施工要求孔跨布置尽可能一致，同时要有一定规模才能体现经济、技术优势。本项目桥跨布置受限制因素多，标准跨径数量较少，且有较多的变宽段桥梁，移动模架施工不具备优势。

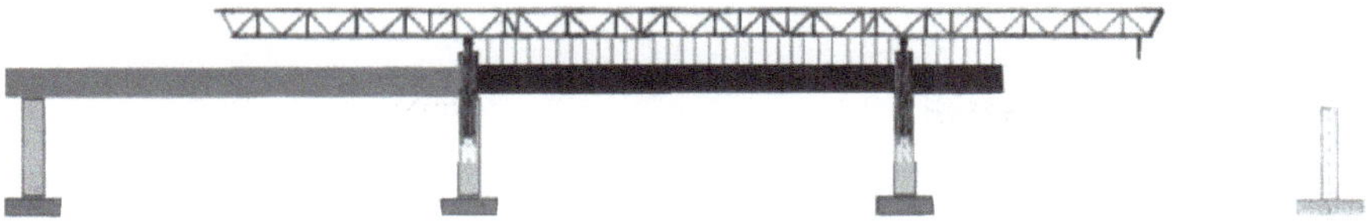

a)上导梁式

b)下导梁式

图 2-9　移动模架施工示意图

(3)预制节段拼装

预制节段拼装方法分为整孔节段拼装法和平衡悬臂拼装法。平衡悬臂拼装法主要适用于跨径较大的桥梁,本项目跨径相对较小,可以考虑采用整孔节段拼装法。

整孔节段拼装方法是将先在工厂或现场预制的梁体节段,从纵向沿已建成的桥跨轨道运输至船舶或桥下便道运输至桥位,采用能够承受全跨重量的架桥机或承重梁,将全跨的预制节段放置就位后用体内或体外预应力进行串联拼装。

该施工方法的主要特点:可以大大减少施工现场工作量,根据已有的工程实践调查分析,通常采用短线预制法进行梁段预制,可提高预制梁段的质量、加大预制节段的标准化;采用体内或体外、体内相结合的预应力体系,可减轻梁体自重,简化施工工序。

整孔节段拼装工艺需要能够承受全跨重量的架设导梁。根据承重梁位置的不同,节段拼装施工方法分为下导梁式、上导梁式两种(图 2-10)。下导梁式的承重梁低于桥面,支承在桥墩托架上,若需要自动行走,则其长度约是桥跨长度的 2 倍;上导梁式的承重梁高于桥面,支承在已架设的墩顶梁段上,其长度约为桥梁跨径的 2 倍。

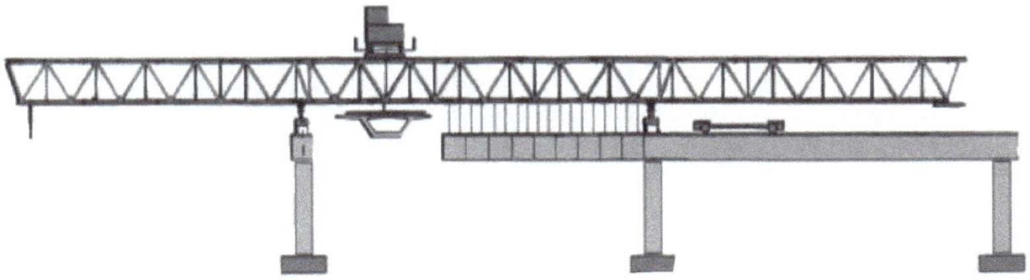

a)上导梁式

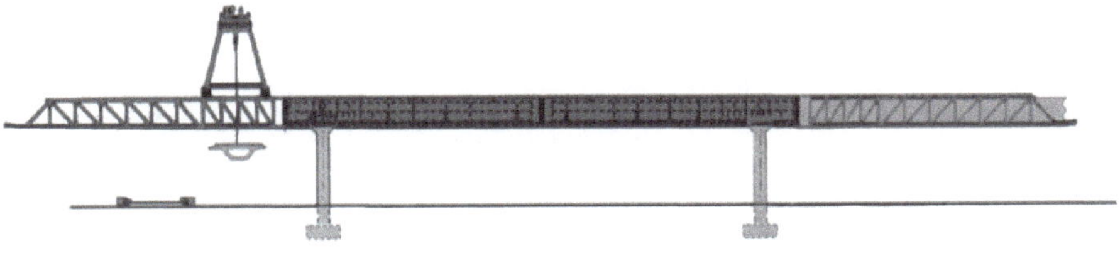

b)下导梁式

图 2-10　整孔节段拼装施工示意图

预制节段拼装法的优点：梁体节段是在场地预制的，可大大减少施工现场工作量，不受气候和外界因素干扰，混凝土施工质量在预制场更能得到保证；主梁是分段预制的，对起重能力要求不高，能够高效率利用现代化机械设备，施工速度快，通常一孔梁施工仅需5d；由于不需要搭设支架，对桥下的影响较小，在城市桥梁修建中，可以减小对地面交通的影响。

预制节段拼装法的缺点：由于结构采用化整为零、分块施工，结构整体性略差；拼缝较多，普通体内预应力束施工过程中容易腐蚀，耐久性略差；对拼缝施工质量要求很高，稍有不慎将会给整个结构带来严重安全隐患，同时拼缝的施工及体外预应力束的采用也会提高工程造价。

预制节段应尽可能标准化施工，因此对非标准跨径及变宽段桥梁的适用性较差。该方法的机械装备一次投入较大，如预制拼装仅在小范围采用，将大大减弱该施工工艺的优势。

(4)整孔预制吊装

预制吊装法最先应用于中小跨径的桥梁，如空心板、小箱梁、T梁等结构形式，其特点是不需要搭设支架，吊装重量适中，施工速度快，环境适用性好，造价适中。

近年来，随着我国海湾桥梁的大量兴建，由于跨径大、施工环境复杂，常规的预制吊装结构很难满足工程技术及施工工期要求。整孔预制吊装施工方法在该类桥梁建设中逐渐兴起。

该施工方法主要特点：在预制场整孔预制箱梁，通过大型浮式起重机运输至桥位进行架设(图2-11)；在不具备水运条件的区域，也可采用大吨位运梁车将箱梁运输至桥位配合架桥机进行架设(图2-12)；施工速度快，在大面积水域及搭设支架困难的大规模长桥施工中具有较大优势。

图2-11　浮式起重机架设示意图

图2-12　车辆运输示意图

整孔预制吊装的优点：采用整体化预制，现场整孔架设，施工速度很快，通过墩顶现浇连续段，形成连续结构，外形美观，耐久性好。

整孔预制吊装的缺点：箱梁吨位较大，运输困难，特别在采用运输车运输时，运输车需特殊设计，造价高，在城市内使用难度很大。以杭州湾大桥为例，其箱梁质量为1400t，为其特殊设计的运输车体积非常庞大，而本项目如采用整孔预制吊装，箱梁质量在2200t以上，采用车辆运输方案在城市内基本不具备使用条件。

各种施工方案的特点及比选结果如表2-9所示。

本项目预应力混凝土连续箱梁施工方案比较 表2-9

比选内容	方案一	方案二	方案三	方案四
	满堂支架现浇、一次落架施工	移动模架或移动支架现浇施工	预制节段拼装施工	整孔吊装施工
对地面交通影响	大	一般	小	小
施工难度	施工工艺成熟	施工工艺成熟	难度大,设备投入高	难度很大,设备投入高
施工速度	稍慢,但可多工作面开展	较慢,难以多工作面开展	快	快
对本项目适应性	好	好	本项目变宽段多,标准跨径少,适应性差	整孔吊装重量大,城市内吊装难度大
造价	低	低	高	高
推荐意见	推荐	比较	比较	比较

考虑本项目跨越路口多,同时变宽段桥梁数量众多,推荐采用满堂支架现浇、一次落架的施工方案。跨越路口段采用钢管桩和贝雷梁,以保证施工期间桥下道路的通行需求。

本项目桥梁规模大,考虑城市内管线众多,很难按预想的施工顺序进行施工,因此上部结构应考虑采用各联可单独施工的施工方案。借鉴国内类似工程经验,主线桥采用梁端开槽、箱室内单端张拉相结合的施工方案;互通区匝道桥采用梁端开槽,利用内卡式千斤顶两端张拉施工方案。

3)跨径选择

根据国内外城市高架桥建设经验,连续结构跨径在25~45m之间是较适宜、经济的。本项目在设计中对4×25m、4×30m、4×35m三种跨径进行了比选,比选结果如表2-10所示。

本项目预应力混凝土连续箱梁跨径方案比较 表2-10

比选内容	方案一	方案二	方案三
	4×25m	4×30m	4×35m
	受桥梁横向受力要求和多次跨越路口建筑高度的限制,主线梁高均取2.4m		
桥下净空	较小	较大	大
景观效果	跨高比较小,桥下通透性稍差	跨高比适中桥下通透性较好	跨高比适中桥下通透性较好
施工难度	施工工艺成熟	施工工艺成熟	施工工艺成熟
主要材料数量	混凝土:3263.8m^3;钢筋:638.2t;钢绞线:121.1t	混凝土:3500m^3;钢筋:718.9t;钢绞线:139.8t	混凝土:4083.5m^3;钢筋:850.9t;钢绞线:163.1t
经济指标(含下部结构)(元/m^2)	5931	6155	6709
推荐意见	比较	推荐	比较

从表2-10中可以看出,30m跨径预应力混凝土连续箱梁经济、技术优势明显。30m跨径连续梁不仅在外形上较为美观、和谐,桥墩间距不显狭小,而且30m跨径布置灵活,在城市高

架桥中较适用，因此本项目推荐采用30m作为基本跨径。在跨越河流、路口、铁路等关键节点时，根据实际情况，在满足被交道路、河流、铁路净宽要求的前提下，再对跨径布置进行局部优化、调整，联长原则上控制在160m以内。

上、下口匝道桥跨径与相邻主线跨径相同，以保证桥下桥墩整齐；互通范围内匝道桥桥跨布置应结合弯梁桥的工程实践经验，跨径选择在15～35m之间，对跨越主线道路及地下管线等位置再进行局部调整。除部分跨越主线的桥梁联长较长外，其余联长均尽量控制在100m以内。

两种断面形式箱梁的技术、经济比较如表2-11所示。

两种断面形式箱梁的技术、经济比较　　表2-11

比选内容	方案一	方案二
	4×30m双鱼腹式断面	4×30m大悬臂斜腹板断面
景观效果	轻盈美观	一般
施工难度	施工难度一般，国内有相关工程经验	施工工艺成熟，国内工程经验丰富
对变宽段适应性	好	好
主要材料数量	混凝土：3500m^3； 钢筋：718.9t； 钢绞线：139.8t	混凝土：3386m^3； 钢筋：643.4t； 钢绞线：122t
造价（含下部结构）（元/m^2）	6155	6050
推荐意见	推荐	比较

根据分析，方案一截面外形美观大方，在国内高架工程中有实际应用，但造价略高，施工略复杂；方案二外观效果一般，但施工工艺较为成熟。综合以上分析，主体预应力混凝土连续箱梁推荐采用方案一的断面形式，即单箱六室双鱼腹式断面。

匝道桥梁选择与主线相匹配的断面形式，9m宽匝道桥采用单箱单室斜腹板箱梁断面形式，如图2-13所示。

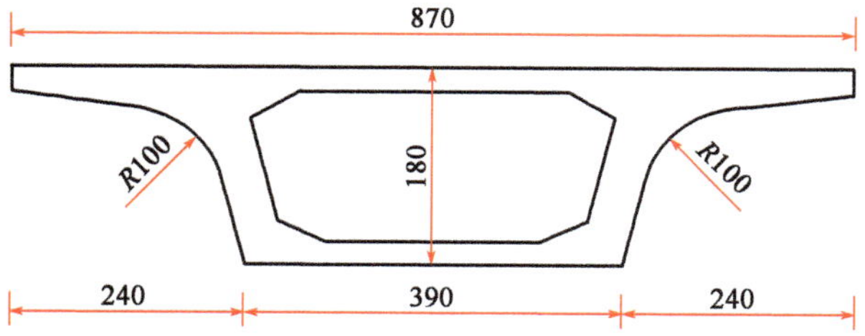

图2-13　9m宽匝道桥箱梁断面（尺寸单位：cm）

4）下部结构形式比选

城市高架桥对桥梁景观要求较高，而行人对高架桥的第一印象应来自桥墩，因此，桥墩形式的选择很大程度上决定了整个工程的品质。在考虑景观的同时，城市高架桥桥墩的布置还要考虑桥下道路规划和交通组织情况，桥墩应布置在绿化带内以避免影响地面交通，在路口位置还要考虑避免影响右转、左转车辆的视线。

5)基础形式比选

根据本项目实际地质情况及抗震要求,从结构受力、施工难度及经济角度考虑,钻孔灌注桩基础应为首选。由于在E2地震作用(指工程场地重现期较长的地震作用)下,桩基作为能力保护构件不允许出现强度破坏,故采用群桩基础以减小桩身受弯,减少桩身配筋。

由上所述,主线桥采用单柱4×1.5m钻孔灌注桩,双排布置,承台间系梁连接。匝道桥采用4×1.2m钻孔灌注桩,双排布置。高架桥加宽部分边墩采用2×1.2m钻孔灌注桩,顺桥向双排布置。

2.4.4.3　桥梁主要材料

1)混凝土及圬工材料

(1)桥梁主要部位采用的混凝土强度等级见表2-12。

桥梁主要部位采用的混凝土强度等级　　表2-12

部　　位	混凝土等级 (Ⅱ类环境)
桩基、扩大基础	C30
承台、系梁	C30
墩柱、台身	C40
墩台预应力盖梁、挡块	C50
桥台、耳背墙	C40
支座垫石	C50
预制空心板	C50
预制箱梁	C50
现浇预应力连续箱梁	C50
现浇钢筋混凝土连续箱梁	C40
桥头搭板	C30
混凝土护栏	C30

(2)Ⅱ类环境涵洞主要部位采用的材料如下:

①箱涵涵身、翼墙、帽石采用C35混凝土,基础采用C30混凝土;

②圆管涵涵身采用C35混凝土,基础采用C30混凝土,一字墙及帽石采用C30混凝土;

③盖板采用C35混凝土,八字墙、洞口铺砌、截水墙均采用M10浆砌片石。

2)钢材

(1)普通钢筋采用R235和HRB335钢筋[1],性能符合相关国家标准的要求。

(2)钢板:梁体及其他主要受力构件采用Q345qD,附属结构杆件采用Q235qC,性能符合相关国家标准的要求。

3)钢绞线、锚具及波纹管

预应力钢绞线采用公称直径为12.7mm、15.2mm,抗拉强度标准值$f_{pk}=1860\text{MPa}$,计算弹

[1] 新版《钢筋混凝土用钢　第2部分　热轧带肋钢筋》(GB 1499.2—2007)中取消了HRB335。

性模量为 1.95×10^5MPa，性能符合相关国家标准的要求。

预应力锚具分别采用张拉端群锚、固定端P型锚，性能符合相关国家标准的要求。

预应力管道：采用塑料波纹管，真空辅助压浆工艺，性能符合相关国家标准的要求。

4）支座

本工程根据场区地震设防等级，采用板式橡胶支座及铅芯隔震橡胶支座，性能符合相关国家标准的要求。

5）伸缩缝

伸缩缝采用的模数式伸缩量为80mm或160mm，性能符合相关国家标准的要求。

总长小于30m的桥梁采用微量伸缩缝。

6）钢筋连接器

直径大于或等于25mm的钢筋采用机械连接方式接长，接头等级为Ⅰ级，性能符合相关国家标准的要求。

7）护栏

高架桥外侧护栏采用SA级钢筋混凝土防撞护栏，中央分隔带采用SAM级；小桥内外侧采用波形护栏。

8）搭板

桥台后设置搭板，搭板长度根据桥台填土高度确定。

2.4.4.4 桥梁抗震设计

本项目以《公路桥梁抗震设计细则》（JTG/T B02-01—2008）[1]指导抗震设计。

1）抗震设防目标

本项目为城市快速路，抗震设防类别采用B类，抗震设防目标是小震不坏（E1地震作用，重现期约为50～100年），中震可修（重现期约为475年），大震不倒（E2地震作用，重现期约为2000年），详见表2-13。

抗震设防目标　　表2-13

抗震设防类别	设防目标	
	E1地震作用（重现期约50～100年）	E2地震作用（重现期约2000年）
B类	不受损坏	不致倒塌

2）抗震设防标准

本合同段所处地区地震动加速度峰值为0.2g，抗震设防烈度为8度，抗震设防措施等级为9级。

3）桥梁抗震分析及延性抗震设计

①桥梁抗震分析方法：本工程所采用桥梁均为B类规则桥梁，抗震分析时采用的计算方法见表2-14。

[1] 新版《公路桥梁抗震设计细则》（JTG/T 2231-1—2020）2020年9月1日起实施，本项目时间较早，故采用当时的规范进行设计。

桥梁抗震分析时采用的计算方法 表 2-14

地震作用	B类规则桥梁
E1	单振型和多振型反应谱方法(SM/MM)
E2	单振型和多振型反应谱方法(SM/MM)

②延性抗震设计:全线桥梁均采用钢筋混凝土墩柱,抗震设计时,墩柱作为延性构件设计。桥梁基础、盖梁、梁体和结点作为能力保护构件。墩柱的抗剪强度按能力保护原则设计。

4)桥梁设计所采用的抗震措施

①桥梁结构物在设置时尽量避开断裂带。

②变宽桥梁选用现浇箱梁,并尽量减少上部重量;其他桥梁选择截面积小、自重轻的中小跨径梁(板)式结构,以尽量减小地震力。

③除现浇连续梁外,小于13m跨径的多孔桥梁采用桥面连续构造,其他桥梁采用先简支后连续结构体系。

④由于地基较好,桥梁上、下部之间采用板式或盆式橡胶支座联结,以延长桥梁自振周期,减少地震力。

⑤结构分联时,墩柱高度及尺寸尽量相等,墩高相差较大时,矮墩采用滑动支座,便于各墩均匀承受地震力。

⑥采取纵、横向拦挡措施(挡块、锚栓等),限制上部结构位移,防止落梁。

⑦柱式墩设承台、系梁,以增强抗震能力。

⑧基础设计考虑地基液化影响,桩基础均穿过液化层,埋入稳定层中。

⑨伸缩缝、支座根据地震计算确定规格。

⑩桥梁下部和基础按照抗震构造要求计算配置钢筋。

2.4.4.5 桥梁耐久性设计

本项目工程环境类别采用Ⅱ类。

影响桥梁结构耐久性的因素有水分、冰冻、空气污染、除冰盐水等环境作用及车辆的疲劳荷载、振动和磨损等力学作用。力学作用对桥梁耐久性影响通过结构设计计算来解决,环境作用对桥梁耐久性影响通过原材料及其配合比的选择、结构构造设计等来解决。

根据初勘地质钻探结果,线路沿线存在盐渍土,盐渍土的类型为硫酸型盐渍土、亚硫酸型盐渍土、氯盐渍土、亚氯盐渍土。盐渍土对混凝土具有弱~强腐蚀性。

结构混凝土耐久性的基本要求见表2-15。

结构混凝土耐久性的基本要求 表 2-15

环境类别	结构类型	最大水灰比(kg/m^3)	最小水泥用量(kg/m^3)	最低混凝土强度等级	最大氯离子含量(%)	最大碱含量(kg/m^3)
Ⅱ	普通钢筋混凝土	0.5	300	C30	0.15	3.0
	预应力混凝土	0.50	350	C40	0.06	3.0
	高架桥	0.50	350	C40	0.06	1.8

1)混凝土原材料与配合比

为保证混凝土质量、控制裂缝和提高耐久性,施工中所用的混凝土材料必须符合有关规范要求。

(1)水泥

①尽量采用水化热较低的水泥,控制水泥细度,建议采用低细度水泥。

②采用低碱含量的水泥,碱含量应符合现行《公路桥涵施工技术规范》(JTG/T 3650)的要求。

③选用耐腐蚀性能较好的水泥品种。

(2)集料

集料应洁净、质地坚固、级配合格、粒径形状好。粗集料堆积密度大于 1500kg/m^3,空隙率不超过 40%。C40 及以上混凝土所选粗集料压碎值应不大于 12%,C40 以下混凝土要求压碎值不大于 16%。吸水率不大于 1%,不宜采用有潜在活性物质的粗集料。粗集料的最大公称粒径不宜超过保护层厚度的 2/3,且不超过钢筋最小净距的 3/4。使用 C50 混凝土时,最大公称粒径不应大于 25mm。

粗细集料组成应按连续密实级配要求,确定组成比例,以单位体积质量最大、空隙率最小、混凝土和易性最好为目标。

(3)水

应符合现行《公路桥涵施工技术规范》(JTG/T 3650),同时水中氯离子含量超过 5mg/cm^3 的水不得使用。

(4)外加剂

所选用的混凝土外加剂产品技术性能指标应符合现行《混凝土外加剂》(GB 8076)及相关标准。选定外加剂前,必须与所用水泥进行化学成分和剂量适应性检验。化学成分不适应,不得使用;应通过不同减水剂掺量与混凝土减水率试验曲线找出该减水剂的最佳掺量;如果采用复合型外加剂,在满足减水率和工作性能的同时,还应满足缓凝时间、坍落度等多项指标要求,建议选用超高效减水剂。

任何提高早强的措施都不利于后期强度和耐久性,建议不掺加早强剂。

(5)混凝土配合比

应限制混凝土中胶结材料的最低和最高用量。在满足胶结材料最低用量前提下,尽可能降低硅酸盐水泥用量。

2)结构构造

①各构件截面尺寸变化处,均采用渐变形式,尽量避免刚度突变,减少应力集中。

②箱梁设置通气孔,降低箱内外的温差。

③箱梁表面与桥面铺装之间设置性能可靠的防水层。

④混凝土保护层厚度严格按照规范执行。

⑤为提高预应力钢筋的耐久性,采用真空辅助压浆。

⑥具有较强腐蚀性的路段,桥梁桩基采用环氧涂层钢筋。环氧涂层钢筋的锚固长度及绑扎长度应满足现行《公路工程混凝土结构防腐蚀技术规范》(JTG/T 3310)的相关要求。

⑦对于承台及埋在土内桥墩部分进行防腐涂装,涂刷于承台及桥墩(埋于土内部分)表面,采用环氧煤沥青底漆 1 道,面漆 2 道,总干膜厚度 200μm。

2.4.5 互通立交设计方案

2.4.5.1 设计原则

(1)初步设计阶段应通过充分的调查,对工程可行性研究报告批复意见中关于互通立交的数量、位置等做进一步的研究、论证。要进一步调查、分析核实工可报告中的转弯、相交公路的交通量,分析地方路网布局、规划和主要交通源的产生、方位、交通方式,为互通立交方案设计提供可靠依据。

(2)区域内经济发达,路网密集,根据路网现状和远期规划,做好互通的总体规划布置,合理确定立交的位置和功能定位,统一考虑区间的交通组织与转换,做到各互通之间能相互协调一致,功能上相互补充。适应当地经济发展、城市规划、交通条件及自然条件,同时考虑一定的超前性,使本项工程的交通功能完善,投资和运营效益高,并成为当地干线路网中的一个有机组成部分。

(3)互通立交的间距及同相邻的其他设施的间距应满足规范要求,受条件限制又有设置必要时,要通过论证,在交通安全方面采取措施,以确保行车安全。

(4)注重立交造型,线形尽量流畅,注重互通立交平纵面方案设计,使之线形流畅、简捷,造型美观、大方,尽量避免匝道间的过多绕行,以使交通路线清晰,各项指标符合规范要求。

(5)互通立交要根据其功能要求和远景年直行、分流及合流交通量的分布情况,并综合考虑地方规划、现场条件、技术特征、投资成本、经济效益、美学效果和远期发展等因素,在多方案比选的基础上合理选定互通式立交的形式,确定匝道的行车速度及技术指标。

(6)互通立交的布设应与沿线主要城镇、工业园区、规划区有机结合,带动沿线经济发展,同时又尽量减少对现有设施和规划的影响。

(7)互通立交是高速公路事故多发地,交通安全是互通立交设计的重要目标,互通设计应注重以安全为中心的多因素考虑。

(8)互通立交的布设要与环境充分协调,功能适用,形式简洁,尽量避免对地方道路的干扰和改建,尽量减少拆迁、占地和降低对环境的破坏,特别是避免占用已规划的各种用地。应注重与自然环境、社会环境相融合,加强水土保持和环境保护设计。

2.4.5.2 互通立交方案设计

根据工可报告交通量预测的结论、现有路网的交通量及沿线社会经济条件,为充分发挥拟建公路的作用和效益,促进地方区域性社会经济发展,本项目全线拟新建互通立交 3 处,分别为喀什路互通、河南路互通、乌奎互通,见表 2-16。

互通立交设置一览表 表 2-16

序号	桩　号	互通立交名称	互通立交形式	被交路名称	被交路等级	与上一互通立交间距(km)	备注
1	K7 +907.542	喀什路互通立交	全苜蓿叶	喀什路	城市快速路	5.499	
2	K10 +401.229	河南路互通立交	全苜蓿叶	河南路	城市主干道	2.494	
3	K43 +079.291	乌奎互通	Y 形	乌奎高速公路	高速公路	9.872	

1)喀什路互通立交

喀什路互通立交位于八道湾村六队以东,被交路喀什路为乌鲁木齐往东方向的主要通道,规划为城市快速路。为满足该主干道交通流与乌鲁木齐东二环交叉实现交通转换,设置互通立交,主要服务周边区域的车辆进出乌鲁木齐东二环。

根据交通量预测结果,在转向交通量中,米东区至乌鲁木齐市区方向与水磨沟区至乌鲁木齐市区方向之间的交通量分别为 1116 辆/h 和 1235 辆/h(双向,小客车,2032 年),为主交通流向,其余交通流向为次要交通流向,交通量特点是各方向转换交通量比较小,差别较小。

喀什路互通立交所在位置沿东二环方向南高北低,沿喀什路方向两侧高中间低,地势开阔,因此选择主线下穿喀什路顺应地形变化。互通匝道布设的最大制约因素为东北象限的采空区。根据交通和交叉角度较小的特点,选取全苜蓿叶式和混合式(对角环)两种方案进行比较。

(1)喀什路互通立交方案一

方案一采用全苜蓿叶式方案(图 2-14),利用主线辅道作为主线的集散车道,喀什路两侧设置两条集散车道,左转的 4 条匝道采用环形匝道,各方向右转匝道采用直连式匝道布置在外侧,各匝道连接集散车道,并通过设置在互通两端的出入口与主道连接,实现各方向交通转换。沿喀什路方向的人行道通过集散车道外侧贯通,通过分合流口的位置平交;沿主线方向的人行道通过匝道上设置的通道绕行连通。

优点:立交形式简易,车辆行驶容易辨识;土方数量较少;桥梁较少;征地面积较小;造价较低。

缺点:四个方向的左转匝道为均为环形匝道,左转交通绕行距离较长。

(2)喀什路互通立交方案二

方案二采用混合式方案(图 2-15),在东南和西北两个锐角象限分别设置 M、N 匝道为左转环形匝道,设置 A、B 匝道为左转半直连匝道,外侧设置 F、G、H、I 匝道作为右转匝道。按照一次流出的原则,M、F 匝道,N、H 匝道,先从喀什路分流后再二次分流。

优点:两个方向的左转匝道为半直连匝道,线性指标较高,绕行距离较短。

缺点:由于被交路需要两次跨越地面匝道,且两条半直连匝道也需跨越主线,桥梁较长;土方数量较多;征地面积较大;造价较高。

经综合比较,推荐互通立交方案一(表 2-17)。

2)河南路互通立交

河南路互通位于八道湾路东侧,主线在 K10 +401. 229 处下穿河南路,交角为 108°。被交路为河南路东延工程,为规划城市主干道,中央分隔带宽 5m,互通范围内路基宽度为 38m,两侧行车道均为 12m,人行道宽 5m。

该互通立交实现了河南路与乌鲁木齐东二环之间的交通转换,它的设置主要服务于周边区域车辆,使其快速通畅地进出乌鲁木齐市区。

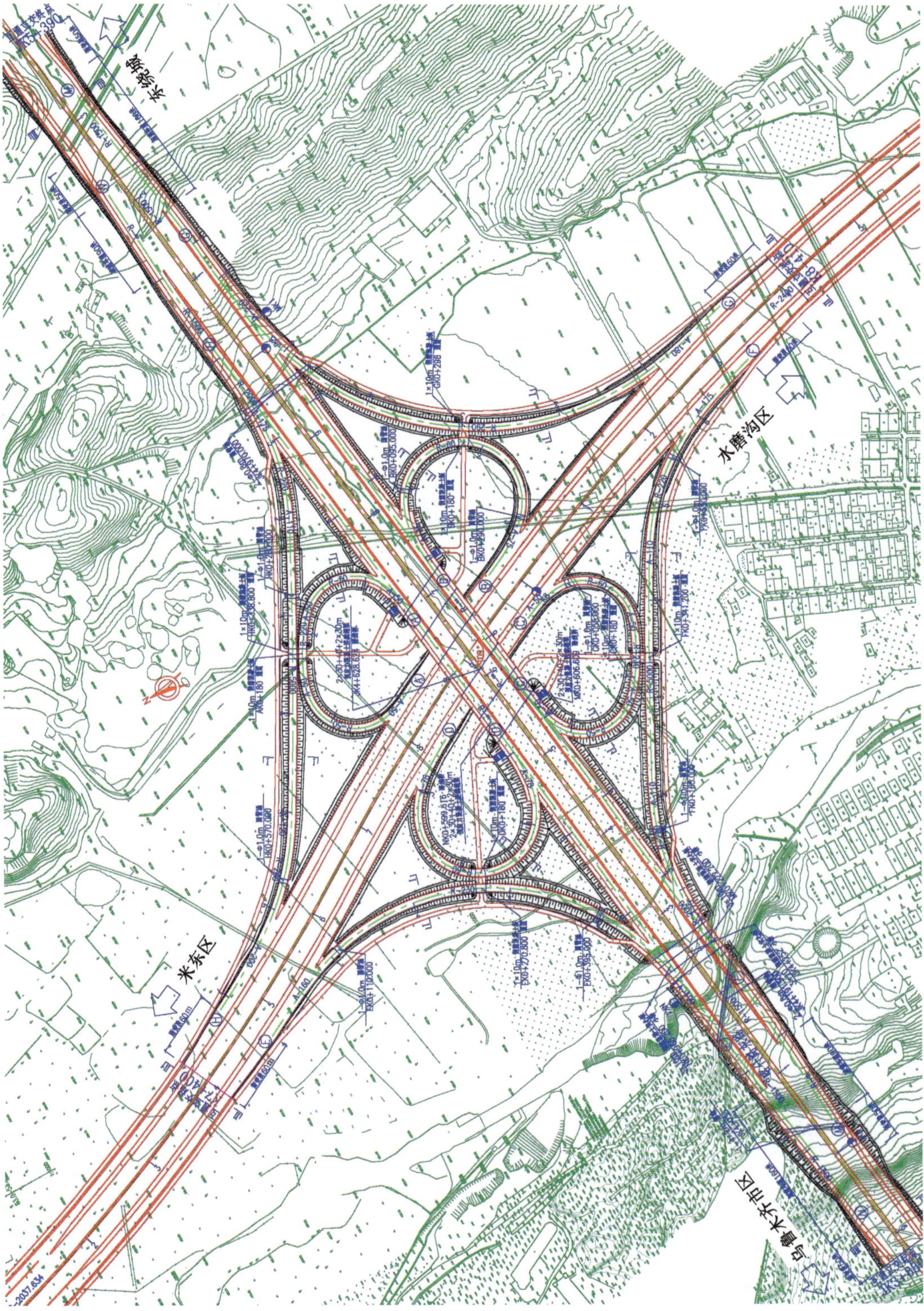

图2-14　喀什路互通立交平面图(方案一)

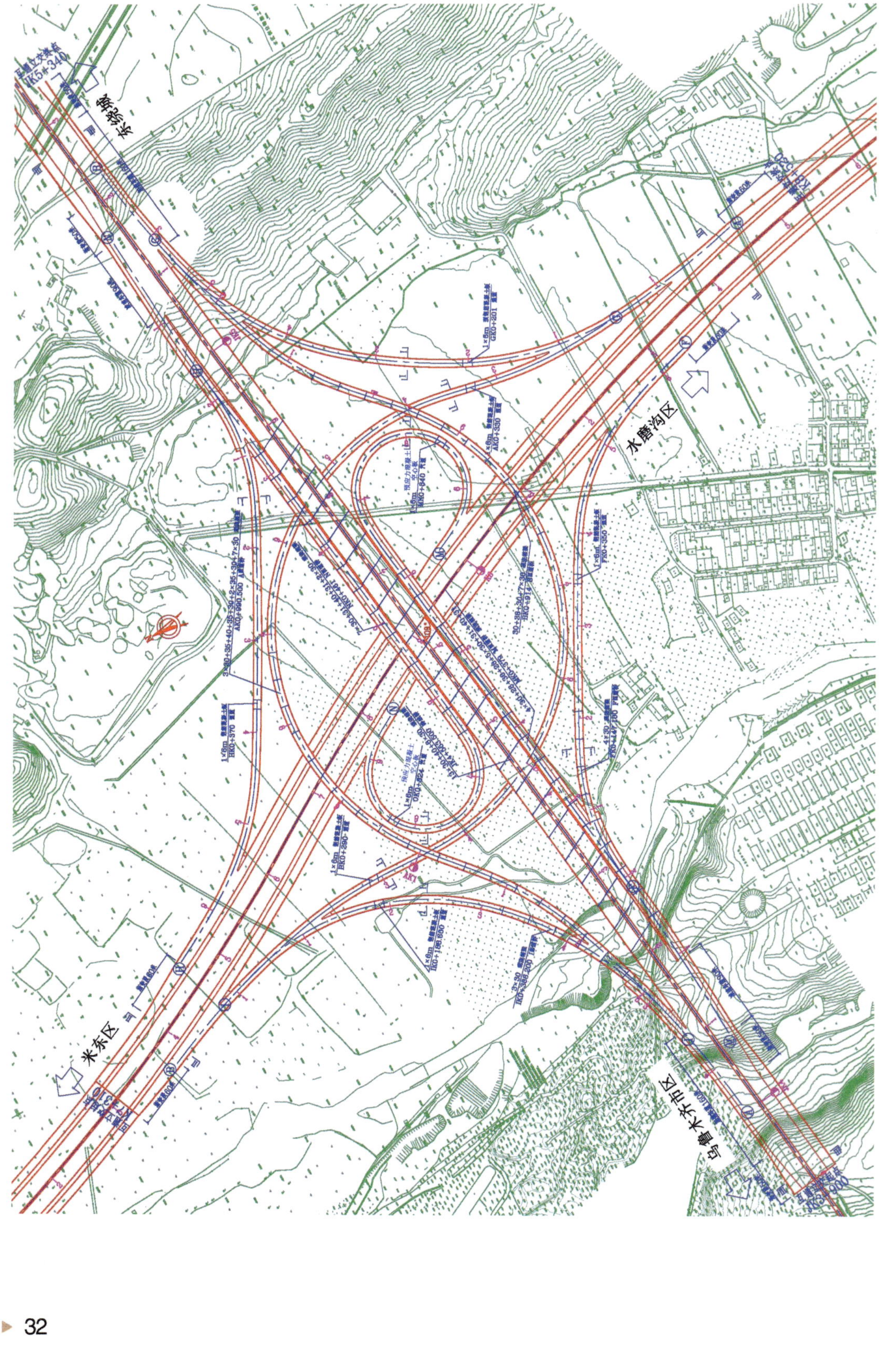

图2-15 喀什路互通立交平面图(方案二)

喀什路互通立交方案比较表　　表2-17

比较项目	单位	方案一	方案二
路基土石方(填/挖)	m^3	402590/207330	616980/143360
匝道长度	m	4046.1	7182.1
匝道圆曲线最小半径	m	50	60
匝道最大纵坡	%	3.495	3.5
路面面积	m^2	116110	103887
占地	hm^2	35.62	40.65
跨线桥长	m	160	677.08
互通立交造价	万元	15958.79	33756.67
比选结论		推荐	比较

根据交通量预测结果,该互通立交各方向的转弯交通量都较小,因此互通区的地形地物就成为制约互通立交布设的主要因素。互通区域内主线东侧地势较高,为山地,西侧地势较平坦,主要为平房建筑,八道湾河在主线西侧与主线平行。河南路在互通区域内现状最大纵坡为6%,结合地形以及河南路纵断面情况,本互通立交采用河南路上跨主线方式,匝道布设尽量沿主线方向拉伸,最大限度避开山地开挖。

考虑到河南路现状纵坡较大,且平面指标较低,不能满足城市主干道标准,因此,在互通区域内对被交路平纵面线形进行局部调整。本互通立交选取全苜蓿叶式和涡轮式两种方案进行比较。

(1)河南路互通立交方案一

方案一采用全苜蓿叶式方案(图2-16),河南路上跨主线交叉方式。主线快速机动车道、辅道、人行道位于地面一层,河南路及其集散车道位于上面一层。由于所有左转匝道均采用环形匝道,为了解决匝道之间的交织问题,需要分别在主线和河南路两侧设置集散车道。考虑到本互通立交转弯交通量较小,将主线两侧辅道作为主线的集散车道,在互通区两端设置出入口与主线快速机动车道相连通。在河南路两侧设置两条集散车道,并将河南路的人行道外移至集散车道外侧贯通。主线两侧人行道设置在匝道上外侧,并通过设置在匝道上通道将南北连通。

优点:立交形式简单,转弯方向容易识别;立交跨越桥梁较少;造价较低。

缺点:左转匝道均为环形匝道,线形指标较低,绕行距离较长。

(2)河南路互通立交方案二

方案二采用涡轮式方案(图2-17),河南路上跨主线交叉方式。主线快速机动车道、辅道、人行道位于地面一层,匝道下穿河南路,并跨越主线。左转匝道均采用半直连式匝道,右转匝道位于左转匝道外侧,采用直连式匝道。

优点:左转匝道均采用半直连式匝道,线形指标较高。

缺点:立交层次较多,跨线桥梁较多,工程规模大,造价较高;占地面积较大。

经综合比较,推荐互通立交方案一(表2-18)。

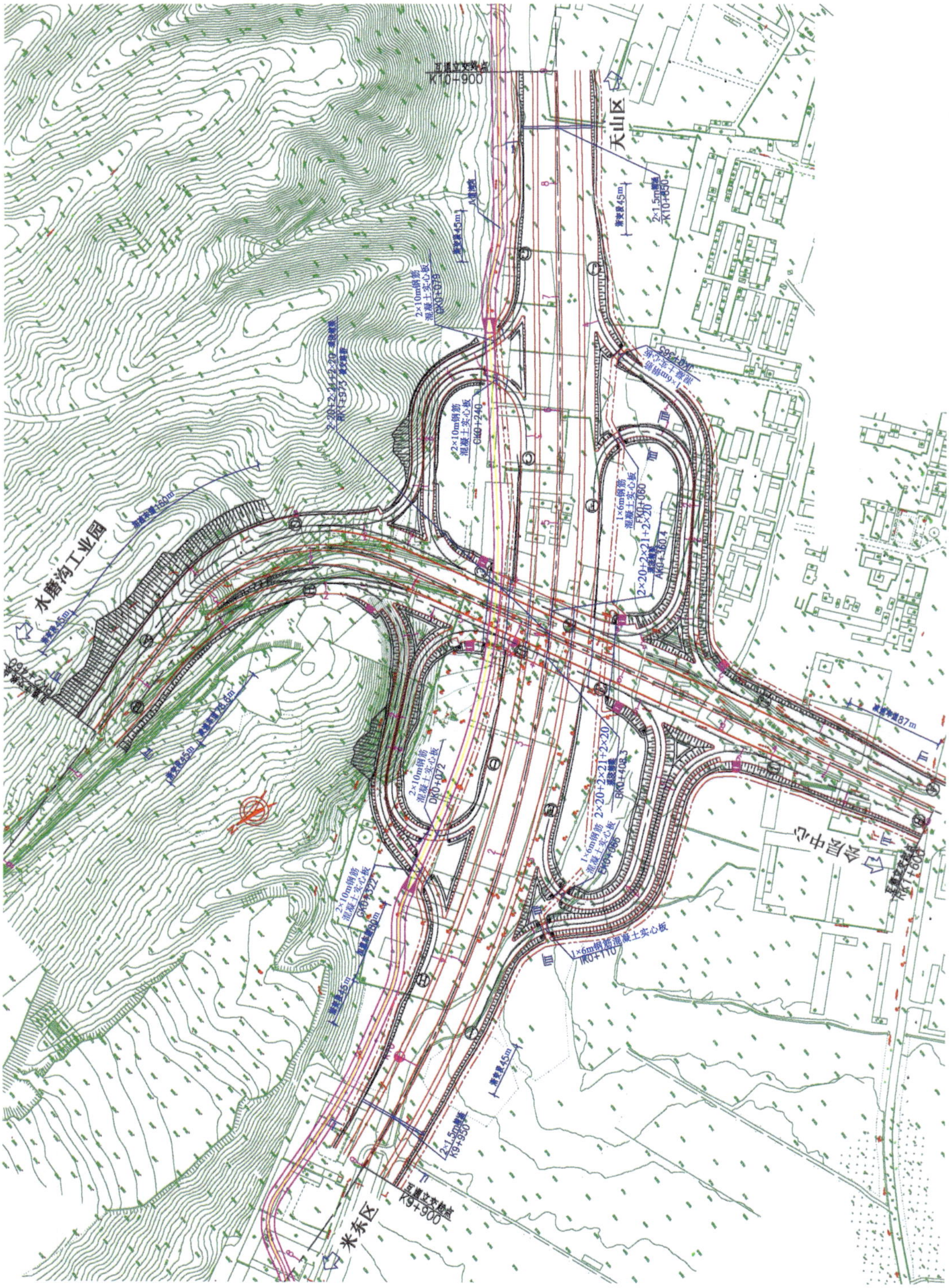

图2-16 河南路互通立交平面图(方案一)

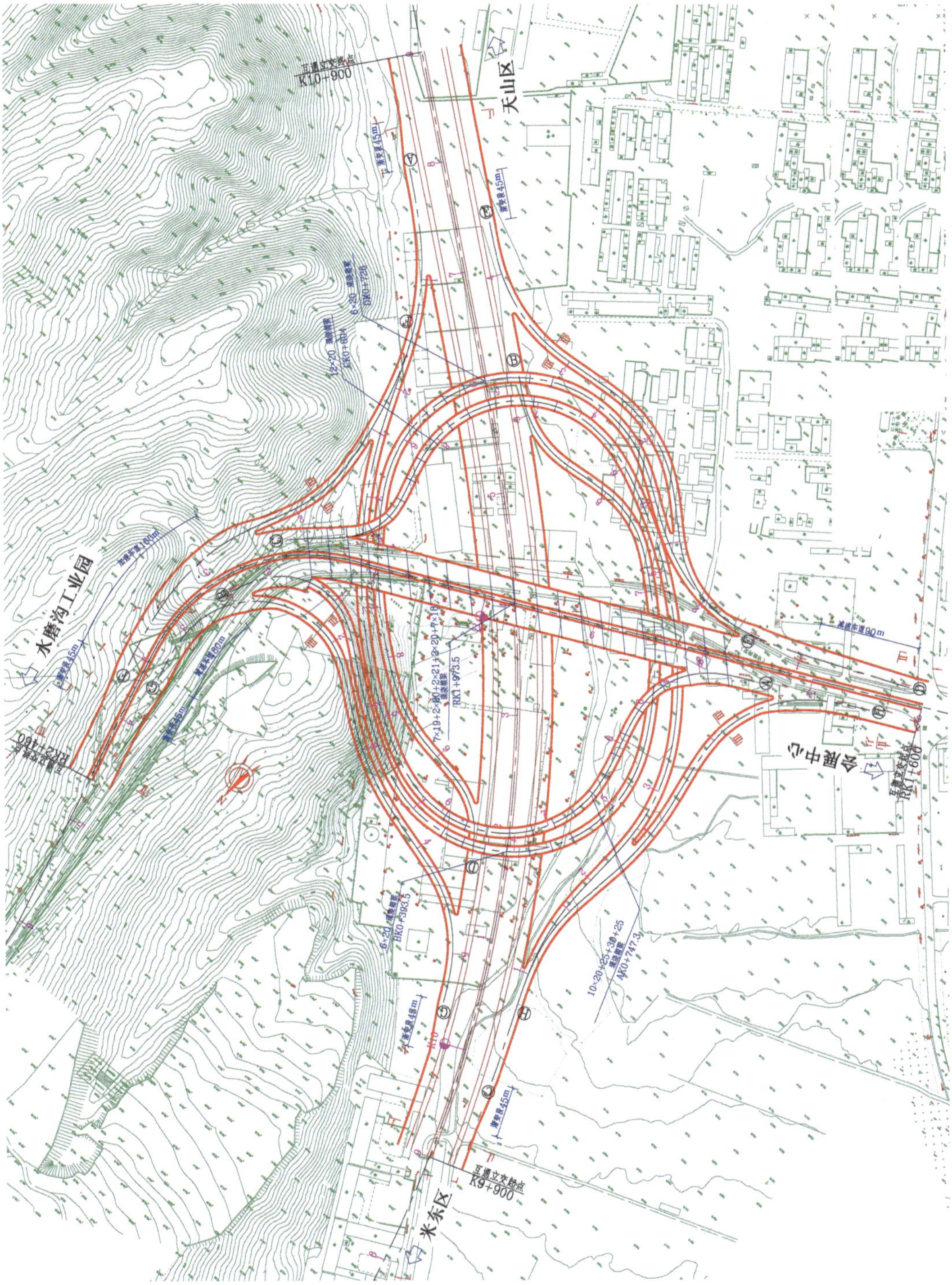

图2-17 河南路互通立交平面图(方案二)

河南路互通立交方案比较表　　表 2-18

比 较 项 目	单　位	方 案 一	方 案 二
路基土石方(填/挖)	m^2	317707/196242	339749/431374
匝道长度	m	3853	5098
匝道圆曲线最小半径	m	40	70
匝道最大纵坡	%	3.5	5.476
路面面积	m^2	81859	83940
占地	hm^2	25.69	30.8
跨线桥长	m	366	1141
互通立交造价	万元	10677.12	21038.26
比选结论		推荐	比较

3)乌奎互通立交

乌奎互通立交位于主线终点 K43 +039.069 处,为主线与乌奎高速公路相交叉的互通立交。被交路现状为二级公路,采用双向双车道断面,设计速度为 100km/h,路基宽度 12m,路面宽度 9m。近期改建为高速公路,为乌鲁木齐东绕城高速的一部分,采用双向六车道断面,设计速度为 100km/h,路基宽度 33.5m,中央分隔带 2m,路面宽度 30m。该互通立交的设置,实现了乌奎高速公路与乌鲁木齐东二环之间的交通转换。

互通区域内南高北低,被交路西侧为新建厂房,东侧地势较为平坦,为大片耕地。互通区域内被交路最大纵坡为 3.836% 。

根据交通量预测结果,该互通立交东二环—奎屯(东—北)的转弯交通量较大,东二环—乌拉泊(东—南)的转弯交通量较小。因此东二环—奎屯(东—北)方向的匝道应尽量舒顺,采用较高的线形指标。

综合交通量特点及区域内地形特点,选取两个 Y 形方案和单喇叭形方案三个方案进行比较。

(1)乌奎互通立交方案一

方案一采用 Y 形方案(图 2-18),由于本互通立交主要实现城市主干道与高速公路之间的交通转换,为枢纽立交,并且考虑到互通区域内被交路纵坡较大,为了保证两条道路之间交通流的快速转换,本方案将东二环—奎屯方向视为主线,为主交通流方向,采用对向六车道的分离断面。互通范围内将被交路乌奎高速公路左右侧分离,左幅保持原设计线位不动,右幅向东侧偏离,跨越分离的东二环—奎屯方向主线之后再与乌奎高速公路原设计中线会合。东二环—乌拉泊方向匝道采用半直连式,自东二环主线流出后分别跨越东二环—奎屯方向分离主线和乌奎高速公路左右幅分离断面后,与乌奎高速公路相接。乌拉泊—东二环方向右转匝道采用直连式。

本方案中东二环—奎屯(东—北)方向主线采用对向六车道断面(0.5m 土路肩 +0.5m 硬路肩 +3×3.75m 行车道 +0.5m 路缘带 +2m 中央分隔带 +3×3.75m 行车道 +0.5m 硬路肩 +0.5m 土路肩);乌奎高速公路分离断面采用单向单车道断面(0.75m 土路肩 +1m 硬路肩 +2×

3.75m 行车道 +3m 硬路肩 +0.75m 硬路肩)，东二环—乌拉泊(东—南)方向匝道采用 9m 单向双车道断面(0.5m 土路肩 +0.5m 路缘带 +2×3.5m 行车道 +0.5m 路缘带 +0.5m 土路肩)。

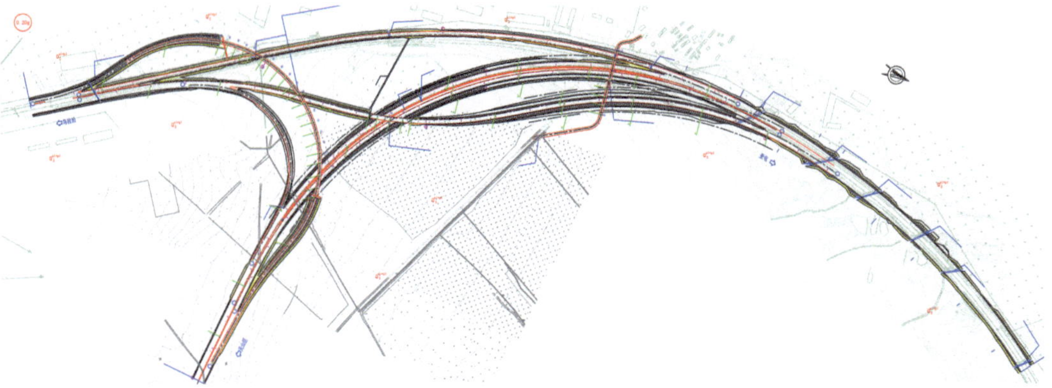

图 2-18　乌奎互通立交平面图(方案一)

优点：匝道布设与预测交通量方向匹配较好；互通立交线形指标较高，匝道运行速度较高。

缺点：须将互通范围内乌奎高速公路左右侧分离，影响范围较大；跨线桥梁较多，造价较高。

(2)乌奎互通立交方案二

方案二采用 Y 形方案(图 2-19)，与方案一基本相同，唯一不同的是，考虑东二环—乌拉泊方向交通量较小，因此东二环—乌拉泊方向采用环形匝道，技术指标与方案一相比较差。

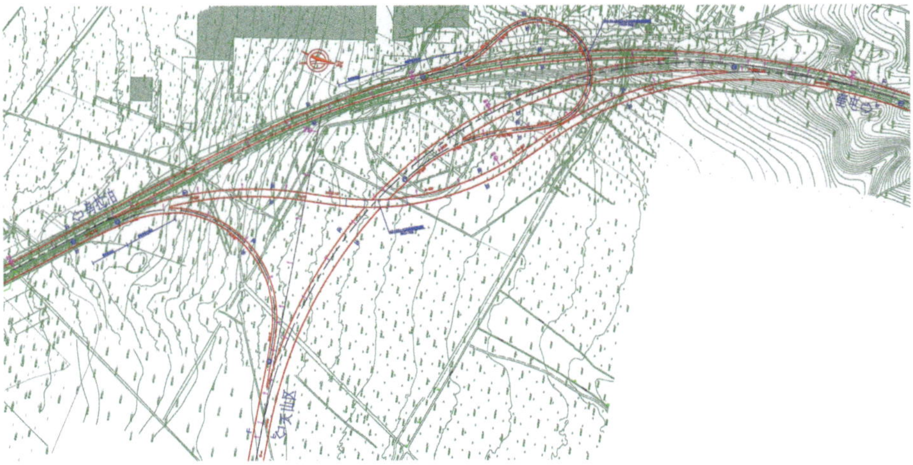

图 2-19　乌奎互通立交平面图(方案二)

优点：匝道布设与预测交通量方向匹配较好；互通立交线形指标较高，匝道运行速度较高；跨线桥梁与方案一相比有所减少。

缺点：须将互通范围内乌奎高速公路左右侧分离，影响范围较大；东二环—乌拉泊方向匝道线形指标比方案一差；造价较高。

(3)乌奎互通立交方案三

方案三采用单喇叭形方案(图2-20),考虑到互通区域内南高北低,交叉点北侧被交路纵坡较大,若匝道上跨主线,北侧匝道连接被交路的纵坡将很大,因此互通立交方案采用匝道下穿被交路的交叉方式,开挖被交路路基,修建(30+35+30)m桥梁跨越匝道。考虑到本互通立交为城市主干道与高速公路之间的交通转换立交,不同于一般的单喇叭形互通立交,因此,除环形匝道最小半径采用60m外,其余匝道线形指标均较高。

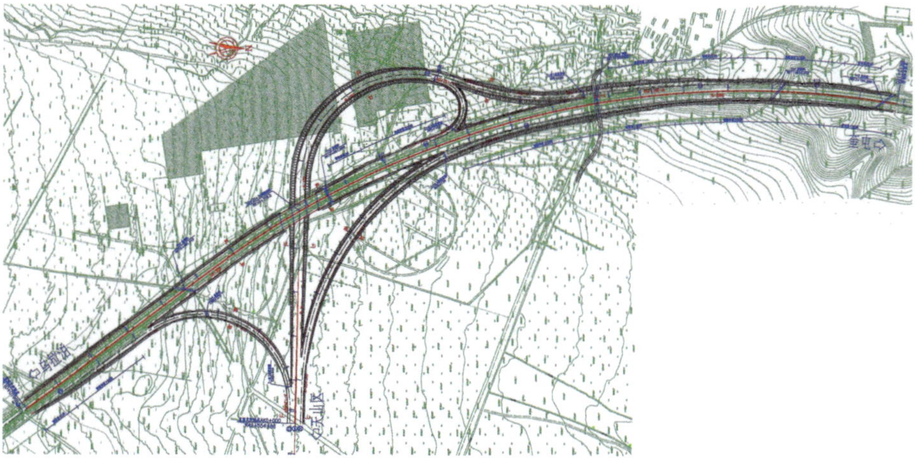

图2-20 乌奎互通立交平面图(方案三)

优点:立交形式简单,转弯方向容易识别;立交跨越桥梁较少;造价低。

缺点:东二环—乌拉泊(东—南)为环形匝道,线形指标较低,运行速度较低;被交路需要开挖施作跨线桥,匝道布设与路网规划以及主交通流方向符合性差。

经综合比较,推荐互通立交方案一(表2-19)。

乌奎互通立交方案比较表 表2-19

比较项目	单位	方案一	方案二	方案三
路基土石方(填/挖)	m^3	67319/591759	148246/657191	—/290610
匝道长度	m	1366.09	1256.5	2684.5
匝道圆曲线最小半径	m	240	160	60
匝道最大纵坡	%	3	3.128	3.55
路面面积	m^2	134878	139097	53010
占地	hm^2	62.79	59.8	30.452
跨线桥长	m	706	347	95
互通立交造价	万元	13905.83	13000.75	5516.77
比选结论		推荐	比较	比较

2.4.6　特殊路基与不良地基的处理

线路沿线的不良地质有采空区和砂土液化，特殊土为湿陷性黄土和盐渍土。

1）煤矿采空区

根据本工程地质勘察报告，沿线采空区包括卡子湾露天采空区和八道湾地区煤矿采空区，分布在里程桩号K7+080～K7+800、K11+160～K11+860段。采空区治理方案主要依据地表的变形特征、地质与采矿特征等因素确定，有桥或板跨采空区治理方案、支撑法治理方案、注浆治理方案及修建后维修方案及其采空区内充填方案等。结合公路系统以往的采空区治理工程经验，比较上述各方案的优缺点后，推荐注浆法为该线路煤矿采空区的治理方案。对于地表的塌陷坑等，先在注浆前采用碎石土回填夯实。

2）砂土液化

线路沿线地震动峰值加速度为0.20g。线路所在区域相当于地震烈度Ⅷ度区。线路沿线有粉土和砂土，在饱水状态下存在砂土液化的可能。线路K5+350～K12+700段部分路段，浅部地层有上更新统～全新统（Q_{3+4}^{al+pl}）的冲洪积的粉土，但其下部为砂砾卵石或基岩，钻孔地下水水位约12.5m。根据《公路工程抗震规范》（JTG B02—2013），地震烈度Ⅷ度区地下水位埋深大于7m时，初判不会出现砂土液化。

3）湿陷性黄土

根据工程地质勘察报告，结合本工程实际情况，本次湿陷性黄土处理路段均为挖方路段，具体处理方案为：开挖至路床底后采用强夯处理，夯击能为2000～3000kN·m，然后换填路基土分层碾压回填至路床底，路床采用天然砂砾回填，强夯沉降量暂按1.0m计。同时，湿陷性黄土处理后应结合盐渍土处理范围及方案在盐渍土路段路床底铺设复合土工布。

4）盐渍土

（1）分布路段

根据本工程地质勘察报告，对全线取岩（土）样，对线路沿线的粉土、砂土、泥岩、砂岩等进行了盐渍土试验，结果表明K2+700～K5+340、K6+900～K19+300、K19+860～K20+000、K20+220～K20+800、K31+300～K31+900、K34+700～K35+740、K37+600～K39+660、K37+650～K37+810、K39+880～K40+040、K40+400～K43+039段为盐渍岩（土）分布范围，盐渍土的类型为硫酸型盐渍土、亚硫酸型盐渍土、亚氯盐渍土，并对混凝土具有弱～强腐蚀性。

（2）处治原则

采取隔断措施，防止毛细水或地下水上升，隔断水的来源，这样不仅降低盐胀，而且可以防止路基土次生盐渍化。

（3）处理方案

填方路基：铲除地表层30cm原状土后碾压，在路床底设置隔水土工布。

挖方路基：盐渍土全部挖除后可不铺设土工布；反之，则在路床底铺设隔水土工布并采用砂砾土或碎石土填筑路基、路床。

路基填料及路基填筑设计需满足相关规范规定和新疆对盐渍土设计与施工的相关要求，见表2-20。

盐渍土路基填筑情况分类 表 2-20

公路等级		高速公路、一级公路		
填土层位		0～0.80m	0.80～1.50m	1.50m 以下
粗粒土	弱盐渍土	×	○	○
	中盐渍土	×	×	○
	强盐渍土	×	×	△
	过盐渍土	×	×	×
细粒土	弱盐渍土	×	△	○
	中盐渍土	×	×	△
	强盐渍土	×	×	×
	过盐渍土	×	×	×

注:○-可用;×-不可用;△-氯盐渍土及亚氯盐渍土可用。

(4)土工布技术要求

隔断层适用于盐渍化程度较高路段,复合土工布膜采用两布(短线无纺布)一膜,单位面积总质量为 300g/m^2,膜厚不小于 0.3mm,伸长率 50%,纵向拉伸强度≥500N/cm^2,横向拉伸强度≥250N/cm^2,纵向撕裂强度≥260N/cm^2,横向撕裂强度≥180N/cm^2,CBR 顶破强度≥800N。

5)积雪、风吹雪

(1)处理原则

保证快速清雪,避免中断交通。配备除雪设备,及时、快速清除积雪。

(2)处理措施

道路两侧均设置绿化带、排水沟、边沟和护坡道等,根据新疆冬季清雪、储雪经验,绿化带、排水沟、边沟和护坡道均可作为临时储雪场所,故本项目不做单独设计。

2.4.7 安全设计措施

采用现代化的交通管理手段和先进的控制技术及设施,是充分发挥各级道路的交通功能,提高道路的通行能力,使机动车、非机动车、行人各行其道,保障道路交通安全,体现以人为本的原则的有效方法。

本次东二环项目全线实现城市交通管理的智能化,综合考虑乌鲁木齐市路网交通组织,以保障东二环路交通秩序的有序性,整体区域路网合理衔接,提高乌鲁木齐道路通行能力。

第3章

城市快速路下伏急倾斜煤层采空区治理技术

3.1 采空区勘察

3.1.1 工程概况

国道216线乌鲁木齐市过境段公路工程位于乌鲁木齐市东侧，线路起点为吐乌大高速公路上沙河立交，途径卡子湾村二组、八道湾村、雪莲山高尔夫球场、新疆华电红雁池第二发电有限责任公司等，与乌奎高速公路南郊互通立交相接，线路全长约43.029km，道路等级为城市快速路。建设项目地理位置见图2-1。

经调查，拟建道路经过丰源煤矿的采空区（K11+100～K11+260）、新疆天发能源有限公司第一煤矿的军区后勤煤矿（以下简称军区煤矿）采空区（K11+260～K11+560）和八道湾煤矿采空区（K11+560～K11+860）。道路工程在采空区路段以路基通过，路基设计宽度为70m，自然地面起算的路基填筑高度为2.4m，边坡坡率为1:1.5。

3.1.2 自然地理

1）地形地貌

采空区路段位于八道湾河的河谷区，地势总体是南高北低，东高西低。河谷阶地较为发育，分布有Ⅰ级、Ⅱ级堆积阶地。Ⅱ级阶地相对平缓，倾向八道湾河，坡降一般小于2%，阶面主要为农田和村落，简易道路纵横，海拔高度多在700～800m之间。

2）气象

国道216线乌鲁木齐市过境段公路工程线路区属于中温带半干旱大陆性气候，夏季炎热，冬季严寒，春秋气温升降迅速，日变化剧烈。据乌鲁木齐市1980—2007年气象资料，1月平均气温－15～－14℃，极端最低气温－32.8℃；7月平均气温24～26℃，极端最高气温40.5℃；年平均气温6.4℃。年降水量约250mm，蒸发量2276.9mm，主要降水月份在3～6月，占全年降水量的51%。历年平均相对湿度为58%，11月～翌年3月平均相对湿度大于70%，4～10月相对湿度35%~50%。

3)水文

八道湾河为常年性河流,发源于乌鲁木齐山前的祁家沟、源头为山区泉水,沿途汇集了其他沟谷的泉水、渠水、煤矿的矿井排水,从八道湾地区开始成为八道湾河。八道湾河汇水面积129km^2,年平均流量0.415m^3/s,径流量0.1308亿m^3。

3.1.3 采空区地质特征及工程地质条件

3.1.3.1 地层岩性

采空区路段分布的地层有第四系和侏罗系。自上而下为:

(1)第四系(Q):第四系全新统冲洪积层(Q_4^{al+pl})、上更新统冲洪积(Q_3^{al+pl})、风积层(Q_3^{eol})。

①全新统冲洪积层(Q_4^{al+pl}):岩性为卵石、砂砾石,青灰色,粒径2~10mm,磨圆度较好。

②上更新统冲洪积(Q_3^{al+pl})、风积层(Q_3^{eol}):上部为黄土状粉土层,土黄色,一般厚度3~50m,平均厚度25m;下部为胶结及半胶结的砂砾石,由冲积、洪积的火成岩块、变质岩块和砂岩块组成,夹透镜状亚黏土,与下伏地层呈不整合接触。

(2)侏罗系(J):包括下侏罗统三工河组(J_1s)、中侏罗统西山窑组(J_2x)和中侏罗头屯河组(J_2t)。

①下侏罗统三工河组(J_1s):条带状分布于八道湾煤矿范围内,属于八道湾向斜的南翼,呈单斜状产出,为河湖相沉积。岩性以浅灰绿色、灰绿色细砂岩、粉砂岩为主。

②中侏罗统西山窑组(J_2x):分布于八道湾煤矿范围,属于八道湾向斜的南翼,呈单斜状产出。岩性一般多由灰色~深灰色粉砂岩、细砂岩、泥岩、炭质泥岩及煤组成,为泥炭沼泽相沉积。

西山窑组为区内主要含煤地层,呈条带状,近工业区西向分布在八道湾向斜南、北两侧,含煤37层,分为四组,平均可采总厚度175.49m。B_S与B_1、B_2为第一组,煤层厚度24.75m,分布稳定;B_3与B_4~B_6为第二组,煤层厚度38.68m,分布稳定;第一组和第二组煤主要分布在八道湾煤矿范围内。B_7~B_{20}为第三组,含15层煤,煤层总厚度47.25m,主要分布在军区煤矿范围内。B_{21}~B_{34}为第四组,含12层煤,煤层总厚度28~35m,主要分布在丰源煤矿范围内。根据矿井瓦斯等级相关资料,公路沿线为低瓦斯煤矿区。

③中侏罗统头屯河组(J_2t):分布在八道湾向斜的轴部和七道湾背斜的北翼,岩性主要为河流相沉积的粉砂岩、砂岩和泥质粉砂岩。

3.1.3.2 煤系地层

沿线煤矿采空区为开采西山窑组(J_2x)煤层形成,西山窑组(J_2x)煤层属于急倾斜近距离煤层群,煤层埋藏浅,地质构造简单,属于中灰、低硫、低瓦斯、高发热量的弱黏结煤和长焰煤,是优质动力煤。八道湾向斜南翼煤层特征见表3-1。

八道湾向斜南翼煤层特征一览表　　表 3-1

煤层编号		平均厚度(m)	可采性	稳定程度	顶板(m)/底板(m)岩性	平均层间距(m)
第一组	B_s	2.53	可采	较稳定	粉砂岩(11)/粉砂岩	26.22
	B_1、B_2	33.30	可采	稳定	粉砂岩(7.5)/炭质页岩、泥岩、粉砂岩	52.20
第二组	B_3	44.15	可采	稳定	粉砂岩(2.5)/粉砂岩(15.5)	6.52
	B_4 ~ B_6		可采	稳定	粉砂岩(85.6)/粉砂岩(2.2)	88.05
第三组	B_7	1.95	可采	不稳定	粉砂岩(18.1)/粉砂岩(85.6)	26.25
第三组	B_8	2.39	可采	不稳定	粉砂岩(7.5)/粉砂岩(18.1)	15.35
	B_9	4.46	可采	稳定	粉砂岩(12.5)/粉砂岩(7.5)	12.82
	B_{10}	2.40	可采	不稳定	细砂岩、粉砂岩(2.7)/粉砂岩(12.5)	9.49
	B_{11}	2.58	可采	稳定	粉砂岩(1.3)/粉砂岩(1.32)	6.60
	B_{12}	3.19	可采	稳定	粉砂岩(3.6)/粉砂岩(2.7)	12.85
	B_{13}	2.43	可采	稳定	粉砂岩(2.1)/粉砂岩(5.7)	5.62
	B_{14}	3.03	可采	稳定	粉砂岩(0.3)/粉砂岩(2.3)	8.70
	B_{15}	2.33	可采	较稳定	粉砂岩(9.4)/粉砂岩(8.3)	3.41
	B_{16}	3.01	可采	稳定	泥岩(1.3)/粉砂岩(1.0)	2.7
	B_{17}	7.10	可采	稳定	粉砂岩(3.5)/粉砂岩(1.3)	3.25
	B_{18}、B_{19}	9.36	可采	稳定	粉砂岩(1.8)/粉砂岩(1.3)	1.70
	B_{20}	5.60	可采	稳定	粉砂岩(0.9)/粉砂岩(1.6)	1.30
第四组	B_{21}	0.99	可采	稳定		90.00
	B_{22}	1.39	可采	较稳定		
	B_{23}	1.46	可采	较稳定	粉砂岩(2.0)/ 粉砂岩(90.0)	2.00
	B_{24}	2.85	可采	稳定	粉砂岩(1.4)/粉砂岩(2.0)	4.10
	B_{25}、B_{26}	8.80	可采	稳定	粉砂岩(3.9)/粉砂岩(3.9)	6.50
	B_{27}	3.06	可采	稳定	粉砂岩(14.8)/粉砂岩(5.9)	14.80
	B_{28}、B_{29}	5.24	可采	稳定	粉砂岩(8.0)/粉砂岩(14.8)	8.00
	B_{30}	4.60	可采	不稳定	粉砂岩(1.1)/粉砂岩(8.0)	1.1
	B_{31}	1.86	可采	较稳定	粉砂岩(5.2)/粉砂岩(8.0)	5.20
	B_{32}	1.78	可采	稳定	粉砂岩(8.0)/粉砂岩(5.2)	8.10
	B_{33}	3.73	可采	较稳定	粉砂岩(8.0)/粉砂岩(8.0)	12.00
	B_{34}	2.60	可采	稳定	粉砂岩(5.2)/粉砂岩(8.0)	

注:数据引用“乌鲁木齐矿务局碱沟煤矿矿井地质报告”表 2-1 及表 5-1。

丰源煤矿主采第四组 B_{25} ~ B_{33} 煤层,煤层总厚度为 30m。军区煤矿主采第三组 B_7 ~ B_{20} 煤层,煤层总厚度 64.0m。八道湾煤矿主采第一组 B_1、B_2 煤层,厚度 28.0m;第二组 B_4 ~ B_6 煤层,厚度 45.82m;煤层总厚度为 73.82m。

3.1.3.3 水文地质条件

沿线煤矿区地下水类型主要为碎屑岩类孔隙裂隙水和松散岩类孔隙水。

(1)碎屑岩类孔隙裂隙水

含水层岩性为煤层顶板的砂岩和粉砂岩，由于补给条件差，岩层渗透性甚差，含水性极弱。据八道湾矿区煤矿地质报告，钻孔单位涌水量0.0089～0.0001L/(s·m)，渗透系数0.0001～0.0097m/d；在无地表水通过采空裂隙直接充水的情况下，矿坑涌水量较小，仅200～300m^3/d。

地下水水化学类型为$Cl \cdot SO_4$-Na型，pH值为7.80，矿化度大于3g/L。地下水主要接受河谷潜流、侧向径流补给，排泄以侧向径流及矿井排水为主。

(2)松散岩类孔隙水

其分布于八道湾河谷内，含水层为第四系砂卵砾石层，含水层厚5～15m，水位埋深2～4m，水量丰富，据勘探资料，水磨沟、碱沟河地区单井涌水量大于1000 m^3/d。水化学类型$HCO_3 \cdot SO_4$-Ca型，矿化度小于1g/L。河谷内潜水主要受河谷上游入渗补给，以侧向径流方式向下游排泄。

采矿形成的导水裂隙带为地下水的赋存和径流提供了新的空间和通道。采矿过程中的人工抽排地下水活动加剧了地下水的水力交替运动，使地下水的化学成分和径流方向、径流强度不断得到改变。

受煤矿开采、疏干、塌陷等影响，矿区水文地质条件已遭破坏，水文地质条件较差。

3.1.3.4 工程地质条件

根据勘察区地层岩性组合特征及其物理力学性质，可将区内岩土体划分为：第四系松散层，中厚层较硬砂岩、粉砂岩类，薄层较软粉砂岩、炭质泥岩与煤层互层岩类等三类工程地质岩组。

(1)第四系松散层

分布于区内大部分地区，不整合覆盖在上述侏罗系岩组之上。组成岩性上部为黄土或黄土状粉土，下部为砂砾石，局部夹有粉质黏土，岩组总厚度一般为5～50m，结构松散。黄土状土具湿陷性，湿陷系数0.02～0.110，自重湿陷系数0.05～0.06。

(2)中厚层较硬砂岩、粉砂岩类

中厚层较硬砂岩、粉砂岩类分布于区内西山窑组和头屯河组地层中，在头屯河组中下部夹有少量薄层砾岩。砂岩和砾岩较坚硬，抗风化性较强，力学强度较大；粉砂岩尤其是泥质或炭质粉砂岩相对较软弱，抗风化性较差，力学强度相对较小。B_1、B_2(南大槽)和B_3～B_6(北大槽)煤层顶板粉砂岩单向饱和抗压强度多数在20.4～3.4MPa之间，单向抗拉强度天然状态在1.3～11.1MPa之间；B_{19}、B_{20}、B_{22}、B_{28}、B_{32}、B_{33}煤层的顶板粉砂岩单向抗压强度饱和状态在25.32～14.07MPa之间，天然状态单向抗拉强度在1.8～1.65MPa之间。

(3)薄层较软粉砂岩、炭质泥岩与煤层互层岩类

薄层较软粉砂岩、炭质泥岩与煤层互层岩类分布于区内中侏罗统西山窑组中，主要为炭质或泥质粉砂岩、碳质泥岩夹煤层，质地软弱，抗风化性差，炭质泥岩风化后极易崩解成小碎块，力学强度低，天然单向(干)抗压强度<10MPa，单向抗压强度饱和状态<0.4MPa。

沿线煤矿区属于急倾斜、近距离开采。在采空区形成多层垮落带、裂隙带和弯曲带，煤层顶板覆岩强度遭到严重破坏。整个煤系地层岩性较脆，当煤层被采空后，采空区覆岩的工程地

质稳定性较差,易发生冒落塌陷,工程地质条件变差。

3.1.3.5　地震

根据"中国地震动峰值加速度区划图"[《中国地震动参数区划图》(GB 18306—2001)中的图A1]、"中国地震动反应谱特征周期区划图"[《中国地震动参数区划图》(GB 18306—2001)中的图B1](1:400万,2001),公路沿线所在地区地震动峰值加速度为0.20g,地震基本烈度Ⅷ度。

3.1.4　煤矿采空区的勘察方法概述

本次煤矿采空区勘察工作总体以钻探为主,补充进行资料搜集方法为辅,在分析初步勘察工作成果的基础上,结合已有的多种勘察方法的结果,互相验证与分析。

1)工程地质调绘、采矿调查

在初步勘察阶段,通过地面工程地质调绘,调查煤矿8处,调绘总面积1.7km^2,基本查清了各采空区地面塌陷情况,了解了邻近建筑物的破坏情况;通过采矿调查,了解了采空区的地质构造、水文地质、采矿范围、层位、层数及采空区埋深等情况。同时,为物探、钻探工作布置服务。在详勘阶段,根据钻探资料,对上述煤矿情况进行了回访确认与存疑问题调查。

2)物探

在初步勘察阶段,遵循既查清采空区、又节约费用的原则。通过充分收集资料和工程地质调查初步结果,根据物探方法的适用范围和采空区深度,主要对拟建路线煤矿采用瞬变电磁法进行探测。在详勘阶段通过钻探资料,完善物探资料。

3)钻探

按照《公路工程地质勘察规范》(JTG C20—2011)中的规定,考虑到勘察区内煤层层数较多的特殊性,钻探布置以能控制采空区的边界为原则,沿路线纵向左右两侧,按一字形布设。其目的是:①查明采空区塌陷的三带情况;②验证地质调查、物探成果;③控制采空区对路线的影响范围。在初步勘察阶段,采用少量勘察钻孔以控制采空区大致范围。在详勘阶段,采用较多的勘察钻孔较为准确地确定了煤矿采空区的平面位置及地下采空区的三维空间状态等。

3.1.5　采空区勘察成果

3.1.5.1　煤矿采空区范围确定依据

1)采矿情况调查

调查结果表明:在勘察区范围内,八道湾煤矿、丰源煤矿、联合一矿和联合二矿采空区都是在10年前形成的。通过已收集的地质采矿资料,结合地面调绘,了解拟建公路工程区的采空区地表变形特征、演化规律及发展趋势,为确定圈定煤矿采空区范围奠定了基本基础资料。最后,结合物探和钻孔验证勘查成果,综合分析采空区的剩余沉降量变形,评价采空区稳定性。

2)钻探资料

钻探工作不仅验证了物探的结果,而且为确定煤矿采空区三带的基本情况、圈定采空区的边界提供可靠的依据。依据钻探情况，垮落带的判别依据：①钻探冲洗液消耗量突然全部漏失（或超过 $10m^3/h$）；②岩层取芯困难；③发生突然掉钻、卡钻等钻探事故。导水裂隙带的判别依据：①钻探冲洗液消耗量变化很大，局部地段超过 $5m^3/h$；②局部地段岩芯破碎；③发生卡钻等钻探事故。

3）物探资料

物探成果资料为圈定采空区的边界提供了佐证。依据采空区的填充物、变形程度及密实度的差异将采空区分为下述几类。

①采空充填区：分为采空后充填、半充填、无充填，充填物以煤渣、松散煤干石为主。其电性表现为高阻异常。

②采空充水区：采空区充水后，无论是否充填，由于充填物以松散杂石为主，水会渗透其中。其电性表现为低阻异常。

③采空沉降区：大面积采空后，上覆岩层在自重作用下产生变形、破碎、裂缝，形成塌陷区。其电性表现为高阻或相对高阻异常。

④疑似采空区：尚不肯定的地段，虽然电性异常有显示，但特征不明显，规模小或异常强度较弱。一般指示采煤巷道或采空率比较低的区域。

采空区异常的强度、幅值、形态取决于采空区所处的位置、规模、充填物的性质及密实程度、上覆地层的岩性及厚度、地形地貌及水文地质条件等因素，推断解释时应加以综合分析。

4）地面变形调查

通过对地面的变形特征调查，了解采空区的变形规律，并分析其原因；通过访问煤矿老职工及相关技术人员分析采空区上方的地面变形规律；通过访问矿井老职工了解已有建筑物的建成历史及变形历史，间接了解采空沉降不同阶段对建筑物的危害程度。

地面变形调查表明：沿线采空区范围内出现明显的地表塌陷与裂缝，地表变形范围较大，而沿线附近的建筑物变形现象不明显。

5）影响路线采空区确定的原则

当地质、采矿调查资料较为准确时，以调查资料为主，并结合物探、钻探资料进行佐证；当地质、采矿调查资料较不太准确时，以钻探和物探资料为主，结合地面变形特征，最终圈定该区煤矿采空区的平面与空间分布范围。

3.1.5.2 沿线煤矿采空区总体特征

经过外业调查和勘察，由于特殊的地质条件和煤层赋存条件，使得拟建道路工程所跨越的煤矿采空区具有以下特征。

①煤层采空区：呈急倾斜，倾角为60°～80°，区内构造简单，总体为一向斜褶皱，断裂不发育，煤矿采空区也呈急倾斜状分布。采空区埋深变化大，由于是急倾斜煤层，采空区埋藏埋深在30～190m之间。

②多层采空区：煤矿开采急倾斜近距离多煤层，采用仓储式开采方式，开采煤层为 B_1～B_{35}，煤矿开采总厚度在30～64m之间，其变形量较大、变形特征复杂。地表采空区面积较大，分布不规则，地面常见塌陷坑与沉降盆地。采空区冒落、裂隙、离层、抽冒等现象明显。

③越界开采：由于当时管理不到位，沿线煤矿不同程度存在越界开采情况，致使采矿资料

不详。部分安全煤柱被开采，导致采空区变形情况更为复杂。

3.1.5.3　沿线各煤矿采空区特征

1）丰源煤矿

（1）工程地质调绘与采矿调查成果

丰源煤矿始建于20世纪80年代，设计开采年限40年，设计年产能力9万t。设计开采高程500～734m，目前该矿开采水平为+580m，主采第四组B_{25}～B_{33}煤层，厚度为30m，煤层产状310°∠70°。采煤方式为仓储式，采出率约30%，采空区埋深在30～150m之间，采空区未充填、无积水。采空区位于线路里程K11+100～K11+260之间。

勘察资料表明，丰源煤矿向拟建道路方向有越界开采现象，矿区内存在地面塌陷坑和裂缝，并伴有边坡坍塌现象。拟建路线通过沉降盆地边缘，地表及建筑物未见明显的裂缝和裂隙迹象。

（2）地面变形特征

通过地面调查发现，由于煤层急倾斜，目前在路线左侧丰源煤矿矿区内出现了大量的地面塌陷坑和裂缝，塌陷坑深达10m左右，最宽处5～10m，裂缝宽度最宽处1～2m，延伸大于20m，地面总体沉陷2～3m，地面变形特征较明显。同时存在边坡坍塌问题。路线通过的下方位于沉降盆地的边缘，可以看到地面向东沉陷，但没有发现明显的地面裂缝和裂隙，旧公路附近的建筑物未见到变形迹象。相关图片如图3-1～图3-6所示。

图3-1　矿区裂缝

图3-2　矿区塌陷坑

图3-3　矿区塌陷坑群

图3-4　现场地貌特征

图 3-5　矿区圆形塌陷坑

图 3-6　矿区条带状塌陷坑

(3)采空区范围的确定

路线左侧:通过地面变形特征、采矿资料与物探资料表明其为煤矿采空区;路线附近:在小桩号附近,钻探在 ZK_{26}、ZK_{27} 钻孔中未见到采空塌陷区;在大桩号附近,钻探资料表明:在 ZK_{24}、ZK_{22} 钻孔中见到采空塌陷区,深度分别在 63.1m 处,27.2 ~ 37.0m 处;采矿资料调查也验证采空区的存在,为煤矿采空区。路线右侧:根据采矿活动调查结果确定。综合上述资料,丰源煤矿采空区位于线路里程 K11 + 100 ~ K11 + 200 之间,采空区路线长度 100m。

丰源煤矿采空区位置平面图如图 3-7 所示。

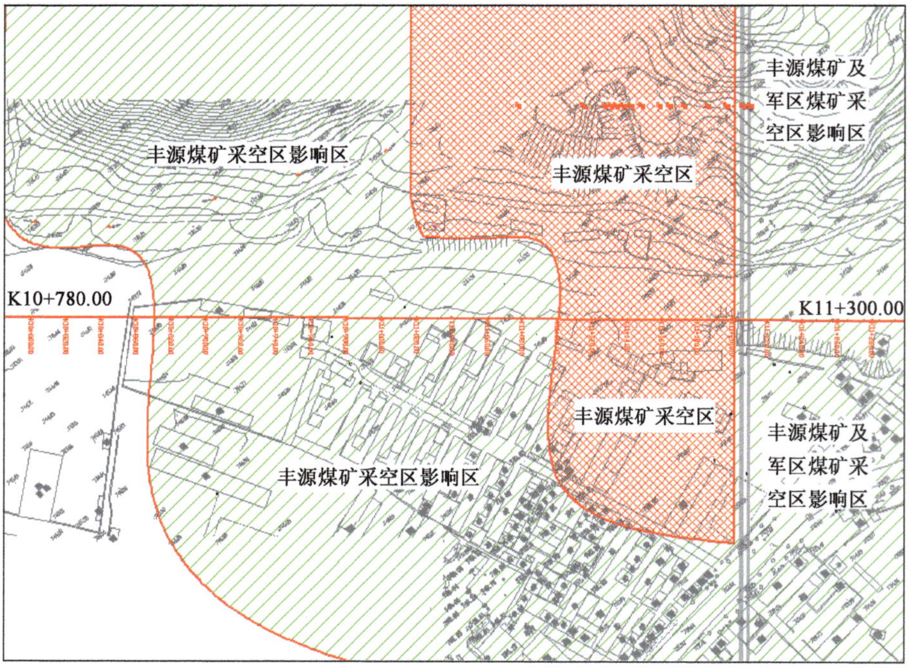

图 3-7　丰源煤矿采空区位置平面图

(4)自燃情况

2015 年年初,丰源煤矿在 K11 + 225 左侧 53m 处出现椭圆形塌陷坑,长约 5m,宽约 3m,可见深度约5m。坑口有白色烟雾冒出，持续时间约一个月。2015年6月，坑口仍有热气外溢，硫黄气味较浓，坑壁有轻微烟熏痕迹，表明该区域地下煤层有自燃现象。经补充勘察，最终确定该自燃区范围为：沿公路轴向约为20m，公路横向约为40m，深度小于30m，主要自燃煤层厚度4.3m。

丰源煤矿采空区特征见表3-2。

丰源煤矿采空区勘察成果表　　表3-2

采空区名称	里程桩号	开采方向与路线的关系	影响路线范围		采煤厚度（m）	采出率（%）	剩余变形（%）	剩余空洞体积（m^3）
			长（m）	宽（m）				
丰源煤矿	K11+100～K11+260	近90°	100	216	30	30	10	29997
自燃区域	K11+219～K11+239		20	216	9	30	15	13499
合计								43496

2）军区煤矿

（1）工程地质调绘与采矿调查成果

军区煤矿20世纪50年代开始建井投产，2010年停产。主采煤层为八道湾河东岸的第三组B_7～B_{20}煤层，煤层总厚度64.0m，煤层产状310°∠70°，开采水平为+618m。采出率约30%，采空区埋深在30～150m之间，顶底板岩性主要为粉砂岩，煤层分布较稳定，开采方式早期为仓储式开采，近期为机械化采煤，顶板自然垮落，采出率较低，采空区内未见积水。

采空区位于线路里程K11+300～K11+560之间。勘察资料表明，军区煤矿向拟建道路方向有越界开采现象，八道湾公路旁墙体有拉裂和房屋开裂的现象，矿区内发现大量的采空区塌陷坑和裂缝。煤矿采空区特征见表3-3。

煤矿采空区勘察成果表　　表3-3

采空区名称	里程桩号	开采方向与路线的关系	影响路线范围		采煤厚度（m）	采出率（%）	剩余变形（%）	剩余空洞体积（m^3）
			（m）	（m）				
军区煤矿	K11+300～K11+560	近90°	60	16	64	30	10	35430

（2）地面变形特征

在八道湾路西侧，军区煤矿存在越界开采的历史，在八道湾路西侧山坡上有大的槽沟，地面有大量的串珠状大小不一的采空区塌陷坑。塌陷坑深度最深约5m，宽度3m。调查区内八道湾公路旁边墙体有拉裂和房屋开裂的现象，缝宽2～3cm。八道湾河东侧，公路外200～300m，矿区内也有大量的采空区塌陷坑和裂缝。塌陷坑深度最深约10m，宽度在3～5m，并见有露天采坑，宽度约15m，长约20m。相关图片如图3-8～图3-13所示。

图 3-8　公路边墙体开裂

图 3-9　矿区内塌陷坑

图 3-10　矿区塌陷坑群(1)

图 3-11　矿区塌陷坑群(2)

图 3-12　军区路线左侧塌陷坑

图 3-13　施工现场地貌

(3)采空区范围的确定

路线左侧:地面变形特征、采矿资料与物探资料表明为煤矿采空区;路线附近:在小桩号附近,钻探在 ZK_{12}、ZK_{13}、ZK_{20}、ZK_{21} 等 4 个钻孔中见到采空塌陷区,深度在 22.4 ~ 78.2m 之间,掉钻 2.5 ~ 4.7m 之间，表明：该路段下覆煤层已被采出，采矿资料调查也验证采空区的存在；在大桩号附近，钻探在 ZK_{11-1}、ZK_{16}、ZK_{17}、ZK_{18} 等中未见到采空塌陷区；物探资料显示未见异常区。表明该区域为未采区。路线右侧：根据采矿活动调查结果、地面变形特征表明为煤矿采空区。综合上述资料，军区煤矿采空区位于线路里程 K11 + 300 ~ K11 + 560 之间，采空区路线长度 260m。

军区煤矿采空区位置平面图如图 3-14 所示。

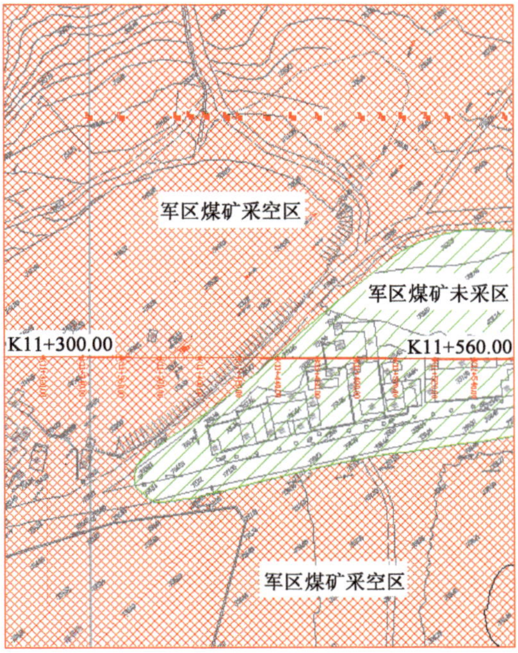

图 3-14 军区煤矿采空区位置平面图

3）八道湾煤矿

（1）工程地质调绘与采矿调查成果

八道湾煤矿始建于 20 世纪 50 年代，2001 年左右停采。设计年生产能力 10 万 t 左右，开采 +640m 与 +570m 两个水平，采出率 30% ~ 40%，主采煤层有 B_1、B_2，B_4、B_5，B_6 煤层。其中，第一组 B_1、B_2 煤层厚度 28.0m；第二组 B_4、B_5，B6 煤层厚度 45.82m。煤层总厚度为 73.82m，煤层产状 310° ∠70°。开采方式为仓储式，每个采仓长度一般为 30m，煤柱宽度约 5m。采空区最大埋深 180 ~ 190m，最小埋深 30 ~ 40m。在八道湾河西岸开采水平为 +640m，地面形成与煤层走向平行的串珠状采空塌陷坑，塌陷坑最大宽度约 20m，深约 10m，这些塌陷坑基本连通，形成地面塌陷槽。在八道湾公路西侧，南北大槽均有地裂缝存在，裂缝走向东西或南北，长度 10 ~ 100m。这些地裂缝基本闭合，形成完整的塌陷盆地。在八道湾河东岸，近地表为露天开采，采深 30 ~ 40m，闭矿后虽经回填，目前仍可见槽口，宽约 5m，深度约为 20m。下部为 +640m 和 +570m 两个水平井巷开采面，形成的塌陷坑已被建筑垃圾填埋。在八道湾公路和八道湾河段，留有安全煤柱，调查宽度 100 ~ 120m，勘察确定的安全煤柱宽度为 105m，路线左侧 65m，路线右侧 40m，两侧为采空区，安全煤柱区域地表建筑未有变形。八道湾河东西两侧的采区巷道均穿越安全煤柱，相互连通，停采后安全煤柱中的开拓巷道大部分垮塌。采空区内未充填，无积水。路线沿安全煤柱中心通过，在安全煤柱两侧均为采空区，投影公路里程 K11 +560 ~ K11 +860，采空区投影路线长度 300m。八道湾煤矿采空区特征见表 3-4。

八道湾煤矿采空区勘察结果　　表 3-4

采空区名称		里程桩号	开采方向与路线走向	影响路线范围		采煤厚度（m）	采出率（%）	剩余变形（%）	剩余空洞体积（m^3）
				长（m）	宽（m）				
八道湾煤矿	左侧	K11 +560 ~ K11 +860	近 90°	300	119	73.8	30	10	20993
	右侧	K11 +560 ~ K11 +860	近 90°	300	108				15220
合计									36213

（2）地面变形特征

八道湾煤矿主采第一组和第二组煤层以及 B_8 煤层，在八道湾河西岸开采水平为 +640m。回采完后，在地面形成了大量的串珠状的采空区塌陷坑，塌陷坑最宽约 20m，深约 10m，由于开采急倾斜煤层，这些塌陷坑基本连通，形成了地面塌陷槽。在八道湾公路西侧，南北大槽均出现有地裂缝，东西走向，长度约 100m、宽约 8m、深约 10m。南北大槽之间，平行于八道湾公路走向有一条裂缝，长约 10m，深 7 ~ 8m，距八道湾公路 200 ~ 300m。这些地裂缝基本闭合，形成完整的塌陷盆地。沿八道湾公路留有安全煤柱，据调查，公路旁边房屋没有出现墙体开裂现象。在八道湾河东岸，该煤矿主采 +640m 和 +570m 两个水平，其中 +640m 水平为露天开采，虽经回填，目前仍可见槽口，宽约 5m，深度约为 20m。 +570m 水平为井巷开采，形成的塌陷坑已被建筑垃圾填埋。在军区煤矿越界开采区西侧为八道湾煤矿开采第三组煤层的采空区，开采深度为 150m，在地面形成了大量的串珠状的采空区塌陷坑。相关图片如图 3-15 ~ 图 3-20 所示。

图 3-15　北大槽地裂缝

图 3-16　南北走向地裂缝

（3）采空区范围的确定

路线左侧：地面变形特征、采矿资料与物探资料表明为煤矿采空区；路线附近：钻探 ZK_1、ZK_3、ZK_{6-1}、ZK_2、ZK_4、ZK_5、ZK_6、ZK_7、ZK_8、ZK_9、ZK_{10}、ZK_{14}、ZK_{15} 等 13 个钻孔中未见到采空塌陷

区，这表明：该区域下方煤层未被采出，为安全煤柱；采矿资料调查也验证安全煤柱的存在；物探资料显示未见异常区，表明该区域为未采区。路线右侧：地面变形特征、采矿资料与物探资料验证采空区的存在。综合上述资料，该路段为八道湾煤矿安全煤柱的留设区域，确定安全煤柱宽度为105m，路线左侧65m，路线右侧40m，两侧为采空区，投影到公路上线路里程在K11 + 560 ~ K11 + 860之间，采空区投影路线上长度300m。

图3-17　南大槽地裂缝

图3-18　路线右侧整体地貌

图3-19　路线左侧北大槽露天采煤槽

图3-20　路线右侧圆形塌陷坑

八道湾煤矿采空区位置平面图如图3-21所示。

3.1.5.4　沿线安全煤柱的留设

考虑到拟建工程的安全性，应根据沿线煤矿未来开采情况，参照煤炭部有关的规定，留设安全煤柱，主要如下。

(1)丰源煤矿：拟建公路东侧、路线下方为该矿的越界采空区，拟建公路西侧为未开采的煤层。根据目前勘察结果，考虑到采空区对拟建公路的影响，计算影响区宽度为226m，建议采用注浆的方法对采空区进行治理。治理后，该路段按226m宽度留设安全煤柱，在此范围内禁止对西侧煤层进行开采。

(2)军区煤矿：拟建公路东侧、路线下方为该矿的越界采空区，拟建公路西侧为未开采的煤层。根据目前勘察结果，考虑到采空区对拟建公路的影响，计算影响区宽度为226m，建议采用注浆的方法对采空区进行治理。治理后，该路段按226m宽度留设安全煤柱，在此范围内禁止煤层进行开采。

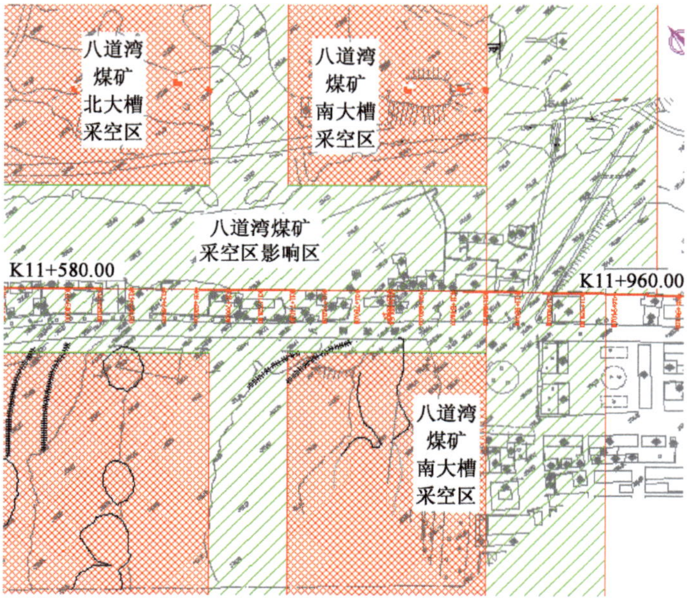

图3-21　八道湾煤矿采空区位置平面图

注：图中K11+580和K11+960是图中线的界限

(3)八道湾煤矿：拟建公路通过该矿的安全煤柱。根据目前勘察结果，考虑到安全煤柱周围都是采空区，任何存在的变形量对路线将会产生影响，采用移动角为计算依据确定影响区宽度(229m)，建议采用注浆的方法对采空区进行治理。治理后，安全煤柱东西两侧为注浆结石体，拟建公路下方为安全煤柱，该路段安全煤柱禁止开采。

(4)联合一矿：拟建公路通过该矿的采空区。根据目前勘察结果，考虑到采空区对拟建公路的影响，计算影响区宽度为333m，建议采用注浆的方法进行治理。治理后，该路段按333m宽度留设安全煤柱，在此范围内禁止再次对残余煤层进行开采。

(5)联合二矿：拟建公路通过该矿矿区。根据目前勘察结果，考虑到未来对拟建公路的影响，开采深度按185m考虑，计算影响区宽度为333m，建议该路段按333m宽度留设安全煤柱，在此范围内禁止对煤层进行任何开采活动。

(6)卡子湾(K7+080～K8+800)新纪煤矿、联合一矿、联合二矿、万窑煤矿以及馒头山煤矿：拟建公路通过煤矿的未采区，根据目前勘察结果，考虑到未来对拟建公路的影响，开采深度按165m考虑，计算影响区宽度为275m。建议该路段按275m宽度留设安全煤柱，在此范围内禁止对煤层进行任何开采活动。

上述安全煤柱宽度是按当时开采水平计算得出的，如果今后煤层开采水平进一步加深，则需要按新的煤层开采水平，按照《建筑物、水体、铁路及主要井巷煤柱留设与压煤开采规程》计算后确定新开采水平下的安全煤柱宽度。

沿线煤矿安全煤柱留设见表3-5。

沿线煤矿安全煤柱留设一览表　　表 3-5

线别	煤　矿	安全煤柱宽度(m)	左 侧 范 围	右 侧 范 围
主线	丰源煤矿	226	K11 + 070 左 113m ~ K11 + 220 左 113m 起点(554594.061,4860124.35) 终点(554710.302,4860029.30)	K11 +070 右 113m ~ K11 +220 右 113m 起点(554451.396,4859949.87) 终点(554567.729,4859854.94)
	军区煤矿	226	K11 + 340 左 113m ~ K11 + 560 左 113m 起点(554803.2,4859953.34) 终点(554973.511,4859814.08)	K11 +340 右 113m ~ K11 +560 右 113m 起点(554660.626,4859778.98) 终点(554830.938,4859639.72)
	八道湾煤矿	229	K11 + 640 左 124m ~ K11 + 860 左 124m 起点(555042.649,4859772.25) 终点(555212.88,4859632.89)	K11 +640 右 105m ~ K11 +860 右 105m 起点(554897.663,4859594.99) 终点(555067.895,4859455.63)
	新纪煤矿	275	K11 + 700 左 132m ~ K11 + 840 左 132m 起点(553506.899,4863096.03) 终点(553577.895,4862967.03)	K11 +700 右 143m ~ K11 +840 右 143m 起点(553269.784,4862956.74) 终点(553333.261,4862841.41)
	馒头山煤矿联合二矿	275	K7 + 440 左 132m ~ K7 + 620 左 132m 起点(553385.165,4863313.6) 终点(553464.953,4863165.43)	K7 +440 右 143m ~ K7 +620 右 143m 起点(553137.475,4863194.12) 终点(553228.862,4863024.41)
	万窑煤矿联合一矿	275	K7 + 200 左 132m ~ K7 + 380 左 132m 起点(553299.692,4863521) 终点(553361.516,4863364.48)	K7 +200 右 143m ~ K7 +380 右 143m 起点(553039.774,4863431.18) 终点(553110.524,4863252.11)
支线	联合一矿	333	K3 + 080 左 257m ~ K3 + 300 左 257m 起点(551957.501,4863013.58) 终点(552177.301,4863004.09)	K3 +080 右 76m ~ K3 +300 右 76m 起点(551944.994,4862680.81) 终点(552164.83,4862672.32)
	联合二矿	333	K3 + 600 左 257m ~ K4 + 240 左 257m 起点(552463.687,4862994.9) 终点(553077.905,4863058.08)	K3 +600 右 76m ~ K4 +240 右 76m 起点(552468.612,4862661.94) 终点(553111.728,4862727.8)

3.2 采空区稳定性理论分析

3.2.1 煤矿采空区对公路工程危害程度的评价

3.2.1.1 相关评价标准

(1)关于路基沉降规定

依据《公路路基设计规范》(JTG D30—2004)❶相关规范规定,对路面设计使用年限内残余沉降(简称工后沉降)规定如下:桥台与路堤毗邻处≤0.1m、涵洞或箱形通道处≤0.2m、一般路段≤0.3m。

(2)关于桥梁墩台沉降及位移规定

依据《公路桥涵地基与基础设计规范》(JTG D63—2007)❷,相邻墩台间不均匀沉降差(不包括施工中沉降)不应使桥面形成大于2‰的纵坡。对外超静定桥梁结构桥梁墩台间的不均匀沉降差,除应满足上述要求外,尚应满足结构的受力要求。根据超静定桥梁结构设计经验,墩台不均匀沉降一般不容许超过1.5cm;否则,不均匀沉降所引起的附加应力将危及结构的安全性与适用性。

(3)煤矿开采沉陷学的一般规定

按照矿山开采沉陷学的原理,煤层被采空后在地表形成沉陷盆地,而地表下沉盆地的范围可用各种角度参数来确定,如图3-22所示。

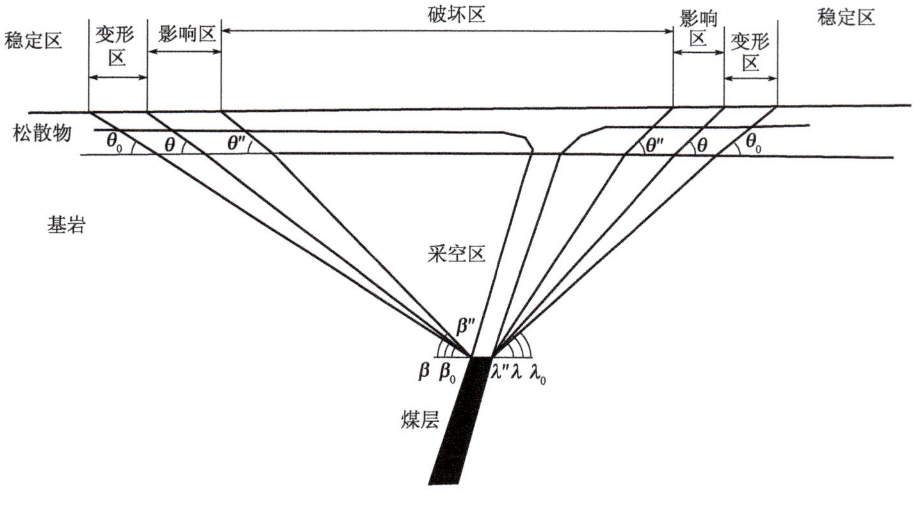

图3-22 地表移动特征与分区示意图

移动盆地最外边界:移动盆地最外边界是指地表移动和变形都为零所圈定的盆地边界,它

❶ 现行规范编号为JTG D30—2015。

❷ 现行规范编号为JTG 3363—2019。

由仪器观测确定，考虑到仪器误差，一般取下沉为10mm的点为边界。边界角如β_0、γ_0、δ_0依次表示下山、上山和走向方向的边界角。一般认为边界以外为稳定区，以内为变形区。

移动盆地的危险移动边界：是以盆地内的地表移动与变形对建筑物有无危害而划分的边界。对建筑物有无危害的标准是用临界变形值来衡量的。其范围可以用移动角来确定，即移动角如β、γ、δ依次表示下山、上山和走向方向的移动角。一般认为边界以外为变形区，以内为对建筑物影响区。

移动盆地的覆岩破坏移动边界：是在充分采动或接近充分采动条件下，在地表移动盆地主断面上，移动盆地内最外侧的地表裂缝至采空区边界的连线与水平线在煤柱一侧的夹角，即裂缝角。如β''、γ''、δ''依次表示下山、上山和走向方向的裂缝角。一般认为边界以内为覆岩破坏区。

目前我国现行《建筑地基基础设计规范》(GB 50007)、《岩土工程勘察规范》(GB 50021)等未对高速公路煤矿采空区上覆特大桥的变形要求加以明确规定；高速公路主要参照《建筑物、水体、铁路及主要井巷道煤柱留设与压煤开采规程》，来确定公路下伏采空区治理范围和保护煤柱的范围。在该规程中只将高速公路按一级保护等级，划定保护煤柱，未进行进一步详细划分；保护煤柱边界采用地表变形的危险移动角参数，如表土移动角ψ、φ_c，下山、上山和走向方向的边界角β、γ、δ，急倾斜矿层底板边界角λ等；在第16条中确定建筑物保护煤柱的允许地表变形值采用下列数值，地表倾斜、水平变形和曲率的临界变形值分别为$i = 3\text{mm/m}$、$\varepsilon = 2\text{mm/m}$、$k = 0.2 \times 10^{-3}/\text{m}$。

3.2.1.2 根据经验公式及调查区覆岩结构特点分析预测地表变形

国内外采矿经验认为，采深与采厚比大于40(即$H/M > 40$)，在地层中没有较大的断裂破坏情况下，矿层采出一定面积后，会引起岩层移动并波及地表，其地表变形和沉陷在空间和时间上都具有明显的连续性并有一定的展布规律，常表现为地表移动盆地。在采深与采厚比小于40(即$H/M < 40$)的情况下，矿层采出一定面积后，会引起岩层移动并波及地表，其地表变形和沉陷在时间和空间上都具有明显的不连续特征。地表会发生剧烈变形，采空塌陷区上方的地表常形成较大裂缝和塌陷坑。

从沿线采空区的最大埋深与最小埋深的平均值与煤层总厚度之比来看，其比值一般小于40，且属于急倾斜煤层采空区。因此，沿线采空区地表发育有移动盆地、地表裂缝、台阶、塌陷坑和塌陷槽等，对拟建公路影响较大。

根据矿山开采沉陷学的理论，采出厚度与塌陷冒落带及裂隙变形带之间有如下关系：垮落带的高度主要取决于采出厚度和上覆岩石的碎胀系数，通常为采出矿层厚度的2~5倍。当顶部为软弱岩石时，垮落带高度为采出矿层厚度的2~4倍；当顶部为坚硬岩石时，垮落带高度为采出矿层厚度的3~5倍。裂隙带高度也与岩性有关，一般情况下软弱岩石形成的两带(冒落带、裂隙带)高度为采厚的9~12倍，中硬岩石为采厚的12~18倍，坚硬岩石为采厚的18~28倍。

煤层被采出后，形成垮落带、裂隙带及整体变形弯曲带三带。其中采空区最大导水裂隙带高度可根据式(3-1)进行计算：

$$H_f = \frac{100M \times h}{7.5 \times h + 293} + 7.3 \tag{3-1}$$

式中：H_f——导水裂隙带高度(m)；

M——煤层厚度(m)；

h——采煤工作面小阶段垂高(采空区高度,按调查资料高度计算,m)。

八道湾煤矿第一组煤层厚度为28.0m;第二组煤层厚度为45.82m,采段高为30m,最大导水裂隙带高度分别为174.0m和223.0m;军区煤矿第三组煤层厚度为64m,采段高为30m,最大导水裂隙带高度为255.0m;丰源煤矿第四组煤层厚度为30m,采段高为30m,最大导水裂隙带高度为181.0m;联合一矿第四组煤层厚度为30m,采段高为30m,最大导水裂隙带高度为181.0m;联合二矿第三组煤层厚度为47m,采段高为30m,最大导水裂隙带高度为225.0m。

根据计算结果,采空区最大埋深在150~180m之间,最大导水裂隙高度在174~255m之间;钻探资料表明,最大导水裂隙总体高度在110~130m之间;地面变形特征表明,最大导水裂隙带高度在150~180m之间,且直接到达地表。

上述地面调查结果、钻探与物探结果均表明:采空区尚未塌陷,采空区覆岩中存在大量空洞。这说明采空区的变形仍未结束,随着时间的推移和风化作用的侵入,以及地震等因素的影响,会造成采空区上覆岩层进一步破碎冒落,将给拟建公路造成潜在性危害。

3.2.1.3 地表变形预测计算

依据《建筑物、水体、铁路及主要井巷煤柱留设与压煤开采规程》的规定:急倾斜煤层地表下沉盆地的移动和变形值的计算和开采缓倾斜煤层的地表移动与变形值计算基本相同。只是根据计算点的相对位置,将倾斜工作面转换为一等价的计算工作面,并以等价工作面的采深代替实际的深度。勘察区内煤层倾角约在70°,其地表最大变形量的位置一般在采空区上山方向,煤层埋深约三分之二处,因此,将此点作为等价工作面的深度。基于这一原则,八道湾煤矿:第一组煤厚度为28.00m,等价深度为120m;第二组煤厚度为45.82m,等价深度为120m。军区煤矿:第三组煤厚度为64.0m,等价深度为100m。丰源煤矿:第四组煤厚度为30m,等价深度为100m。联合一矿第四组煤层厚度为30m,等价深度为120m。由于勘察区内煤矿没有地面沉降观测资料,无法准确获得地表移动计算参数,本次计算工作参考《建筑物、水体、铁路及主要井巷煤柱留设与压煤开采规程》并依据"新疆乌鲁木齐市六道湾煤矿塌陷区环境恢复治理项目示范区勘察报告"(新疆地质工程勘察院2003年12月完成)(表3-6)的基本参数确定。

新疆乌鲁木齐市六道湾煤矿采空区对地表影响参数一览表　　表3-6

煤组	顶板岩性	底板岩性	顶板移动角 β_1(°)	底板移动角 λ_1(°)	走向移动角 δ_1(°)
第一组	粉砂岩(软岩)	粉砂岩	5	65	75
第二组	粉砂岩(软岩)	粉砂岩	5	65	75
第三组	粉砂岩(中软)	粉砂岩	35	65	75
第四组	粉砂岩(中软)	粉砂岩	35	65	75

本次勘察区内煤矿采空区地表变形参数取值:下沉系数q为0.35,重复开采时取0.4;水平移动系数b为0.24;走向移动角为75°,底板移动角为65°;顶板移动角为35°;第四系移动角为40°。

根据矿山开采沉陷学中的理论,采出厚度与塌陷冒落带及裂隙变形带之间有如下关系:冒落带的高度主要取决于采出厚度和上覆岩石的碎胀系数,通常为采出矿层厚的3~5倍。两带高度与岩性有关,一般情况下软弱岩石形成的两带高度为采厚的 9~12 倍,中硬岩石为采厚的 12~18 倍,坚硬岩石为采厚的 18~28 倍。沿线采空区地面变形特征表明最大导水裂隙带高度在 150~180m 之间,且直接到达地表。

根据矿山开采沉陷学中的下列经验式(3-2),勘察过程对丰源煤矿采空区的地表剩余变形量进行了预计计算:

1)最大下沉量

$$W = mq\cos\alpha \tag{3-2}$$

式中:W——最大下沉量(mm);

m——煤层开采厚度(m);

q——下沉系数,其取值与顶板管理等因素有关,取 0.06~0.80;

α——煤层倾角(°)。

2)最大倾斜值

$$i = \frac{W}{r} = \frac{W}{\dfrac{H}{\tan\beta}} \tag{3-3}$$

式中:i——最大倾斜值(mm/m);

r——主要影响半径,其值为采深与主要影响角正切 tan65°的比值。

3)最大曲率值

$$k = \pm 1.52\frac{W}{r^2} \tag{3-4}$$

式中:k——最大曲率值(mm/m^2)。

4)最大水平移动

$$U = bW = 0.2W \tag{3-5}$$

式中:U——最大水平移动(mm);

W——最大下沉量(mm);

b——水平移动系数,取 0.24。

5)最大水平变形值

$$\varepsilon = \pm 1.52\frac{bW}{r} \tag{3-6}$$

式中:ε——最大水平变形值(mm/m);

其他符号含义同上。

剩余变形量的预测计算:按矿山开采沉陷学基本理论和经验数据,当采空区形成后其上方地表的变形经历开始阶段、活跃阶段、衰退阶段,当评价剩余变形时一般是用 A. Sulstowicz 假说——盆地体积的增长率与开挖区内未压密的体积成正比,即:

$$W = W_{max}[1 - \exp(-ct)]$$

式中:W_{max}——最大沉降量;

c——岩石采深参数;

t——下沉持续时间。

上式中 c 的确定是关键,在国内这方面研究不多,尚未形成系统资料,一般 c 取值范围在

1.5～3.0。根据已有的经验，采空区形成10年以上，总变形量的90%已完成，剩余变形量约10%；采空区形成3～10年以后，总变形量的85%已完成，剩余变形量约15%；采空区形成3年以内，总变形量的75%已完成，剩余变形量约25%。

本勘察区的采空区尚未完全塌陷冒落，采空区的地段至今尚处于悬空状态，地表变形还未结束。由于剩余变形量难以准确计算，依照矿山开采沉陷学理论，结合勘察区覆岩结构、停采时间、采煤厚度和开采特征分析，上述各采空区的变形已完成变形总量的90%。据此，估算出沿线各煤矿采空区地表剩余变形量如表3-7所示。

各煤矿采空区地表剩余变形量表　　表3-7

线别	煤矿名称	煤层		采厚(m)	最大剩余下沉量 w(mm)	最大剩余倾斜值 i (mm/m)	最大剩余曲率值 k (10^{-3}/m)	最大剩余水平移动 U (mm)	最大剩余水平变形值 ε (mm/m)
主线	丰源煤矿	第四组煤		30	411	6.07	0.14	99	6.23
	军区煤矿	第三组煤		64	877	17.07	0.51	210	2.21
	八道湾煤矿	第一组煤	左侧	28	384	6.52	0.17	92	2.38
			右侧	28	384	10.27	0.42	92	3.75
		第二组煤	左侧	45.82	628	10.67	0.28	151	3.89
			右侧	45.82	628	16.81	0.68	151	6.13
喀什路支线	安宁渠联合一矿	第四组煤		30	411	8.80	0.29	99	3.21

在八道湾矿区与联合矿区地表，受采动影响的地表从原有高程向下沉降。明显可以看出，在采空区上方地表形成一个比采空区大得多的沉陷区域即地表移动盆地，在拟建公路附近的地表，最大沉降量为0.5～2.0m；在此沉陷过程中，地表可见最大宽度0.2～2.0m的裂隙，和深达几米台阶、塌陷坑、塌陷槽等非连续破坏现象。当拟建公路通过采空区时，随着在风化、地震及地下水等因素的作用下煤柱及其顶底板的强度降低，在公路使用过程中有可能会同样产生相应的变形量，或者会产生更大的变形量。同时，各矿地表剩余变形值：最大剩余下沉量 w 在384～887mm之间；i 值在6.07～16.81mm/m之间；ε 值在2.21～6.23mm/m之间；k 值在(0.14～0.68)×10^{-3}/m之间。参照《公路路基设计规范》(JTG D30—2004)❶，对于高速公路一般地基容许工后沉降量应≤0.3m的规定，该路线各采空区路段最大剩余下沉量 w 在384～887mm之间远远大于规范所规定的沉降量。参照《建筑物、水体、铁路及主要井巷煤柱留设与压煤开采规程》，对于高速公路应小于 $i=3$mm/m、$\varepsilon=2$mm/m、$k=0.2\times10^{-3}$/m 变形值的规定，该路线各采空区路段最大剩余 i、ε、k 值远远大于规范所规定的变形量。这些剩余变形量使拟建公路路基、路面产生裂缝、裂隙及不均匀沉陷，直接影响拟建公路工程的质量和安全运营。

对于八道湾煤矿安全煤柱路段：乌鲁木齐矿区煤层风化带的深度在30～40m左右，考虑

❶ 现行规范编号为JTG D30—2015。

到安全煤柱周围都是采空区，在水、风等因素的影响下，加剧了安全煤柱的风化作用，致使煤柱强度降低，其结果会影响拟建公路路基的安全；与此同时，安全煤柱周围的采空区在水、风等因素的影响下，将会继续下沉变形，其结果将会对安全煤柱产生下沉作用，任何变形量对路线将产生巨大的影响。因此，在上述风化及其采空区下沉作用影响下，煤柱地表会产生持续性变形，危害拟建公路的安全。

沿线煤矿区的特殊地质、采矿条件决定了急斜煤层群开采沉陷损害有诸多的特殊性：①急斜煤层开采后，覆岩移动破坏受众多因素控制，一般情况下覆岩破坏剧烈，在顶底板间形成临时性的结构中存在大量的空洞，随着时间的延续，这些非稳定性结构随时都可能导致地表塌陷灾害的发生。②急斜煤层开采覆岩的剧烈破坏形成的塌陷坑、裂缝破坏，其深度大、稳定性极差，工程地质、地基稳定性也极其差。③同水平相邻煤层的开采，会引起已经基本稳定的沉陷区域"活化"，发生更为剧烈的沉陷破坏；同时，深部煤层开采引起的地表沉陷范围包括所有上部煤层开采的沉陷范围，因此，矿井开采至最终水平后，地表沉陷才能逐渐稳定下来。

沿线各采空区仍处于不稳定状态，其剩余变形量均较大，勘察表明：地下尚存在许多空洞，拟建公路完成后覆岩将会持续产生变形，其结果足以使公路路基、路面产生破坏性裂缝、塌陷及不均匀下沉。若不进行治理，高速公路在建成后，将会因下伏采空区的持续塌陷变形而引起路基、路面开裂、不均匀塌陷等现象，严重影响交通安全。若筑路前不进行治理，而是等路面变形后再维修，那么，不仅造成经济上的浪费，而且会造成堵车或中断交通等不良影响，公路等级也会因此而降低。因此，必须对沿线采空区进行治理。

3.2.2 采空区危险性及稳定性评价

3.2.2.1 采空区危险性评价

通过调查，沿线采空区地表发育有地表移动盆地、地表裂缝、台阶、塌陷坑和塌陷槽。其特点是：

(1)矿区急斜煤层群采煤沉陷的基本形式是深槽型塌陷坑不连续沉陷，区域塌陷坑将一直处于不稳定状态。

(2)沿线矿区开采方法一般采用非规范的开采方法，采出率低于40%，地表出现以开裂裂缝和阶梯台阶为典型的不连续沉陷。虽然其破坏远没有深槽型塌陷坑严重，但随着时间的推移，在诸多影响因素作用下，该区域也将一直处于非稳定沉陷状态。

(3)以深槽型塌陷坑的边界表土层的边坡效应为主，在悬吊顶板的离层和底板沿层面弱面错动下滑的作用下，在深槽型塌陷坑周边形成以开裂裂缝和阶梯台阶为典型的非连续沉陷破坏。

(4)顶板方向和底板方向移动、变形、破坏发展的不平衡，使得地表沉陷不对称，是急斜煤层地表沉陷的重要特征。一般情况下，急倾斜煤层开采对顶板的影响要比对底板的影响更大。

沿线煤矿属于急倾斜近距离多煤层开采，且煤层厚度较大，所形成的采空区塌陷、冒落造成的地面变形，对高速公路的危害有以下几个方面：

(1)造成拟建公路路基下沉，如果在竖直方向上产生拉伸变形，将引起路基松弛，并在不同地层中可能产生脱层。这将影响路基的承载力，加大地表的倾斜和拉伸变形，对路基的稳定性产生影响。

(2)路基在下沉的同时,将伴有水平方向的位移。垂直于路线方向的横向移动将改变路基原有的方向;沿路基纵向的水平变形,使路基受到拉伸和压缩。由于这两种移动的不均匀性,会使高速公路坡度发生变化、竖曲线形态的变化和路线方向的变化等。

(3)路基随地表的下沉而下沉。因地表变形的不连续与无规律下沉,使得路面的原有坡度出现无规律的变化。如果地表倾斜方向和路线坡度方向一致,路线坡度将增大;反之,路线坡度将减小或形成反坡。

(4)地表的不均匀下沉。在路线坡度改变时,必将导致路线在竖直方向上弯曲,改变原有设计的曲率半径,对公路上运行的车辆及路基都会造成危害,严重时造成交通事故。

3.2.2.2 采空区稳定性评价

勘察结果表明,该路段煤矿采空区属急倾斜状态下的多水平面、近距离、多煤层重复采动,采空区内尚存大量空洞未充分塌陷,估算最大剩余下沉量约为877mm,采空区的剩余变形不能满足公路路基对变形的要求,处于不稳定状态。由于覆岩厚度大,塌陷后碎胀的岩石需要一个较长的压实过程,使采空区的沉陷在一个较长时期内仍会继续进行,对拟建道路工程危害极大。

煤矿安全煤柱路段:乌鲁木齐矿区煤层风化带的深度在30~40m,考虑到安全煤柱周围都是采空区,随着风化作用的进行,致使煤柱的强度降低,地表产生持续的下沉变形,影响拟建公路路基的安全。

为确保道路工程的安全运营,必须对影响公路路基安全的煤矿采空区采取工程措施,进行治理。

3.2.3 采空区塌陷垮落带空隙体积计算

1)采空区治理长度

考虑到采空区已发生塌陷冒落,将采空区路段划分为采空区在路线上垂直投影长度的采空区长度和以移动角为计算依据的影响区长度两部分。

2)采空区治理宽度

(1)拟建公路纵向与地层走向垂直时:

按公路横向上的宽度,以公路两侧边坡坡角为起点,向两侧第四系松散沉积层应力扩散角按40°考虑,基岩以75°应力扩散角考虑地表的变形范围,保护带的宽度各为15m考虑,即治理宽度 L = 路基底部宽度 + 公路保护带 + $2H_1\cot\delta + 2H_2\cot\theta$。计算示意图如图3-23所示。

(2)拟建公路纵向与地层走向斜交时:

采用斜交剖面移动角计算,先将煤层下山、上山方向移动角换算成路线纵向通过位置上的下山、上山方向移动角的换算公式,分别见式(3-7)、式(3-8)。

$$\cot\beta' = \sqrt{\cot^2\beta\cos^2\theta + \cot^2\delta\sin^2\theta} \tag{3-7}$$

$$\cot\gamma' = \sqrt{\cot^2\gamma\cos^2\theta + \cot^2\delta\sin^2\theta} \tag{3-8}$$

其中,β、γ、δ、θ 分别为下山、上山、走向方向移动角和围护带边界与煤层倾向线之间所夹

锐角。则治理宽度 L:

$$L = 路基底宽 + 公路保护带宽 + (2h\cot\theta + H_下 \cot\beta' + H_上 \cot\gamma') \tag{3-9}$$

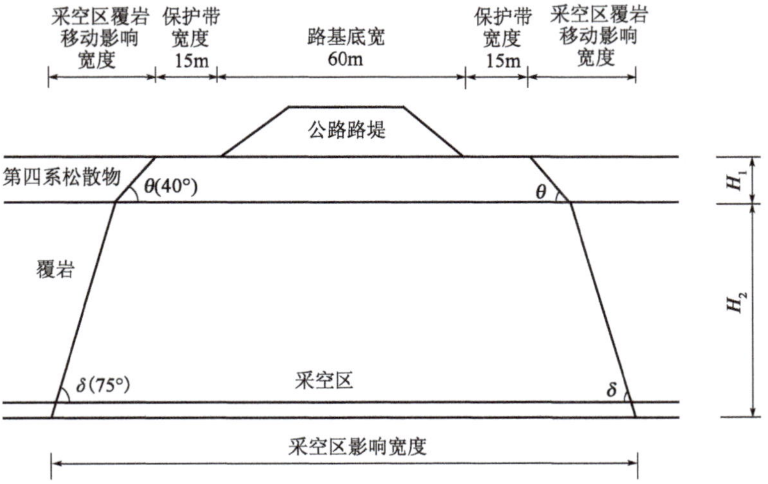

图 3-23　采空区公路(纵向与地层走向垂直时)横向治理宽度计算示意图

计算示意图如图 3-24 所示。其中,h、$H_上$、$H_下$ 分别代表松散层厚度与煤层上山下山方向基岩厚度。计算过程中,横向方向 θ 为 40°,则 β'、γ'分别为 67°、42°。在拟建公路纵向方向上,除采空区路段外,尚考虑采空区影响路段,该范围的计算在横向方向 θ 为 50°,β'、γ'分别为 70°、47°。

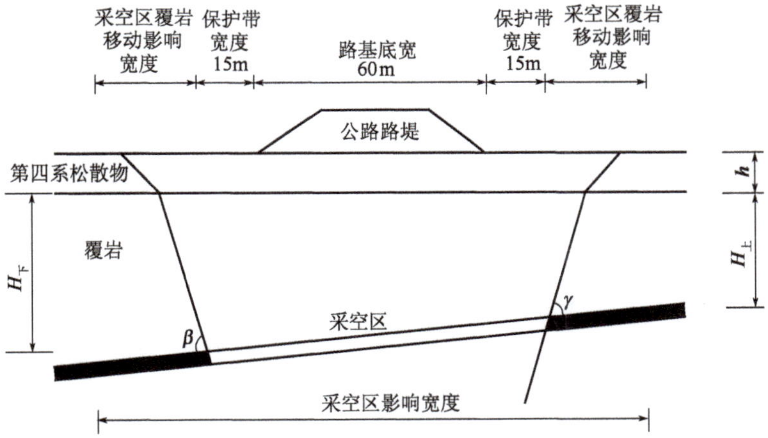

图 3-24　采空区公路(纵向与地层走向斜交时)横向治理宽度计算示意图

各煤矿采空区治理宽度计算结果见表 3-8。

①丰源煤矿采空区:K11 +000 ~ K11 +300m,路基底层宽度为 70m。H_1 为第四系深度,平均为 20m;H_2 煤层上方覆岩深度,平均为 145m。则治理宽度 $L = 226$m。在公路轴线上除采空区外,考虑采空区最大埋深 165m,在煤层顶板方向尚有 231m 的影响区,在煤层底板方向尚有 92m 的影响区。

乌鲁木齐东二环道路工程采空区及其影响区平面特征一览表 表 3-8

线别	煤矿名称	采空区路线位置	采空区路线长度(m)	采空区(治理)宽度(m)	采空区纵向影响区长度(m)		采空区影响区纵向位置
					煤层顶板方向	煤层底板方向	
主线	丰源煤矿	K11 +100 ~ K11 +200	100	226	231	92	K10 +869 ~ K11 +100 K11 +200 ~ K11 +292
主线	军区煤矿	K11 +300 ~ K11 +560	260	226	176	73	与丰源煤矿和八道湾煤矿采空区紧接壤,按采空区考虑
主线	八道湾煤矿	K11 +560 ~ K11 +860	300	124/105	265/166	105/74	顶板方向与军区煤矿采空区接触,按采空区考虑;底板方向:东侧 K11 +860 ~ K11 +965;西侧 K11 +860 ~ K11 +934
喀什支线	联合一矿	JK3 +050 ~ JK3 +295	245	257/76	176	80	JK2 +874 ~ JK3 +050 JK3 +260 ~ JK3 +340
合计			905	—	—	—	—

②军区煤矿采空区:路基底层宽度为 70m,H_1 为第四系深度,平均 20m,H_2 煤层上方覆岩深度为 107m。则治理宽度 $L=208$m。考虑到路线前后两采空区埋深较大,治理宽度较大,参照丰源煤矿采空区治理宽度,最终确定治理宽度为 226m。在公路轴线上除采空区外,考虑采空区最大埋深 130m,在煤层顶板方向尚有 176m 的影响区,在煤层底板方向尚有 73m 的影响带。

③八道湾煤矿采空区:路基底层宽度为 70m。路线下方为安全煤柱,路线东侧煤层采深为 190m,H_1 为第四系深度,平均 25m,线路东侧 H_2 煤层上方覆岩深度为 165m。则治理宽度 $L=124$m。路线西侧煤层采深为 120m,H_1 为第四系深度,平均 25m,线路西侧 H_2 煤层上方覆岩深度为 95m。则治理宽度 $L=105$m。合计宽度为 229m(含路基基底宽度 70m,两侧各 15m 保护带)。在煤层顶板方向,分别考虑采空区最大埋深 120m、190m,在东西两侧分别尚有 265m、166m 的影响区,在煤层底板方向东西两侧分别尚有 105m、74m 的影响区。

④安宁渠联合一矿采空区:路基底层宽度按 70m 算,H_1 为第四系深度,平均 15m,H_2 煤层上方覆岩深度为 170m,H_2 按 20m 计。则治理宽度 $L=333$m。在公路轴线方向,考虑采空区最大埋深为 185m,在煤层顶板方向尚有 176m 的影响区,在煤层底板方向尚有 80m 的影响区。

3)采空区空洞体积估算

煤层被采出后形成的采空区经过塌陷冒落后,其体积可根据式(3-10)估算:

目前为止采空区的体积(V):

$$V = V_a - \Delta V$$
$$V_a = S \times H \times K \tag{3-10}$$

式中:V_a——采空后的采空区体积;

S——采空塌陷区面积(m^2);

H——煤层厚度(m);

K——采出率(%);

ΔV——截至目前已经沉降变形的冒落岩石碎胀所充填体积。

根据调查与钻探资料,采空区路段剩余变形量较大,ΔV 约为10%左右,这些变形量将在若干年后缓慢完成。根据这一原则,估算各采空区剩余空洞体积(表3-9)及覆岩裂隙总体情况。

煤矿采空区影响线路剩余空洞体积估算表 表3-9

线别	里程(km+m)	煤矿名称		煤层	采厚(m)	采深(m)	计算长度(m)	影响宽度(m)	采出率(%)	剩余空洞体积(m^3)
主线	K11+100~K11+200	丰源煤矿		B_{23}~B_{33}	30	30~165	145	226	30	31386
主线	K11+300~K11+560	军区煤矿		B_7~B_{20}	64	30~130	107	226	30	38111
主线	K11+560~K11+880	八道湾煤矿	左侧	B_1~B_6	73.8	30~190	165	124	30	22937
			右侧			30~120	95	105	30	14548
喀什支线	JK3+050~JK3+295	安宁渠联合一矿		第四组煤	30	35~185	120	333	30	38272
	合计									145254

3.3 采空区治理工程设计

3.3.1 设计要求

3.3.1.1 设计目的

设计的目的是选择安全可靠、经济合理的方案,对影响拟建公路安全的采空区进行工程治理,确保路基的稳定,做到一次根治、不留后患,保证道路行车安全、舒适、平稳。

3.3.1.2 设计标准

对采空区路段进行治理后,地基的变形应满足公路工程对地基稳定性的要求,即经治理后的采空区在公路运营过程中,不再产生较大的变形,保证公路安全营运。

根据《采空区公路设计与施工技术细则》(JGT/T D31-03—2011),结合国内类似工程成功经验,本道路工程的采空区地表容许变形值应满足下列规定:

倾斜:$i \leqslant 3mm/m$。

水平变形:$\varepsilon \leqslant 2mm/m$。

竖曲率:$k \leqslant 0.2mm/m^2$。

3.3.2 设计原则

采空区的治理设计在充分考虑当地环境特点、工程地质条件、材料分布与供应和工期要求等因素的前提下，应具有技术先进、经济合理，满足拟建公路的各项功能，保证构造物的安全、坚固、稳定和使用寿命。治理后的采空区地基在公路运营期间，能有效承受公路和车辆荷载，不产生超过公路工程允许的变形，保证公路安全营运。

3.3.3 采空区治理范围的确定

(1)治理长度

本采空区治理段路线走向与煤层走向近似垂直，道路纵向采空区治理长度为采空区在路线上的投影长度与采空区上山影响带及下山影响带在线路上的投影长度之和(图 3-25)。

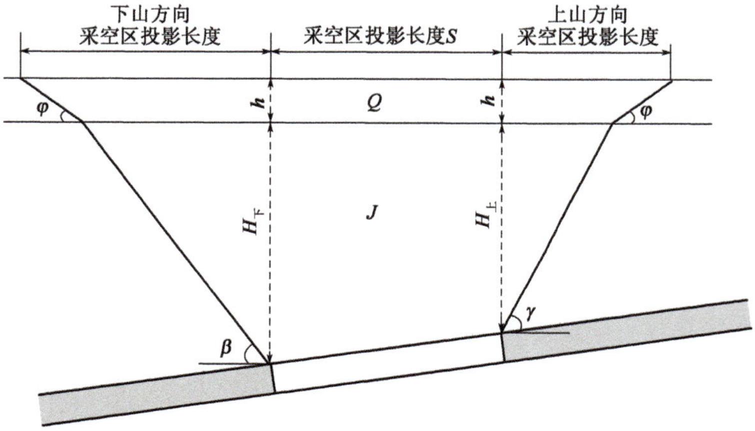

图 3-25 采空区治理长度(路线走向与煤层走向垂直)计算示意图

采空区治理长度可按式(3-11)计算：

$$L = S + (2h\cot\varphi + 1/2H_{下}\cot\beta + H_{上}\cot\gamma) \tag{3-11}$$

式中：L——垂直公路中线的水平方向宽度(m)；

S——采空区在路线上的投影长度(m)；

h——松散层厚度(m)，据工程地质勘察报告，均值取 20m；

φ——松散层移动角(°)，取 40°；

$H_{下}$——下山方向采空区覆岩厚度(m)；

$H_{上}$——上山方向采空区覆岩厚度(m)；

β——下山方向采空区覆岩移动角(°)，取 35°；

γ——上山方向采空区覆岩移动角(°)，取 75°。

丰源煤矿与军区煤矿采空区相距很近，采空区塌陷后冒落、裂隙相互叠加影响，整体连通成一个塌陷区域。因此，在采空区治理长度计算时，将两个煤矿采空区纳入一个整体考虑。按公式计算，丰源煤矿采空区下山方向影响长度为 230m，上山方向影响长度为 63m。即第一合同段内煤矿采空区治理长度为 390m，道路里程为 K10 + 870 ~ K11 + 260。

(2)治理宽度

采空区治理段路线走向与煤层走向近似垂直,道路横向治理宽度计算示意见图3-26。采空区治理宽度可按式(3-12)计算:

$$M = D + 2B + 2(h\cot\varphi + H\cot\delta) \tag{3-12}$$

式中:M——垂直公路中线的水平方向宽度(m);

D——公路路基底面宽度(m),取道路红线宽度70m;

B——路基围护带一侧的宽度(m),取10m;

h——松散层厚度(m),据工程地质勘察报告,均值取20m;

H——采空区覆岩厚度(m);

φ——松散层移动角(°),取40°;

δ——采空区覆岩走向移动角(°),取75°。

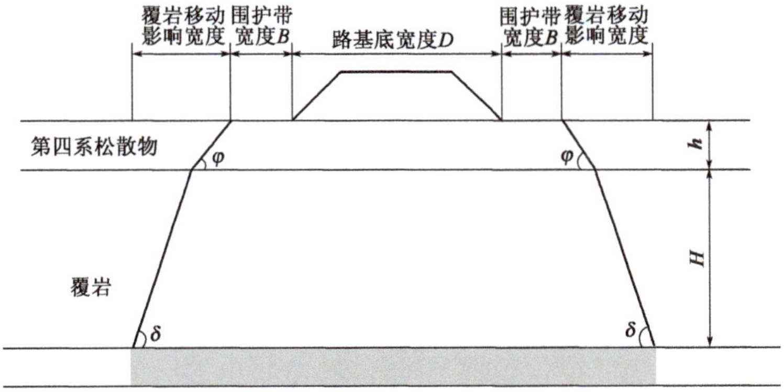

图3-26 采空区治理宽度(路线走向与煤层走向垂直)计算示意图

采空区横向治理宽度见表3-10。

采空区横向治理宽度表 表3-10

采空区名称		松散层厚度 h (m)	覆岩厚度 H (m)	松散层移动角 φ (°)	覆岩走向移动角 β (°)	治理宽度 M (m)
丰源煤矿		20	145	40	75	216
军区煤矿		20	112	40	75	216
八道湾煤矿	主线左侧	25	165	40	75	119
	主线右侧	25	95	40	75	108

注:1. 考虑两侧采空区影响,军区煤矿治理宽度增加18m。
2. 八道湾煤矿治理宽度内安全煤柱宽度为105m。考虑两侧采空区影响,主线右侧治理宽度增加8m。

(3)治理深度

采空区范围内治理深度为地面处至最低开采工作面之下1.0m;采空区影响范围内治理深度为地面至覆岩裂隙移动面之下5.0m,深度不足50.0m时按50.0m计。

3.3.4 治理方案

采空区治理方案主要依据地表变形特征、地质与采矿特征等因素确定,有桥或板跨采空区治理方案、支撑法治理方案、注浆法治理方案、采空区内充填方案及公路修建后维修方案等。桥或板跨采空区治理方案是将桩基放在采空区下部的稳定地层之上，采用桥式或板的方式通过采空区地区，该方案主要是桩基深度大、施工困难、工程费用大。支撑法治理方案是在采空区形成类似桥基的墩台，支撑采空区不再继续沉降塌陷，该方案已在109国道大同采空区治理工程取得成功，但该方法要求采空区必须具有一个极坚硬的顶板，类似的工程地质条件仅分布在山西大同地区，其他地区尚不具备这种条件。注浆法治理方案是在地面上打孔，通过注浆孔将水泥粉煤灰浆注入采空区，其结石体不仅充填到采空区及上覆岩层的裂隙中，同时阻止上覆岩层进一步的塌陷冒落，该方案已在太旧线、乌奎线、晋焦线、徐州绕城东线等地取得成功经验。采空区内充填方案是指在地表实施钻孔，通过钻孔将砂带入采空区内，类似煤矿井下水砂充填法，充填后的砂体阻止上覆岩体进一步的塌陷冒落变形；或在井下人能进入的巷道内，采用片石干砌的方法，填充采空区，以阻止上覆岩体进一步塌陷冒落，保证公路工程的安全。公路修建后维修方案是指在采空区路段可考虑先修建高速公路，然后在运营期间，对该路段进行维修，该方案一般适用于采空区治理工程投资占公路工程投资比例较大或一、二级公路的情况。

综上所述，结合公路系统以往的采空区治理工程经验，比较上述各方案的优、缺点后，推荐注浆法为该线路煤矿采空区的治理方案。对于地表的塌陷坑等先于注浆前采用碎石土回填夯实。由于安全煤柱区域煤层的风化带深度在30～40m，考虑到安全煤柱周围都是采空区，在水、风等因素的影响下，会加剧安全煤柱的风化作用，致使煤柱强度降低；与此同时，安全煤柱周围的采空区，将会继续下沉变形，其结果将会对安全煤柱产生下沉作用，任何存在的变形量对路线将会产生巨大影响。因此，可采用注浆方法加固安全煤柱，以保证拟建公路的安全。由于沿线煤矿开采急倾斜煤层，采空区上、下山方向影响带内的岩体较为破碎，受采空区的影响，岩层将会沿倾斜方向上产生向下的剪切破坏力，进而影响采空区之上拟建路基的稳定性，因此，建议采用注浆方法加固采空区附近区域的影响区，以保证拟建公路的安全。

针对拟建公路工程性质及下伏采空区的状况，综合考虑社会影响、工程造价、施工工期及施工工艺等方面因素，本着“一次根治，不留后患”的设计原则，采用全充填压力注浆的治理方案对采空区进行充填并对安全煤柱区进行加固。全充填压力注浆法是在地表钻孔，通过注浆泵、注浆管，将具有充填、胶结性能的浆液注入采空区冒落带及裂隙带中，浆液经过固化，充填采空区冒落带并胶结岩层裂隙带，使浆液结石体对其上覆岩层形成支撑作用，保证路基的稳定。

3.3.4.1 注浆法施工特点

注浆法是指用钻孔形成地下通道，采用一定的压力，把水泥粉煤灰或水泥黏土混合料浆液注入地下采空区的垮落带或冒落带中，浆液以充填、渗透等方式，将松散的岩块或裂隙胶结成一个结构稳定、强度大的“结石体”整体或条带式、墩台式结石体，从而保证采空区上方覆岩的稳定性。

G216线乌鲁木齐过境公路段公路工程煤矿采空区治理工程采用的注浆工法为全填充注浆法。注浆法施工的主要特点如下：

(1)设备和工艺使用灵活；

(2)工期短,见效快,适用范围广;

(3)加固深度易于控制。

3.3.4.2　注浆法施工适用范围及作用

注浆法适用于面积较大、采出率较高的煤矿采空区治理工程。本项目属于急倾斜煤层采空区,采用孔口封闭全孔一次注浆法及孔口封闭自上而下分段水泥粉煤灰注浆法施工,注浆施工的具体作用如下:

(1)通过注浆,能有效地充填空洞以及覆岩冒落带空隙,增强了采空区以及覆岩冒落带岩石密实度,提高了覆岩结构整体刚度,阻止了煤层或采空区顶板继续垮落。

(2)依靠注浆良好的流动性,对节理、裂隙、层理等软弱结构面进行充填胶结,提高了抗剪强度,增加了覆岩裂隙带的整体性和地基承载力,确保拟建公路的安全运营。

3.3.4.3　注浆钻孔布设

(1)注浆孔

注浆孔沿公路轴线按排布设,注浆孔的平面位置为近似等腰三角形。

公路路基内采空区及影响区,按排距15m、孔距15m布设注浆孔;

公路路基内煤柱区,按排距20m、孔距15~20m布设注浆孔;

公路路基外采空区按排距20m、孔距18~20m布设注浆孔;

公路路基外采空影响区按孔距20m、排距20m布设注浆孔。

(2)帷幕孔

沿路线纵向最外边缘采空区域各布一排帷幕孔,孔距约8m。

(3)自燃灭火注浆孔

以煤层自燃区域为中心,结合地层产状及采空区注浆孔的布设位置,按排距10m、孔距10m布设。

本工程第一合同段共布设注浆孔291个,帷幕孔48个,共计339个,采空区注浆孔的设计见图3-27、图3-28。本工程第二合同段共布设注浆孔180个,帷幕孔76个,共计256个,采空区注浆孔的设计详见图3-29。第三合同段注浆孔的平面位置为近似等腰三角形,共布设注浆孔193个,帷幕孔76个,共计269个,采空区注浆孔的设计见图3-30。

第一合同段注浆孔平面布置图(图3-27、图3-28)说明:

(1)注浆钻孔分为帷幕孔、注浆孔、灭火注浆孔三类。

(2)帷幕孔:帷幕孔布设在公路轴线两外侧边界108m处,孔距8m,布设帷幕孔48个。

(3)注浆孔:公路路基内采空区及影响区,按排距15m.孔距15m布设注浆孔;公路路基内煤柱区,按排距20m,孔距15~20m布设注浆孔;公路路基外采空区按排距20m、孔距18~20m布设注浆孔;公路路基外采空影响区,按孔距20m,排距20m布设注浆孔,共计264个。

(4)灭火注浆孔:以自燃范围为中心,按排距10m、孔距10m布设注浆孔,共计27个。

(5)先施工帷幕孔,再施工灭火注浆孔,后施工注浆孔。

(6)钻孔按二序次间隔进行施工。

第二合同段注浆孔平面布置图(图3-29)说明:

(1)注浆钻孔分为帷幕孔、注浆孔两类。

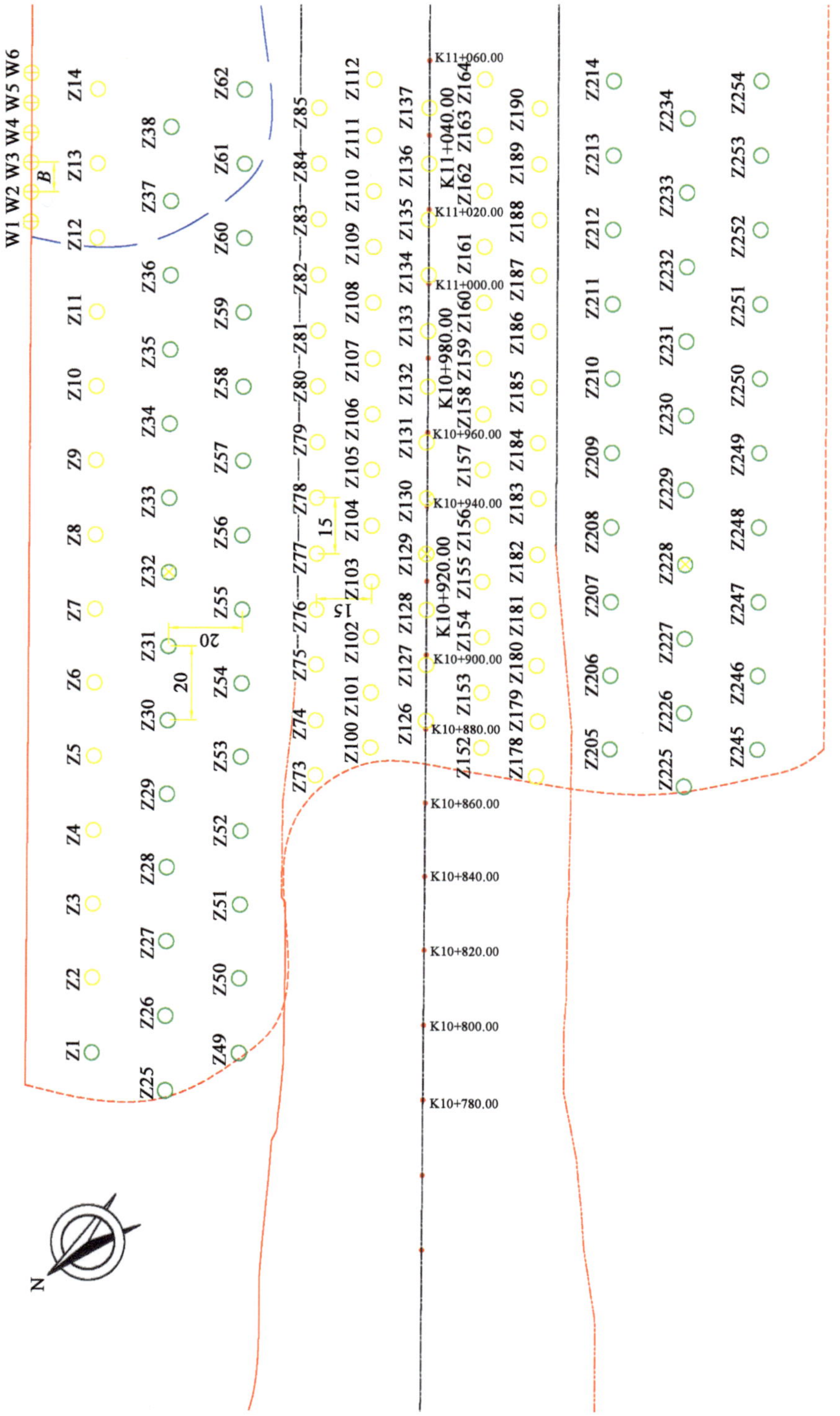

图3-27　第一合同段注浆孔平面布置图(Ⅰ)(尺寸单位：m)

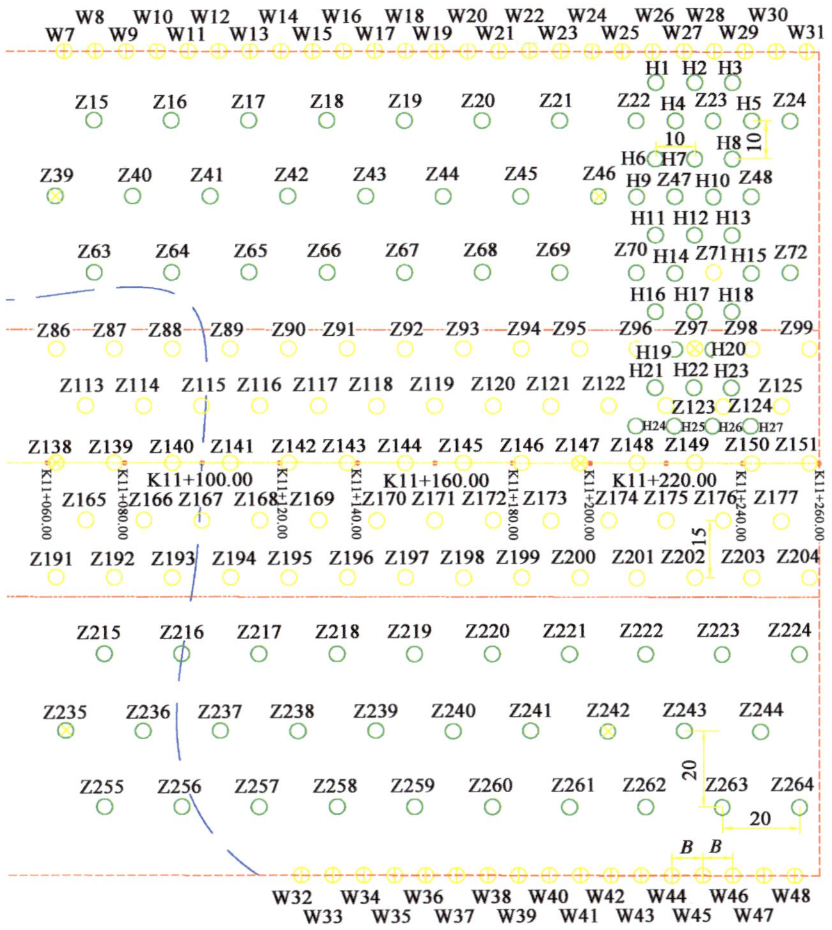

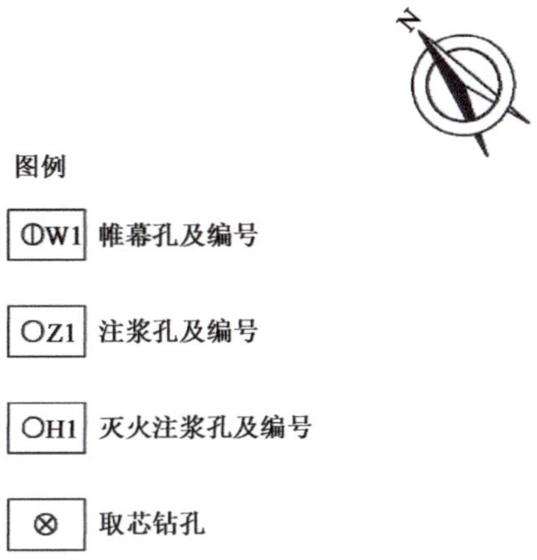

说明：

1.注浆钻孔分为帷幕孔、注浆孔、灭火注浆孔三类。
2.帷幕孔：帷幕孔布设在公路轴线两外侧边界108m处，孔距8m，布设帷幕孔48个。
3.注浆孔：公路路基内采空区及影响区，按排距15m、孔距15m布设注浆孔；公路路基内煤柱区，按排距20m、孔距15～20m布设注浆孔；公路路基外采空区按排距20m、孔距18～20m布设注浆孔；公路路基外采空影响区，按孔距20m、排距20m布设注浆孔，共计264个。
4.灭火注浆孔：以自燃范围为中心，按排距10m、孔距10m布设注浆孔，共计27个。
5.先施工帷幕孔，再施工灭火注浆孔，后施工注浆孔。
6.钻孔按二序次间隔进行施工。

图3-28 第一合同段注浆孔平面布置图(Ⅱ)(尺寸单位:m)

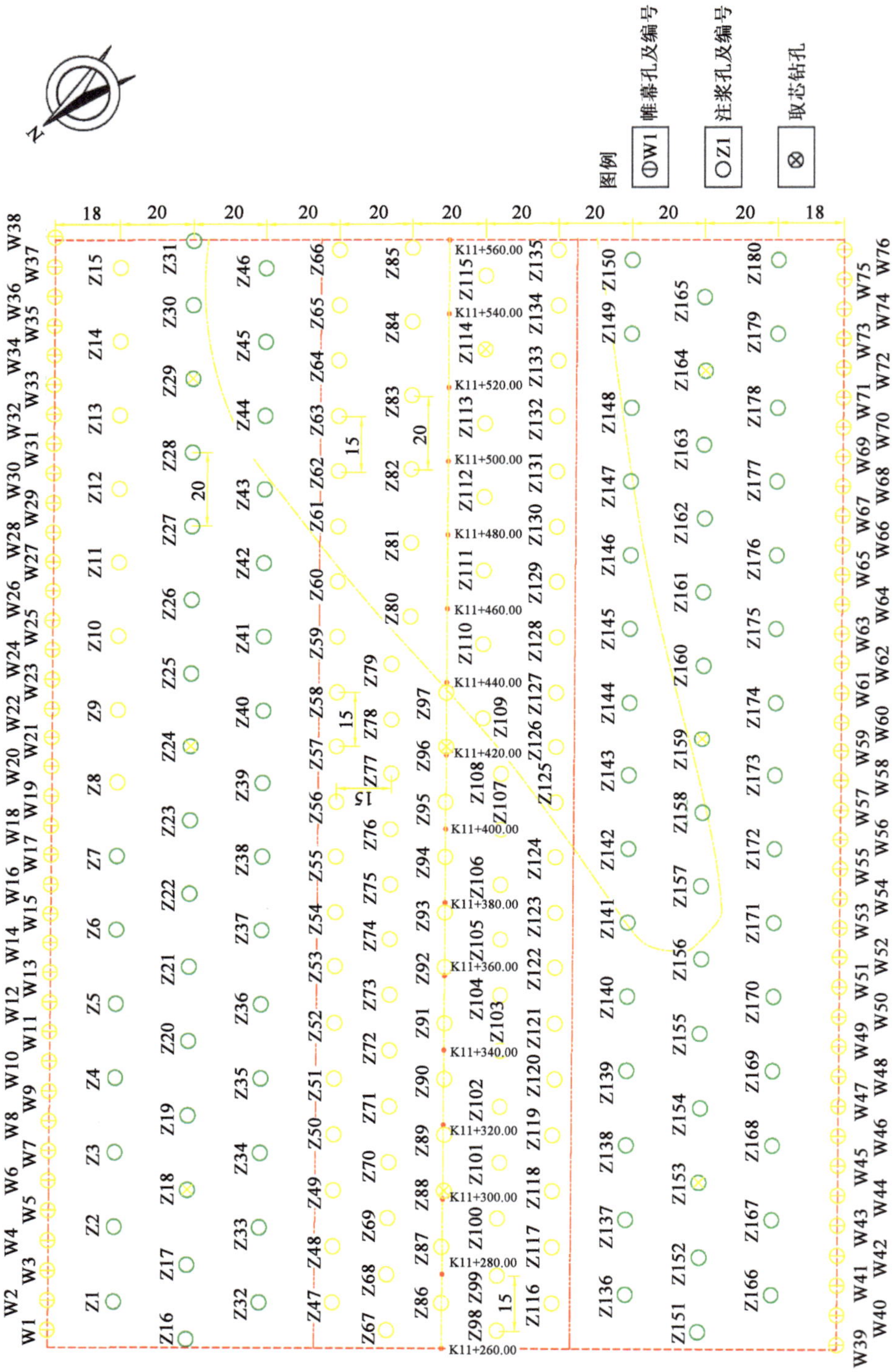

图3-29　第二合同段注浆孔平面布置图(尺寸单位：m)

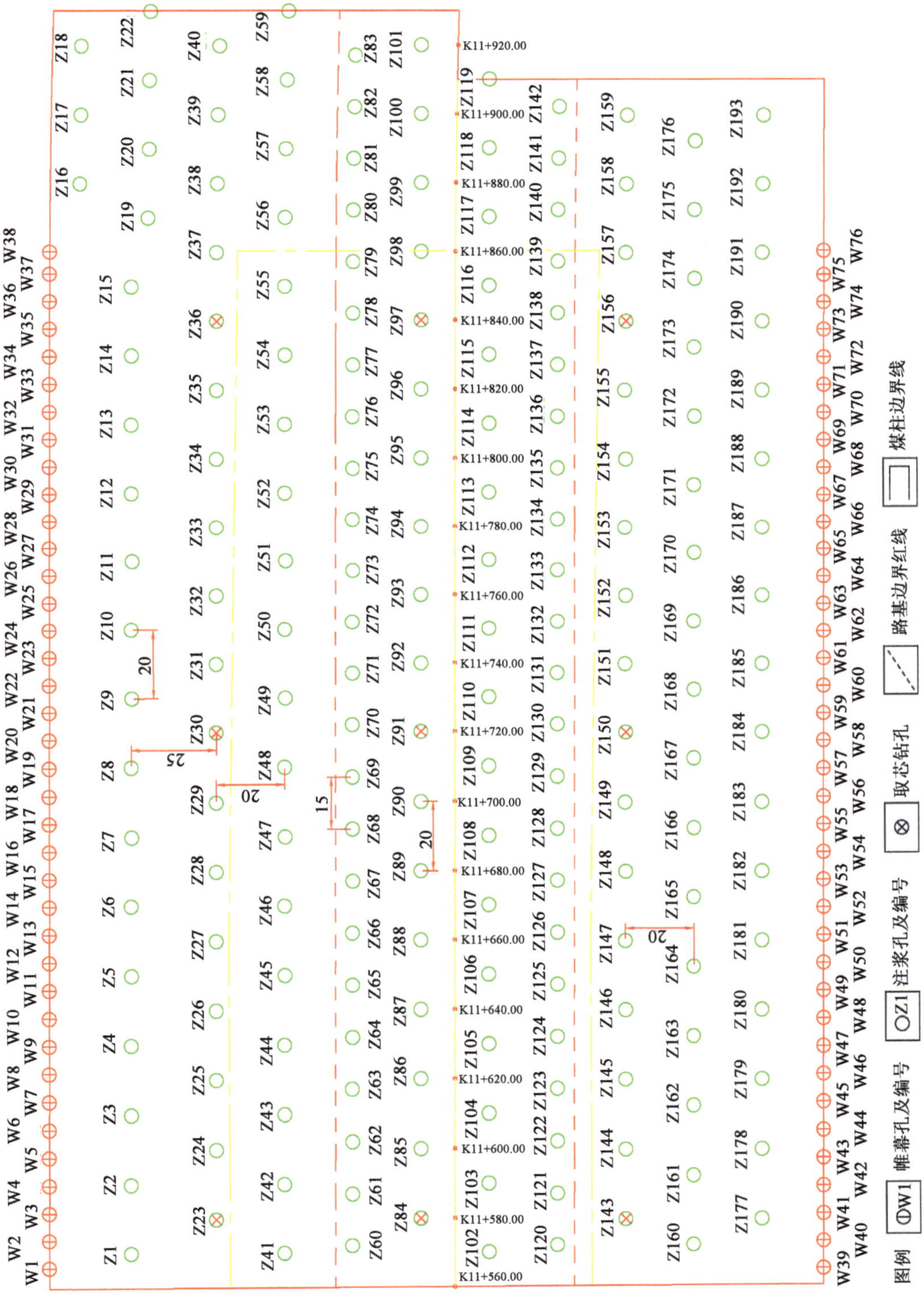

图3-30 第二合同段注浆孔平面布置图(尺寸单位：m)

(2)帷幕孔:帷幕孔布设在公路轴线两外侧边界108m处,孔距8m,布设帷幕孔124个。

(3)注浆孔:公路路基内采空区及影响区,按排距15m、孔距15m布设注浆孔;公路路基内煤柱区,按排距20m、孔距15~20m布设注浆孔;公路路基外采空区按排距20m、孔距18~20m布设注浆孔;公路路基外采空影响区,按孔距20m、排距20m布设注浆孔,共计444个。

(4)灭火注浆孔:以自燃范围为中心,按排距10m、孔距10m布设注浆孔,共计27个。

(5)先施工帷幕孔,再施工灭火注浆孔,后施工注浆孔。

(6)钻孔按二序次间隔进行施工。

第三合同段注浆孔平面布置图(图3-30)说明:

(1)注浆钻孔分为帷幕孔、注浆孔、灭火注浆孔三类。

(2)帷幕孔:帷幕孔布设在公路轴线两外侧边界108m处,孔距8m,布设帷幕孔48个。

(3)注浆孔:公路路基内采空区及影响区,按排距15m、孔距15m布设注浆孔;公路路基内煤柱区,按排距20m、孔距15~20m布设注浆孔;公路路基外采空区按排距20m、孔距18~20m布设注浆孔;公路路基外采空影响区,按孔距20m、排距20m布设注浆孔,共计264个。

(4)灭火注浆孔:以自燃范围为中心,按排距10m、孔距10m布设注浆孔,共计27个。

(5)先施工帷幕孔,再施工灭火注浆孔,后施工注浆孔。

(6)钻孔按二序次(间隔一孔分两批次完成注浆)间隔进行施工。

3.3.4.4 采空区空洞体积与注浆量

根据工程地质勘察报告,丰源煤矿采空区剩余空洞体积约43496m³,军区煤矿采空区剩余空洞体积约35430m³,八道湾煤矿采空区剩余空洞体积约36213m³。考虑到在注浆过程中,浆液向采空区非注浆区域的渗流损失,浆液损失系数取1.2,水泥粉煤灰浆液的结石率取80%,浆液对采空区冒落带及裂隙带的充填率取85%,丰源煤矿注浆量按下式(3-13)估算:

$$Q = A \times \Delta V \times \eta \div C \tag{3-13}$$

式中:Q——注浆总量(m^3);

A——浆液损失系数,取1.2;

ΔV——采空区剩余空洞体积(m^3);

η——浆液充填率(%),取85%;

C——浆液结石率(%),取80%。

丰源煤矿采空区注浆量见表3-11。

丰源煤矿采空区注浆量　　表3-11

采空区名称		里程桩号	剩余空洞体积(m^3)	注浆量(m^3)
丰源煤矿		K11+100~K11+260	29997	38246
自燃区域		K11+219~K11+239	13499	17212
军区煤矿		K11+260~K11+560	35430	45174
八道湾煤矿	左侧	K11+560~K11+860	20993	26766
	右侧	K11+560~K11+860	15220	19406
合计			115139	146804

3.3.4.5 浆液材料及配合比

(1)浆液类型

根据当地材料供给情况,结合国内采空区治理工程使用的浆液类型,该采空区治理工程注浆采用水泥粉煤灰浆液,充分利用水泥粉煤灰浆液的稳定性及浆液结石体后期强度稳定提高的特性,以保证工程质量。

就注浆灭火而言,粉煤灰质轻,颗粒表面具有一定光滑度,容易搅拌成浆,便于管道输送。注入火区后流动性、稳定性较好;粉煤灰具有一定的火山活性,其密封性能较好;粉煤灰亲水性差,注浆后浆体达到静态时脱水快,并随着水的泄流带走一部分热量,可降低火区温度。因此粉煤灰用于注浆灭火,可以起到隔绝、包裹、降温、防燃灭火作用。

(2)浆液材料

浆液材料主要由水、水泥、粉煤灰等组成。

水可采用饮用水,当采用其他水源时,水质应符合《混凝土用水标准》(JGJ 63—2006)的规定。

水泥为强度等级不低于32.5的普通硅酸盐水泥,或矿渣硅酸盐水泥,或复合硅酸盐水泥,其质量应符合现行《通用硅酸盐水泥》(GB 175)的规定。

粉煤灰为火力发电厂排放的废渣,满足现行《用于水泥和混凝土中的粉煤灰》(GB/T 1596)规定的Ⅲ级技术要求标准。

速凝剂宜用水玻璃,模数2.4~3.4,浓度30~45波美度,满足现行《工业硅酸钠》(GB/T 4209)中的液-2、液-3标准。

集料可为当地产中粗砂或石屑。

(3)浆液配合比

注浆浆液为水泥粉煤灰浆,其水与水泥粉煤灰的比例(简称水固比)为1:1.0、1:1.1、1:1.2、1:1.3。水泥占固相20%,粉煤灰占固相80%。帷幕孔注浆施工时,应在浆液中掺加水泥重量3%的速凝剂,使灌入采空区的浆液尽快凝固形成帷幕,减少流出治理区的浆液损失。当注浆孔注浆量较大,除采取其他施工措施(投集料)外,可在浆液中掺加水泥重量3%的速凝剂,使灌入采空区的浆液尽快凝固,控制浆液的流动。

在施工前,应按施工时使用的水泥、粉煤灰,在试验室进行浆液配比试验(水固比分别为1:1.0、1:1.1、1:1.2、1:1.3),试验内容应包括每立方米浆液干料含量、浆液密度、初终凝时间、结石率、试块结石体无侧限抗压强度,试块结石体28d强度应≥0.6MPa。

3.3.4.6 注浆系统配置

(1)注浆系统构成

注浆系统由料场、供水系统、一级搅拌池(机)、二级搅拌池(机)、注浆泵、注浆管道、封孔装置等组成。

(2)注浆系统配置要求

①料场:堆放材料的料场场地要平整,运料车辆能正常通行,且紧邻搅拌机,使材料便于运输、搬运,要求设有防潮、防雨措施。

②搅拌机:要求能满足正常施工要求,搅拌后的浆液应均匀,符合设计要求,一次搅拌量

宜≥3.0m³。

③搅拌池：搅拌池应满足正常施工要求，设置的搅拌系统应使搅拌后的浆液均匀，符合要求，一次搅拌量宜≥3.0m³。

④蓄水池：根据注浆总量，确定数个蓄水池，以保证正常施工，蓄水池规格及要求视工地具体情况而定。

⑤注浆泵：宜采用变挡定量泵，其额定排浆量不小于200L/min，注浆泵压力应大于注浆最大设计压力的1.5倍。

⑥压力表：注浆用压力表最大指数应小于10MPa。

⑦止浆装置：采用法兰托盘或孔口套管止浆法。

当钻孔钻遇单层采空区时，采用法兰托盘止浆法；当钻孔钻遇多层采空区时，采用孔口套管止浆法。

⑧注浆管：采用ϕ50mm钢管，丝扣连接。

3.3.5 施工工艺及技术要求

3.3.5.1 工艺流程

本工程施工工艺流程如图3-31所示。

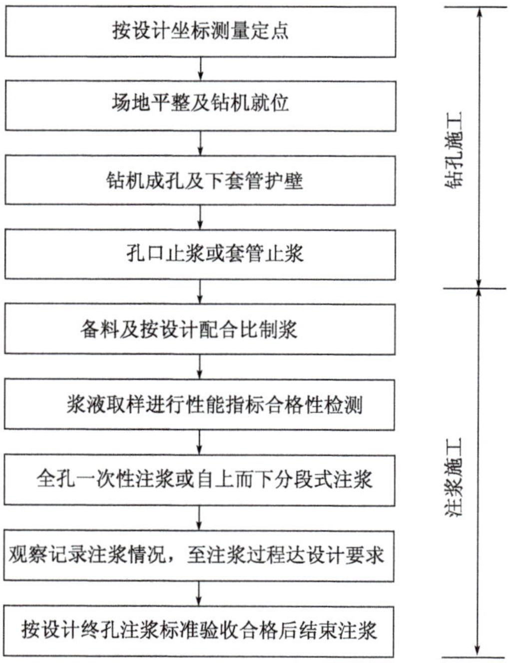

图3-31 工程施工工艺流程图

3.3.5.2 技术要求

(1)测量定点

注浆孔应用经纬仪进行实地测量放样，钻孔实际位置不应超过设计位置0.5m。确因地形及固定建筑物影响，钻孔不能放在设计位置时，可视具体情况予以调整。

(2)注浆孔深度

注浆孔设计深度为地面至最低开采工作面之下 1.0m；采空区影响区注浆孔设计深度为地面至覆岩裂隙移动面之下 5.0m，深度不足 50.0m 时按 50.0m 计；自燃灭火注浆孔设计深度为地面以下 50.0m。

(3)注浆孔孔径

注浆孔开孔孔径≥ϕ130mm，终孔孔径≥ϕ91mm。

(4)成孔工艺

①用 ϕ127mm 钻头开孔，钻至完整基岩 5m 后，下入 ϕ130mm 套管护壁，然后变径钻进。

②用 ϕ89mm 钻头，钻至采空区冒落带或煤层底板以下 1.0m 终孔，终孔孔径为 ϕ91mm。

③变径钻进中如遇上部采空区，可暂停钻进，利用套管先按下行式注浆达设计要求，等浆液初凝后，再用 ϕ89mm 钻头，扫孔钻进至采空区中的塌陷冒落带或煤层底板以下 1.0m 终孔。

(5)成孔施工顺序

按采空区的倾斜方向及开采水平工作面高低，先施工采空区底板高程较低位置的帷幕孔，再沿倾斜方向由低向高、由边部向中心展开施工。钻孔分二序次间隔法(间隔一孔)施工并超前注浆孔注浆 2～3 孔。

(6)技术要求

①按注浆孔和帷幕孔总数的 3% 布设取芯孔，取芯孔在第四系松散层可不取芯，采空区上部覆岩部位岩芯采取率 >60%，采空塌陷区部位岩芯采取率应 >30%。

②钻进施工时，第四系松散层中可采用跟管钻进或泥浆护壁；在基岩中，应采用清水钻进，禁止泥浆护壁。

③做好钻探原始记录和岩芯编录工作。

④钻孔施工过程中，如发现漏水、掉钻、卡钻、埋钻等现象要详细记录其深度、层位和耗水量。

⑤每个钻孔终孔测斜一次，每 100m 孔斜不应超过 2°。

3.3.5.3 浇铸孔口管

治理多层采空区时，采用自上而下式注浆，用孔口护壁管(也是注浆管)止浆。其方法为：用 ϕ127mm 钻头开孔，钻至基岩 5m 后提钻，灌入 4～6m 高度、水灰比为 1:2～1:1.5 的稠水泥浆(加入水泥重量 3% 的速凝剂)，立刻下入 ϕ130mm 套管，待水泥浆初凝后，用 ϕ89mm 钻头扫孔并钻至第一个煤层采空区深度，在套管上安装注浆用的三通管注浆。该层采空区注浆(加入水泥重量 3% 的速凝剂)结束，待浆液终凝后，再用 ϕ89mm 钻头扫孔并钻至下一个采空区深度，仍用孔口三通管注浆。除此之外，施工单位可根据自己的施工设备，采用其他有效的止浆方法，如采用其他的止浆方法，应满足注浆施工的技术要求。

治理单层采空区时，宜采用全孔一次性注浆，用法兰托盘止浆(图 3-32)。其方法为：在 ϕ50mm 钢管前端 20～30cm 处焊接一个圆形法兰托盘(托盘直径 120～125mm 之间)，用编织袋或塑料带缠绕在焊接处之上，下入孔内变径处；在孔内放入少量碎石、黏土，将法兰托盘与孔壁之间的空隙封堵，灌入 4～6m 高度水灰比为 1:2～1:1.5 的稠水泥浆(加入水泥重量 3% 的速凝剂),使注浆管与孔壁快速黏固。除此之外,施工单位根据自己的施工设备,可采用其他有效的止浆方法,如采用其他的止浆方法,应满足注浆施工的技术要求。

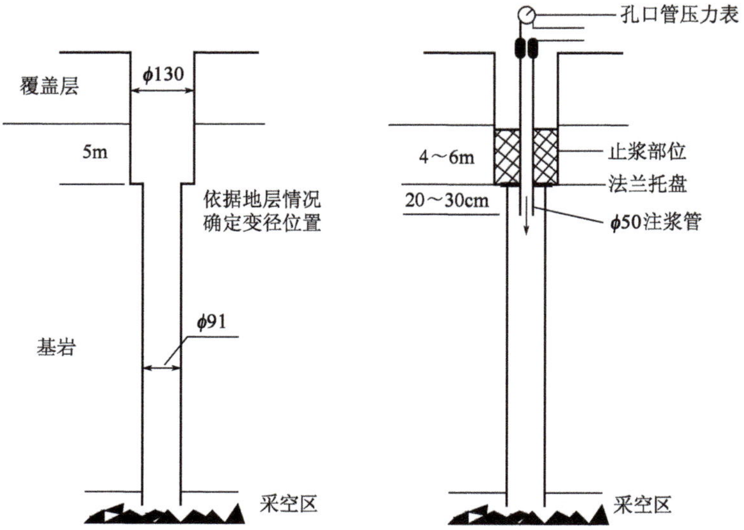

图 3-32 全孔一次注浆法注浆孔结构与浇铸孔口管结构示意图

本设计按自上而下式注浆,注浆区域长度为采空区最上部基岩顶面以下 5m 至最低开采水平工作面采空区底板;注浆孔口管长度为地表之上 1m 至基岩以下 6m 处的深度;注浆套管长度一般为地表至基岩以下 5m 处的深度,当第四系覆盖层厚度大于 25m 时,注浆套管长度按 25m 考虑。自上而下式注浆封孔转换装置结构如图 3-33 所示。浇铸孔口管结构见图 3-34。

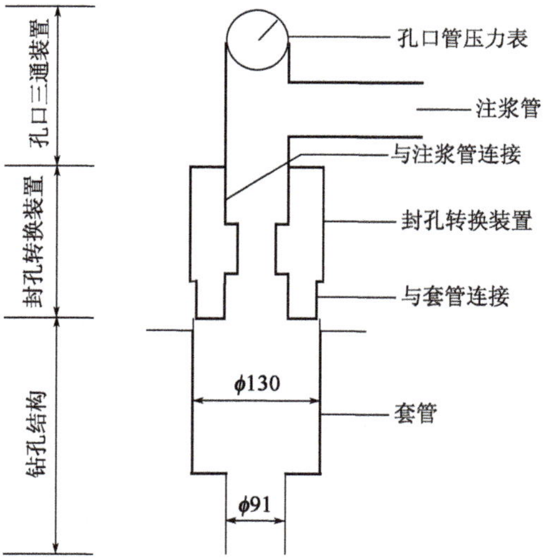

图 3-33 自上而下式注浆封孔转换装置结构示意图

3.3.5.4 注浆工艺及技术要求

(1)注浆材料的配制

①浆液配制应按设计浆液配合比进行,并按规定频率随机抽查浆液的各项性能指标。

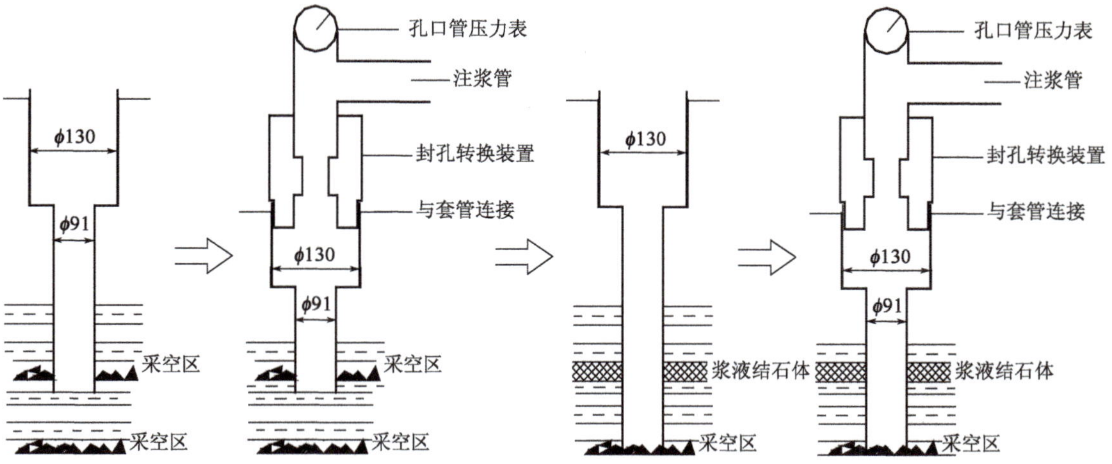

图 3-34　自上而下式注浆注浆孔结构与浇铸孔口管结构示意图

②原材料计量：水用水表或定量容器计量；水泥按袋或按定量容器（散装水泥）计量；粉煤灰用定量容器计量。使用定量容器计量时，应定期对计量容器进行自校，要求误差小于5%。

③搅拌过程：每次搅拌时间不得少于3min。

④制浆工艺流程见图3-35。

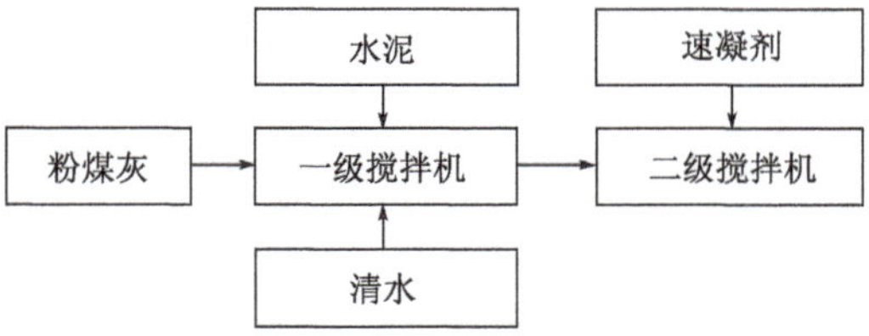

图 3-35　制浆工艺流程图

（2）注浆施工顺序

先施工采空区底板高程较低位置的帷幕孔，再沿倾斜方向由低向高、由边部向中心展开施工。注浆采用二序次间隔法（间隔一孔）施工，并滞后注浆孔注浆2～3孔。

（3）注浆施工

注浆及间歇注浆前必须用泵压清水洗孔，压力一般不大于1MPa，冲洗时间5～10min。漏水量大于100L/min时，可停止冲洗。注浆采用浆液浓度先稀后稠的方法，注浆开始后，要定时观测泵的吸浆量和泵压，记录注浆过程中发生的各种现象，收集原始数据，并根据实际情况及时调整注浆量和浆液浓度。

当某一浓度浆液的注入量已达设计量的20%以上或灌注时间已达2h，而注浆压力和单位吸浆量均无明显改变时，应调浓一级或两级灌注。

当采空区的高度较大（大于1m），在孔口加一漏斗状的投料器，用浆液将集料带入孔内，投料时应控制投料速度，避免在短时间内投入大量的集料而堵孔。当孔口投料器内返浆后，不宜投料注浆。

当注浆孔注浆量较大时，应采用间歇式注浆法施工，或在浆液中加入水泥重量3%的速凝剂。

注浆过程中若出现地表裂缝大量跑浆时，应对地表裂缝充填后采用间歇式注浆，或减小泵量，阻止浆液从地面大量流失。

(4)注浆量估算

帷幕孔、一序次(不间隔连续一次性完成注浆)的注浆孔采用定量注浆，注浆量宜根据式(3-14)估算：

$$Q_{单} = A \times \pi \times R^2 \times m \times \Delta V \times K \times \eta \div C \tag{3-14}$$

式中：$Q_{单}$——单孔注浆量(m^3)；

A——浆液损失系数，取值在1.0~1.3之间；

R——浆液有效扩散半径(m)，按孔距的一半计算；

m——采空区煤层厚度(m)；

ΔV——采空区剩余空隙率(%)，取10%(根据勘察资料)；

K——煤层采取率(%)，取30%(根据勘察资料)；

η——浆液充填率(%)，取85%；

C——浆液结石率(%)，取80%。

(5)单孔注浆结束标准

①在注浆孔的注浆末期，泵压逐渐升高，当泵量小于70L/min时，孔口压力在1.0~1.5MPa，稳定时间≥15min，可结束该孔的注浆施工。

②当注浆孔注入一定的浆量，孔口压力≥0.3MPa，若注浆孔附近出现地表裂缝大量冒浆时，采用小泵量、间歇式注浆；间歇后注浆再次冒浆，即可结束该孔的注浆施工。

3.3.5.5 试验工程及研究内容

鉴于本采空区的复杂性和特殊性，采空区治理工程先完成注浆孔数2%的取芯孔作为先导孔，进行治理工程的前期试验。确定合理的钻探工艺、注浆工艺，选择最优的浆液配合比，确保帷幕注浆的效果，建立有效的注浆质量检测标准，控制治理工程施工的质量，最大限度节约工程投资。

试验工程研究内容如下。

①成孔工艺：主要为钻探穿过多层采空区的施工工艺及钻进过程中判别采空区弯曲带、裂隙带、冒落带的施钻技术指标。尽可能在施钻过程中获取更多的数据与信息，使每个钻孔既是补充勘察孔，又是治理注浆孔。根据钻孔中获取的数据与信息，研究该孔的注浆材料、浆液配合比、止浆位置与工艺、注浆方法、序次和注浆量等问题。

②止浆工艺：包括止浆位置、止浆装置及止浆效果等。

③注浆浆液性能指标：包括浆液材料的选择、浆液的类型、配合比、速凝剂的添加量、浆液的凝结时间、结石率以及在什么情况下灌注什么样的配合比浆液等。

④分段注浆工艺：包括分段注浆的高度、注浆施工方法及注浆施工工艺等。

⑤集料充填：根据钻孔获取的信息，判别在什么情况下充填集料，充填什么样的集料，充填集料的顺序、方法及如何防止堵孔现象等。

⑥注浆压力与扩散特征：研究注浆过程中注浆压力的大小、浆液特性，从而进行注浆孔间

距的试验。

⑦帷幕效果:采用的注浆材料、孔距、注浆工艺方法。

⑧单孔注浆结束标准:注浆压力与流量,间歇式注浆每次的压力、流量与持续时间,最终一次注浆的压力、流量与持续时间,单孔注浆结束后的质量评价技术与标准等。

⑨工程质量评价技术与标准:利用先导取芯进行孔内波速测井及压水试验,分析判别采空区塌陷冒落情况,提出相应的质量检测原始数据,为最终质量评价奠定基础。

3.3.6 注浆过程中施工管理

1)注浆浆液及材料检测

在施工过程中应对进场的水泥,每批号检测一次。同批号水泥超过300t时,每300t检测一次。水泥受潮或存放时间超过3个月,应重新取样检验。施工时水泥以3d的检测结果为准。

粉煤灰每800t检测一次。

当注浆量约为500m^{3}时必须抽检一组浆液样品,检测浆液的密度、结石率、试块结石体无侧限抗压强度、初凝和终凝时间参数。

在注浆施工过程中,每孔所注入的浆液每班应做密度、结石率等参数的测定。

2)钻机施工管理

钻机安装就位后,应按设计坐标复核孔位的准确性,并保证开孔钻具的垂直度。

3)注浆施工管理

搅拌系统、注浆设备及机具等必须进行定期检测和维修,以保证注浆施工连续进行。

压力表应经常进行检查,不合格的和已损坏的压力表严禁使用。

在注浆施工过程中,应设专人对邻孔水位埋深、串浆及地面冒浆等进行观测,以便及时处理。

浆液注入煤层自燃火区后充填裂隙、空洞,将破碎煤岩包裹,隔绝氧气;同时注浆后可降低火区温度,起到隔绝、包裹、降温、防燃灭火作用。

3.4 采空区浆液配合比

3.4.1 水泥粉煤灰浆液配合比试验

在施工现场,采用不同合同段所使用的粉煤灰、水泥、水以及水玻璃等材料,按照水:水泥:粉煤灰配合比(1:0.2:0.8、1:0.22:0.88、1:0.24:0.96、1:0.26:1.04)制成水泥粉煤灰浆液,测试其浆液的不同参数,分析注浆浆液的性质,如图3-36和图3-37所示。

3.4.1.1 浆液结石率

通过对不同水固比浆液的结实率研究表明(表3-12和图3-38),天业水泥未加水玻璃,浆液的结石率在73%~89%之间,使用博海水泥浆液结实率在74%~91%之间;博海水泥浆液添加3%水玻璃后浆液的结实率在82%~91%之间,加水玻璃的结石率与未加水玻璃相比,在水固比较大时，结石率增加明显，可达到10%（1∶1.0），但随着水固比的减小，结石率增加很少，甚至降低(1∶1.2)。

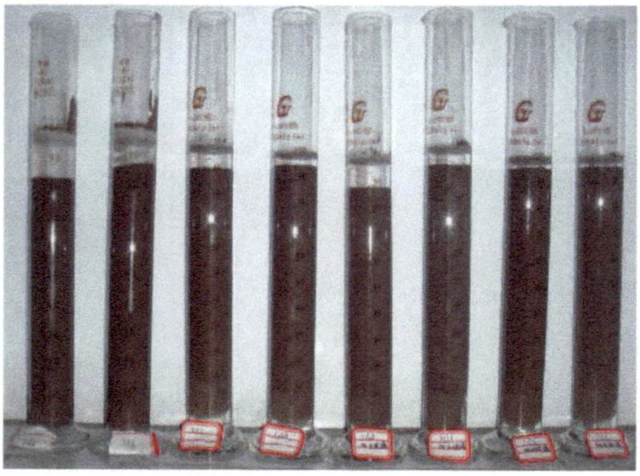

图3-36　不同水固比下的浆液

图3-37　浆液凝结过程

不同水固比浆液结石率试验结果　表3-12

结石率(%)						
配合比				天业水泥	博海水泥	
水	水泥	粉煤灰	水固比	未掺水玻璃	未掺水玻璃	掺入水泥质量3%水玻璃
1	0.2	0.8	1∶1.0	73	74	82
1	0.22	0.88	1∶1.1	77	77	83
1	0.24	0.96	1∶1.2	86	89	87
1	0.26	1.04	1∶1.3	89	91	91

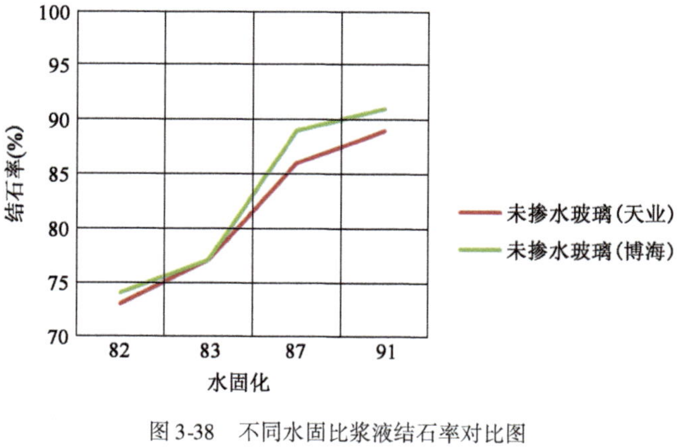

图3-38　不同水固比浆液结石率对比图

3.4.1.2　浆液密度

通过对不同配合比浆液的浆液密度研究表明(表3-13和图3-39)：两种品牌水泥所配制浆液的密度几乎无差别，随着水固比的减小，浆液密度会出现降低，且降低幅度在逐渐增大，因此水玻璃的掺量不可过多。

不同水固比浆液密度统计表　　表 3-13

浆液密度(g/cm³)						
配合比				天业水泥	博海水泥	
水	水泥	粉煤灰	水固比	未掺水玻璃	未掺水玻璃	掺入水泥质量3%水玻璃
1	0.2	0.8	1:1.0	1.36	1.36	1.36
1	0.22	0.88	1:1.1	1.39	1.39	1.40
1	0.24	0.96	1:1.2	1.47	1.47	1.42
1	0.26	1.04	1:1.3	1.49	1.49	1.45

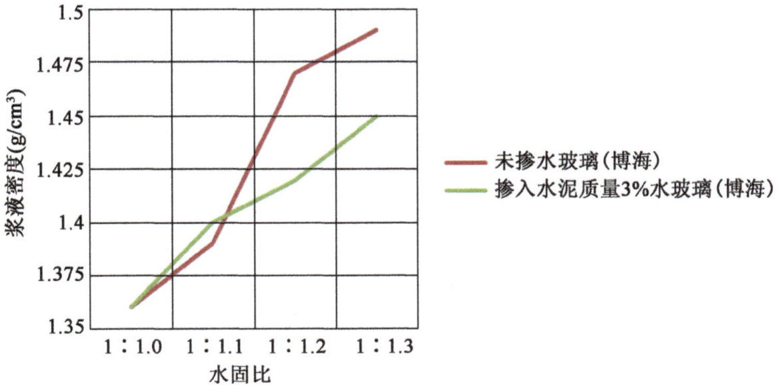

图 3-39　不同水固比浆液密度变化图

3.4.1.3　结石体抗压强度

通过对不同配合比浆液的结石率研究表明：

(1)从图 3-40 ~ 图 3-42 和表 3-14 的分析可知，各类型水泥浆液的无侧限抗压强度都随着水固比的减小而增加；且在未添加水玻璃时，7 ~ 28d 无侧限抗压强度增长率逐步降低，但添加水玻璃后，强度变化不规律。

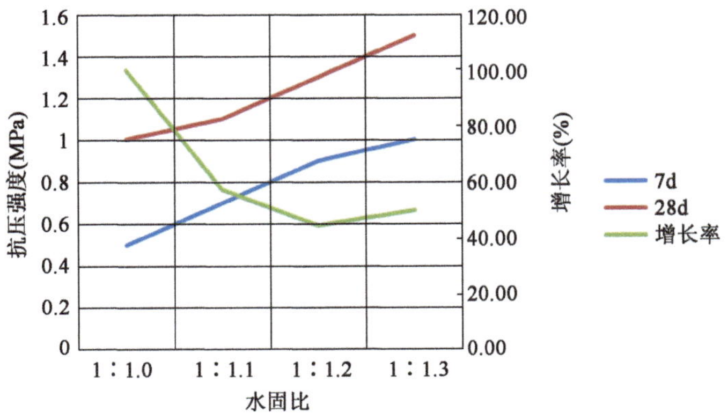

图 3-40　天业水泥浆液抗压强度(未掺水玻璃)

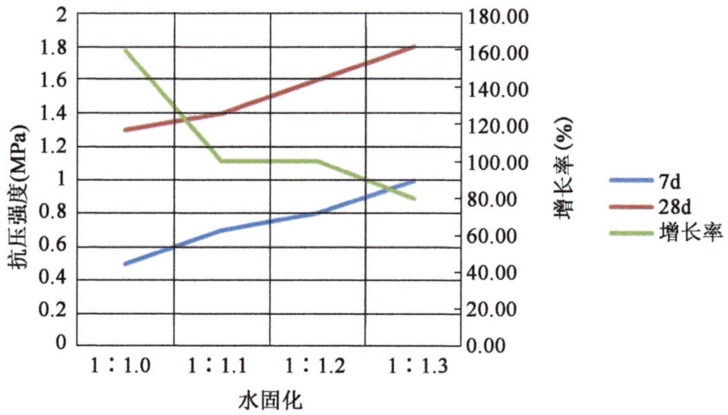

图 3-41　博海水泥浆液抗压强度(未掺水玻璃)

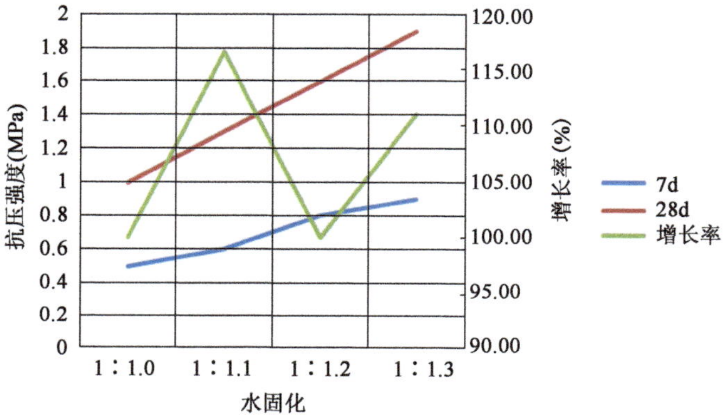

图 3-42　博海水泥浆液抗压强度(掺水泥质量 3% 水玻璃)

不同水固比浆液抗压强度(MPa)试验结果　　表 3-14

水固比	天业水泥(未掺水玻璃)			博海水泥(未掺水玻璃)			博海水泥(掺水泥质量 3% 水玻璃)		
	7d	28d	增长率(%)	7d	28d	增长率(%)	7d	28d	增长率(%)
1:1.0	0.5	1	100.00	0.5	1.3	160.00	0.5	1	100.00
1:1.1	0.7	1.1	57.14	0.7	1.4	100.00	0.6	1.3	116.67
1:1.2	0.9	1.3	44.44	0.8	1.6	100.00	0.8	1.6	100.00
1:1.3	1	1.5	50.00	1	1.8	80.00	0.9	1.9	111.11

(2)从表 3-14 和图 3-43、图 3-44 的分析可知,在掺入水泥重量 3% 的水玻璃后,试件的前期强度略有降低(1:10 时无变化,1:1.1 时降低了 14%,1:1.2 时无变化,1:1.3 时降低了 10%);后期强度在水固比较大时与同品牌的水泥相比有所降低,在水固比较小时有所提高,但与另一品牌未添加水玻璃的水泥浆液相比后期强度都是提高的。

3.4.1.4　流动度

从表 3-15 和图 3-45 的分析可知,在添加水泥重量 3% 的水玻璃后,不同配合比浆液的流动度都出现了不同程度的降低，平均降低率达14.9%，说明掺入的水玻璃起到了明显的速凝效果。

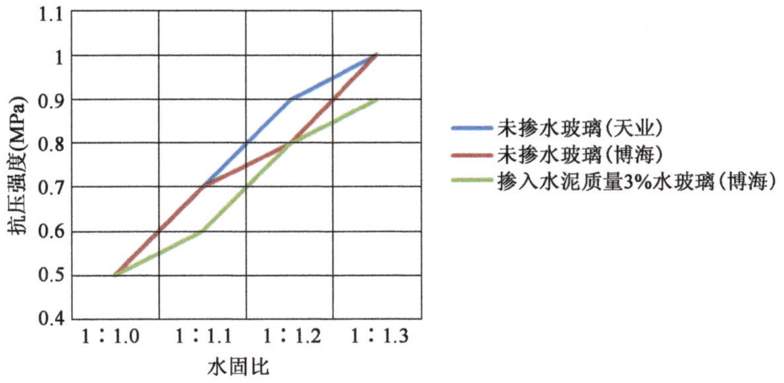

图3-43 不同水固比浆液7d抗压强度对比图

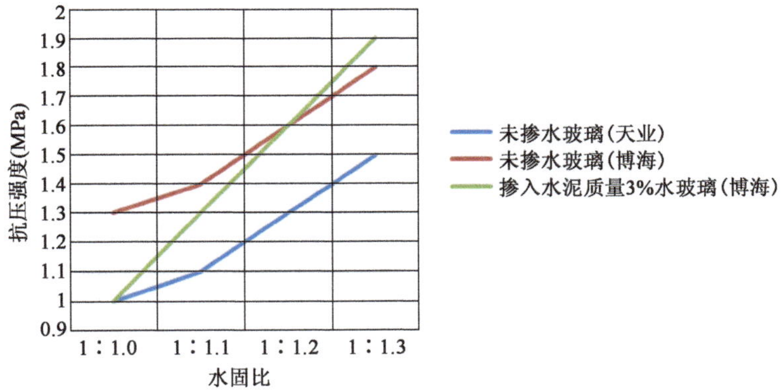

图3-44 不同水固比浆液28d抗压强度对比图

不同水固比浆液流动度统计表 表3-15

流动度(20℃下,单位:mm)							
配合比				天业水泥	博海水泥		
水	水泥	粉煤灰	水固比	未掺水玻璃(天业)	未掺水玻璃(博海)	掺入水泥质量3%水玻璃(博海)	增长率(%)
1	0.2	0.8	1:1.0	361	359	295	17.83
1	0.22	0.88	1:1.1	352	348	286	17.82
1	0.24	0.96	1:1.2	315	318	279	12.26
1	0.26	1.04	1:1.3	297	297	262	11.78

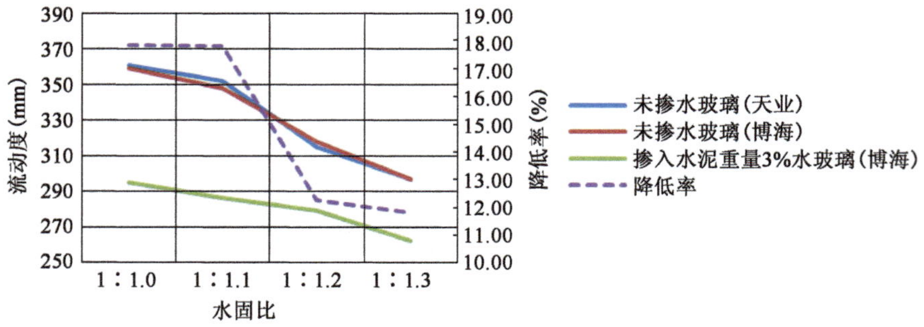

图 3-45　不同配合比浆液流动度对比图

3.4.1.5　浆液初、终凝时间

从表 3-16、表 3-17 和图 3-46、图 3-47 的分析可知,在添加水泥重量 3% 的水玻璃后,不同配合比浆液的初凝时间和终凝时间都出不同程度的缩短,初凝时间平均缩短 9.442h,平均时间缩短率为 23.23%,终凝时间平均缩短 9.063h,平均时间缩短率为 19.31%。说明掺入的水玻璃起到了明显的速凝效果。

不同水固比浆液初、终凝时间统计表　　表 3-16

配合比				初凝时间(h)			终凝时间(h)		
				天业水泥	博海水泥		天业水泥	博海水泥	
水	水泥	粉煤灰	水固比	未掺水玻璃	未掺水玻璃	掺入水泥质量 3% 水玻璃	未掺水玻璃	未掺水玻璃	掺入水泥质量 3% 水玻璃
1	0.2	0.8	1:1.0	41.72	41.38	32.20	48.03	48.25	40.33
1	0.22	0.88	1:1.1	41.00	41.42	31.58	47.37	47.27	39.43
1	0.24	0.96	1:1.2	40.35	40.25	30.83	46.98	46.53	36.42
1	0.26	1.04	1:1.3	39.67	39.58	30.25	46.17	46.08	35.70

不同水固比浆液初、终凝时间变化量统计表　　表 3-17

水固比	初凝时间缩短率(%)	终凝时间缩短率(%)	初凝缩短时间(h)	终凝缩短时间(h)
1:1.0	22.19	16.41	9.183	7.917
1:1.1	23.74	16.57	9.834	7.834
1:1.2	23.40	21.74	9.417	10.116
1:1.3	23.58	22.53	9.333	10.383
平均值	23.23	19.31	9.442	9.063

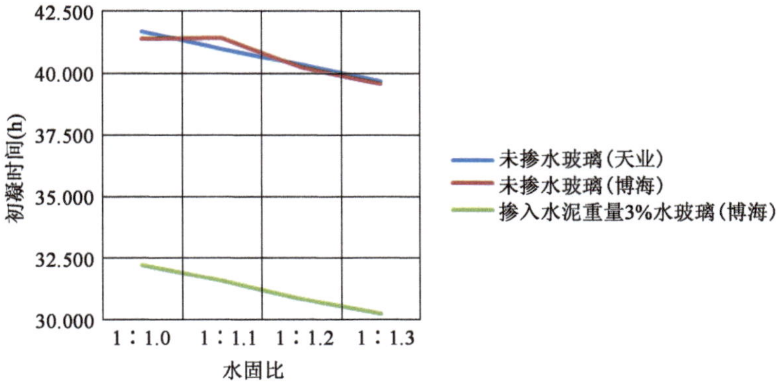

图 3-46　不同水固比浆液初凝时间对比图

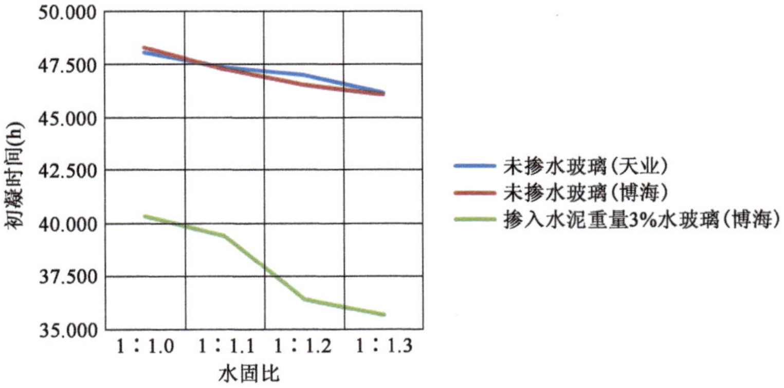

图 3-47　不同水固比浆液终凝时间对比图

3.4.2　施工采用水泥粉煤灰浆液配合比材料量分析

原设计文件中，对浆液每立方米水泥粉煤灰浆液材料理论配置提出了相关内容（表 3-18），但按照《采空区公路设计与施工技术细则》（JTG/T D31-03—2011）（以下简称《技术细则》）第 6.2.5 条的式(6.2.5.1) ~ 式(6.2.5.3)进行注浆材料配置，其每立方米水泥粉煤灰浆液材料理论配置见表 3-18，设计文件与《技术细则》注浆材料用量差值见表 3-19。

设计文件中每立方米水泥粉煤灰浆液材料理论配置表　　表 3-18

水固比	水:水泥:粉煤灰	水玻璃	水(kg)	水泥(kg)	粉煤灰(kg)	速凝剂(kg)	总质量(kg)
1:1.0	1:0.2:0.8	无	680	136	544	0	1360
		3%	680	136	544	4.080	1364.08
1:1.1	1:0.22:0.88	无	662	146	583	0	1391
		3%	667	147	587	4.410	1405.41
1:1.2	1:0.24:0.96	无	668	160	642	0	1470
		3%	645	155	620	4.650	1424.65

续上表

水固比	水:水泥:粉煤灰	水玻璃	水(kg)	水泥(kg)	粉煤灰(kg)	速凝剂(kg)	总质量(kg)
1:1.3	1:0.26:0.14	无	648	168	673	0	1489
		3%	630	164	656	4.920	1454.92

注:水的相对密度取1,粉煤灰的相对密度取2,水泥的相对密度取2.96;固相比皆为2:8。

按《技术细则》、设计文件计算每立方米浆液理论配置表及材料用量差值一览表　表3-19

水固比	水:水泥:粉煤灰	比较	水(kg)	水泥(kg)	粉煤灰(kg)	总质量(kg)
1:1.0	1:0.2:0.8	理论值	681	136	545	1362
		差值	-1	0	-1	-2
1:1.1	1:0.22:0.88	理论值	660	145	581	1386
		差值	2	1	2	5
1:1.2	1:0.24:0.96	理论值	641	154	615	1410
		差值	27	6	27	60
1:1.3	1:0.26:0.14	理论值	622	162	647	1431
		差值	26	6	26	58

注:差值=设计量-《技术细则》理论计算量;水的相对密度取1,粉煤灰的相对密度取2,水泥的相对密度取2.96;固相比皆为2:8。

通过原设计文件与《技术细则》第6.2.5条的式(6.2.5.1)~式(6.2.5.3)进行注浆材料配置对比分析表明:在水固比为1:1.0和1:1.1时,设计与施工采用浆液的每立方米水泥粉煤灰浆液理论配置十分接近;在设计与施工采用浆液的每立方米水泥粉煤灰浆液理论配置偏大,每立方米水泥粉煤灰浆液多用注浆材料58~60kg,确保了该注浆工程的质量。根据多年采空区注浆工程实践,建议今后设计与施工过程中,应采用《技术细则》第6.2条的式(6.2.5.1)~式(6.2.5.3)进行注浆材料配置。

3.5 注浆量总体统计分析

3.5.1 采空区第一合同段注浆量总体分析

采空区第一合同段共计施工钻孔323个,注浆总量为81688.0m^3,平均每孔注浆量为252.9m^3,其中注浆量小于10m^3的钻孔15个,主要位于采空影响区及丰华社区内;大于注浆量1000m^3的钻孔10个,主要位于采空区及自燃区内。

由图3-48可知,采空区第一合同段钻孔注浆量中,0~100m^3的注浆钻孔占总数的39%,101~200m^3的注浆钻孔占总数的27%,201~300m^3的注浆钻孔占总数的15%,301~400m^3的注浆钻孔占总数的2%,401~500m^3的注浆钻孔占总数的2%,大于500m^3的注浆钻孔占总数的16%。

由图3-49可以看出,采空区第一合同段主要注浆区域可分为两个区域:

(1)自燃区,根据设计文件,采空区第一合同段自燃区内灭火孔共计 27 个($H_1 \sim H_{27}$)(不含灭火区内的注浆孔及帷幕孔)。根据"G216 线乌鲁木齐过境公路段公路工程煤矿采空区详细工程地质勘察报告(第一册)"所述,丰源煤矿自燃点在平面上的最大范围:公路轴向约 20m,公路侧向约为 40m,深度小于 30m,物探结果表明深度范围为地下 14 ~24m。

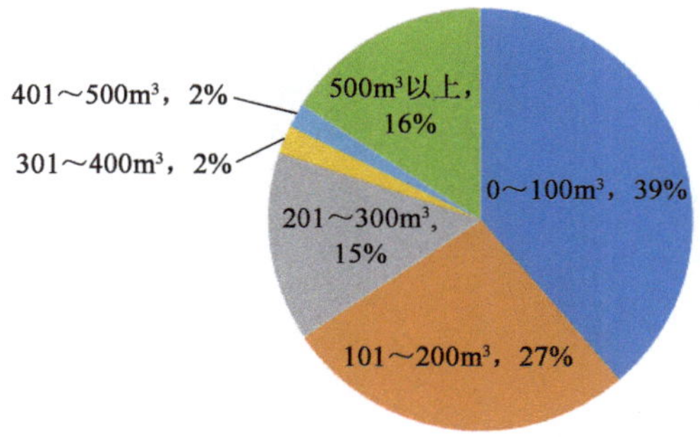

图 3-48 采空区第一合同段钻孔注浆量饼状图

由于地质勘察时间为 2015 年,在采空区第一合同段施工中发现,该自燃区域范围自 2015 年至今已向周围扩展。在施工过程中,钻至自燃区后,孔内温度极高;钻孔施工结束后,孔口持续冒烟(图 3-50、图 3-51),并伴有刺鼻的硫黄气味。

根据钻孔施工表明:该区域最大轴向范围为 $H_9 \sim Z_{48}$,约 30m;最大侧向范围为 $W_{29} \sim H_{26}$,约 97m;自燃底部深度普遍为 37 ~47m,最深 58m。故自燃区内注浆量较大。

(2)K11 +120 ~ K11 +260 路基中线两侧 50m 范围内,钻探资料及注浆资料表明,该区域部分已采空,采空区连通性较好,Z_{91}、Z_{92}、Z_{118}、Z_{119}、Z_{143}、Z_{144}、Z_{149}、Z_{171}、Z_{173}、Z_{198}、Z_{199}、Z_{200}、Z_{201} 等 13 个钻孔注浆量大于 500m³。其中 Z_{149} 钻孔注浆量最大,为 3081.7m³。

在该区域钻孔施工过程中,一般掉钻高度 0 ~10m,表明地下空洞较大,空洞之间的连通性较好,表现在单孔孔内的注浆量较大或局部区域注浆量较大。

3.5.2 采空区第二合同段注浆量总体分析

采空区第二合同段共计施工钻孔 256 个,注浆总量为 71986.0m³,平均每孔注浆量为 281.2m³,其中注浆量小于 10m³的钻孔 18 个,主要位于八道湾路南侧停车场内;大于注浆量 1000m³ 的钻孔 14 个,主要位于采空区道路红线内及附近。

由图 3-52 可知,采空区第二合同段钻孔注浆量中,0 ~100m³的注浆钻孔占总数的 40%,101 ~200m³的注浆钻孔占总数的 19%,201 ~300m³的注浆钻孔占总数的 13%,301 ~400m³的注浆钻孔占总数的 6%,401 ~500m³的注浆钻孔占总数的 5%,大于 500m³的注浆钻孔占总数的 17%。

由图 3-53 可以看出,采空区第二合同段主要注浆区域可分为 3 个区域:

(1)K11 +300 ~ K11 +440 路基中线及北侧范围内,钻探资料及注浆资料表明,该区域部分已采空,采空区连通性较好,Z_{52}、Z_{53}、Z_{54}、Z_{55}、Z_{56}、Z_{58}、Z_{71}、Z_{75}、Z_{78}、Z_{93}、Z_{94}、Z_{100}、Z_{103}、Z_{107} 等 15 个钻孔大于 500m³。

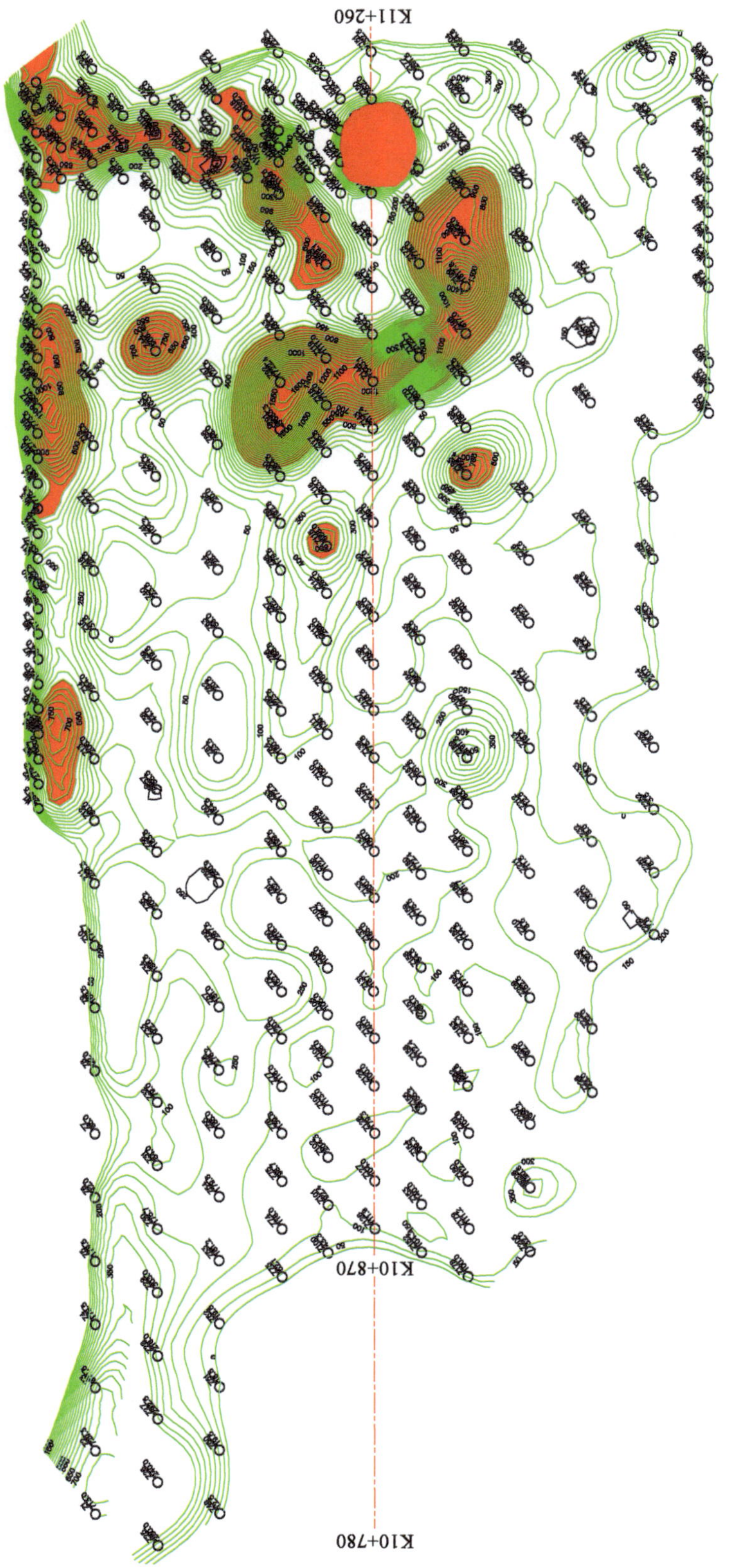

图3-49 采空区第一合同段注浆量平面分布图（红色区域注浆量大于500m³）

图 3-50 W28、W29 孔口冒烟

图 3-51 Z23 孔口冒烟

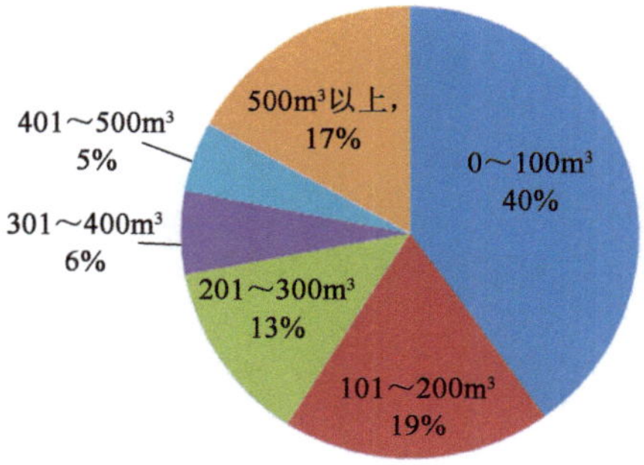

图 3-52 采空区第二合同段钻孔注浆量饼状图

在该区域钻孔施工过程中，一般掉钻高度 0 ~ 9m，表明地下的空洞较大，空洞之间的连通性较好，表现在单孔孔内的注浆量较大或局部区域注浆量较大。

(2)自燃区：治理区内采空区中存在煤层自燃过的痕迹，在治理区内实际钻探过程中发现治理区内部分钻孔在设计深度范围内的地层破碎，裂隙发育，且有掉钻情况；部分层段并伴有白色粉末状岩粉。发生自燃痕迹的各钻孔钻探情况见表 3-20。

根据表 3-20 中发生自燃痕迹所涉及的钻孔共计 11 个，根据其分布情况，所占区域范围面积约为 4600m^2，其空洞裂隙平均高度为 8.10m。考虑到前期地质勘察报告中未涉及此区域内煤层自燃情况，但在计算治理区采空区空洞体积时已涉及该区域范围，根据以往经验，此处平均高度值空洞裂隙高度，取现有平均高度的 50%，计算平均高度值约为 4.05m，因此推测其所占空洞体积约为 18000m^3。2018 年 11 月 20 日在治理区外东北侧 200m 处煤层延伸方向发现存在一个直径约 2m、深度不详的塌陷洞，有白色烟冒出并伴有较浓硫黄的气味，推测为地下煤层正在自燃，推测该自燃点与治理区采空区连通，是治理区过火区蔓延过去的(图 3-54)。因此，在此区域内由于存在煤层自燃情况导致注浆量较大。

(3)地层破碎、裂隙发育区：治理区内安全煤柱区部分钻孔存在掉钻、裂隙发育情况。根据“G216 线乌鲁木齐过境公路段公路工程煤矿采空区详细工程地质勘察报告(第一册)”P_{12}、P_{13} 勘察孔 ZK_{11-1}、ZK_{11-1}、ZK_{18} 钻孔描述地层完好，煤层完整，未被采出。在实际钻探过程中发现治理区内部分钻孔在设计深度范围内地层破碎，裂隙发育，且有掉钻情况，具体钻探情况见表 3-21。

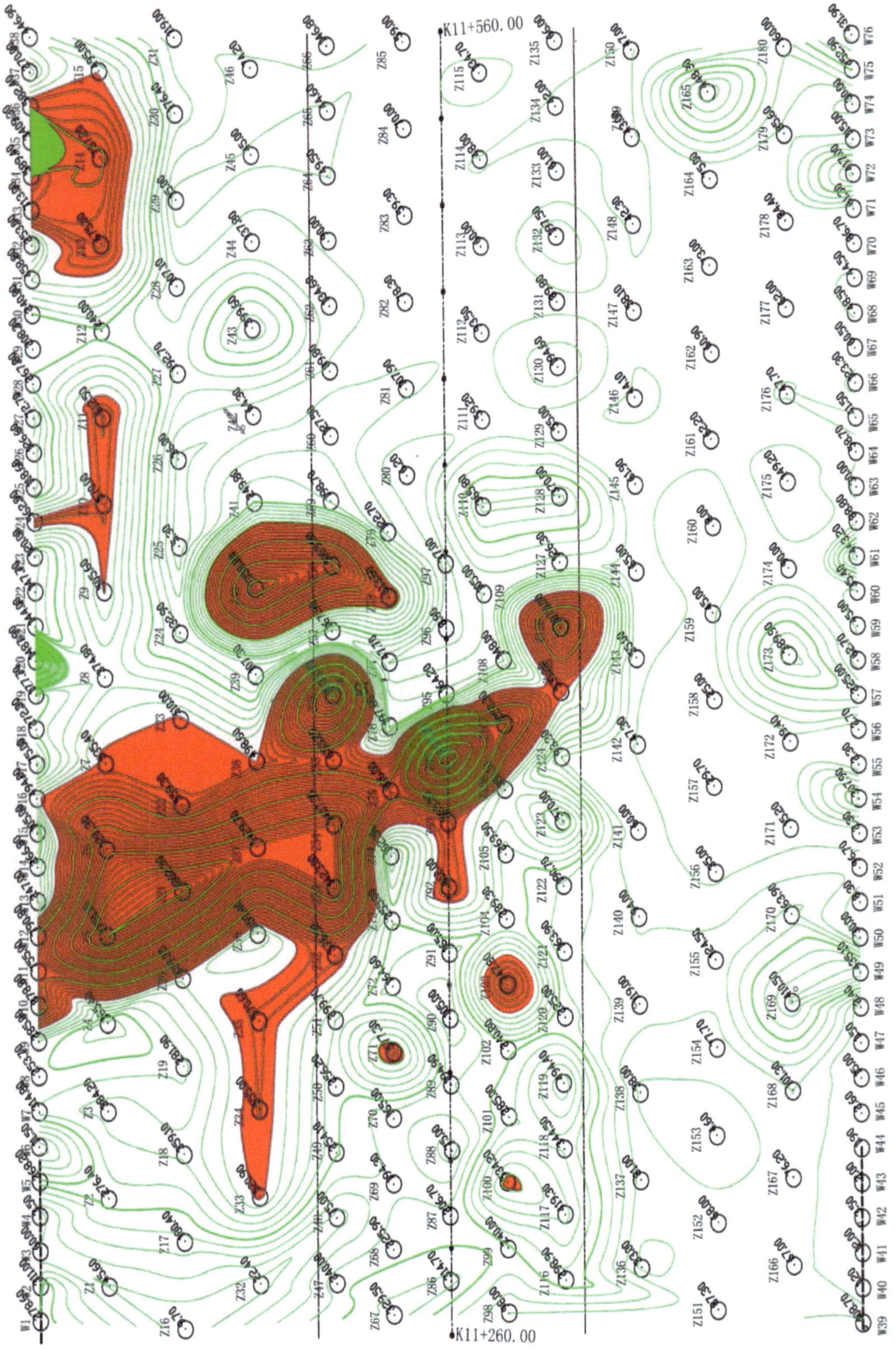

图3-53 采空区第二合同段注浆量平面分布图（红色区域注浆量大于500m³）

发生自燃痕迹的各钻孔情况表　　表3-20

序号	孔号	孔内钻探情况	空洞裂隙高度(m)
1	Z_1	25.5～33m,裂隙较发育;63.5～67.5m,裂隙较发育且岩粉中大量的白色粉末;78～80m,掉钻	13.5
2	Z_8	68～72.5m,裂隙较发育且岩粉中大量白色粉末;95～98m,采空区掉钻	7.5
3	Z_9	63～67.5m,裂隙较发育岩粉中夹有大量白色粉末	4.5
4	W_1	89～92.5m,裂隙较发育且岩粉存在大量白色粉末;114.5～116m,裂隙	5.0
5	W_{16}	57.5～59m,裂隙较发育;78～85.5m,裂隙较发育且岩粉为中有白色粉末	10
6	W_{17}	52～53.5m,裂隙较发育;106～107.5m,裂隙较发育且岩粉中有白色粉末;127.5～130m,见裂隙	5.5
7	W_{19}	31～34m,掉钻且岩粉中存在白色粉末;42.5m,见裂隙	5.5
8	W_{20}	27.5～32m,裂隙较发育且岩粉为白色粉末;36～44m,掉钻	4.5
9	W_{21}	79～84m,裂隙较发育且岩粉为白色粉末	5.0
10	W_{27}	95～99.5m,裂隙较发育且岩粉为白色粉末;105～108m,掉钻;109～122m,裂隙较发育	10.5
11	W_{35}	27.5～32m,裂隙较发育且岩粉夹有白色粉末;35～37m,裂隙较发育;45～47m,掉钻	10.5
平均高度			8.10

图3-54　治理区外东北侧200m处煤层正在自燃

安全煤柱区在地质勘察报告存在异常各钻孔钻探表　　表3-21

序号	孔　号	孔内钻探情况	空洞裂隙高度(m)
1	Z_{109}	32～35m,裂隙较发育	3
2	Z_{125}	36～40m,裂隙较发育	4
3	Z_{126}	34～38.8m,掉钻	4.8

续上表

序号	孔　　号	孔内钻探情况	空洞裂隙高度(m)
4	Z_{142}	40～45m,裂隙较发育	5.0
5	Z_{143}	23～29m,掉钻	6
平均高度			3.24

根据表3-21中安全煤柱区在地质勘察报告存在异常各钻孔钻共计5个,根据其分布情况,所占区域范围面积约为1250m²,其空洞裂隙平均高度(掉钻空体率取100%,裂隙空体率取40%)为3.24m,因此推测其所占空洞体积约为4000m³。因此,在此区域内由于存在地层破碎、裂隙发育情况导致注浆量较大。

3.5.3　采空区第三合同段注浆量总体分析

采空区第三合同段共计施工钻孔278个,注浆总量为74075.0m³,平均每孔注浆量为266.5 m³,其中注浆量小于50m³的钻孔26个,主要位于路基范围内安全煤柱上;大于注浆量1000 m³的钻孔9个,主要位于南北大槽段的煤矿采空区及新发现的自燃区内。

由图3-55可知,采空区第三合同段钻孔注浆量中,0～100m³的注浆钻孔占总数的46%,101～200m³的注浆钻孔占总数的16%,201～300m³的注浆钻孔占总数的6%,301～400m³的注浆钻孔占总数的10%,401～500m³的注浆钻孔占总数的6%,大于500m³的注浆钻孔占总数的15%。

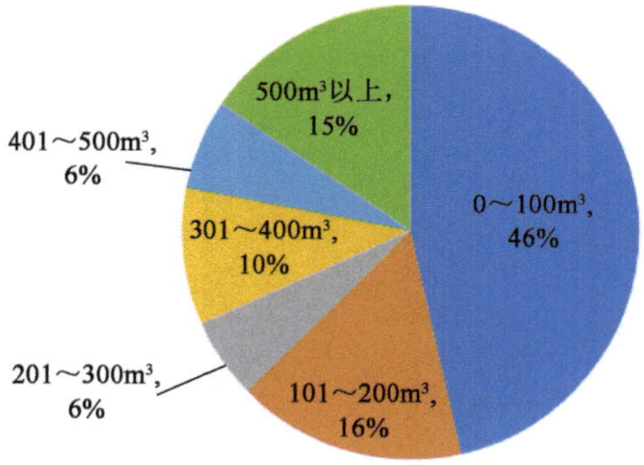

图3-55　采空区第三合同段钻孔注浆量饼状图

由图3-56可以看出,采空区第三合同段主要注浆区域可分为3个区域:

(1)新增自燃区:根据设计文件,勘察设计阶段该合同段并未发现煤层自燃现象。根据施工项目部地质钻探资料,出现煤层自燃现象的钻孔主要分布在路线左幅治理区边界帷幕孔处,W_{33}、W_{35}、W_{36}、W_{37}、W_{38}五个帷幕孔孔内存在煤层自燃,孔口监测温度大于60℃,最高温度173.2℃(W_{37})。周围的W_{31}、W_{32}、Z_{11}、Z_{12}、Z_{13}、Z_{14}、Z_{15}、Z_{16}钻孔孔内均无自燃现象。据此判断,煤层自燃区域平面范围(主要指治理区边界内)长度约70m,宽度约22m。自燃区向公路左侧治理边界外开放,自燃区深度范围在10～70m之间。

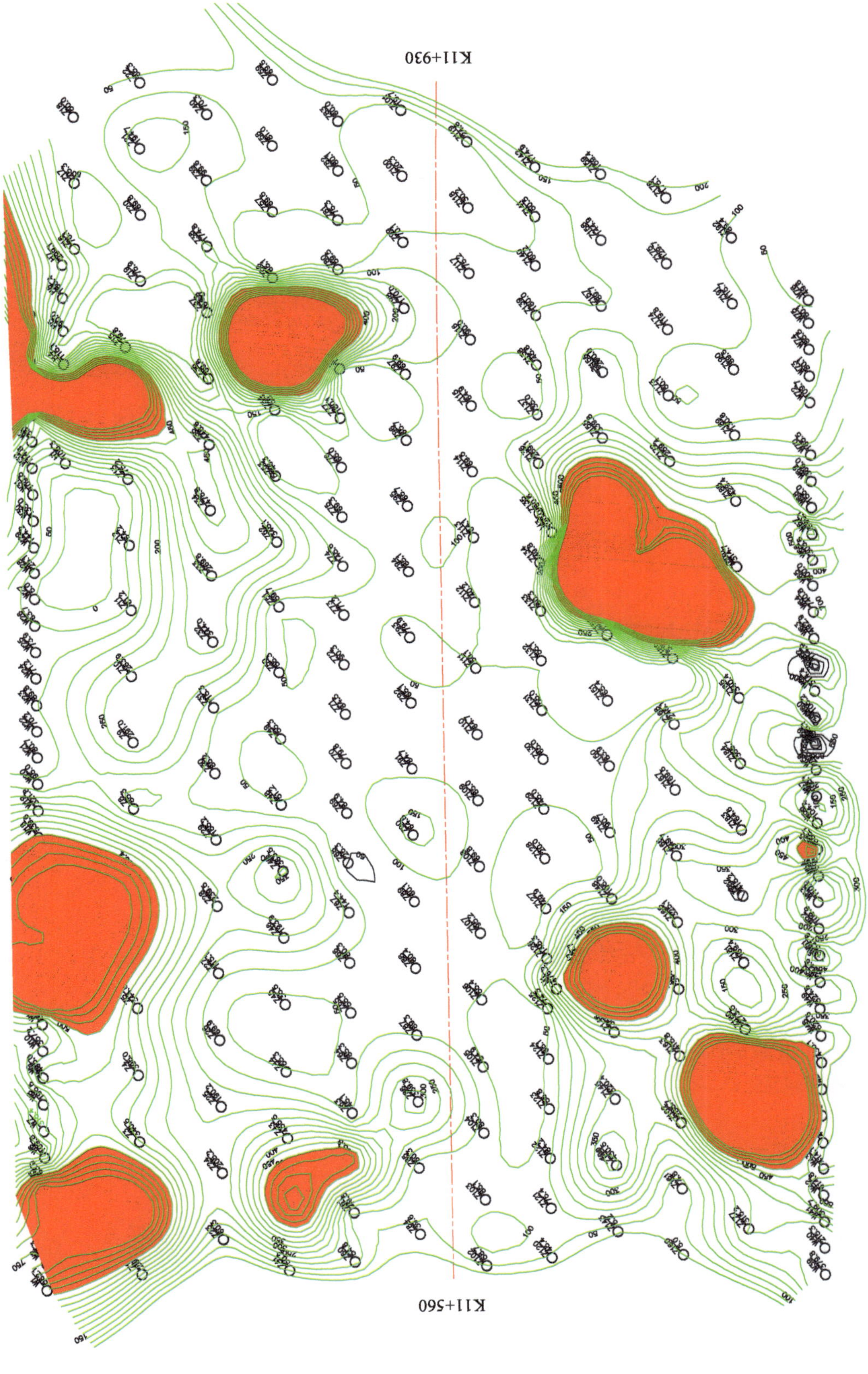

图3-56　采空区第三合同段注浆量平面分布图（红色区域注浆量大于500m³）

自燃区煤烟及孔温测量如图3-57所示。

a) b)

图3-57 自燃区煤烟及孔温测量

根据“乌鲁木齐东二环道路工程K11+000～K11+280段采空区煤自燃专项工程地质勘察报告”(2015年9月)，八道湾煤矿煤层牌号为长焰煤，本身具有自燃发火危险性，经原煤采样进行煤的自燃倾向性检测，自燃倾向性分类等级属于Ⅱ类(自燃)。回填物(粉煤及煤矸石)结构松散混杂、孔隙度大，遇到空气中的氧气，极易形成煤氧复合作用，煤体表面迅速与氧发生物理吸附、化学吸附和化学反应，产生并放出热量。当产生的热量大于向周围环境中散失的热量时，发生热量聚集，使煤的温度升高，同时又使煤的燃点降低，进而引起煤自燃。

该自燃区煤层埋深较浅，空隙、裂隙发育为漏风供氧提供了条件，在供氧充足的条件下煤体氧化放热；煤体氧化不断释放热量又加剧了煤(岩)层的破碎，产生新的塌陷、裂缝，从而加剧了漏风供氧，在破碎煤岩体中形成自燃对流漏风，而自吸氧过程又加剧煤的氧化放热，形成煤层自燃。目前，该区域处于自燃期，随着自燃时间的延长，自燃过程继续向其周围及深部发展，自燃范围将进一步扩大。

(2)南大槽采空区：作为该合同段治理区内的主采区，根据钻孔资料，该段内存在多层、连续、大体积空洞。分析其原因：主要由于该段内采煤空洞分布较浅，上部覆岩完整性差，采出率较高，煤层及岩层倾角较陡，煤层厚度大，剩余空洞体积较大，最终导致其注浆量较大。

(3)北大槽采空区：其分布特征与南大槽基本相似，但煤层厚度小于南大槽，且多为单层采空区，整体注浆量略少于南大槽。

3.6 工程质量检测

3.6.1 采空区注浆工程质量检测方法研究现状

国内外研究采空区的问题主要在交通、煤炭、军事等部门进行，中国、美国和苏联等煤炭主要产出国家从20世纪50年代左右就开始对煤矿采空区的危害性及其防治技术进行大量研究，积累了丰富的工程实践经验。国内的工程实践主要集中在高速公路下伏采空区，如京福高速公路徐州东煤矿采空区治理工程、山西临祁高速公路煤矿采空区治理工程、山西太旧高速公路冶西煤矿采空区治理工程等。

国外对采空区的注浆效果检测主要采用的手段为地球物理勘探方法,美国有电法、电磁法及地震勘探等比较全面的检测系统,Zoghi M、Richard B. H 等在美国俄亥俄州某高速公路采空区的探测中应用了地震波面波剖面法、地震波折射法及电阻率映像法;日本的地球物理勘探技术与其他国家相比都处于先进水平,其浅层地震波法使用最为频繁;俄罗斯物探技术主要为直流电法及瞬变电磁法,井间电磁波透视法、声波透视法等技术也在快速发展;英国、法国等在工程实践中主要应用地质雷达法。

国内早年在采空区的检测中主要采用钻探的方法,近年来我国的地球物理勘探技术勘测的精度不断提高,某些技术已经达到国际先进水平。工程物探在采空区的注浆效果检测中的应用也日趋成熟,积累了大量的工程实践经验。

目前主要的检测方法有钻孔检测、工程物探检测、地表变形观测、钻孔压水试验等,每种方法都有各自的工程适用性与优缺点(表3-22)。

采空区处理质量常用检验方法优缺点　　表3-22

检测方法	优点	缺点
钻探	直观、精度高	检查孔数量有限,属于点探查,不是区域探查,不能证明孔周围某个范围内的情况
地球物理勘探	钻探施工方便,可进行区域探查	直观性差、精度低,只宜进行定性评价
岩土工程现场试验	直观、精度高	需钻探等配合,数量有限
岩土工程室内试验	直观、精度高	需钻探等配合,数量有限
现场观测	直观、精度高	周期长

高速公路采空区注浆工程质量的各种检测方法既有共性又有各自的特性。各方法之间既互相印证,又相互补充。论证工程的质量和效果时须采用多种手段,用充分、翔实、可靠的综合资料给予技术支持,才能确保检测评价结论的可靠性和可信度。

国内外在采空区注浆效果检测方面的研究方法手段较多,但尚没有成熟可靠的技术方法体系,虽然现行公路以及民用建筑行业已有相应的规范、规程,但对于采空区治理检测的标准确定以及效果评价,尚需要进行大量的研究工作。

3.6.2 依托工程采空区注浆质量检测方法与评价标准

根据该采空区地质构造特性、工程地质条件和以往的工作经验,结合施工现场实际情况和工程进度要求,工程质量检测方法选择钻孔、孔内波速测井及地面沉降观测,综合评价工程质量。

按照《技术细则》,以结石体无侧限抗压强度和横波波速为主要指标,参考沉降观测及检测钻孔的施工资料,对采空区治理工程质量做出评价。主要指标中有一项未达到设计要求,则治理工程质量判为不合格,应查明原因,并制订补救方案,方案实施后重新检测验收。

3.6.3 注浆质量检测位置及工作量

(1)注浆质量检测位置宜布置在可能存在问题的地段。

(2)第一合同段布设质量检查孔5个,总进尺650m;孔内波速测井3孔,检测长度300m;地面沉降观测点5个。第二合同段布设质量检查孔4个,总进尺520m;孔内波速测井3孔,检测长度300m;地面沉降观测点4个。第三合同段布设质量检查孔5个,总进尺750m;孔内波速测井3孔,检测长度450m;地面沉降观测点5个。

3.6.4 钻孔检测分析与研究

钻探取芯是采空区治理工程质量检测工作中的主要技术和方法,并能为孔内物探检测提供工作平台。根据钻探岩芯采取率和岩芯的破碎程度,判断浆液结石体与围岩的胶结程度。根据钻进过程中的循环液消耗量及孔内压水量,可判断浆液对破碎岩层充填和胶结后的完整程度。通过分析浆液结石体的岩芯,可了解浆液在地下的终凝固结程度,可对结石体进行室内抗压强度试验,检验其强度是否满足设计要求。

注浆施工结束6个月后,进行钻孔检验。按注浆孔和帷幕孔总数的2%设置检查孔数量,检查孔深度为原地面至最低水平工作面采空区底板的深度。通过孔内取芯直接观察采空区的浆液充填情况,并结合钻探过程中循环液的漏失情况及孔壁的稳定性等评价工程质量。并将钻孔内浆液结石体岩芯标准养护72h后,进行无侧限抗压强度试验,要求抗压强度≥0.6MPa。

检测方法为人工激振单孔测速法。该方法是在孔口附近激振,在钻孔内的不同深度上安置探头测定直达波的初至时间。探头由两个互为正交的水平检波器和一个垂直检波器组成。利用气压附壁装置,可使探头紧贴井壁。测定纵波速度(v_p)时,须作垂直激振。测定横波速度(v_s)时,须作水平激振,通常是在压有重物的厚木板两端做水平振击,以激发横波。根据直达波穿过某地层所需的时间及该地层的厚度可计算出地层速度。测试依据的技术标准为《地基动力特性测试规范》(GB/T 50269)、《城市工程地球物理探测规范》(CJJ/T 7)。测试使用仪器包括CD采集仪、Sino-X型节点型地震测量系统、RSM-JQ系列井下三分量检波器、SJ-2型地震检波器等。

测试仪器及现场工作照片分别如图3-58、图3-59所示。

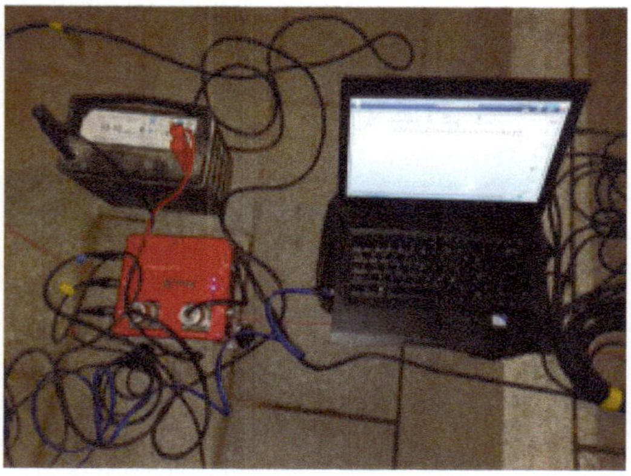

图3-58 测试仪器

图3-59 钻孔检测

3.6.4.1 采空区第一合同段注浆质量监测成果分析

根据设计文件,本次采空区第一合同段共布设质量检查孔5个,总进尺650m。具体检测孔统计结果见表3-23。

采空区第一合同段注浆后钻探检测结果一览表　　表3-23

孔号	深度(m)	地层情况			检测结果	备注
		第四系	岩层	采取率(%)		
JC_1	90	碎石	砂岩与泥岩互层	95	全孔返水,未见异常情况,局部节理裂隙可见浆液结石体颗粒	
JC_2	50.5	杂填土碎石	砂岩、局部夹煤矸石	95	全孔返水,未见异常情况,局部节理裂隙可见浆液结石体颗粒	
JC_3	170.6	碎石	砂岩与泥岩互层	95	全孔返水,在钻孔深度27.6~28.0m,61.3~62.7m检测出满足强度试验要求的水泥粉煤灰浆液结石体	
JC_4	174	杂填土卵石	砂岩与泥岩互层	95	全孔返水,在钻孔深度61.8~63.3m检测出满足强度试验要求的水泥粉煤灰浆液结石体	
JC_5	165	杂填土碎石	砂泥岩互层	95	全孔返水,在钻孔深度26.8~28.5m、81.2~83.5m检测出满足强度试验要求的水泥粉煤灰浆液结石体	

检测孔特征描述如下。

①JC_1孔:该孔位于采空影响区内,根据钻探施工资料,该采空影响区域内无钻孔掉钻情况,但裂隙发育,漏水情况较严重,注浆量不大。经注浆治理后,检测孔钻孔过程中,循环液无漏失现象,未发现任何异常,在局部的裂隙中可见浆液结石体颗粒。

②JC_2孔:该孔位于采空影响区内,根据钻探施工资料,该采空影响区域内无钻孔掉钻情况,但裂隙发育,漏水情况较严重,注浆量不大。经注浆治理后,检测孔钻孔过程中,循环液无漏失现象,未发现任何异常,在局部的裂隙中可见浆液结石体颗粒。

③JC_3孔:该孔位于采空塌陷区内,根据钻探施工资料,在该检测孔附近的钻孔发生掉钻现象,下部存在采空区。经注浆治理后,检测孔钻孔过程中,循环液无漏失现象,未发现任何异常,在钻孔深度27.6~28.0m、61.3~62.7m检测出满足强度试验要求的水泥粉煤灰浆液结石体。经实验检测,结石体无侧限抗压强度大于0.6MPa。如图3-60所示。

④JC_4孔:该孔位于采空塌陷区内,根据钻探施工资料,在该检测孔附近的钻孔发生掉钻现象,下部存在采空区。经注浆治理后,检测孔钻孔过程中,循环液无漏失现象,未发现任何异常,在深度61.8~63.3m检测出满足强度试验要求的水泥粉煤灰浆液结石体。经送检试验,结石体无侧限抗压强度大于0.6MPa。如图3-60所示。

⑤JC_5孔:该孔位于采空塌陷区内,根据钻探施工资料,在该检测孔附近的钻孔发生掉钻

现象，下部存在采空区。经注浆治理后，检测孔钻孔过程中，循环液无漏失现象，未发现任何异常，在钻孔深度 26.8～28.5m、81.2～83.5m 检测出满足强度试验要求的水泥粉煤灰浆液结石体。经实验检测，结石体无侧限抗压强度大于 0.6MPa。

a)

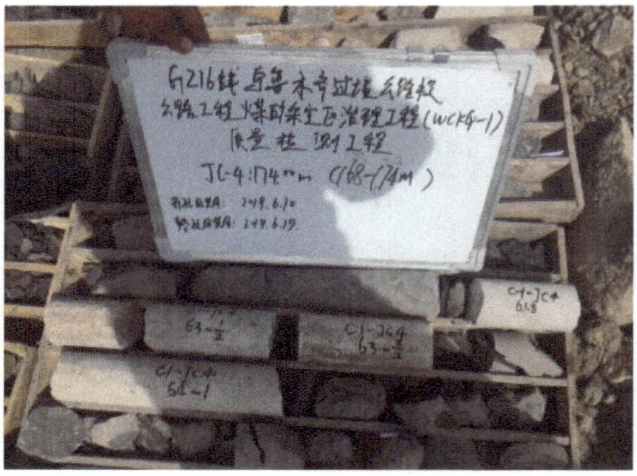

b)

图 3-60　采空区第一合同段 JC_3、JC_4 检测孔孔内浆液结石体照片

根据以上资料，采空区第一合同段检测孔钻孔检测结果合格，浆液结石体无侧限抗压强度大于 0.6MPa，满足《技术细则》的要求。

3.6.4.2　采空区第二合同段注浆质量监测成果分析

根据设计文件，本次采空区第二合同段共布设质量检查孔 4 个，总进尺 520m。具体检测孔统计结果见表 3-24。

采空区第二合同段注浆后钻探检测成果一览表　　表 3-24

孔号	深度(m)	地层情况			检测结果
		第四系	岩层	采取率(%)	
JC_1	136	卵石	砂岩与泥岩互层	95	全孔返水，未见异常情况，在孔深 49～50m 处见满足强度试验规格要求浆液结石体
JC_2	132	杂填土 碎石	泥岩、煤层、砂岩	95	全孔返水，未见异常情况，在孔深 69～70m 处见满足强度试验规格要求浆液结石体
JC_3	138	卵石	砂岩与泥岩互层	95	全孔返水，在孔深 58～59m 处见满足强度试验规格要求浆液结石体
JC_4	140	杂填土 卵石	砂岩、煤层、泥岩	95	全孔返水，在孔深 65～66m 处见满足强度试验规格要求浆液结石体

检测孔特征描述：

①JC_1 孔：该孔位于采空影响区内，根据钻探施工资料，该采空影响区域内无钻孔掉钻情况，但裂隙发育，漏水情况较严重，注浆量不大。经注浆治理后，检测孔钻孔过程中，循环液无漏失现象，未发现任何异常，在孔深 49～50m 处见满足强度试验规格要求浆液结石体。如图 3-61 所示。

②JC_2 孔：该孔位于采空影响区内，根据钻探施工资料，该采空影响区域内无钻孔掉钻情况，但裂隙发育，漏水情况较严重，注浆量不大。经注浆治理后，检测孔钻孔过程中，循环液无漏失现象，未发现任何异常，在孔深 69～70m 处见满足强度试验规格要求浆液结石体。

③JC_3 孔：该孔位于采空塌陷区内，根据钻探施工资料，在该检测孔附近的钻孔发生掉钻现象，下部存在采空区。经注浆治理后，检测孔钻孔过程中，循环液无漏失现象，未发现任何异常，在孔深 58～59m 处见满足强度试验规格要求浆液结石体。经送检试验，结石体无侧限抗压强度大于 0.6MPa。

④JC_4 孔：该孔位于采空塌陷区内，根据钻探施工资料，在该检测孔附近的钻孔发生掉钻现象，下部存在采空区。经注浆治理后，检测孔钻孔过程中，循环液无漏失现象，未发现任何异常，在孔深 65～66m 处见满足强度试验规格要求浆液结石体。经送检试验，结石体无侧限抗压强度大于 0.6MPa。如图 3-61 所示。

a)

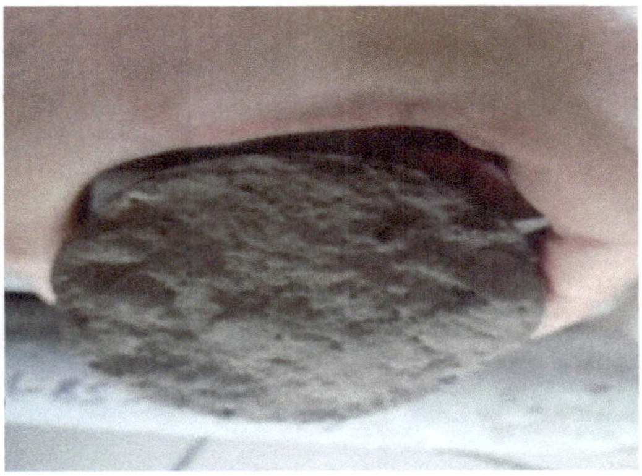

b)

图 3-61　采空区第二合同段 JC_1、JC_4 检测孔孔内浆液结石体照片

根据以上资料，采空区第二合同段检测孔钻孔检测结果合格，浆液结石体无侧限抗压强度大于 0.6MPa，满足《技术细则》的要求。

3.6.4.3　采空区第三合同段钻探取芯与室内试验检测

根据设计文件，本次采空区第三合同段共布设质量检查孔 6 个，总进尺 753m。具体检测孔统计结果见表 3-25。

采空区第三合同段注浆后钻探检测成果一览表　　表 3-25

孔号	深度（m）	地层情况			检测结果	备注
		第四系	岩层	采取率（%）		
JC_1	189	卵石	煤层、煤矸石，底部砂岩	95	全孔返水，未见异常情况，钻孔深度 137.9～138.6m 可见浆液结石体	
JC_2	189	卵石	煤矸石、泥岩	95	全孔返水，未见异常情况，局部节理裂隙可见浆液结石体填充痕迹	
JC_3	50	卵石	煤矸石、砂岩	95	全孔返水，未见异常情况，砂岩局部节理裂隙可见浆液结石体填充痕迹	

续上表

孔号	深度(m)	地层情况			检测结果	备注
		第四系	岩层	采取率(%)		
JC_4	50	卵石	泥岩、煤层	95	全孔返水,未见异常情况,局部可见呈碎块、碎石状浆液结石体	
JC_5	125	卵石	泥岩、煤层、砂岩	95	全孔返水,未见异常情况,在钻孔深度72.0~81.2m可见浆液结石体(呈柱状、短柱状为主,少量块状,局部夹碎块状煤),81.2~102.1m煤层中夹角砾、碎石状浆液结石体	
JC_6	150	卵石	煤矸石	95	全孔返水,未见异常情况,局部节理裂隙面可见浆液填充痕迹	

检测孔特征描述如下。

①JC_1 孔:该孔位于采空塌陷区内,根据钻探施工资料,在该检测孔附近的钻孔发生掉钻现象,下部存在采空区。经注浆治理后,检测孔钻孔过程中,循环液无漏失现象,未发现任何异常,在137.9~138.6m检测出满足强度试验要求的水泥粉煤灰浆液结石体。经试验检测,结石体无侧限抗压强度大于0.6MPa。

②JC_2 孔:该孔位于采空影响区内,根据钻探施工资料,该采空影响区域内无钻孔掉钻情况,但裂隙发育,漏水情况较严重,注浆量不大。经注浆治理后,检测孔钻孔过程中,循环液无漏失现象,未发现任何异常,在局部的裂隙中可见浆液结石体填充痕迹。

③JC_3 孔:该孔位于路基安全煤柱范围内,根据钻探施工资料,该采空影响区域内无钻孔掉钻情况,裂隙较发育,无漏水,注浆量不大。本次检测对象主要为注浆加固路基,经注浆治理后,检测孔钻孔过程中,循环液全孔返水,未发现任何异常,在局部的裂隙中可见浆液结石体填充痕迹。

图3-62所示为采空区第三合同段 JC_2 浆液填充痕迹及 JC_5 检测孔孔内浆液结石体照片。

a)　　b)

图3-62　钻孔截面

④JC_4 孔：该孔位于路基安全煤柱范围内，根据钻探施工资料，该采空影响区域内无钻孔掉钻情况，裂隙发育，漏水严重，注浆量不大。本次检测主要为路基注浆加固，经注浆治理后，检测孔钻孔过程中，循环液全孔返水，未发现任何异常，局部可见呈碎块、碎石状浆液结石体。

⑤JC_5 孔：该孔位于采空塌陷区内，根据钻探施工资料，在该检测孔附近的钻孔发生掉钻现象，下部存在采空区。经注浆治理后，检测孔钻孔过程中，循环液无漏失现象，未发现任何异常，在钻孔深度 72.0～81.2m 可见浆液结石体(呈柱状、短柱状为主，少量块状，局部夹碎块状煤)，81.2～102.1m 煤层中夹角砾、碎石状浆液结石体。经试验检测，结石体无侧限抗压强度大于 0.6MPa。

⑥JC_6 孔：该孔位于采空影响区内，根据钻探施工资料，该采空影响区域内无钻孔掉钻情况，但裂隙发育，漏水情况较严重，注浆量不大。经注浆治理后，检测孔钻孔过程中，循环液无漏失现象，未发现任何异常，局部节理裂隙面可见浆液填充痕迹。

根据以上资料，采空区第三合同段检测孔钻孔检测结果合格，浆液结石体无侧限抗压强度大于 0.6MPa，满足《技术细则》的要求。

3.6.5　孔内波速测井检测结果分析

物探检测技术是采空区治理工程施工完成后对工程质量检验的重要方法，本项目主要采用的是波速测井法。地震波在不同岩性地层中的传播速度取决于岩石密度。当采空区进行工程治理后，破碎岩石的裂隙、空隙被灌入浆液充填固结，导致岩石密度发生变化。单孔测速法是在孔口附近激振，在钻孔内的不同深度上安置探头测定直达波的初至时间。探头是由两个互为正交的水平检波器和一个垂直检波器组成。利用气压附壁装置，可使探头紧贴井壁。测定纵波速度(v_p)时，须作垂直激振。测定横波速度(v_s)时，须做水平激振，通常是在压有重物的厚木板两端做水平振击，以激发横波。根据直达波穿过某地层所需的时间及该地层的厚度可算出地层速度。

波速检测现场如图 3-63 所示。

波速测井是在检测钻孔施工完成后才能进行，以检查钻孔获得的地质资料为基础，按不同岩石类型及岩石完整性分段对应的波速值，进行工程质量评价，可直观判断注浆施工质量。

图 3-63　波速检测现场

参照《建筑抗震设计规范》(GB 50011—2010)关于剪切波速划分场地土类型的标准，将采空区注浆后裂隙、空隙充填固结的受注层的平均剪切波(横波)速大于 250m/s 作为评价具有空洞或空隙采空区的工程质量标准。

3.6.5.1　采空区第一合同段波速测井检测

根据设计文件，采空区第一合同段布置孔内波速测井 3 孔，检测长度 300m。根据检测得出的钻孔剪切波速成果图可知，采空区第一合同段平均剪切波速(横波)大于 250m/s，满足《技术细则》的要求。

3.6.5.2 采空区第二合同段波速测井检测

根据设计文件,采空区第二合同段布置孔内波速测井3孔,检测长度300m。根据检测得出的钻孔剪切波速成果图可知,采空区第二合同段平均剪切波速(横波)大于250m/s,满足《技术细则》的要求。

3.6.5.3 采空区第三合同段波速测井检测

根据设计文件,采空区第三合同段布置孔内波速测井3孔,检测长度300m。根据检测得出的钻孔剪切波速成果图可知,采空区第三合同段平均剪切波速(横波)大于250m/s,满足《技术细则》的要求。

3.6.6 地表变形观测

采空区治理后的地基稳定性能否满足公路工程要求,主要通过地表变形观测来评价。该方法直观、精度高,但工作持续时间较长,且测点的位置选择及保护较为困难,一旦测点遭到破坏,观测工作将前功尽弃。因此,地表变形观测目前仅在部分采空区治理工程中应用,但实际观测效果对治理工程质量评价起到了举足轻重的作用。

图3-64 沉降观测

在治理工程施工期间设立地面沉降观测点,系统观测地面沉降变化,为注浆工程评价奠定基础。第一合同段设置观测点5个:1个观测点在采空区影响范围以外的稳定区域,供治理工程观测系统使用;其余4个观测点分别在道路红线两侧5~10m内间隔布设观测点,间距约100m。第二合同段分别在道路红线两侧5~10m内间隔布设观测点,间距约100m,共布设观测点4个;第三合同段观测点布设情况与第一合同段类似。观测系统与其他合同段稳定区观测点联测。观测时间为一年,观测频率施工前为5天一次,施工期为每周一次,施工结束后3个月内每半月一次,剩余时间每月一次。变形观测点的埋设、观测方法和精度应参照《技术细则》相关要求执行。沉降观测如图3-64所示。

根据设计文件,采空区在治理工程施工期间设立地面沉降观测点,系统观测地面沉降变化,为注浆工程评价奠定基础。观测时间为一年,观测频率施工前为5d一次,施工期为每周一次,施工结束后3个月内每半月一次,剩余时间每月一次。变形观测点的埋设、观测方法和精度应参照《技术细则》相关要求执行。

在采空区治理范围内选取8个观测点,分别为SC02、SC03、SC04、SC05、SC06、SC07、SC08、SC09,再在治理区域外选取一个观测点作为基准点,其名称为SC01。相对应的沉降观测折线图如图3-65~图3-73所示。

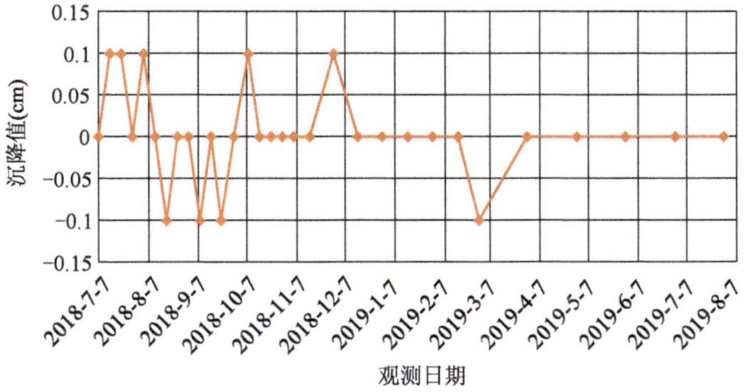

图 3-65 SC01 观测点沉降值折线图(观测点位于治理区域外)

图 3-66 SC02 观测点沉降值折线图

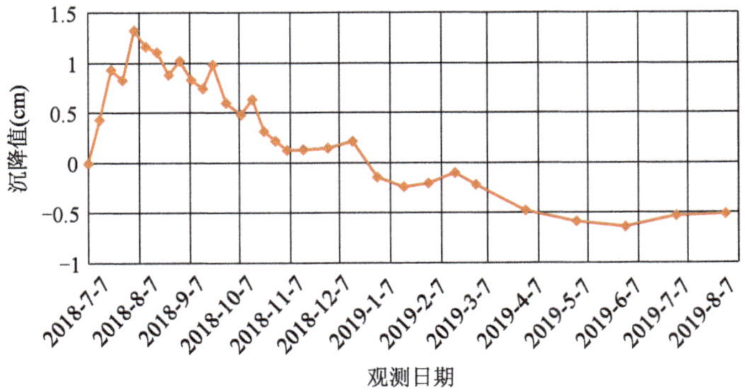

图 3-67 SC03 观测点沉降值折线图

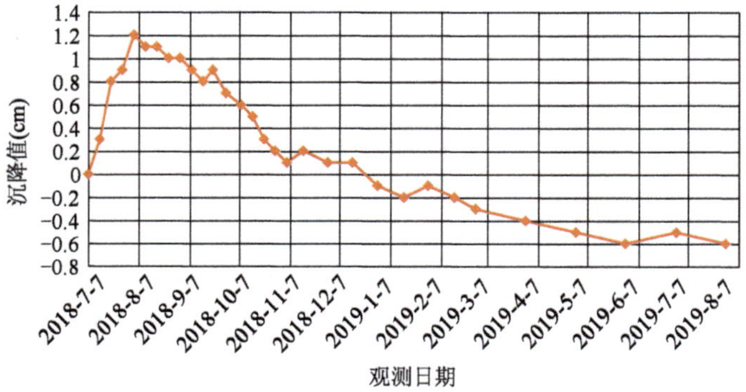

图 3-68　SC04 观测点沉降值折线图

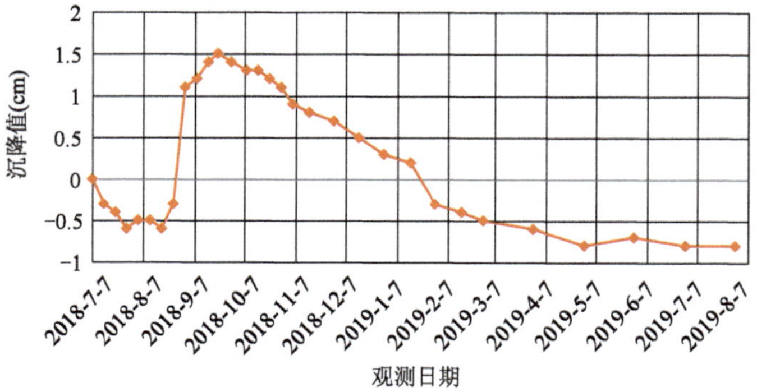

图 3-69　SC05 观测点沉降值折线图

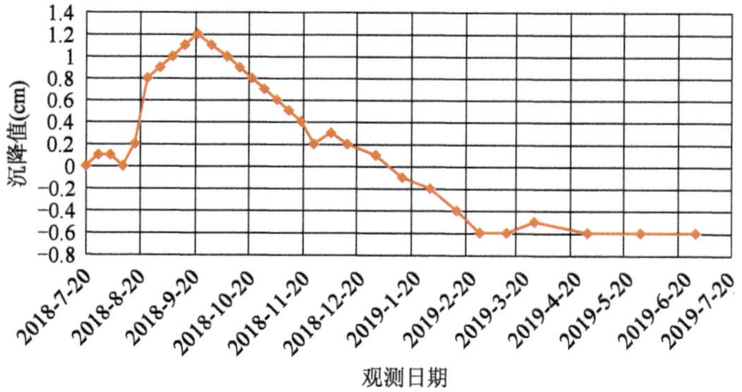

图 3-70　SC06 观测点沉降值折线图

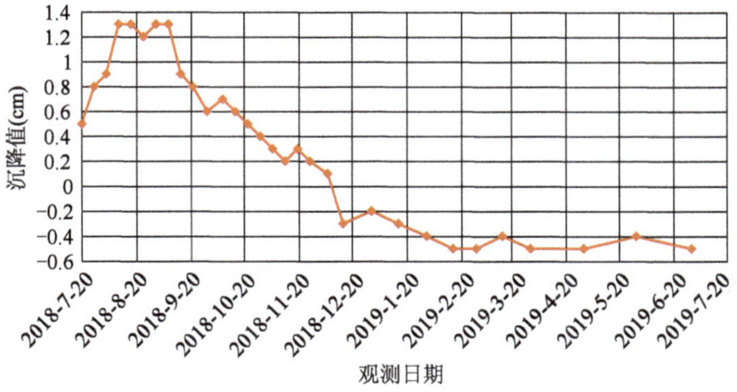

图 3-71　SC07 观测点沉降值折线图

图 3-72　SC08 观测点沉降值折线图

图 3-73　SC09 观测点沉降值折线图

根据以上 8 个治理区域内和 1 个治理区域外基准观测点的沉降观测折线图可得，在注浆施工期间，由于受注浆压力影响，地面略有抬升，随着注浆施工结束，地面变形趋于平缓状态，治理后的地面沉降观测值仅有微小波动，总体沉降量在 $-1.2\sim1.5$cm 之间，采空区场地整体处于稳定状态。

第4章

干旱大风区桥梁建设技术

4.1 西北大风气候条件下高墩、大跨径现浇支架施工关键技术

乌鲁木齐东二环道路项目的一个主要特点是高架桥多,其中高架桥全长为8.848km,占主线全长的40%。主要的高架桥有金沙滩街、跃进街、花儿沟路、延安路、仓房沟、燕北高架桥,跃进街上下口桥。桥梁以高墩大跨径为主,其中燕北高架桥最高墩身有31.7m,所有跨越城市主干道均以36m+55m+36m一联现浇箱梁为主要结构形式。桥梁现浇段单联最大跨径为127m,最大方量为4180m^3,最大高度为31.7m,由于燕北高架桥位于乌鲁木齐市风口,风力最大可达12级,对现浇箱梁施工影响也极大。

针对此类高墩、大跨径、大吨位、受大风气候影响的上跨城市道路现浇箱梁施工,支架方式的选择尤为重要。考虑到现浇箱梁高度变化大、安全风险大、整体宽度大、跨越的道路车流量大、征地拆迁受限、地处多民族等诸多因素的影响,通过优化比选,最终确定采取大跨径城市快速路现浇支架施工方法。

采用此方法,可以有效解决跨路满堂支架预留门口施工困难,同时在高空作业增强支架稳定性、确保施工安全方面具有一定的推广应用价值。

现浇支架如图4-1所示。

图4-1 现浇支架

4.1.1 工法特点

(1)本工法采用螺旋钢管支架施工,操作性强,可以有效解决高墩、大跨径支架施工周期长、质量控制难的问题,同时可解决跨路施工满堂支架预留门洞困难的难题。

(2)采用螺旋钢管支架节约了大量的钢材,增强了支架稳定性。

(3)采用螺旋钢管支架加快了材料周期率,有效减少支架数量投入。

4.1.2 工法原理

无须进行地基处理,利用桥梁承台作为现浇支架钢管立柱基础,直接在桥墩承台上搭设钢管立柱,放置槽钢横梁,然后进行贝雷梁纵梁的拼装并与钢管立柱连接形成一个整体支架。在底模安装完成后,对钢管立柱贝雷梁支架进行预压和预拱度设置,然后进行箱梁现浇施工。

4.1.3 工艺流程(图 4-2)

图 4-2 现浇箱梁支架施工工艺流程图

4.1.4 操作要点

4.1.4.1 施工准备

(1)钢筋在加工场集中加工后,再运至施工现场绑扎成形;

(2)现场导线、水准复测,并引至施工现场附近,以便于测量控制;

(3)施工现场"四通一平"工作已完成;

(4)施工机械、机具在进场前进行验收,符合要求后进场;

(5)原材料经中心实验室检测合格后报监理工程师审批,批复后方可用于施工,严禁不合格材料进场。

4.1.4.2 地基处理

合同段位于乌鲁木齐市区,地基处理应针对不同的地质条件采用不同的处理方法。基础处理分为以下三种情况。

1)原状道路

对于处于现状道路路面上的支架,原道路路面为沥青混凝土面层或混凝土面层,基层为水泥稳定碎石层。地基情况良好的情况下,原有道路可以直接搭设支架,但要用 C25 混凝土将低洼处整平,废弃雨污水管道或绿化带要采用戈壁料或废弃砖渣分层进行压实。可用 220 挖掘机将路面结构层破除后,在路基顶部用 15cm 厚 C20 混凝土硬化处理,路基范围以外部分基础挖深 40cm 并采用戈壁料或废弃砖渣进行换填处理,然后用 PY180 平地机进行整平,采用 20t 振动压路机压实 4 遍,保证压实度不小于 96%。局部坑洼处采用 C25 混凝土补平。

2)原状土、建筑拆迁区

对于处于原状土等非原有道路路面的箱梁架设基础处理措施如下:

先清除表层垃圾、杂质、淤泥、浮土、草坪及种植土等杂物,基底处理宽度为桥梁投影面积两侧加宽 3m。基底采用 220 挖掘机进行清理,基础挖深 40cm 并采用戈壁料或废弃砖渣进行换填处理,开挖时不得深挖和扰动原地基土层,然后用 PY180 平地机进行整平,采用 20t 振动压路机压实 4 遍,保证压实度不小于 96%。

3)垃圾填埋区

对于处在垃圾填埋区等基础承载力较差部位的处理措施如下:

先用 220 挖掘机将坟地和垃圾全部进行挖除,开挖时不得深挖和扰动原地基土层,并根据开挖断面和开挖深度预留台阶,台阶宽度 2m,高度 2m,开挖完成后及时用砖渣进行换填处理,对于地下水丰富的地段可换填灰土等水稳性较好的填筑材料,并分层夯实或碾压使其密实。压实采用 20t 振动压路机压实 4 遍,保证压实度不小于 96%。填筑至顶层后采用 PY180 平地机进行整平,处理完的基底表面应平整坚实,无弹簧和翻浆现象。

最后对基底进行硬化,硬化宽度为桥梁投影面积两侧加宽 150cm。地面硬化措施:上部土基压实后,摊铺 10cm 厚填隙碎石 + 15cm 厚 C20 素混凝土硬化。如遇雨污水管、燃气管道、石油管线等时,采用上部架设槽钢的方法将它们担过去,抽排干净污水后进行换填处理,然后分层碾压,达到规定压实度后在上部铺设 30cm 厚碎石,再浇筑 20cm 厚混凝土。

作为箱梁支架基层，待混凝土强度达到设计要求，地基承载力在 200kPa 以上时进行箱梁支架搭设施工。

混凝土顶面设置 2% 的横坡，横坡方向与箱梁横坡一致；为避免雨季地基受水浸泡，沿外侧周围，局部人工开挖砌筑排水沟，用于排除地面范围内积水和施工期间雨水。排水沟采用 120mm 厚砖砌，净宽 42cm，深 20cm，底部浇筑 5cm 厚 C20 混凝土垫层。为了便于雨水的收集，沿支架周围设置集水井，集水井的尺寸为 60cm × 60cm × 60cm，确保支架基础部位不上水，不浸泡，保持基础的稳定性。排水沟示意图如图 4-3 所示。

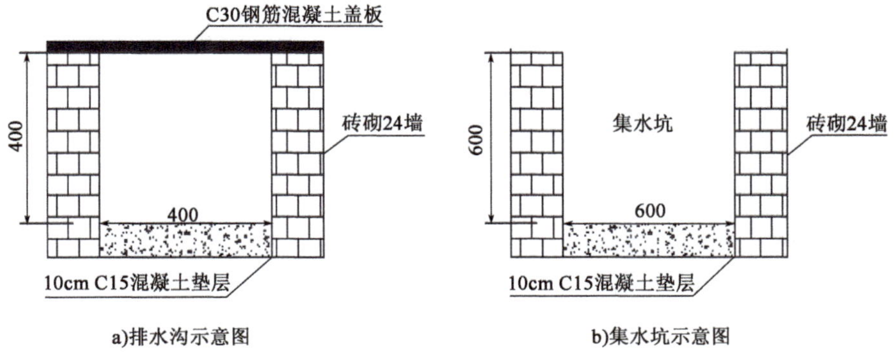

图 4-3　排水沟示意图(尺寸单位:mm)

为了施工需要，顺桥向 8m 通道范围内设置 C30 钢筋混凝土盖板，使用 $\phi25$ 钢筋，钢筋间距 10cm；顺水沟方向采用 $\phi20$ 钢筋焊接而成，净间距 3cm。排水沟分段宜开挖形成坡度，横向设置 0.3% 找坡，并在低点开挖集水坑(尺寸为 60cm × 60cm × 60cm)，集水坑墙身采用砖砌 24 墙砂浆抹面或 C15 混凝土浇筑，底板浇筑混凝土垫层。

4) 承台部位处理

由于承台施工时对原有道路部位进行了开挖，在承台、墩身施工完成后，对承台顶部以上部分按 20cm 分层夯实回填至距原地面 10cm 处，采用 20t 压路机碾压密实，碾压不到的部位采用激振力矩不小于 80N · m 的振动夯夯实，随后在上部浇筑 10cm 厚 C25 混凝土封水层，顶面人工收平，保证混凝土面与原路面齐平。混凝土浇筑时，在与墩身接触部位铺设塑料布，避免混凝土黏附在墩身清水混凝土面上。

5) 管线范围内地基处理

雨水管处地基处理，螺旋钢管支架位于雨水管处地基时，采用戈壁料或废弃砖渣分层进行回填，每层回填厚度不大于 20cm，用 YZ22t 振动压路机压实，压实度不少于 96%，待回填至离原有路面 10cm 的距离时，然后浇筑 10cm 厚 C25 素混凝土封水层，混凝土强度达到设计要求时进行箱梁支架搭设施工。

管线改迁处地基处理，先将原管线采用人工配合反铲机进行挖出，挖除后采用戈壁料进行回填，回填采用分层进行回填，然后分层回填，每层回填厚度不大于 10cm，用 YZ22t 振动压路机压实，压实度不少于 96%，待回填至距原有路面 10cm 的距离时，浇筑 10cm 厚 C25 素混凝土封层，混凝土强度达到设计要求时进行箱梁支架搭设施工。

如管线改移位置远离螺旋钢管桩支立位置，可做整平碾压处理。

6)螺旋钢管+贝雷梁支架地基处理

地基进行整平碾压,检测地基承载力满足基础承载力后,施工螺旋钢管柱基础,并注意保证地面排水坡度,以迅速排除地面水。螺旋钢管基础采用C20混凝土,尺寸为2.0m×2.0m×0.6m(长×宽×高)。

4.1.4.3 支架放样

根据全线联测的导线点、水准点,进行闭合导线测量放样。其精度必须满足设计及规范要求。

盘扣式支架细部放样应根据支架搭设要求进行,以箱梁横桥向中心线为基准线,按照经验算的支架间距进行布置,同时在硬化的基础上布设方木或钢板。

测量组依照支撑架配置图纸上尺寸标注,正确放样并使用墨斗弹线。

螺旋钢管支架,根据基础设计位置进行现场放样。在放样前,应将基础部位的杂质清理干净,检验地基承载力是否满足施工要求,满足要求后,施工螺旋钢管柱基础。

4.1.4.4 支架施工

支架基础处理完后,进行支架搭设施工,现浇箱梁支架采用螺旋钢管贝雷片,按照支架布置图,放出支架所处位置,然后根据情况摆放混凝土基础,并采用25t起重机配合人工搭设支架。双拼成组吊装示意如图4-4所示。

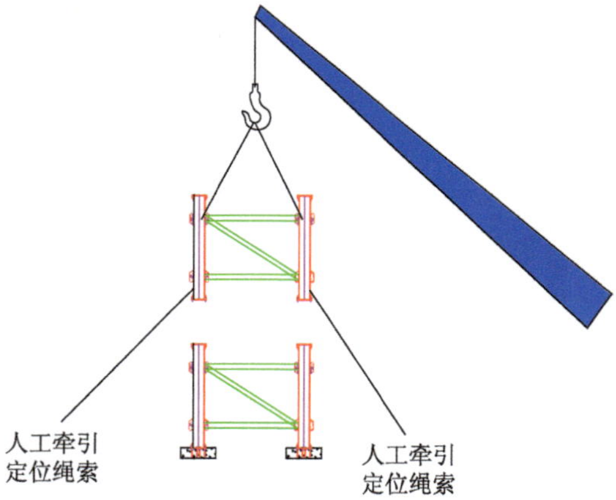

图4-4 双拼成组吊装示意图

(1)本桥采用ϕ630×10mm钢管支撑结构,两端实体段及过渡段螺旋钢管横向间距为3m,纵向间距为6m;标准段螺旋钢管横向间距为6m,纵向间距为6m、9m;螺旋钢管间连接采用ϕ325×7mm螺旋钢管抱箍式螺栓连接。螺旋钢管标准节长6m,其他根据实际情况配备相应调整节,各节段间连接采用法兰板高强度螺栓连接。在螺旋钢管设置爬梯,作为构件连接时人员上下通道。螺旋钢管采用C25钢筋混凝土条形基础,高度60cm。

(2)螺旋钢管顶安装双拼56号工字钢作横向分配梁,横梁上铺设321型贝雷片,腹板下布设间距90cm,翼缘板下布设间距120cm,贝雷片与横梁采用U形限位卡固定。贝雷片上横向铺设10号槽钢,用于搭设调整段满堂支架,调整段高度3m,使用ϕ48×3.5mm碗扣钢管支架作为支撑体系,立杆横向间距腹板位置0.9m,翼缘板下为1.2m,纵向间距标准段0.9m,墩顶实体段1.2m,步距为0.6m,立杆顶端采用可调U形撑托,支撑于模板主肋底部,底部采用可调底座,支撑在10号槽钢之上。

(3)支撑钢管顶托上纵向铺设工10号,其上横向铺设10cm×10cm方木,间距25cm,作为横肋,其上再铺设15cm的竹胶板。

(4)支架搭设离顶高度2m时采用满挂密目安全网进行安全防护,在桥墩位置箱梁端部设置人行梯架,梯架采用之字形并与墩柱扣件锁定,设置相应的栏杆、脚手板和挡脚板。

4.1.5 材料与设备

4.1.5.1 主要材料性能和要求

(1)根据施工进度计划及设计要求,制订各施工阶段材料需求计划,并提前组织采购备好材料。

(2)选派有经验的人员进行材料的组织、采购及管理工作。做好现场的场地规划,材料加工和堆放要布置合理。

保证材料采购资金的使用,施工期必须投入足够的资金进行材料的采购和备料。

(3)选择有实力、信誉好的材料供应商建立供求关系,并签订供应协议,保证材料供应及时。

(4)做好材料的检测试验工作,确保材料的质量要求,杜绝不合格材料进入现场。

(5)对用于工程结构中的所有选用材料,均必须申报中心试验室和监理单位,并经中心试验室和监理单位同意使用后,方可组织采购进场。

(6)做好现场材料的管理,各类材料要堆放有序、整齐,并做好标示标牌;一些周转材料使用完后,方可组织采购进场。

4.1.5.2 机械设备与材料汇总(表4-1、表4-2)

施工主要材料表　　表4-1

序号	材料项目	单位	规格型号	数量	备注
1	贝雷片	片	标准3m或2m	450	
2	钢管立柱	根	ϕ609×16 ϕ426×8	12	长度根据现场定
3	工字钢横梁	根	40a以上	4	根据受力计算
4	工字钢分配梁	根	12号以上	38	长度12m
5	连接槽钢	根	10号以上	80	长度6m
6	落梁工字钢横梁	根	20a工字钢以上	6	根据受力计算
7	落梁精轧螺纹钢吊杆	m	ϕ32精轧螺纹钢	100	

主要机械设备参数　　表4-2

序号	设备名称	设备型号	单位	数量
1	汽车起重机	QY25	台	4
2	运输车	T815S	辆	2
3	挖掘机	卡特320	台	4
4	全站仪	GTS701	台	1
5	精密水准仪	DS3	台	1

4.2 大风条件下螺旋钢管性能研究

燕北高架桥跨越的地方道路与河流最多,其中第12联跨越乌鲁木齐城市最主要干线道路河滩快速路,施工难度最大,安全隐患最大。全桥墩身高度起伏较大,最大跨径70m,采用转体上跨兰新高铁。在做支架施工设计时,经经济比较分析采用多种形式的支架体系。由于乌鲁木齐地处准噶尔盆地边缘,天山北沿,常年受西风带边缘影响;又由于巨大山体屏障与城市建筑群的影响,城市不同地方有不同的风速。在燕北高架桥跨越城市主干道河滩快速路,形成长年南北贯通的风流。有时瞬时风速在10级以上,12级大风在春冬季常见。往往在做支架设计时考虑各部分支架承受荷载的能力以及混凝土浇筑时对支架及模板的影响,从上到下一一计算,计算各部分承载能力与安全性,很少考虑在搭设支架施工和拆除支架到横向分配梁时,钢管立柱成为一个个独立的个体,支架顶部没有受压,支架与支架之间没有联系,这时如果遇到很大瞬时风速时,支架就处于最不稳定状态,同时支架又搭设在城市主干道上,对人民生命财产的安全隐患很大。

4.2.1 目前行内对风压的认识及现状

脚手架安全设计以《建筑施工门式钢管脚手架安全技术规范》(JGJ 128)为依据,风荷载的取值均以《建筑结构荷载规范》(GBJ 9)为依据。

当前,行业内对脚手架计算的风压取值仍未有新的统一规定。一般按风压取值公式,风荷载标准值计算公式为:

$$W_t = k_1 k_2 k_3 W_0 \tag{4-1}$$

式中:W_0——基本风压值,$W_0 = \frac{v_0^2}{1600} = 0.6(\text{kPa})$;

k_1——风载体形系数,取 $k_1 = 1.3$;

k_2——风压高度变化系数,取 $k_2 = 1.13$;

k_3——地形、地理修正系数,取 $k_3 = 1.3$。

但是参数取值根据不同工点有所不同,修正系数随意性很大,对风载计算不够准确。

4.2.2 使用组合钢管支架体系的说明

目前,桥梁施工环境越来越复杂,跨河、沿海、跨路施工已成为常态,单纯的碗扣满堂支架施工方法已无法满足桥梁支架施工的要求。而大管径钢管立柱和贝雷梁组合支架施工方法恰好能满足复杂施工环境下桥梁支架施工的要求,且具有较好的效果。

该支架体系结构简单,力学性能优越,施工方便,实用性强,尤其在特殊地质条件下具有广泛的应用前景,且不受雨季、汛期等的影响,具有满堂碗扣支架所不具备的优势,在一定条件下具有推广使用价值。

大管径钢管立柱和贝雷梁组合支架主要采用直径630mm以上钢管作为支架竖向支撑，采用槽钢作为斜向支撑，钢管立柱顶端使用型钢作为横向联系梁，其上架设贝雷梁，形成一个强度、刚度和稳定性皆满足箱梁混凝土施工过程中各种荷载的受力要求的支架体系。燕北高架桥第12联就采用这样的钢管支架体系。

4.2.3　模型简介

现浇箱梁采用螺旋钢管、贝雷片支架的施工方式，现浇箱梁支架采用螺旋钢管贝雷片，按照支架布置图，放出支架所处位置，然后根据情况摆放混凝土基础，并采用25t起重机配合人工搭设支架，具体布置见图4-5～图4-7。

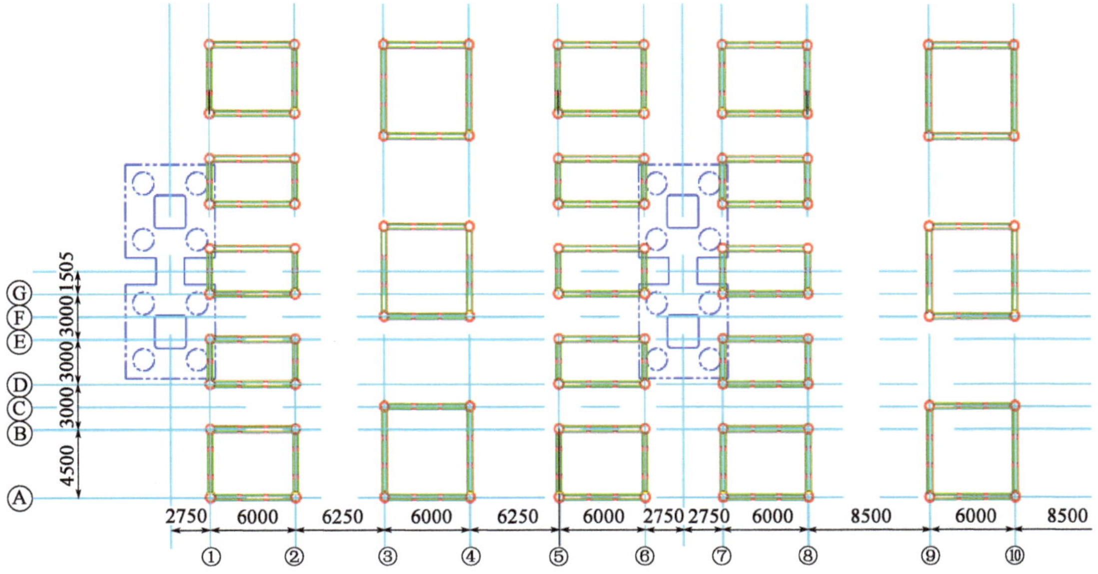

图4-5　钢管柱平面布置图(1/2)(尺寸单位:mm)

当安装好贝雷梁后，钢管支架形成一个整体，结构的稳定性更高，所以模型着重分析架设贝雷梁前的施工阶段(与拆除时的工况相同)。

根据结构实际尺寸和位置建立有限元模型，由于结构的对称性和重复性，仅建立分析第一排和第二排的螺旋钢管支架结构模型(图4-8)，全模型共892个梁单元，考虑钢管与承台完全连接，约束承台底部的位移。6m、4.5m、3m宽螺旋钢管模型局部示意图如图4-9所示。

4.2.4　结构组成及材料性能

螺旋钢管采用$\phi630\times10$mm钢管，材料为Q235-B[1]，螺旋钢管标准节长6m。

螺旋钢管基础采用C25钢筋混凝土独立基础，高度为60cm。

螺旋钢管顶安装双拼56号工字钢作横向分配梁，材料为Q235-B。

[1] Q235为热轧圆盘光圆钢筋，与R235(热轧直条光圆钢筋)仅外观形态有所区别。

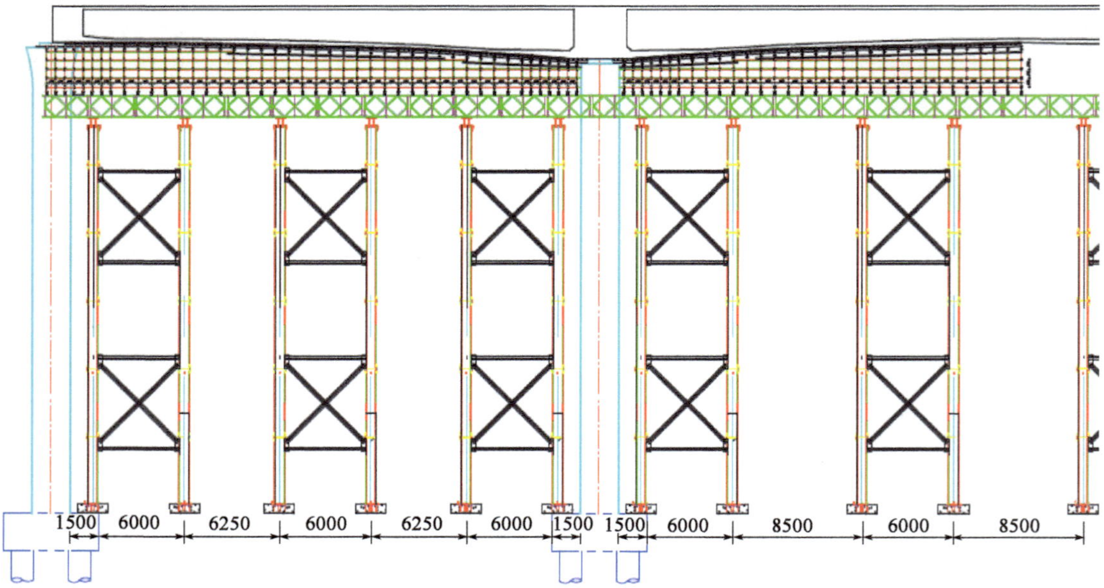

图 4-6　钢管柱立面图(1/2)(尺寸单位:mm)

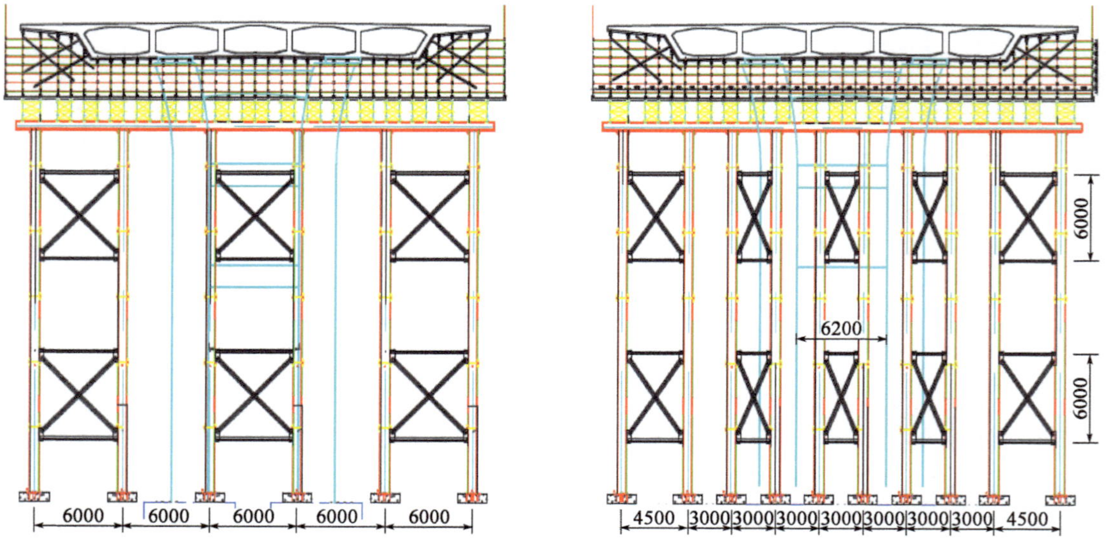

图 4-7　钢管立柱侧面图(尺寸单位:mm)

横梁上铺设 321 型贝雷片,腹板下布设间距 90cm,翼缘板下布设间距 120cm,贝雷片与横梁采用 U 形限位卡固定。

贝雷片上横向铺设 10 号槽钢,用于搭设调整段满堂支架,调整段高度 3m,使用 $\phi48 \times 3.5$mm 碗扣钢管支架作为支撑体系。

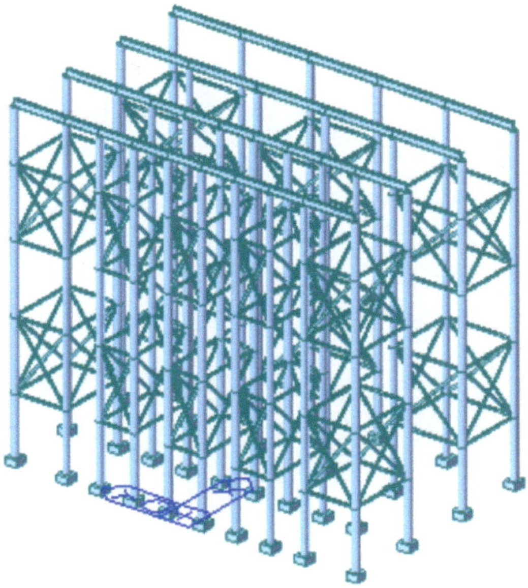

图 4-8　第一排和第二排钢管支架结构示意图

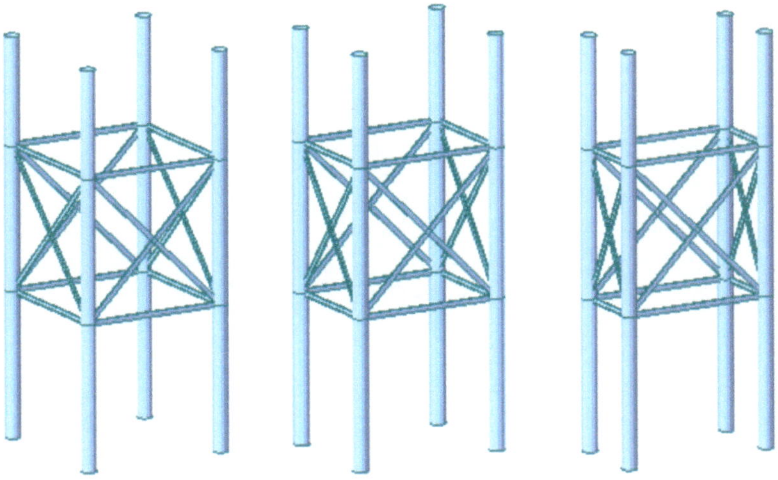

图 4-9　6m、4.5m、3m 宽螺旋钢管模型局部示意图

支撑钢管顶托上纵向铺设工 10 号，其上横向铺设 10cm × 10cm 方木，间距 25cm，作为横肋，其上再铺设 15cm 的竹胶板。

材料特性见表 4-3。

材料特性表　　表 4-3

钢材	弹性模量(MPa)	重度(kN/m^3)	强度设计值(MPa)
R235	2.06×10^5	76.98	140
混凝土	混凝土抗压强度设计值(MPa)	混凝土轴心抗拉强度(MPa)	重度(kN/m^3)
C25	11.5	1.23	26

4.2.5 荷载取值

R235 钢材的重度取值为 76.98kN/m^3，螺旋钢管、56 号工字钢和 321 型贝雷片均按实际尺寸考虑其自重荷载的效应。

风荷载标准值计算公式见式(4-1)。

结构验算时考虑了风荷载的出现频率和保证一定的安全储备等系数，而本章研究的是实际风载情况下结构的受力情况，所以需要排除各种系数的影响，在此列举各等级风的风速及其相应的风荷载取值，每级风荷载均取该等级中最高风速对应的风载标准值。各级风载标准值如表 4-4 所示。

风荷载取值表　　表 4-4

风力等级(级)	名　称	风速(m/s)	基本风压(kPa)	风荷载标准值(kPa)
0	无风	0～0.2	0.000025	4.4×10^{-5}
1	软风	0.3～1.5	0.001406	0.00248
2	轻风	1.6～3.3	0.006806	0.012
3	微风	3.4～5.4	0.018225	0.03213
4	和风	5.5～7.9	0.039006	0.06876
5	清风	8.0～10.7	0.071556	0.12614
6	强风	10.8～13.8	0.119025	0.20982
7	劲风	13.9～17.1	0.182756	0.32216
8	大风	17.2～20.7	0.267806	0.47209
9	烈风	20.8～24.4	0.3721	0.65594
10	狂风	24.5～28.4	0.5041	0.88863
11	暴风	28.5～32.6	0.664225	1.1709
12	台风	32.7～36.9	0.851006	1.50015
13	台风	37.0～41.4	1.071225	1.88836
14	强台风	41.5～46.1	1.328256	2.34145
15	强台风	46.2～50.9	1.619256	2.85442
16	超强台风	51.0～56.0	1.96	3.45509
17	超强台风	56.1～61.2	2.3409	4.12654
17 级以上	超级台风	≥61.3	3.0625	5.39858

风荷载对钢架的作用分为横桥向风荷载作用和纵桥向风荷载作用，根据钢管和横联的对应受风面积计算出具体作用到单元上的风荷载。

4.2.6 施工过程

(1)施工承台

该阶段为处理地基,不考虑风载的作用。

(2)施工螺旋钢管支架

本阶段为吊装螺旋钢管支架阶段,随着钢管高度的增高,风荷载对结构的影响最不利,这里选取桥中的螺旋钢管安装到最高高度的状态为分析对象。

(3)安装钢管顶横梁

略。

4.2.7 计算结果

4.2.7.1 钢管立柱搭设过程结构计算结果

安装好钢管立柱后无风荷载下钢管的轴向荷载结果如图4-10所示。

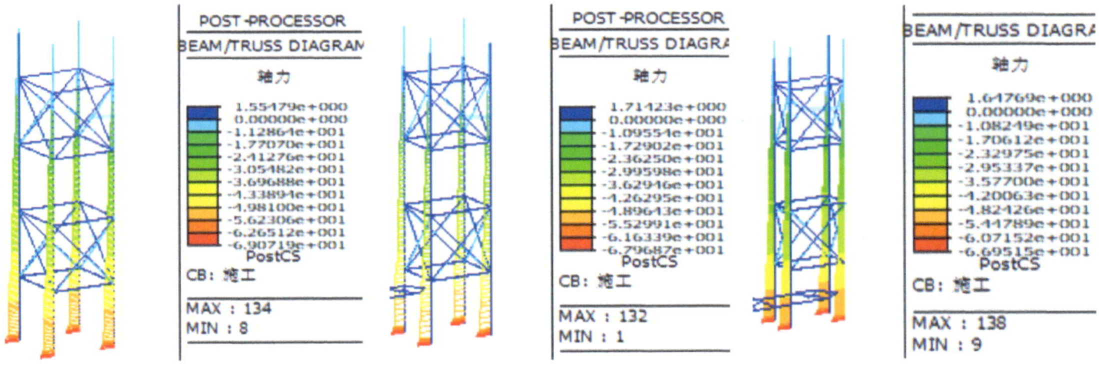

图4-10 宽度为6m、4.5m、3m的钢管立柱在无风荷载作用下轴力(单位:kN)

安装好钢管立柱后在风荷载下钢管的轴向荷载结果如图4-11、图4-12所示。

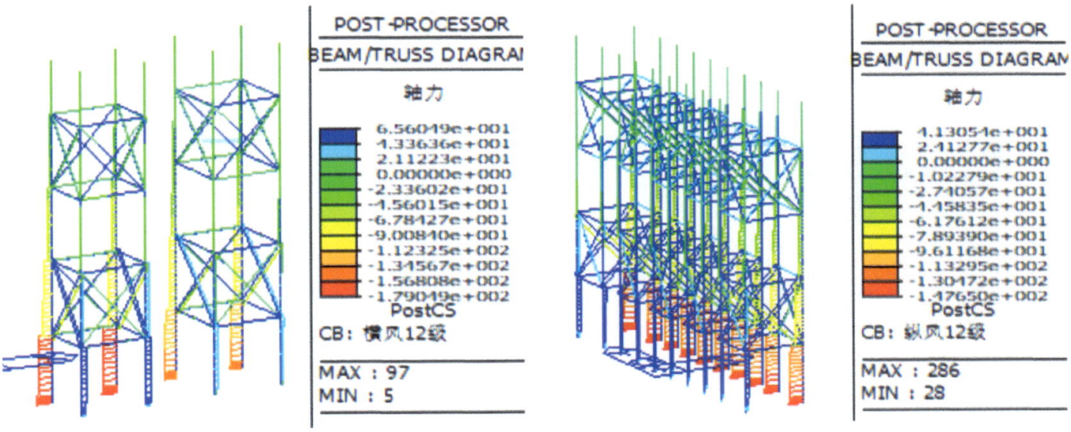

图4-11 12级横、纵向风荷载作用下钢管立柱轴力(单位:kN)

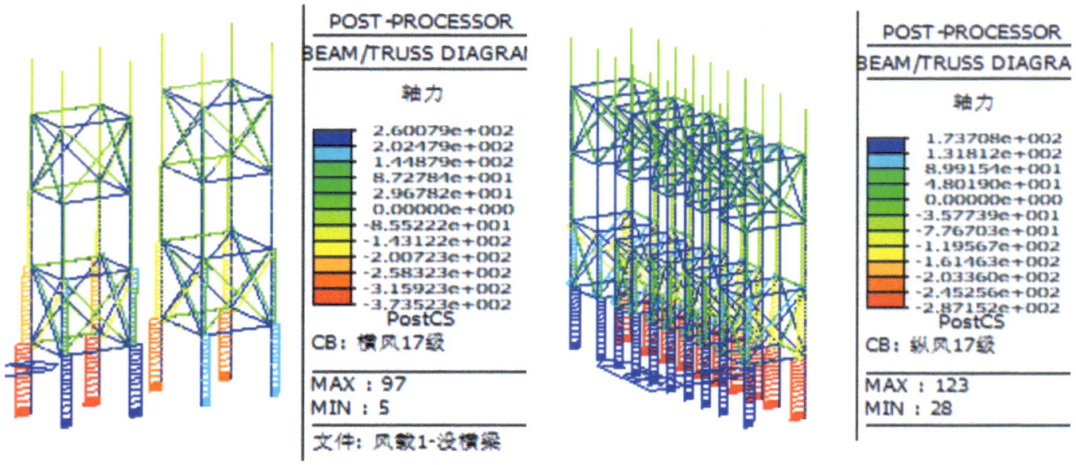

图 4-12　17 级横、纵向风荷载作用下钢管立柱轴力(单位:kN)

现分析在横、纵向风荷载作用下钢管中内力极值、柱脚拉力、柱顶位移数据。

在未布置横梁时横向风荷载作用下,6m 宽钢管支架柱脚在 11 级风作用下出现拉力,4.5m 跨钢管支架在 10 级风作用下出现拉力(表 4-5)。柱脚采用 M24 螺栓连接,螺栓净截面面积为 316.5mm^2,容许拉应力为 110MPa,则其承载力为 34.8kN。当风力在 12 级及以下时 6m 宽钢管支架抗拉强度满足要求;当风力在 11 级及以下时,4.5m 宽钢管支架抗拉强度满足要求。

横向风荷载作用下有限元计算内力汇总　　表 4-5

风力等级(级)	横向风荷载					
	6m 宽钢管支架(无横梁)			4.5m 宽钢管支架(无横梁)		
	柱脚拉力(kN)	内力极值(kN)	柱顶位移(mm)	柱脚拉力(kN)	内力极值(kN)	柱顶位移(mm)
3	-52.3	-55.4	0.4	-50.6	-55.9	0.4
4	-50.3	-58.1	0.8	-47.9	-57.9	0.7
5	-47.1	-62.3	1.5	-43.6	-61.1	1.3
6	-42.4	-68.5	2.4	-37.4	-65.7	2.2
7	-42.4	-68.5	2.4	-37.4	-65.7	2.2
8	-27.9	-87.9	5.4	-18.0	-80.3	4.8
9	-17.6	-101.5	7.4	-4.4	-90.5	6.7
10	-4.7	-118.8	10.1	12.8	-103.4	9.0
11	11.0	-139.7	13.2	33.7	-119.1	11.9
12	29.2	-164.1	17.0	58.1	-137.4	15.2
13	50.8	-192.8	21.3	86.9	-158.9	19.1
14	76.0	-226.3	26.5	120.4	-184.1	23.7
15	104.5	-264.3	32.2	158.4	-212.6	28.8
16	137.8	-308.8	39.0	202.9	-246.0	34.9
17	175.1	-358.5	46.6	252.6	-283.2	41.7

在未布置横梁时纵向风荷载作用下，4.5m 宽钢管支架柱脚在 11 级风作用下出现拉力，3m 跨钢管支架在 11 级风作用下出现拉力(表 4-6)。柱脚采用 M24 螺栓连接，螺栓净截面面积为 316.5mm^2，容许拉应力为 110MPa，则其承载力为 34.8kN。当风力在 12 级及以下时，4.5m 宽钢管支架抗拉强度满足要求，当风力在 12 级及以下时，3m 宽钢管支架抗拉强度满足要求。

纵向风荷载作用下有限元计算内力汇总　　表 4-6

风力等级(级)	纵向风荷载					
	4.5m 宽钢管支架(无横梁)			3m 宽钢管支架		
	柱脚拉力(kN)	内力极值(kN)	柱顶位移(mm)	柱脚拉力(kN)	内力极值(kN)	柱顶位移(mm)
3	-51.3	-54.7	0.4	-50.3	-53.6	0.4
4	-49.3	-56.6	0.7	-48.5	-55.5	0.7
5	-46.3	-59.7	1.3	-45.5	-58.4	1.2
6	-41.8	-64.1	2.1	-41.3	-62.6	2.0
7	-35.9	-70.1	3.2	-35.6	-68.3	3.0
8	-27.9	-78.0	4.6	-27.9	-76.0	4.4
9	-18.1	-87.8	6.4	-18.6	-85.3	6.1
10	-5.8	-100.2	8.6	-6.7	-97.2	8.3
11	9.2	-115.2	11.3	7.6	-111.5	10.9
12	26.7	-132.7	14.5	24.4	-128.3	13.9
13	47.3	-153.3	18.3	44.1	-148.0	17.5
14	71.4	-177.3	22.6	67.2	-171.1	21.7
15	98.7	-204.6	27.6	93.3	-197.2	26.4
16	130.6	-236.5	33.4	123.9	-227.8	32.0
17	166.2	-272.2	39.8	158.0	-261.9	38.2

4.2.7.2 钢管立柱 + 双拼 56 号工字钢横梁完成后结构计算结果

安装好双拼 56 号横梁后无风荷载下钢管的轴向荷载结果如图 4-13、图 4-14 所示。

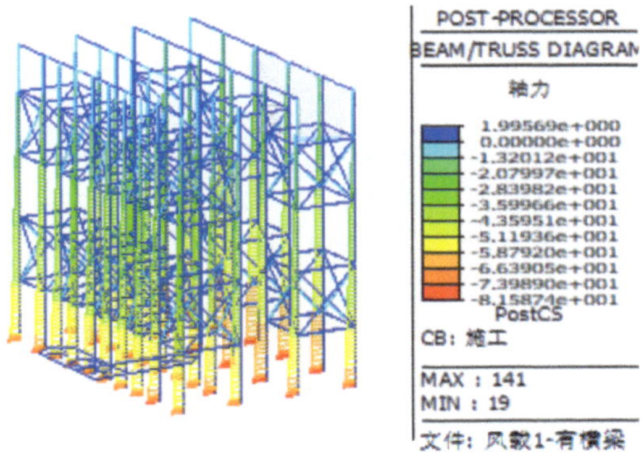

图 4-13　全结构在无风荷载作用下轴力(有横梁)(单位:kN)

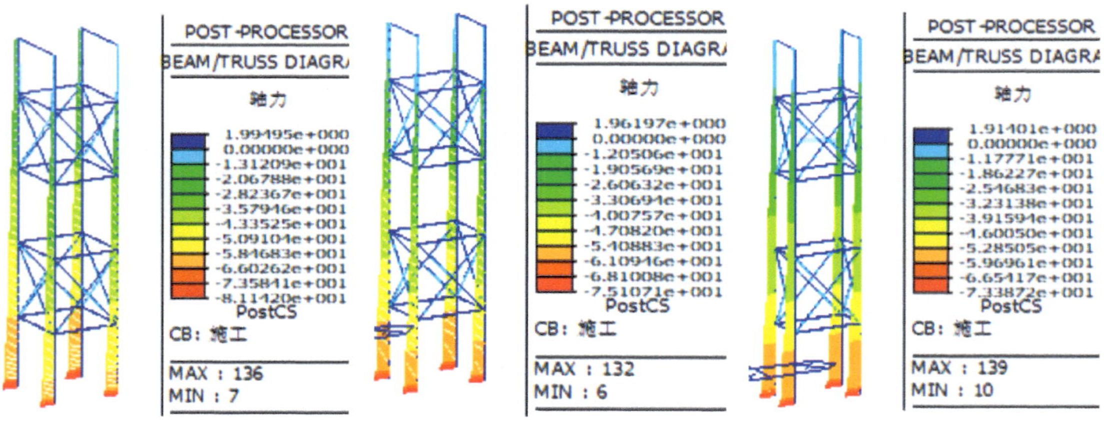

图 4-14　宽度为 6m、4.5m、3m 的钢管立柱在无风荷载作用下轴力(有横梁)(单位:kN)

安装好双拼 56 号横梁后在风荷载下钢管的轴向荷载结果如图 4-15、图 4-16 所示。

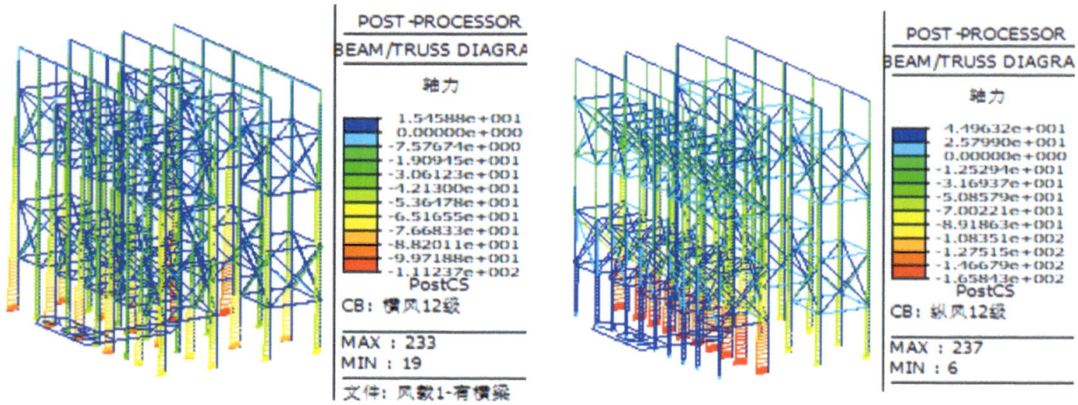

图 4-15　12 级横、纵向风荷载作用下钢管立柱轴力(有横梁)(单位:kN)

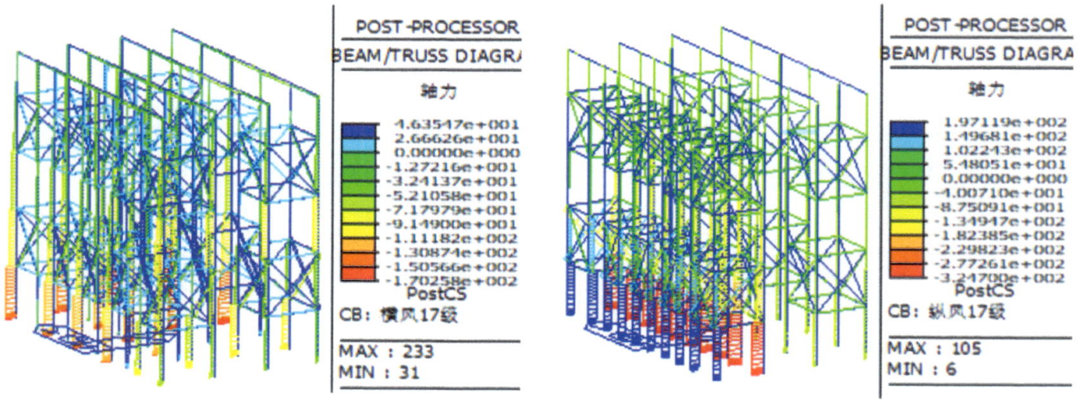

图 4-16　17 级横、纵向风荷载作用下钢管立柱轴力(有横梁)(单位:kN)

现分析在横、纵向风荷载作用下钢管中内力极值、柱脚拉力、柱顶位移数据。

布置横梁后在横向风荷载作用下,6m 宽钢管支架柱脚未出现拉力,4.5m 跨钢管支架未出现拉力(表 4-7)。增加横梁有效增加了结构的横向抗风性能。

横向风荷载作用下有限元计算内力汇总(有横梁)　表4-7

风力等级(级)	横向风荷载					
	6m宽钢管支架(有横梁)			4.5m宽钢管支架(有横梁)		
	柱脚拉力(kN)	内力极值(kN)	柱顶位移(mm)	柱脚拉力(kN)	内力极值(kN)	柱顶位移(mm)
3	-60.32	-60.2	0.072367	-57.97	-66.36	0.097139
4	-60.07	-60.31	0.159062	-57.91	-66.61	0.215693
5	-59.67	-60.48	0.294867	-57.82	-67	0.401404
6	-59.1	-60.72	0.492919	-57.69	-67.56	0.672236
7	-59.1	-60.72	0.492919	-57.69	-67.56	0.672236
8	-57.3	-61.49	1.113652	-57.27	-69.34	1.521078
9	-56.04	-62.02	1.548783	-56.98	-70.58	2.116112
10	-54.44	-62.7	2.099507	-56.61	-72.16	2.869217
11	-52.5	-63.53	2.767575	-56.17	-74.07	3.782789
12	-50.24	-64.49	3.546835	-55.65	-76.3	4.848412
13	-47.57	-65.62	4.465639	-55.03	-78.93	6.104861
14	-44.46	-66.95	5.538	-54.32	-82	7.571295
15	-40.94	-68.45	6.752083	-53.51	-85.48	9.231531
16	-36.82	-70.2	8.173731	-52.56	-89.54	11.17561
17	-32.2	-72.16	9.7629	-51.5	-94.09	13.34877

布置横梁后在纵向风荷载作用下,4.5m宽钢管支架柱脚在11级风作用下出现拉力,3m跨钢管支架在11级风作用下出现拉力(表4-8)。柱脚采用M24螺栓连接,螺栓净截面面积为316.5mm^2,容许拉应力为110MPa,则其承载力为34.8kN。当风力在12级及以下时,4.5m宽钢管支架抗拉强度为31.2kN,小于容许值34.8kN,满足要求;当风力在12级及以下时,3m宽钢管支架抗拉强度为30.4kN,小于容许值34.8kN,满足要求。

纵向风荷载作用下有限元计算内力汇总(有横梁)　表4-8

风力等级(级)	纵向风荷载					
	4.5m宽钢管支架(有横梁)			3m宽钢管支架(有横梁)		
	柱脚拉力(kN)	内力极值(kN)	柱顶位移(mm)	柱脚拉力(kN)	内力极值(kN)	柱顶位移(mm)
3	-56.1	-59.9	0.4	-56.2	-60.0	0.4
4	-53.9	-62.1	0.8	-54.1	-62.2	0.8
5	-50.5	-65.5	1.4	-50.7	-65.6	1.4
6	-45.6	-70.5	2.3	-45.7	-70.5	2.3
7	-38.9	-77.2	3.6	-39.1	-77.2	3.6
8	-30.0	-86.1	5.2	-30.3	-86.0	5.2
9	-19.0	-97.0	7.2	-19.4	-96.9	7.2
10	-5.2	-110.8	9.7	-5.7	-110.6	9.7
11	11.6	-127.6	12.8	11.0	-127.3	12.8
12	31.2	-147.2	16.4	30.4	-146.7	16.4
13	54.2	-170.3	20.6	53.4	-169.6	20.6

续上表

风力等级(级)	纵向风荷载					
	4.5m 宽钢管支架(有横梁)			3m 宽钢管支架(有横梁)		
	柱脚拉力(kN)	内力极值(kN)	柱顶位移(mm)	柱脚拉力(kN)	内力极值(kN)	柱顶位移(mm)
14	81.2	-197.2	25.5	80.1	-196.4	25.5
15	111.6	-227.7	31.1	110.4	-226.7	31.1
16	147.4	-263.4	37.6	145.9	-262.1	37.7
17	187.3	-303.3	44.9	185.5	-301.8	45.0

4.2.8 计算结果分析

4.2.8.1 横向风荷载作用下计算结果对比分析

在不同等级横向风荷载作用下,对各种类型的支架在各施工阶段的计算结果进行对比分析,具体如图 4-17 ~ 图 4-19 所示。

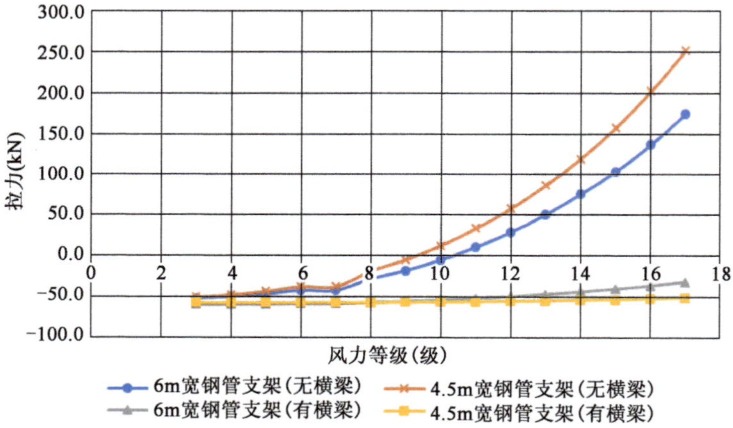

图 4-17　横向风荷载作用下柱脚拉力

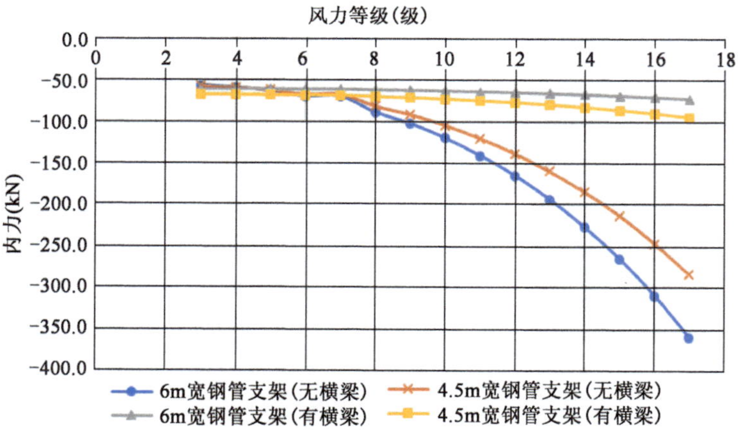

图 4-18　横向风荷载作用下钢管内力极值

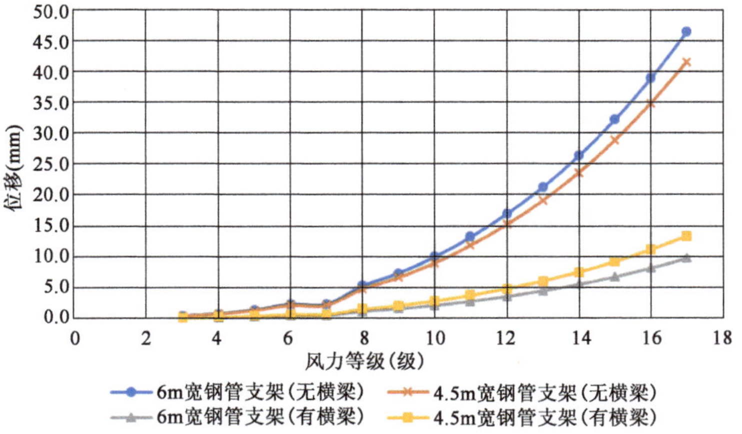

图4-19　横向风荷载作用下柱顶位移

根据横向风荷载作用下的结果对比分析可以得到,6m 宽钢管支架比 4.5m 宽钢管支架的抗风性能更高,钢管支架横向布置增宽对抵抗横向风荷载有利;有横梁的施工阶段比无横梁的施工阶段抗风性能更好,设置柱顶横梁能有效提高钢管支架的整体性和抗风性能。

4.2.8.2　纵向风荷载作用下结果对比分析

在不同等级纵向风荷载作用下,对各种类型的支架在各施工阶段的计算结果进行对比分析,具体如图 4-20 ~ 图 4-22 所示。

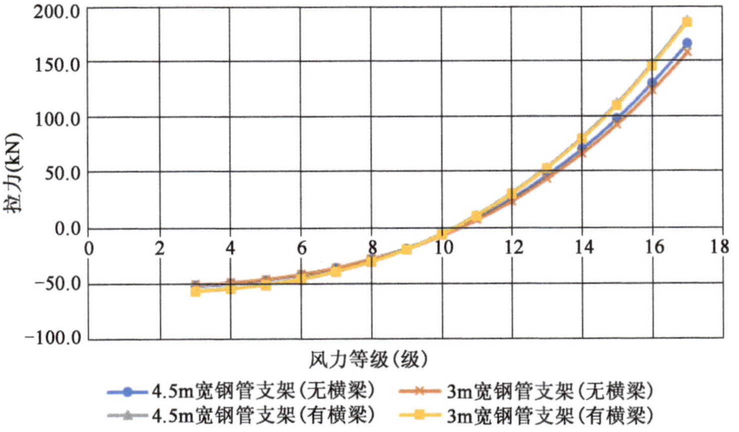

图4-20　纵向风荷载作用下柱脚拉力

根据纵向风荷载作用下的结果对比分析可以得到,4.5m 宽钢管支架和 3m 宽钢管支架的抗风性相近;有横梁的施工阶段和无横梁的施工阶段抗风性相近,钢管的纵向布置跨径相同,横向布置的变化对钢管支架的纵向抗风性能影响较小。

4.2.9　研究成果及结论

通过对乌鲁木齐东二环第二合同段燕北高架桥现浇箱梁施工中的螺旋钢管支架进行建

模,并分析钢管支架施工过程中在各等级的风荷载作用下的结构状态,计算评判该施工方式的抗风性能,指导施工过程中的操作,并保证施工过程的安全可靠,同时为沿海、山区等受瞬时大风影响地区采用螺旋钢管支架加贝雷梁施工方式高墩柱现浇桥梁的抗风性能积累经验,对此类情况的桥梁施工提供参考,具有一定的指导价值。

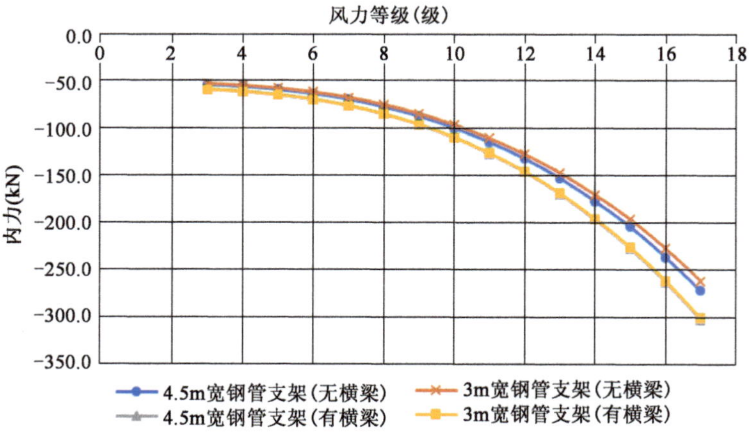

图 4-21　纵向风荷载作用下钢管内力极值

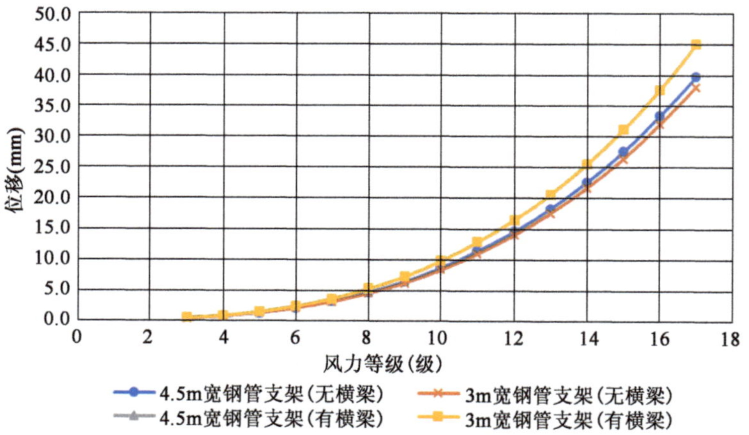

图 4-22　纵向风荷载作用下柱顶位移

利用有限元模型,计算了螺旋钢管在施工过程中各风力等级纵、横向风荷载作用下的受力、位移结果。计算结果表明,螺旋钢管支架施工方式抗风性能良好,能有效抵抗风荷载。同时施工到钢管立柱最高处并且尚未施工横梁和贝雷梁时是钢管抗风性能最不利的状态。该过程的施工时间应尽量缩短,尽早搭设横梁和贝雷梁,并尽量在风荷载较小时施工。当风载处于11 级及以下时各支架纵、横向抗风性能均满足要求。为了保证结构施工的安全,建议当风荷载超过 9 级及以上时停止施工,此时能保证钢管柱脚处不出现拉力,从而保证结构在施工过程中的安全可靠。

通过对比分析各类型的支架在纵、横向风荷载作用下的受力结果,可得到以下结论:增加钢管支架横向跨度能增加钢管支架的横向抗风性能,但对钢管支架的纵向抗风性能影响较小;设置柱顶横梁能有效增加钢管支架的横向抗风性能,但对钢管支架的纵向抗风性能影响较小。

施工时应尽早安装横梁和纵向贝雷梁，增加支架在主要受风方向的跨度，从而保证结构的安全可靠，规避风荷载的不利作用。

但是搭设尤其在拆除钢管支架工效是非常低的。在一些沿海及受风带影响的地区瞬时大风是无法控制的，有时在风期也由于工期的要求而无法停止施工，这时如何保证支架不坍塌成为关注的重点。

针对如何保证钢管立柱＋贝雷梁＋支架体系在搭设及拆除时的安全性提出以下建议措施：

①时刻关注天气状况，合理安排工期，根据工期要求投入不同的资源。支架的搭设与横向分配梁的搭设同时进行，孤立的钢管支架不过夜存放，只要搭设一组支架就立刻架设分配梁；拆除分配梁时也立刻拆除钢管立柱。

②在支架结构安全时，尽量增加钢管组合之间的宽度。

③保证调节支架在3m左右为宜，不能太高，因为钢管立柱＋贝雷梁＋支架体系的稳定性要比纯支架要好，同时也能快速拆除支架；但也不能太低，太低时拆除难度加大。

4.3 复杂交通条件下高净空现浇箱梁施工关键技术

4.3.1 混凝土宽幅现浇箱梁结构简介

依托工程为城市交通繁忙地段的宽幅现浇箱梁施工。设计采用支架法进行现浇箱梁施工，工程量大、工期短，要求支架材料快速周转，因此支架应快速搭拆，以节省工期，降低成本，减少现浇梁跨路施工对周边地区交通的影响。

桥型布置见图4-23。

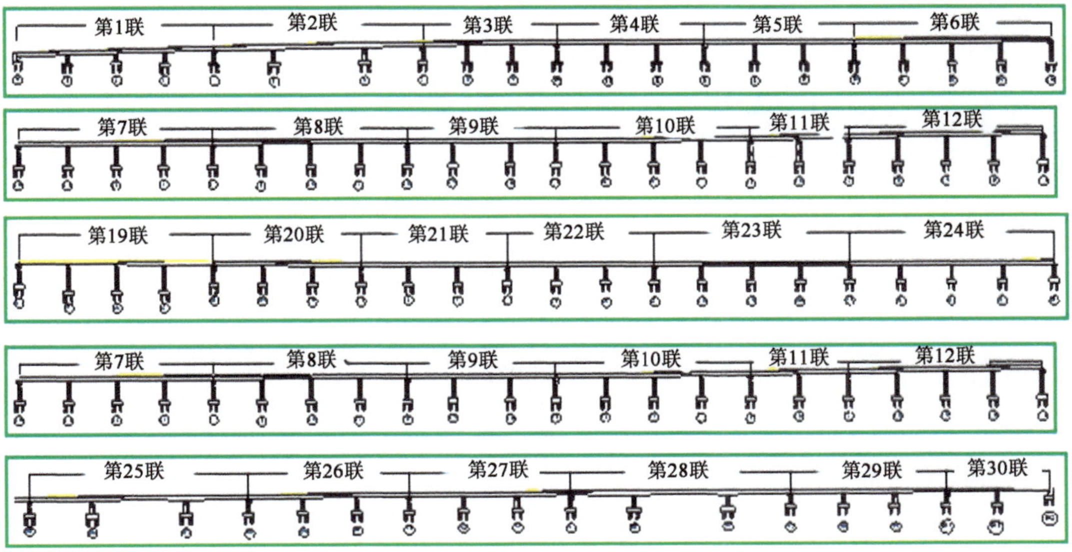

图4-23 桥型布置图

上部结构全部采用预应力混凝土连续箱梁，其中第 8 联至第 21 联为加宽段，梁宽 32.2 ~ 50.58m，标准段梁宽 32.2m，梁高 2.4m，箱梁顶、底板均采用双向 1.5% 桥面横坡，箱梁顶板厚 25cm，底板厚 23cm，腹板厚 42 ~ 75cm。上部结构采用纵、横双向预应力体系，其中最大一联混凝土浇筑量 5508m^3。箱梁标准截面如图 4-24 所示。

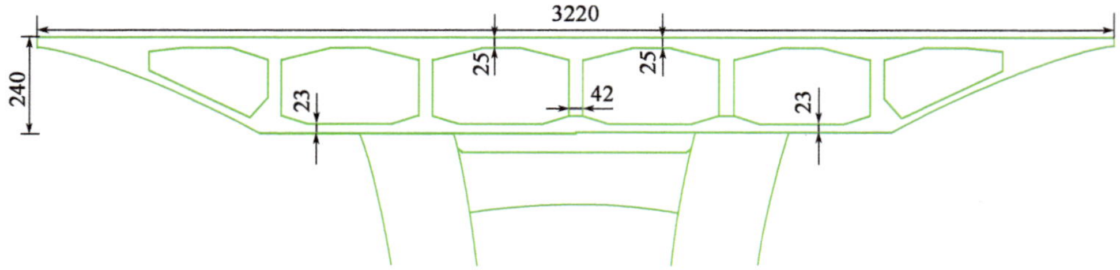

图 4-24　箱梁标准截面(尺寸单位:cm)

4.3.2　支撑体系结构设计方案比选

调查研究国内类似市政桥梁支架类型，对盘扣支架、少钢管支架和移动模架进行比选，具体见表 4-9。

支撑体系结构设计方案比选　表 4-9

项　目	盘扣支架方案	少钢管支架方案	移动模架方案
方案成熟度	国内近年来使用	国内成熟使用	在科技创新基础上发展的新工艺
适用范围	大多数地形地理条件及结构形式	大多数地形地理条件及结构形式	地势平缓、具有良好地基承载力的既有道路上施工，充分利用现有道路条件
4 × 30m 一联材料量	846.49t	1001.3t	2370.72t
吊装设备	塔式起重机或汽车起重机	汽车起重机	移动式塔式起重机
施工周期	52d	52d	40d
方案定位	周转性材料	周转性材料	周转性设备
特点	1. 杆件标准化，配件通用，钢管材质为 Q345，立杆设计承载 50kN； 2. 采用热浸锌防锈，可使用 15 ~ 20 年； 3. 地基处理量大，费用高； 4. 盘扣式脚手架安装过程非常简便，其拼拆速度比扣件支架快 4 ~ 8 倍	1. 支架整体性好、整体强度、刚度较大； 2. 利用钢管桩和贝雷片或 H 型钢施作现浇支架，有利于地基沉降的控制； 3. 构件吊装有些困难，拆除不易； 4. 基础处理费用低； 5. 需要熟练的工人，焊接量大，机械设备投入较大	1. 模块化、标准化、整体化、自动化； 2. 初次拼装复杂，耗费时间长； 3. 桥梁曲线半径过小(<2000m)时不能使用，不能用于加宽段； 4. 控制下承层(沥青路面)由于高温发生的变化

续上表

项　目	盘扣支架方案	少钢管支架方案	移动模架方案
结构安全性	1. 现场操作因素对结构安全影响较大； 2. 需逐跨预压验证结构安全	1. 现场操作因素对结构安全影响较大； 2. 需逐跨预压验证结构安全	1. 构件采用机械连接，可靠性高，实际施工状态与设计计算模型高度统一； 2. 仅需一次预压验证结构安全
作业安全性	1. 劳动强度一般； 2. 辅助安全设施较多	1. 劳动强度较高； 2. 吊装作业量较大； 3. 辅助安全设施较多	1. 劳动强度低； 2. 吊装作业量小； 3. 辅助安全设施标准化设置
施工工艺特点	1. 能充分满足逐联现浇的要求； 2. 属于传统的作业模式； 3. 每联支架都需反复拆装、倒运，工作量较大； 4. 工序操作一般	1. 能充分满足逐联现浇的要求； 2. 属于传统的作业模式； 3. 每联支架需反复拆装、倒运，工作量较大； 4. 工序操作复杂	1. 能充分满足逐联现浇的设计要求； 2. 支架及模板一体化，整体系统机、电、液一体化，工序转换快； 3. 施工工序简单，减少了支架及模板反复拆装、倒运、预压等工序； 4. 工序操作简单方便
交通组织影响程度	支架及外模系统需要反复拆装，施工配套吊装运输车较多	1. 能按施工期交通组织设计需要留出车辆通道； 2. 支架及外模系统需要反复拆装，施工配套吊装运输车较多； 3. 现场起吊受限制时不易使用	1. 能按施工期交通组织设计需要留出车辆通道； 2. 支架及外模系统需要反复拆装，施工配套吊装运输车少； 3. 不需封闭交通
文明施工特点	1. 多次转运，大量占用临时场地，施工现场整洁度差； 2. 施工过程噪声大、飘落物多； 3. 工地文明程度有待加强	1. 多次转运，大量占用临时场地，施工现场整洁度差； 2. 施工过程噪声大、飘落物多； 3. 工地文明程度有待加强	1. 较少占用施工现场临时用地； 2. 支架及模板一体化，外观整洁、美观； 3. 施工过程噪声小、飘落物少； 4. 工地文明化程度高

综合考虑上述三个方案，优化选择少钢管支架系统。

4.3.3　装配式支架设计与施工技术

传统的少钢管支架采用现浇条形基础，钢立柱与基础通过预埋件焊接，施工完成后基础在现场破碎后，运出弃除，不能周转使用，造成了极大混凝土浪费；钢立柱与平联连接采用节点板焊接形式，拆除时采用气割割除，造成材料损耗；钢立柱柱顶设置卸荷装置，常规采用卸荷砂箱形式，卸荷过程中需回收标准砂，效率不高，且受荷载时标准砂易受压板结。

常规结构的少钢管支架由于结构的局限性，存在较多问题。

(1)扩大基础现场浇筑，需现场设立模板，绑扎钢筋，埋设锚筋及锚板，效率低。

(2)钢管起吊安装，需要较大起重设备，逐一安装效率不高，且安装过程风险较大。

(3)平联采用焊接,常用哈弗接头或节点板,焊接工作量大,且焊缝质量不能保证。

(4)柱顶桩帽结构复杂,高程不宜控制。

(5)侧模桁架难以安装定位,后期拆除难度大。

针对以上常规少钢管支架的不足,研发了装配式支架系统。

4.3.3.1 装配式支架系统设计

装配式支架系统包括基础预制块、模数化钢管立柱(法兰盘)、栓接平联、多功能钢立柱柱头及支架上部结构。支架总体布置如图4-25所示。

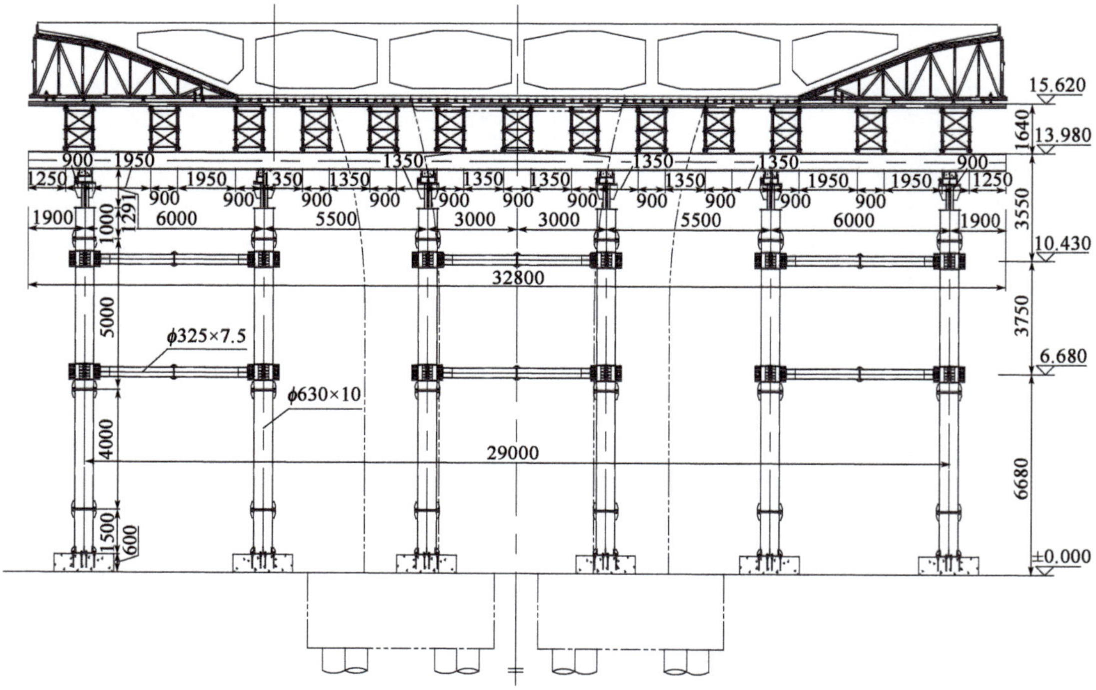

图4-25 现浇箱梁施工支架总体布置图(尺寸单位:mm;高程单位:m)

4.3.3.2 支架结构设计

(1)基础预制块

基础预制块尺寸为2m×2m×0.6m钢筋混凝土结构,中心设置预埋钢板,钢板顶与基础顶平齐,钢板上开孔预埋环形地脚螺栓,基础块对角上预埋吊环,方便施工中吊装运输。相关布置及结构图如图4-26~图4-28所示。

(2)模数化钢管立柱

现浇箱梁支架钢管柱分为长度为4.5m、3m、1m、0.5m、0.3m。根据现场实测高程确定各钢管立柱高度,通过柱脚和柱顶钢管调整钢立柱总体长度,钢管立柱节间采用法兰栓接,螺栓选用8.8级高强度螺栓,柱头周围加焊三角加劲板。钢管立柱法兰盘结构如图4-29所示。

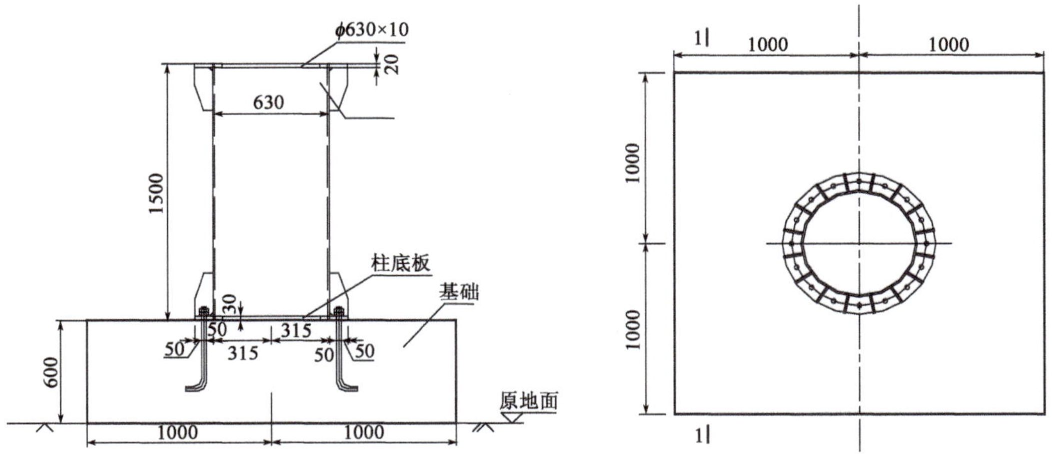

a)左剖视图　　b)俯视图

图4-26　基础预埋件布置结构图(尺寸单位:mm)

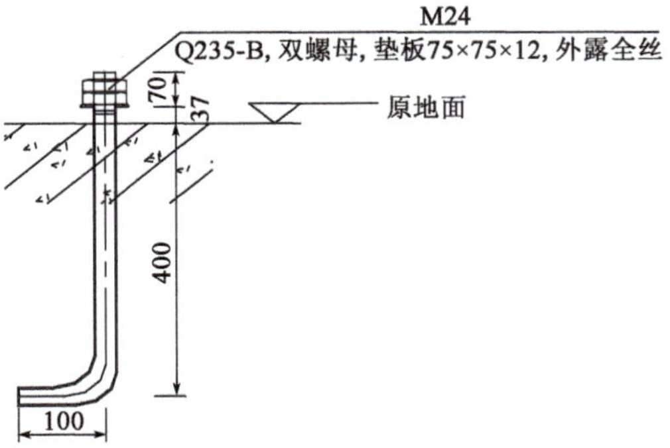

图4-27　基础预埋件结构图(尺寸单位:mm)

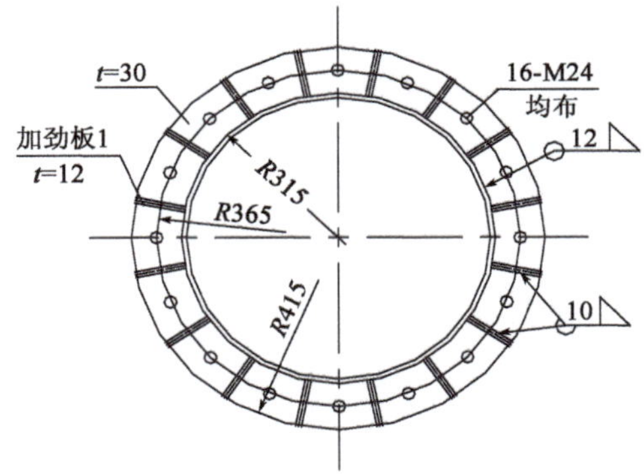

图4-28　钢板及吊环结构图(尺寸单位:mm)

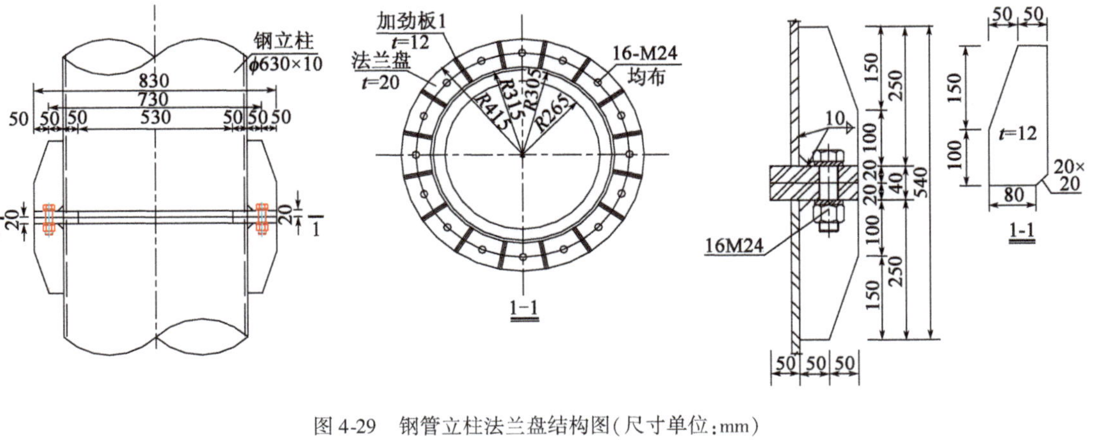

图4-29　钢管立柱法兰盘结构图(尺寸单位:mm)

(3)栓接平联

平联采用抱箍形式与钢管立柱连接,平联为 ϕ325×7.5mm 圆管,中部设置法兰盘(图4-30、图4-31)。对于非标准跨径的支架,可通过增、减调节段的方式使其满足特定尺寸的要求。

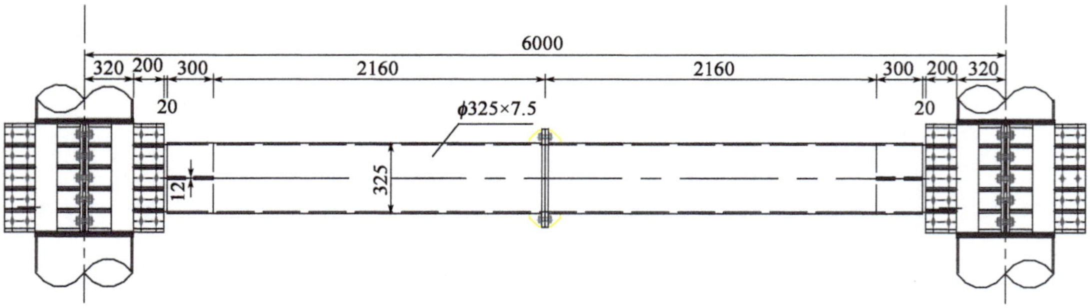

图 4-30　钢管立柱法兰、抱箍平联连接图(尺寸单位:mm)

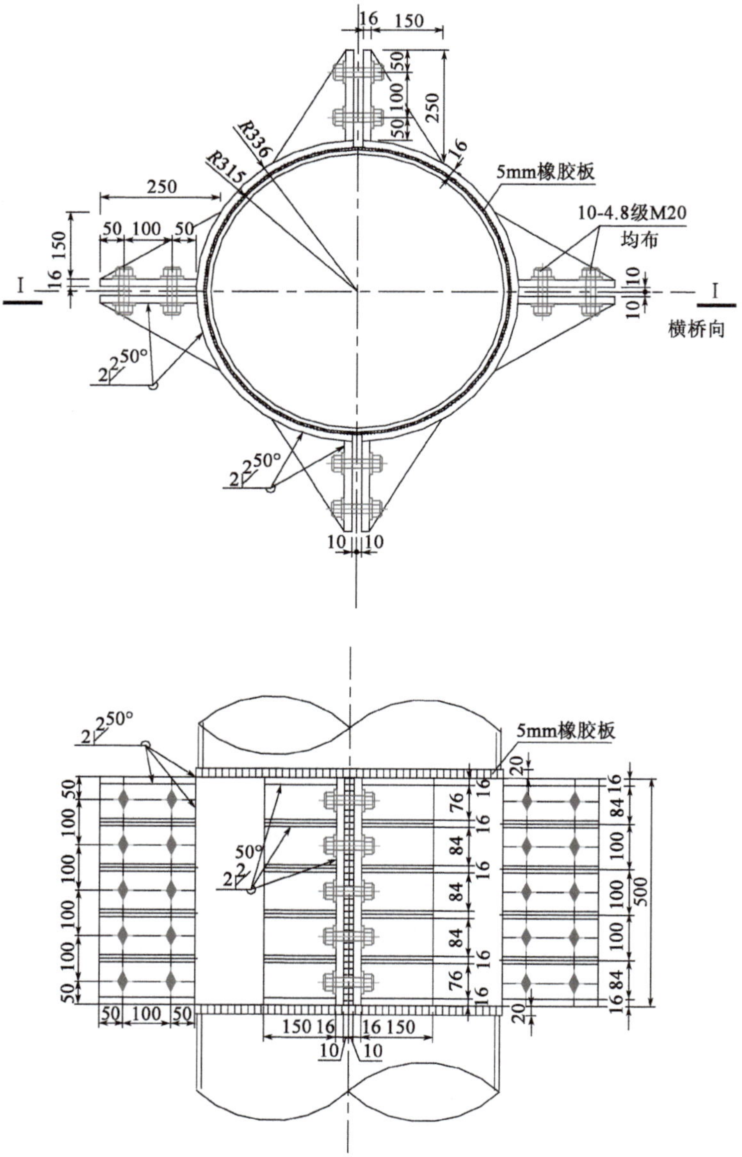

图 4-31　钢管立柱抱箍节点图(尺寸单位:mm)

(4)多功能钢管立柱柱顶(图4-32)

钢管立柱柱顶功能包括:调节高程及卸荷。采用增插钢条法,实现其增高;采用千斤顶及抽条法,实现其卸荷。

(5)支架上部结构

钢管立柱柱顶上放置2HM588×300型钢主横梁,主横梁在贝雷梁支点及柱顶范围加焊$t=1.2\text{cm}$的加劲板,并确保主横梁坡度与梁底坡度一致。主横梁安放好后上部放置贝雷梁,贝雷梁上、下方分别设置U形螺栓,将横向分配梁、主横梁与贝雷梁固定。贝雷梁上横向安放横向I14作分配梁,间距为75cm,在I14上面铺设纵横向10cm×10cm的方木作次梁,次梁上铺设15mm维萨板作面板。

支架上部结构、横梁与贝雷梁连接结构分别如图4-33、图4-34所示。

4.3.3.3 支架结构分析验算

1)荷载分析

(1)恒载计算

①支架自重:取$g=9.8\text{m/s}^2$进行计算。

②混凝土自重:箱梁混凝土重度按26kN/m^3考虑。

③模板和翼缘板支架荷载:按3.0kN/m^2考虑。

(2)活载计算

①施工荷载:作用在模板支架上的施工人员及设备荷载标准值可按实际情况计算,一般情况下取2.5kN/m^2。

②混凝土倾倒及振捣荷载:一般情况下可取2.5kN/m^2。

③风荷载:根据《公路桥涵设计通用规范》(JTG D60—2015)计算,H取20m,查表得基本风压0.4kN/m^2。

设计基准风压:

$$W_{\mathrm{d}} = (1.38 \times 1.12)^2 \times 0.4 = 0.96(\text{kN/m}^2)$$

风荷载标准值:

$$W = k_0 k_1 k_3 W_{\mathrm{d}} = 0.75 \times 1.3 \times 1 \times 0.96 = 0.94(\text{kN/m}^3)$$

沿钢管立柱横向风荷载:

$$W_1 = W_{\mathrm{d}} \times 0.63 = 0.6(\text{kN/m})$$

上部箱梁横向风荷载均分到柱顶荷载:

$$F = \frac{B \times H \times W}{10} = \frac{30 \times 2.4 \times 0.94}{36} = 1.9(\text{kN})$$

2)模型及整体计算

根据设计图纸,在Midas软件中建立支架整体模型,如图4-35所示。

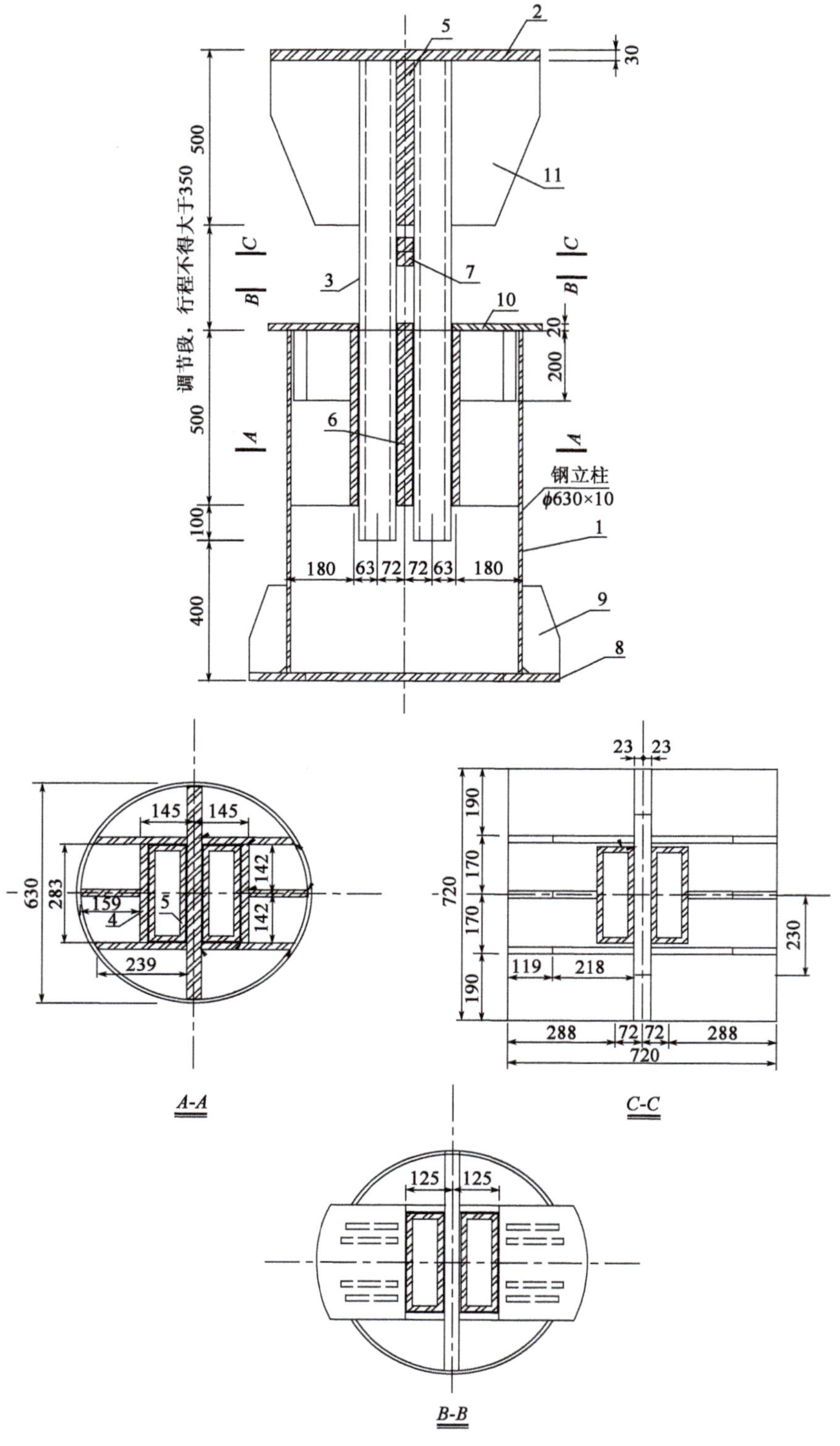

图 4-32　柱顶结构图(尺寸单位:mm)

1-柱头盒;2-伸缩柱顶板;3-支撑柱;4-钢盒;5-上加劲板;6-下加劲板;7-钢销;8-法兰盘;9-下肋板;10-支撑板;11-上肋板

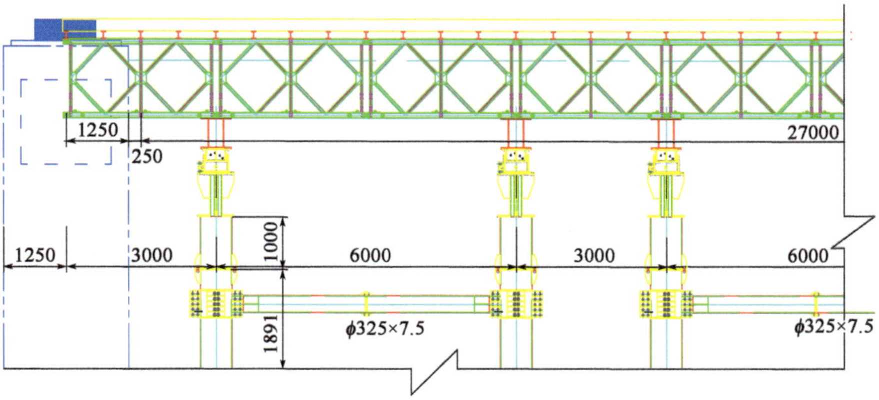

图 4-33　支架上部结构示意图(尺寸单位:mm)

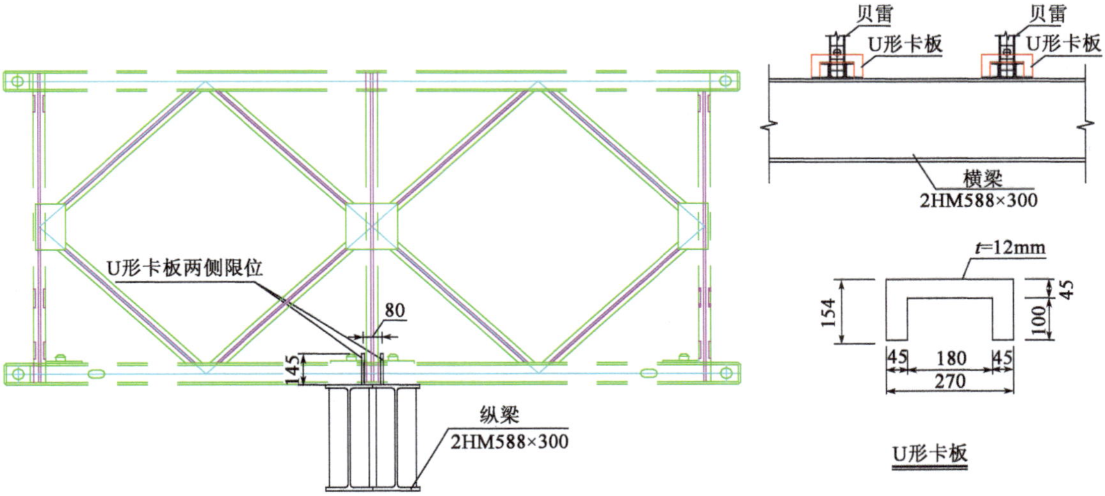

图 4-34　横梁与贝雷梁连接结构图(尺寸单位:mm)

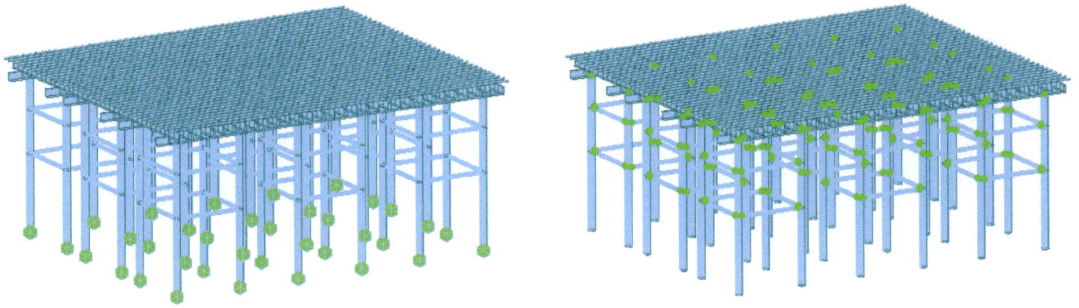

图 4-35　支架整体模型图

3）计算结果

箱梁按一次浇筑考虑，工作风速横桥向作用于支架，模型计算结果如图4-36、图4-37所示。

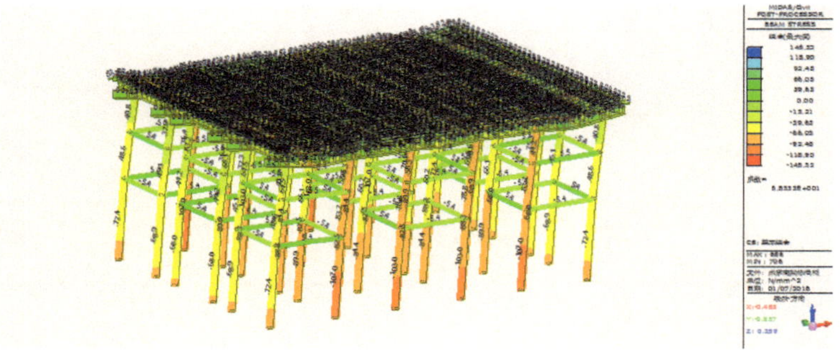

图4-36 支架应力云图（单位：MPa）

图4-37 支架竖向变形图（单位：mm）

支架各主要构件计算结果如表4-10所示。

支架主要构件计算结果 表4-10

构件名称	几何参数（mm）	最大轴力（kN）	最大弯矩（kN·m）	最大剪力（kN）	综合应力（MPa）	竖向变形（mm）
立柱	$\phi630\times10$	-2174	102	13	-145	-4.7
平联	$\phi325\times7.5$	0	3	2	6	-3.7
横梁1	2HM588×300	0	924	1483	120	-8
纵梁	贝雷梁	0	-482	-244	—	-9
横梁2	普I14	0	16.5	60	162	-11.15

计算结果表明，其他构件（Q235-B）的最大组合应力为：

$$\sigma_{\max} = 162\text{MPa} < 205\text{MPa}$$

最大变形为：

$$f = 9\text{mm} < \frac{L}{400} = \frac{6000}{400} = 15(\text{mm})$$

因此,支架整体计算主要构件强度和刚度均能满足设计规范要求。

2HM588×300 大横梁计算:

简支梁长度6m,修正后整体稳定系数 $\phi'_b=0.9$。

$$\sigma = \frac{M}{\phi'_b W} = \frac{924 \times 10^6}{0.9 \times 2 \times 3837755} = 134(\text{MPa})$$

最大剪应力 $\tau = \frac{F_s}{A} = \frac{1483 \times 10^3}{192.5 \times 10^{-4}} = 77(\text{MPa}) < F_{sd} = 110\text{MPa}$,满足要求。

其中,F_s为横梁1最大剪力;A为由标准型钢规格表查得的横梁1截面面积;F_{sd}为Q235-B钢的抗剪强度设计值。

普I14计算:

简支长度1.95m,修正后整体稳定系数 $\phi_{b'}=0.834$。

$$\sigma = \frac{M}{\phi'_b W} = \frac{16.5 \times 10^6}{0.834 \times 101714} = 194(\text{MPa})$$

最大剪应力 $\tau = \frac{F_s}{A} = \frac{60 \times 10^3}{21.5 \times 10^{-4}} = 28(\text{MPa}) < F_{sd} = 110\text{MPa}$,满足要求。

其中,F_s为横梁2最大剪力;A为由标准型钢规格表查得的横梁2截面面积;F_{sd}为Q235-B钢的抗剪强度设计值。

贝雷梁验算:

单排单层贝雷,弯矩标准值 $M=482\text{kN}\cdot\text{m}$,满足要求。

剪力标准值 $V=244\text{kN}<245.2\text{kN}$,满足要求。

综上所述,结构满足设计及规范要求。

4.3.3.4 装配式支架施工技术

1)装配式支架搭设

装配式支架搭设工艺流程如图4-38所示。

步骤1:预制块预制

预制块在预制场内进行预制(图4-39),养护达到设计强度后待用。

步骤2:预制块安装

少钢管支架基础采用2m×2m×0.6m的预制块基础。测量放样后,用白灰撒出每个预制块的位置(图4-40)。由于支架地坪有横坡,预制块安装时需先铺一层细沙找平(图4-41)后再安装,安装时应带线安装(图4-42、图4-43)。

步骤3:钢管立柱、平联安装(图4-44、图4-45)、连接。

少钢管支架立柱采用ϕ630螺旋钢管,壁厚1cm。钢管立柱与预制块通过螺栓连接。钢管立柱之间通过钢板与平联抱箍螺栓连接。

步骤4:柱顶及大梁安装(图4-46)、调整。

钢立柱柱顶通过法兰盘与钢立柱连接，调节好高度后，安装主横梁，主横梁采用双拼2HM588大梁，双拼2HM588大梁通过焊接连接，主横梁贝雷梁支点及柱顶范围加焊加劲板，以提高横梁受力能力。

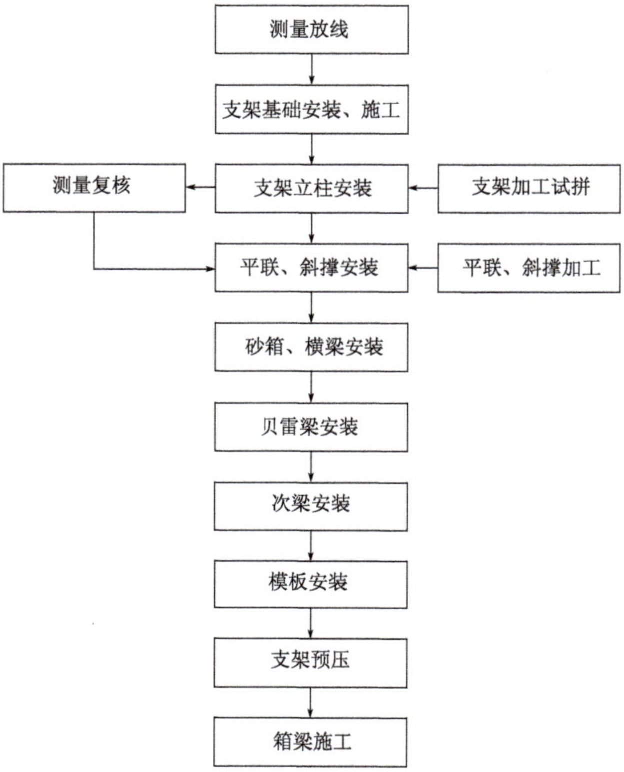

图4-38　装配式支架搭设工艺流程图

a)

b)

图4-39　预制块预制

图 4-40 预制块点位放样及撒灰线

图 4-41 预制块铺沙找平

图 4-42 预制块带线安装

图 4-43 预埋钢板安装、调平

图 4-44 钢管立柱安装

图 4-45 平联安装

步骤 5：贝雷梁、分配梁、木方安装。

贝雷梁采用现场拼装（图 4-47），汽车起重机吊装的方式进行安装（图 4-48），在跨中钢立柱处交错布置。贝雷梁横向标准间距为 1350mm、1450mm，贝雷梁上横向安放 I14 做分配梁（图 4-49），间距为 75cm，在 I14 上面铺设 10mm × 10mm 的方木做次梁（图 4-50），间距 30cm

（中心间距），次梁上铺设15mm厚的维萨板作面板。

图4-46　大梁安装示意图

图4-47　贝雷梁拼装

图4-48　贝雷梁安装

图4-49　分配梁I14安装

图4-50　方木安装

2）装配式支架拆除

首先，进行卸荷，采用千斤顶顶伸缩柱顶，稍顶起一个缝隙后，抽出部分钢销，再收起千斤顶，完成卸荷。

其次,横移贝雷梁至侧面,采用起重设备,整体调至桥面,待下一联支架使用。

最后,拆除法兰盘螺栓,分节段拆除钢立柱,起重机配合拆除平联抱箍螺栓,拆除地脚螺栓,再搬移预制块,完成拆除。

注意事项:拆架程序应遵守由上而下,先搭后拆,先加固后拆的原则。

架拆除不准分立面拆架或在上下两步同时拆架。做到"一步一清、一杆一清"。所有连墙杆等必须随支架拆除同步下降,严禁先将连墙件整层或数层拆除后再拆支架。支架分段拆除高差不应大于 2 个步距,如高差大于 2 个步距,应增设连墙件加固。

3)现场应用

经现场实施验证,装配式支架比常规支架相比,节省了大量焊接工作,有效解决了高度调节及平联施工中操作困难的问题,具有很高的经济效益,提高了材料周转率的同时也降低了材料损耗,是提升项目盈利水平的重要措施,同时加快了临时结构的施工速度,为按期完工提供了重要保障,而且采用该系统形成的结构稳定性好,安全系数高,并可标准化施工。

支架安装效果如图 4-51 所示。

a)

b)

图 4-51 支架安装效果

目前,由于装配式建筑的建造速度快,而且生产成本较低,国家正大力推进其发展;随着设计标准化和管理信息化水平的提升,构件越标准,生产效率越高,相应的构件成本下降,配合工厂的数字化管理,整个装配式建筑的性价比会越来越高;而对于施工过程中的临时结构,进行装配式研究及应用符合装配式建筑的发展要求。

本书中涉及的新型装配式支架结构系统,相对于常规的满堂支架、梁式支架等,具有安装方便、周转快速、节省材料等优点,可在混凝土现浇梁施工中进行更深入研究并推广应用。

4.4 大跨重载高空跨路支架设计与施工技术

4.4.1 跨路现浇箱梁工程特点

依托工程——观园路高架桥第 5 联,为预应力钢筋混凝土结构,箱梁截面为 2.4 ~ 3.5m 变高截面,底面变高为二次曲线,桥跨布置为(36 + 55 + 36)m(斜腹板),中跨 55m 上跨克南高架桥，且克南高架桥下设辅道，桥梁与克南高架桥斜交角度77°53′，箱梁底距克南高架桥面高度为22m。工程特点如下：

(1)现浇箱梁上跨温泉东路与克南高架，施工现场濒临城市主干道，道路交通流量大，施工期间要求做到双保通。

(2)现浇箱梁梁底距原地面高度约30.58m，支架搭设高度高，难度大。

(3)箱梁梁底设计为二次抛物线，对梁底曲线线形要求高，模板施工难度大。

(4)箱梁与克南高架桥斜交，最大斜交宽度17.76m，而克南高架桥梁上部结构为20m空心板，为保证克南高架桥桥梁安全，桥面不能搭设支架。因此，第5联现浇箱梁支架跨越克南高架桥时支架跨度大，对支架结构受力要求高。

(5)施工现场位于市区，对施工安全、环保要求高。

4.4.2 支架体系设计方案比选

由于新建桥梁梁高较高，且跨克南高架桥与温泉东路，最大路宽为17.76m；另外要求施工期间线路保通，且克南高架桥为空心板桥，承受支架能力较差，故只能采取跨路门洞少支架形式。新建桥梁截面为二次抛物线变高截面，少钢管支架纵梁不能适应其线性。综合以上分析，采用少钢管与满堂支架组合形式。

针对大跨径重载支架形式纵梁选择，对hd200加强式贝雷梁与普通321型贝雷梁进行对比分析，具体见表4-11。

纵梁形式对比分析　　表4-11

项目	hd200 加强式贝雷梁	普通321型贝雷梁
纵梁尺寸	2m×3m	1.5m×3m
特点	hd200贝雷梁截面高度高，抗弯及抗剪能力强，适用于大跨度支架	普通321型贝雷梁，抗弯及抗剪能力差，不适用于大跨支架，但可增加上下加强横杆，可极大提高抗弯能力，但对抗剪能力无改善，抗剪能力的改善只能依靠加密
经济性	经济性好	经济性差
结构安全性	良好	良好
施工可操性	构件自重大，吊装困难	构件自重大，吊装困难

经综合比较，纵梁hd200加强式贝雷梁优于321型贝雷梁，但考虑新疆地区现状及经济，最终选择321型贝雷梁作为支架纵梁。

4.4.3 大跨重载高空跨路支架设计

4.4.3.1 结构设计

支架结构采用少钢管支架+满堂组合支架形式，中跨门洞基础采用现浇条形基础，边跨钢管立柱基础采用装配式预制块；中跨钢管立柱采用ϕ820mm×10mm螺旋管，最小间距达3m，边跨钢管立柱采用ϕ630mm×8mm；中跨纵梁采用加强321型贝雷梁，边跨为普通321型贝雷梁。支架布置形式如图4-52~图4-54所示。

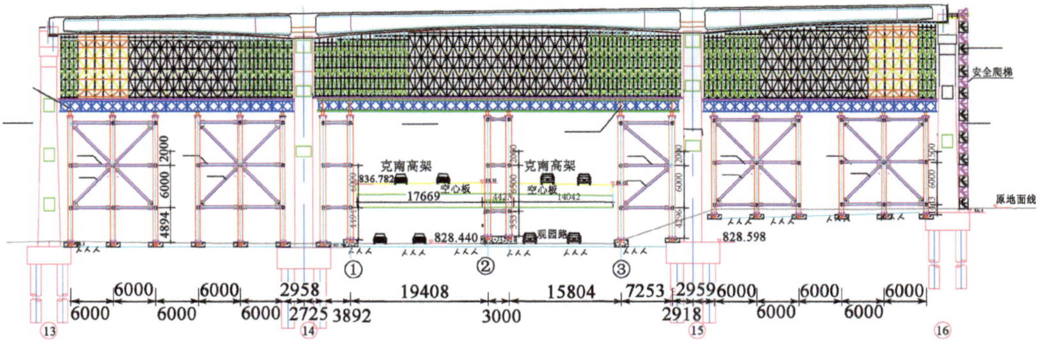

图 4-52　支架结构布置纵断面图(尺寸单位:mm)

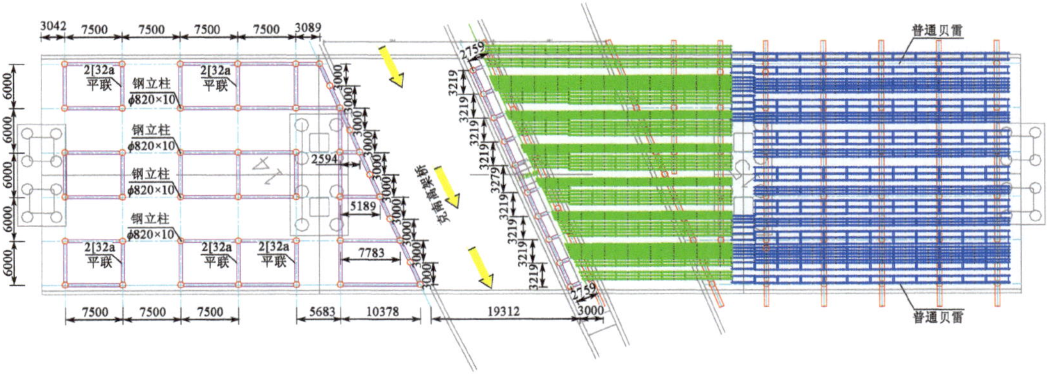

图 4-53　支架结构布置平面图(尺寸单位:mm)

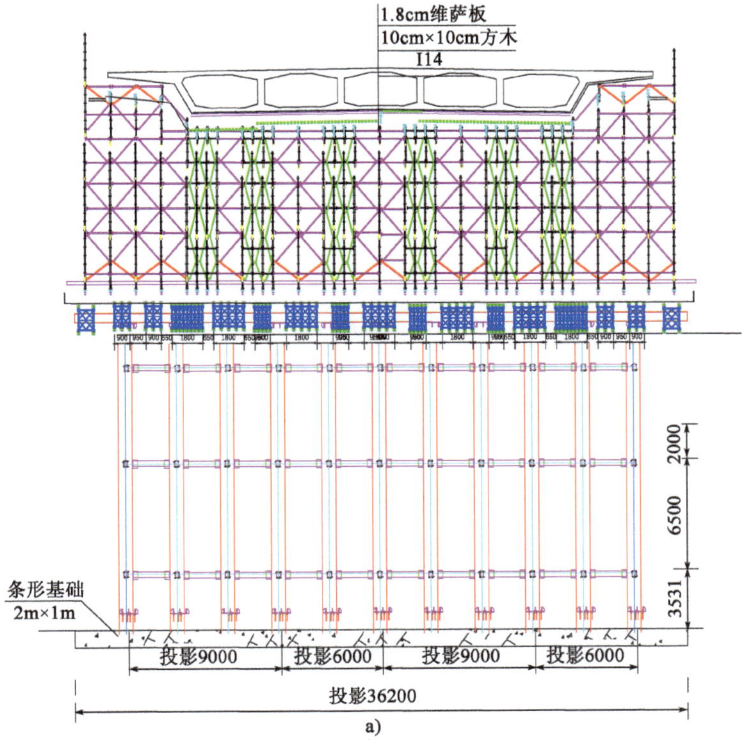

a)

图　4-54

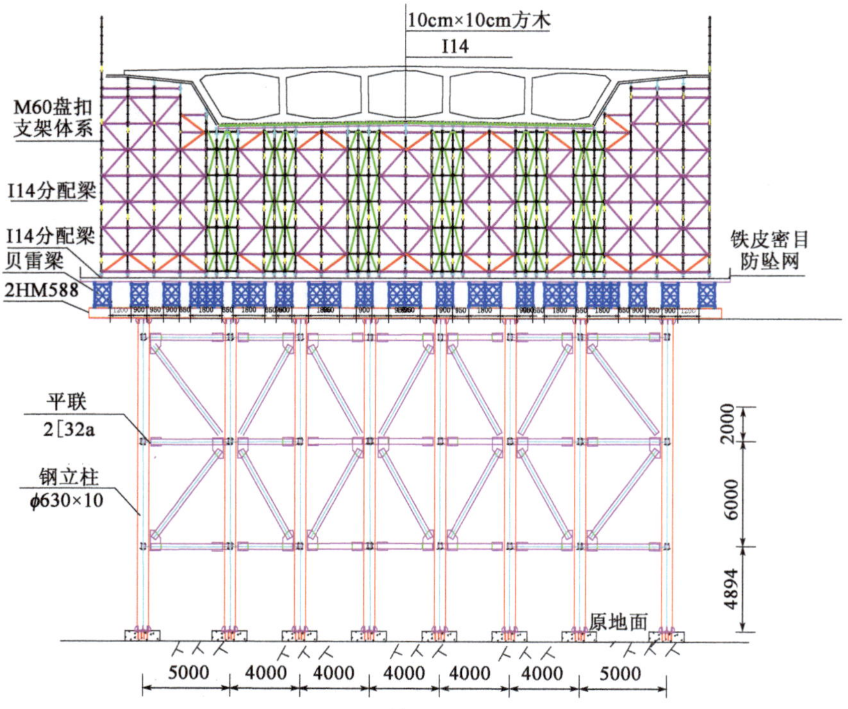

b)

图 4-54　支架结构布置横断面图(尺寸单位:mm)

桥梁中跨跨克南高架桥,门洞跨中立柱受力最大,在两幅中间缝隙中设置双排钢管立柱,增加其稳定性,如图 4-55 所示。

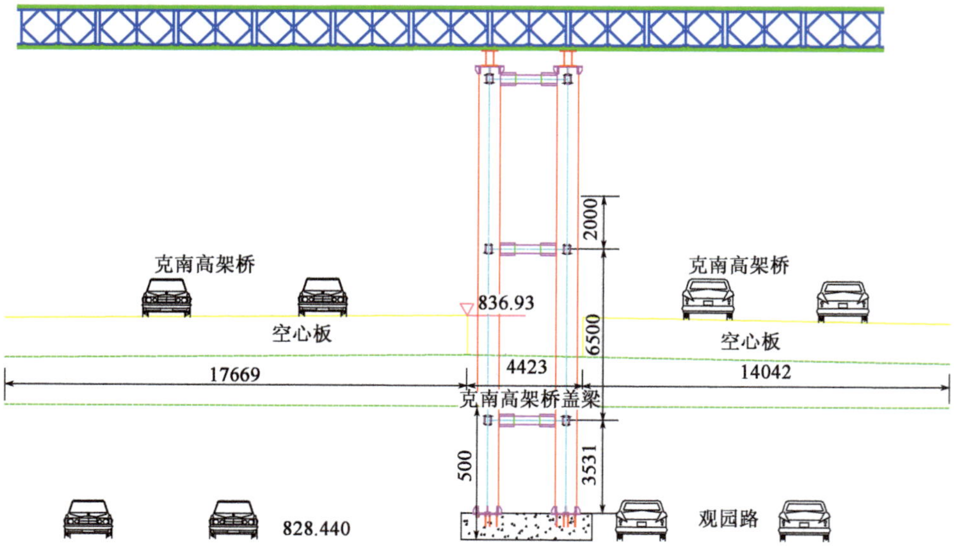

图 4-55　门洞跨中钢管立柱布置图(尺寸单位:mm;高程单位:m)

贝雷梁与横梁交叉位置为其竖向桁杆时,贝雷梁抗剪能力最佳,但由于新建桥梁与既有线斜交,纵梁竖向桁杆不能完全保证其与横梁相交,故采用竖向加强装置,对纵梁进行抗剪加强,加强装置如图 4-56 所示。

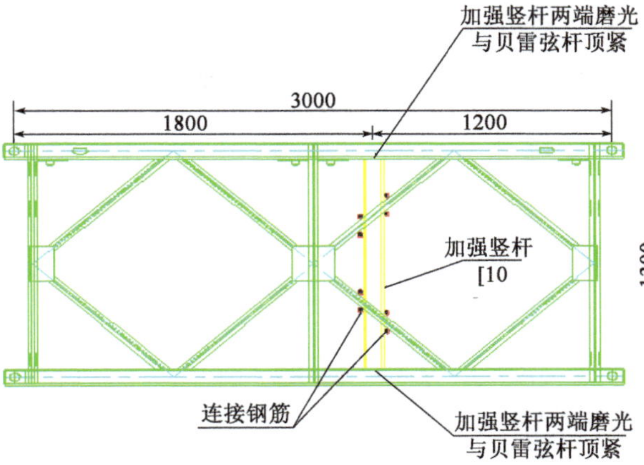

图 4-56　贝雷梁加强装置示意图(尺寸单位:mm)

4.4.3.2　结构验算

1)荷载分析

(1)支架自重(G_0):取 $g=9.8\mathrm{m/s^2}$ 进行计算。

(2)混凝土自重(G_1):现浇梁混凝土重度按 $26\mathrm{kN/m^3}$ 考虑。

现浇梁顺桥向断面(梁高 3.5m 横梁附近)简化形式,以及经计算得到的单位面积恒载如图 4-57 所示。

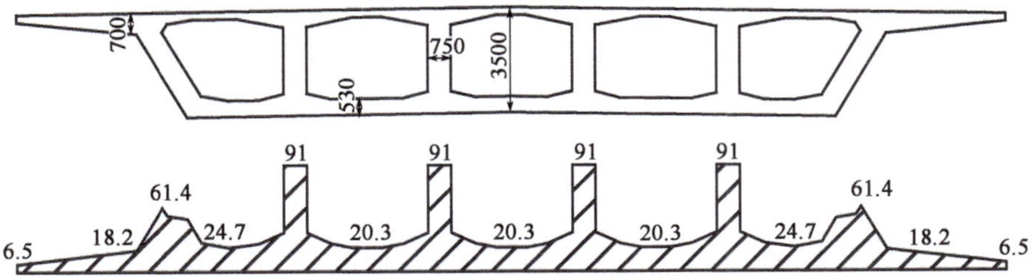

图 4-57　现浇梁恒载示意图 1(荷载单位:$\mathrm{kN/m^2}$;尺寸单位:mm)

现浇梁顺桥向断面(梁高 3.114m)简化形式,以及经计算得到的单位面积的恒载如图 4-58 所示。

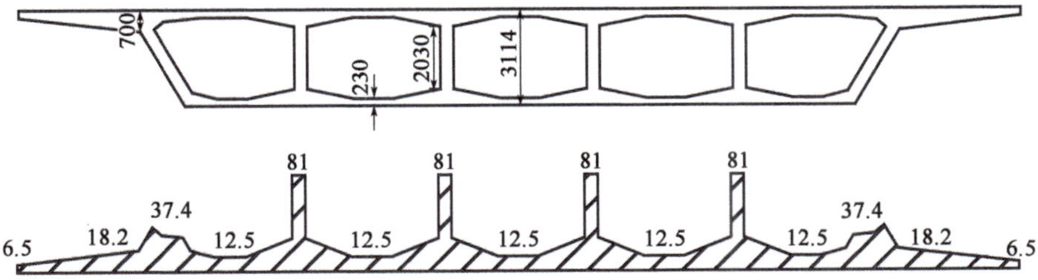

图 4-58　现浇梁恒载示意图 2(荷载单位:$\mathrm{kN/m^2}$;尺寸单位:mm)

现浇梁顺桥向断面(中跨跨中与边跨梁高 2.4m)简化形式,以及经计算得到的单位面积的恒载如图 4-59 所示。

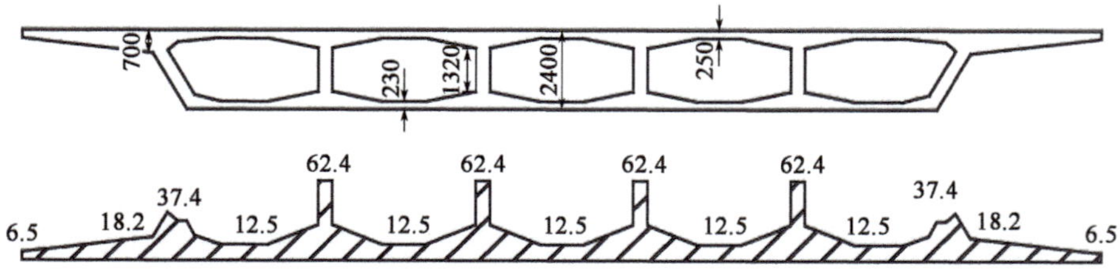

图 4-59　现浇梁恒载示意图 3（荷载单位：kN/m²；尺寸单位：mm）

（3）模板荷载（G_2）：模板荷载按 4.0kN/m² 考虑。

（4）施工荷载（Q_0）：作用在模板支架上的施工人员及设备荷载标准值可按实际情况计算，一般情况下可取 2.5kN/m²。

（5）混凝土倾倒及振捣荷载（Q_2）：一般情况下可取 2.5kN/m²。

（6）梁系风荷载（Q_w）：按桥址区域 20m 高度处取值，正常工作时风荷载参与荷载组合时取风速为 13.8m/s（相当于 6 级风）。依照《公路桥梁抗风设计规范》（JTG D60-1—2004）❶，作用在单位面积上的风荷载：

$$W_{wh} = 0.000613 k_0 k_1 k_2^2 k_3 k_5^2 V_{10}^2 e^{-0.0001z} \tag{4-2}$$

$$W_0 = \frac{\gamma V_{10}^2}{2g} = 0.000613 V_{10}^2 e^{-0.0001z} \tag{4-3}$$

式中：k_0——设计风速重现期换算系数，对于临时工程施工期，k_0 取 0.75；

k_1——风荷载阻力系数，按《公路桥梁抗风设计规范》（JTG D60-1—2004）4.3.7-4 ~ 4.3.7-6 取值；

k_2——考虑地面粗糙度类别和梯度，风的风速高度变化修正系数；

k_3——地形地理条件系数，按一般地区取值 1.0；

k_5——阵风风速系数，对 A、B 类地表取值 1.38；

V_{10}——桥梁所在地区的设计基本风速（m/s），分别按 13.8m/s 及 18m/s 计算；

W_0——基本风压（kN/m²）；

γ——空气重力密度（kN/m³），$\gamma = 0.012017e^{-0.0001z}$。

风荷载强度计算结果见表 4-12。

风荷载强度计算结果　　表 4-12

编号	迎风面类别	阻力系数 k_1	6 级风荷载强度（kN/m²）
1	矩形截面	1.30	0.52
2	圆形截面	0.60	0.24
3	第 1 榀贝雷	0.28	0.11

❶ JTG D60-1—2004 已更新为 JTG 3360-01—2018，此项目建设时仍采用 04 版。

续上表

编号	迎风面类别	阻力系数 k_1	6 级风荷载强度(kN/m^2)
4	第 2 榀贝雷	0.23	0.09
5	第 3 榀贝雷	0.19	0.07
…	…	…	…
$n+2$	第 n 榀贝雷	$0.28\times0.825(n-1)$	$0.11\times0.825(n-1)$

2)模型及整体计算

根据设计图纸,在 Midas 软件中建立支架整体模型,如图 4-60 所示。

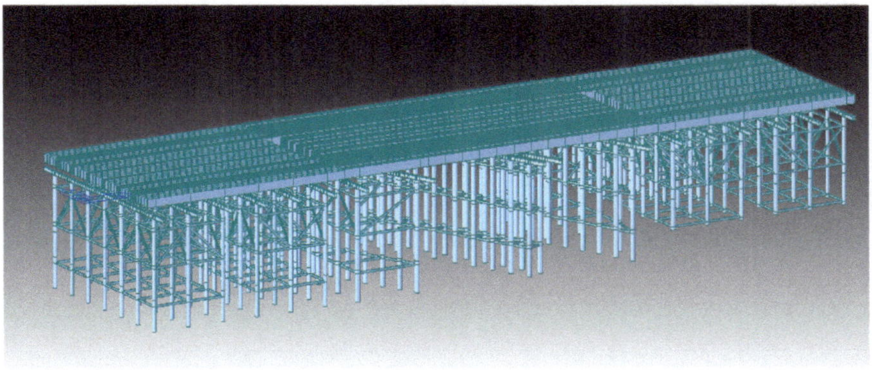

图 4-60　支架整体模型图

模型说明:贝雷梁采用等效梁替代,贝雷梁与横梁模拟为铰接,横梁与立柱模拟为固结,其余连接均为固结。

(1)计算结果

边跨现浇段按一次浇筑考虑,工作风速横桥向作用于支架,模型计算结果如图 4-61、图 4-62 所示。

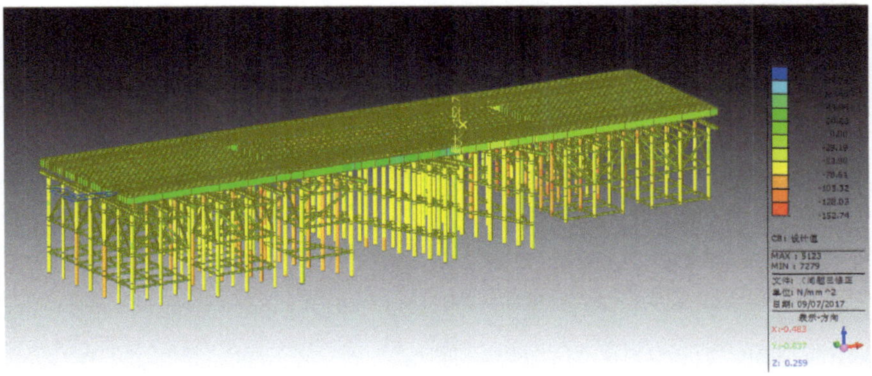

图 4-61　支架应力云图(单位:MPa)

支架主要构件计算结果如表 4-13 所示。

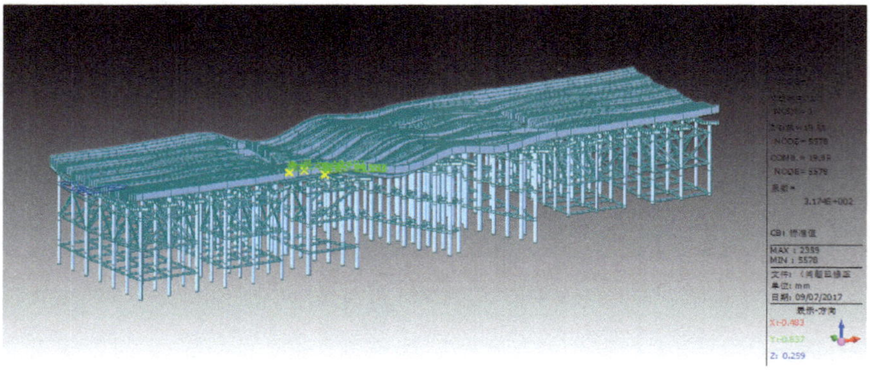

图 4-62　支架竖向变形图(单位:mm)

支架应力计算结果汇总　　表 4-13

构件名称	几何参数(mm)	$\sigma_{N\max}$(MPa)	$\sigma_{M\max}$(MPa)	$\sigma_{\mathrm{VON}\max}$(MPa)	$\sigma_{\tau\max}$(MPa)	$\delta_{\max}$(mm)
主横梁	2HM588	—	127.15	136.81	118.7	8.68
钢立柱	ϕ820×10	94.3	66.32	152.75	—	6.14
钢立柱	ϕ630×8	118.58	44.1	140.8	—	6.2
斜撑	2[32	—	25.25	66.86	—	6.5
平联	2[32	—	93.78	112.7	—	6.8

计算结果表明:

构件(Q235-B)最大组合应力 $\sigma_{\max}=152.75\mathrm{MPa}<205\mathrm{MPa}$

最大变形位于中跨跨距 19.4m 中部位置贝雷梁处:

$$f=19.96\mathrm{mm}<\frac{19408}{400}=48.5(\mathrm{mm})$$

(2)贝雷梁计算

模型计算结果如图 4-63～图 4-65 所示。

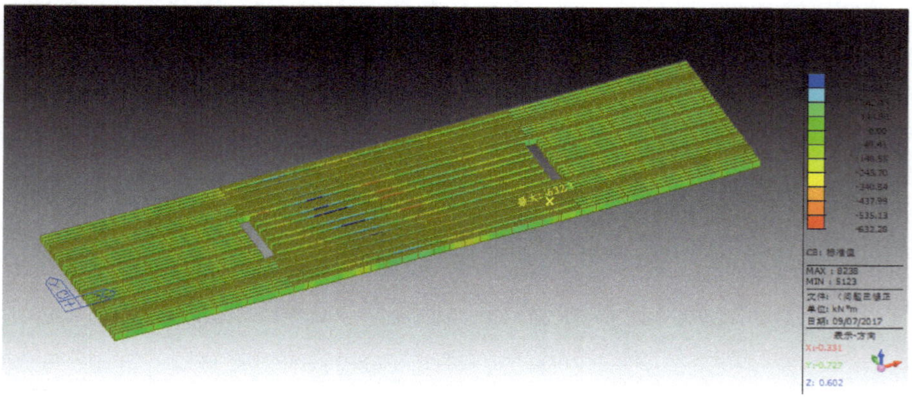

图 4-63　贝雷梁弯矩图(单位:kN·m)

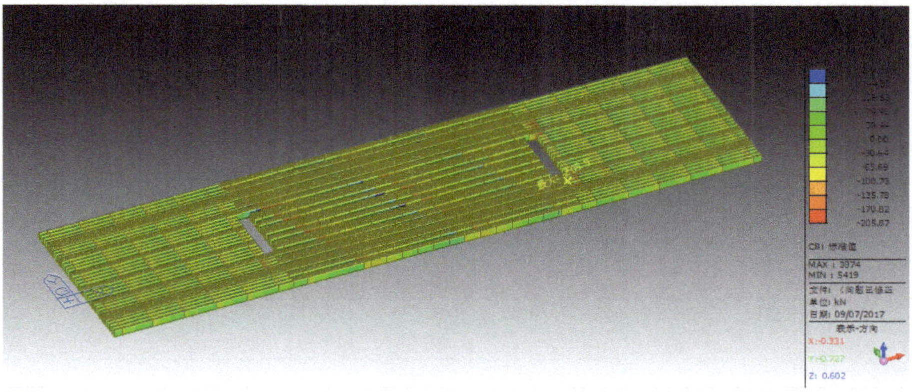

图 4-64　贝雷梁剪力图(单位:kN)

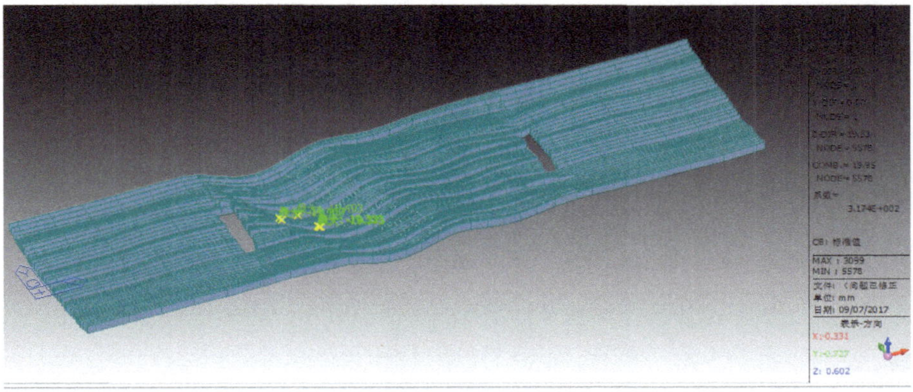

图 4-65　贝雷梁位移图(单位:mm)

计算结果表明:

弯矩:$M_{max}=632.3\text{kN}\cdot\text{m}<[M]=1687\text{kN}\cdot\text{m}$

剪力:$V_{max}=205.87\text{kN}<[V]=245.2\text{kN}$

贝雷最大变形:$f=19.96\text{mm}<\dfrac{19408}{400}=48.5(\text{mm})$

因此,贝雷梁计算主要构件强度均能满足设计及规范要求。

(3)钢管桩稳定性验算

①P820/10 钢管立柱。

依据模型计算结果,钢管立柱最不利荷载设计值为:

$$P=2258.7\text{kN},M=167.5\text{kN}\cdot\text{m}$$

P820/8 钢管立柱截面特性如下:

$I=208728\text{cm}^4$;$A=254\text{cm}^2$;$i_x=\sqrt{\dfrac{I}{A}}=28.6$。

计算长度:$L_x=L_0=6000\text{cm}$;

长细比:$\lambda_x=\dfrac{L}{i}=21$。

ϕ 为稳定系数，钢管按 b 类截面查表，查得轴心受压稳定性系数 $\phi = 0.967$。

压弯稳定验算参数见表 4-14。

压弯稳定验算参数　　表 4-14

D(mm)	T(mm)	I(cm^4)	W(cm^3)	i(cm)	E_p(MPa)
820	10	208728	5090	28.6	210000
σ_N(MPa)	σ_M(MPa)	L(cm)	λ	ϕ	σ(MPa)
94.3	66.3	600	21	0.967	164

验算过程此处省略，经验算稳定性满足要求。

②P630/8 钢立柱。

依据模型计算结果，钢管立柱最不利荷载设计值为：

$$P = 1591.5\text{kN}, M = 58.9\text{kN}\cdot\text{m}$$

P630/8 钢立柱截面特性如下：

$$I = 75612\text{cm}^4; A = 156.3\text{cm}^2; i_x = \sqrt{\frac{I}{A}} = 20.9$$

计算长度：$L_x = L_0 = 6000\text{cm}$；

长细比：$\lambda_x = \frac{L}{i} = 29$

ϕ：稳定系数，钢管按 b 类截面查表，查得轴心受压稳定性系数 $\phi = 0.939$。

压弯稳定验算参数见表 4-15。

压弯稳定验算参数　　表 4-15

D(mm)	T(mm)	I(cm^4)	W(cm^3)	i(cm)	E_p(MPa)
630	8	75612	2400	20.9	210000
σ_N(MPa)	σ_M(MPa)	L(cm)	λ	ϕ	σ(MPa)
118.6	44.1	600	29	0.939	170

验算过程此处省略，经验算稳定性满足要求。

综上所述，支架设计满足规范及设计要求。

4.4.4 大跨重载高空跨路组合支架施工技术

4.4.4.1 少钢管门洞支架施工技术

1）少钢管支架搭设施工工艺流程（图 4-66）

2）施工准备

（1）所有技术人员认真熟悉箱梁的相关施工设计图纸及支架系统等临时结构设计图纸，掌握施工规范，组织相关人员进行现场勘察，向施工人员进行详细的技术交底。

（2）测量人员需认真细致地审阅施工设计图纸及支架设计图纸，计算并复核支架设计位置及搭设高程，确定施工过程中测量放样及沉降观测方案。

（3）质量人员负责分部工序的自检、报监理验收及整理资料，在施工过程中要严格控制好各工序的施工质量。

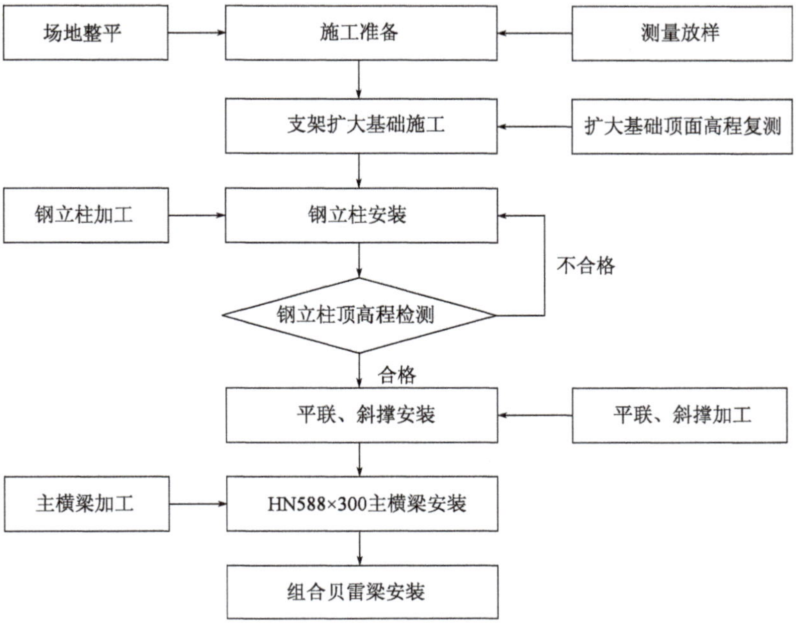

图4-66　少钢管支架搭设施工工艺流程图

(4)安全负责人根据方案要求对现场的用水、用电、交通等情况做好检查,并进行统一部署,确保施工现场水电走线规整,交通通畅。

(5)施工前对场地进行清理、整平,检测钢管立柱地基承载力(根据临时结构设计要求,需大于450kPa),对承载力不足的位置进行局部换填处理,以利于施工作业面的展开。

(6)进料时按照不同品种、不同规格、施工现场需求分批进料、验收,分类分型号存放,并设立明显标志。

3)基础处理

下部结构施工完毕后,清理基坑内杂物,对基坑进行分层回填并压实。测量人员根据施工设计图纸及临时结构设计图测量放样出箱梁投影线及钢管立柱扩大基础位置,并撒白灰线做标识。使用挖掘机对箱梁施工范围内场地进行整平、碾压。试验人员检测钢管立柱扩大基础位置地基承载力,对不满足承载力要求的部位局部换填砂砾土,并碾压密实,直至地基承载力满足设计要求为止。然后根据临时结构设计位置安装预制块扩大基础,并在门洞处现浇2m×2m×0.6m钢筋混凝土扩大基础,如图4-67所示。

中跨门洞处现浇混凝土条形基础浇筑完成后,对基础洒水覆盖养护7d。

4)ϕ820×10mm钢立柱安装

预制块扩大基础安装及中跨门洞处现浇条形基础施工完成后,测量人员测量各基础预埋法兰盘顶面高程。根据临时结构设计高程,分别计算各ϕ820×10mm钢管立柱高度并做好记录。钢管立柱柱顶周围加焊三角加劲板,内设十字加劲板,以增大钢管立柱柱顶刚度。加工完成后的钢管立柱用油漆笔做好编号,编号内容应包括钢管立柱长度及安放位置等信息,然后整齐码放在空地上存放备用。

a)　　　　b)

图 4-67　预制 2m×2m×0.6m 钢筋混凝土扩大基础构造图

安装时，先在扩大基础上安装 2.5cm 厚柱底法兰 Q235-B 钢板，法兰钢板与扩大基础预埋钢板通过基础预埋螺栓连接，然后将钢管立柱吊运至柱底钢板上，钢管立柱与柱底钢板通过焊接连接，柱脚与柱底钢板周围加焊三角加劲板，增加钢管立柱柱脚刚度。

少钢管支架钢管立柱焊接质量应符合《钢结构焊接规范》(GB 50661—2011)要求。

钢管立柱安装完成后，测量人员复测柱顶高程，对不满足设计高程要求的钢管立柱进行处理，以保证后续支架搭设时钢管立柱顶处于同一平面内。

5)柱间双拼[32 a 平联及斜撑安装

钢管立柱安装完成后，进行支架平联焊接，平联材料采用钢管抱箍。平联安装施工见图 4-68。

图 4-68　少钢管支架钢管立柱间平联安装施工

平联安装完成后，根据支架设计安装立柱间斜撑，斜撑与钢管立柱通过耳板焊接。通过平联及斜撑，将少钢管支架连接成一个整体，提高少钢管支架整体稳定性。

6)柱顶主横梁安装

钢管立柱通过平联及斜撑连接成整体后，在同排钢管立柱上根据支架设计图，放置 HM588×300mm 型钢作为支架系统主横梁。主横梁腹板外侧每隔 1m 焊接一道 1cm 厚钢板，作为主横梁加劲板。

加工好的主横梁，通过塔式起重机分节调运至同排钢管立柱上方，然后在钢管立柱上方将分节主横梁通过焊接连接成整体。主横梁加工时，应注意横梁长度必须满足设计要求，且横梁梁端各伸出箱梁轮廓线 2m，以保证后续支架拆除时贝雷片能正常拆除。

7）组合贝雷片主纵梁安装

由于观园路高架桥第五联上部结构为（36 + 55 + 36）m 预应力混凝土连续箱梁，中跨跨度 55m，上跨克南高架桥，使得中跨少钢管支架主纵梁跨度较大（组合贝雷梁最大跨度 17.76m）。为满足结构受力要求，采取中跨贝雷梁通过设计安装上下加强弦杆，减小贝雷梁组合间距及在门洞钢管立柱处贝雷梁设置局部加强杆件等措施，增加中跨贝雷梁刚度，使主纵梁在大跨度下能满足结构受力要求。边跨则采用普通 321 型贝雷片进行组合。组合贝雷梁每 6m 设置一道花架进行横向连接，提高组合贝雷梁的整体性。

由于单组贝雷梁质量过大（最重 45.9t），塔式起重机吊装无法进行，因此贝雷梁安装时先按照每 8 榀为一个单位，两两组合进行吊装（拼装长度 24m，拼装质量 4.8t），安放在主横梁上后，再按设计组合方式进行拼装组合，以满足塔式起重机吊装性能要求。组合贝雷梁安装效果见图 4-69。

为使组合贝雷梁与双拼 HN588 × 300mm 主横梁组成一个整体，设计使用 1cm 厚 U 形卡板将贝雷梁与主横梁通过焊接固定，贝雷梁与主横梁未交叉在竖向桁杆时，采用加强装置。

至此，支架系统少钢管支架搭设完成。

图 4-69　组合贝雷梁安装效果示意图

4.4.4.2　M60 盘扣支架搭设

1）M60 盘扣支架搭设施工工艺流程（图 4-70）

2）I14 次横梁安装

少钢管支架组合贝雷梁安装完成后，施工人员严格根据支架系统临时结构设计图在贝雷梁上用钢卷尺测量出 I14 次横梁安装位置，并带线在贝雷梁顶用石笔做标记。用塔式起重机将 I14 型钢吊运至贝雷梁顶，施工人员根据石笔标记精确安装 I14 次横梁。次横梁安装效果见图 4-71。

3）可调底托与扫地横杆安装

测量人员根据支架设计图放样在 I14 次横梁上测量放样出 M60 盘扣支架控制点，施工人员带线用石笔做标识。塔式起重机将可调底托吊运至支架上，施工人员按照石笔标记点依次安放可调底托，并调整底托高程，使全部底托托面处于同一水平面，方便横杆连接。可调底托安装时应注意可调底座调节丝杆外露长度不应大于 30cm。

调整好可调底托后，将基座的立杆套筒部分朝上套入调整座上方，基座下缘需完全置于扳手受力平面凹槽内，见图 4-72 及图 4-73。

基座立杆套筒安装完成后，在套筒八爪盘上安装水平扫地杆，将所有可调底托连接成一个整体，安装方法见图 4-74 及图 4-75。施工时应注意，作为扫地杆的水平杆距底托地面高度不应大于 55cm；当不符合要求时，需做调整。

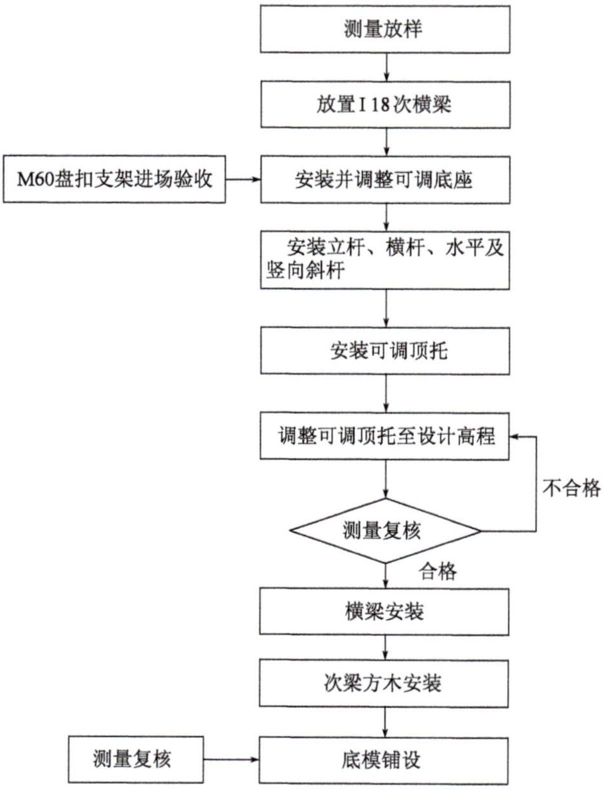

图 4-70　M60 盘扣支架搭设施工工艺流程图

4）立杆、横杆及斜杆安装

（1）基础立杆安装：未加装（连接棒）的立杆统称为基础立杆。将基础立杆长端插入基座的套筒中，以检查孔位置查看基础立杆是否插至套筒底部。基础立杆仅用于第一层搭接，第二层往上均使用立杆。

（2）第一层竖向斜杆：将竖向斜杆全部依顺时针或全部依逆时针方向组搭。将竖向斜杆套入圆盘大孔位置，使竖向斜杆头前端抵住立杆圆管，再以斜楔贯穿大孔敲紧固定。注意竖向斜杆具有方向性，方向相反则无法搭接。

图 4-71　贝雷梁上 I14 次横梁安装效果图

（3）支架接高：如图 4-76 所示将连接棒插入下层管中即可。若需使用立杆插销，则务必检查圆盘对齐孔是否在同一方向。依据步骤（2）的组搭方式，和第一层相同方向搭接第二层竖向斜杆。施工时应注意，若第一层为逆时针方向组装，则上一层以上的竖向斜杆同样需以逆时针方向组装。

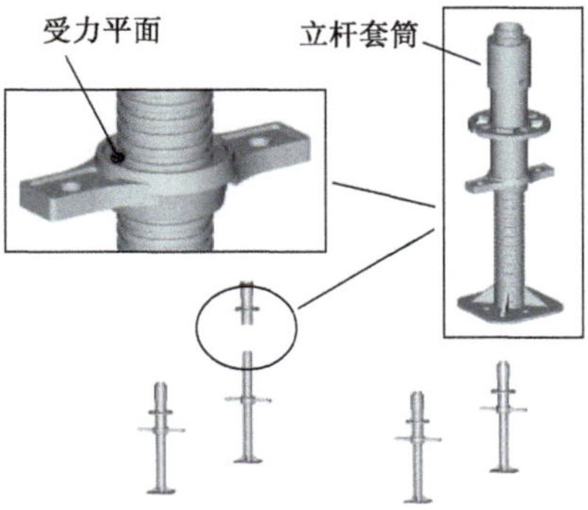

图 4-72　安装基座立杆套筒

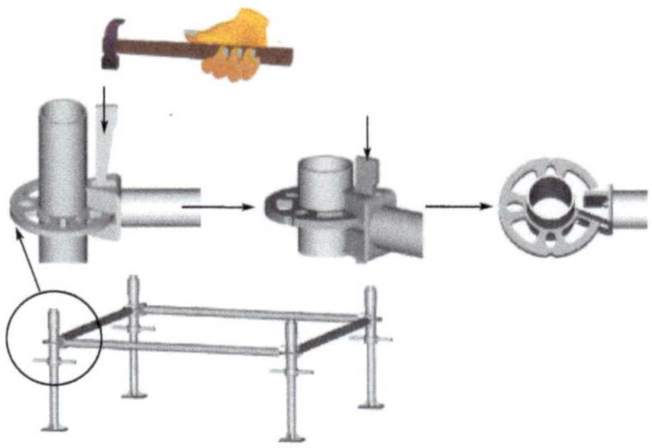

图 4-73　水平扫地杆安装

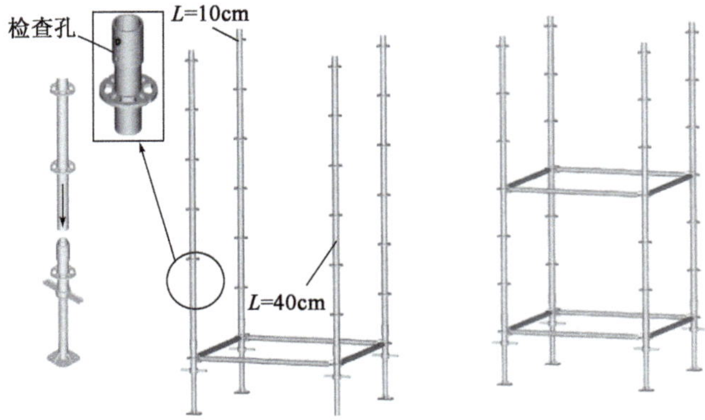

图 4-74　基础立杆安装

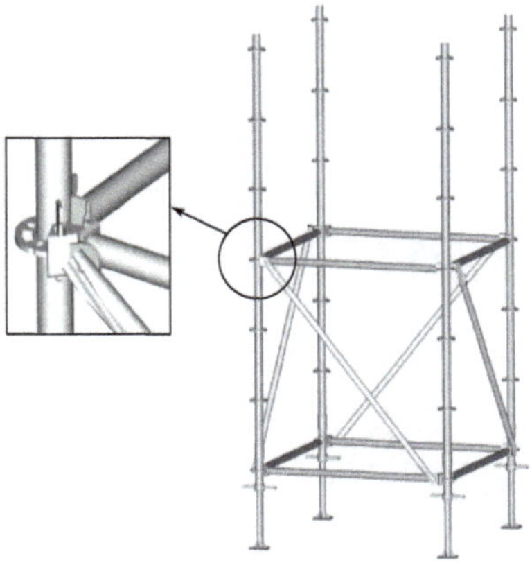

图 4-75　第一层竖向斜杆安装

5)可调顶托安装调整

将 U 形可调顶托牙管插入立杆管中,再以扳手调整至所需高度。可调顶托安装(图 4-77)时,应注意顶托托座伸出顶层水平杆的悬臂长度严禁超过 65cm,且丝杆外露长度严禁超高 40cm,可调托座插入立杆的长度不得小于 15cm。为便于在支架上高空作业、安全省时,可在地面上大致调好顶托伸出量,再运至支架顶安装。根据梁底高程变化,根据支架底模、方木、顶横梁等厚度参数反算顶托顶高程,并在每横排立杆顶设左、中、右三个控制点,精确调出顶托高程,然后用明显的标记标明顶托伸出量,以便校验。最后,采用拉线内插方法,依次调出每个顶托的高程。

4.4.4.3　现场应用

经现场实施(图 4-78)验证,大跨重载高空跨路组合支架贝雷梁跨度 19.41m,采用上下加强横杆,加密贝雷梁间距(最小 0.225m),在斜交主横梁上部采用加强装置对贝雷梁进行抗剪加强,改善了其抗剪能力,有效解决了大跨度支架跨路保通上跨现浇箱梁施工难题。

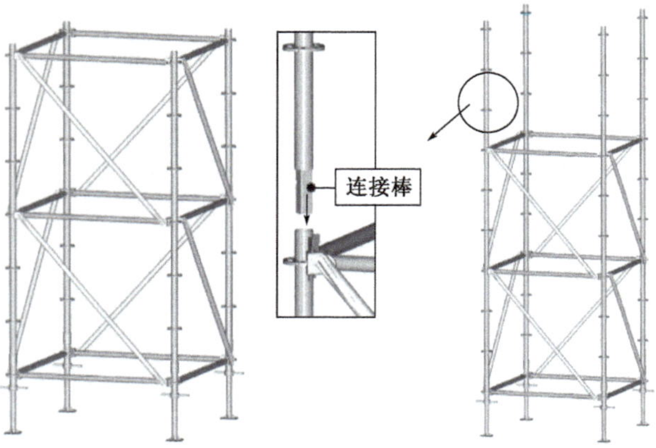

图 4-76　M60 盘扣支架接高

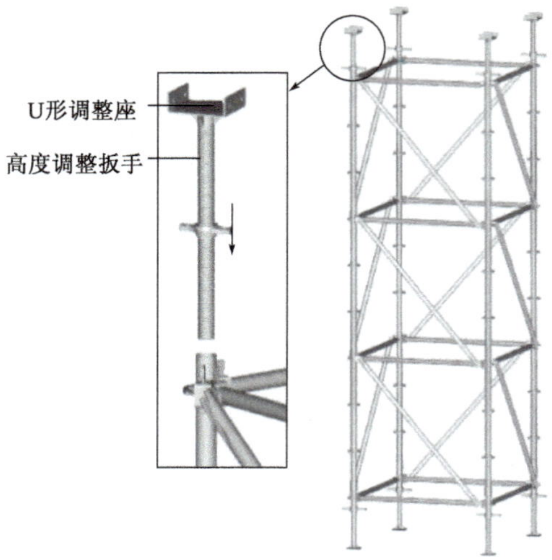

图 4-77　可调顶托安装

a)　b)　c)　d)

图 4-78　大跨重载高空跨路组合支架现场应用

| 第 5 章 |

大温差区混凝土质量控制技术

5.1 破碎卵石代替碎石在混凝土中的应用研究

新疆作为我国西北一块重要的经济发展地区,每年在交通基础设施建设上都投入了大量的人力、物力资源,在建设施工过程中,钢筋混凝土施工占据了十分巨大的比重。混凝土施工离不开砂石料的参配,由于新疆地区地质地貌的特殊形式,建设施工的石材多以卵石为主,卵石是自然形成的无棱角岩石颗粒。考虑环境保护因素和新疆地区多为戈壁地区的现状,实际工程中粗集料缺少碎石,卵石较为丰富的特点,为了尽可能与实际结合,进行实际卵石破碎混凝土研究是至关重要的。

乌鲁木齐东二环项目第二合同段,路线起点(K20+800)位于乌鲁木齐东山垃圾场南,终点(K43+079.29)位于连霍高速公路,主线全长22.279km,辅道伴行线长11.55km,辅道绕行线长9.7km。设计速度为快速路80km/h、辅道40~50km/h,快速路车道数为双向六~八车道、辅道车道数为双向四车道,桥梁荷载等级为公路Ⅰ级。项目主要构造物有高架桥6座(金沙滩街、跃进街、花儿沟路、延安路、仓房沟、燕北高架桥),互通立交1处(乌奎互通立交)、跃进街上下口桥。全线混凝土用量共计676106.14m^3,新疆特殊地区碎石材料不足,卵石丰富的条件情况下,将卵石破碎配制相同等级的混凝土运营生产,寻求以破碎卵石代替碎石的混凝土配合比,从而达到降本增效的目的,将有效解决在混凝土配制过程中碎石料不足的问题。

5.1.1 卵石破碎现场实地调研

碎石和卵石作为混凝土中的天然粗集料,起到骨架支撑作用。碎石的特性为多棱角、表面粗糙度大、与水泥黏结性能好;卵石特性为形状较为规则、多为圆形或椭圆形、表面较圆滑、与水泥黏结性能较差。为了尽可能与实际结合,进行卵石破碎研究,如图5-1~图5-7所示。

通过现场卵石破碎图及现场破碎调研分析可知:

(1)通常情况破碎厂家在破碎卵石前卵石未过筛,破碎前的卵石中包括5~30.5mm的卵石,并掺有泥沙;

(2)破碎后5~10mm粒径的碎卵石中,约有30%的碎卵石未经过破碎;

(3)破碎后10~20mm粒径的碎卵石中,有25%~30%的卵石未经过破碎,有30%~35%的卵石中新破碎面占总破碎面不足50%;

(4)破碎后 20 ~ 30.5mm 粒径的碎卵石中,有 20% ~ 25% 的卵石未经破碎,约有 20% 的卵石中新破碎面占总破碎面不足 50%,有 18% ~ 20% 的卵石中新破碎面占总破碎面 50% ~ 70%,有 5% ~ 20% 的卵石中新破碎面占总破碎面 70% ~ 80%,有 18% ~ 22% 的卵石中新破碎面占总破碎面 80% ~ 100%。

图 5-1 卵石的外形

图 5-2 碎石的外形

图 5-3 破碎前的卵石

图 5-4 卵石的破碎

图 5-5 现场 20 ~ 30.5mm 碎卵石

图 5-6 现场破碎过第一道筛

图5-7 现场10～20mm碎卵石

5.1.2 破碎面机理分析

针对目前原材料情况，为了保证碎卵石满足规范要求，保证施工质量，借助绘图软件分析，分析河流中卵石粒径不同对破碎面的影响。通过分析达到以下目的：

(1)确定出不同粒径卵石，在不同破碎次数中，破碎面表面积占总面积的比例。

(2)确定不同粒径石料在破碎次数中，各粒径石料混合后的平均破碎面值。

(3)确定多大粒径的卵石可以满足施工要求。

河卵石破碎前需满足以下条件：

应采用级配合理、粒性良好、质地均匀坚固的碎卵石或卵石。卵石宜采用二级配石，其松散堆积密度应大于1350kg/m^3。卵石破碎体的最大粒径不宜大于31.5mm，且不宜超过结构物最小边尺寸的3/4，在两层或多层密布钢筋中，不得超过钢筋最小间距的1/2。结合《公路桥涵施工技术规范》(JTG/T F50—2011)中粒径范围，卵石可分为两级(5～10mm和10～20mm)储存、运输、计量。使用时粒径5～10mm与粒径10～20mm的碎石质量之比为40(±5)%:60(±5)%；含泥量不应大于1%，针片状颗粒含量不应大于15%。配制强度等级C50及以上预应力结构用混凝土时，卵石破碎后破碎卵石体最大粒径应不大于25mm。破碎后的卵石品质应满足表5-1的要求。破碎后卵石中的有害物质含量应符合表5-2的规定；同时为了保证石子的空隙不大于47mm，推荐最大粒径为31.5mm时，5～10mm粒级部分不宜少于25%，当最大粒径为25mm时，5～10mm粒级部分不宜少于30%。

粗集料品质指标　　表5-1

序号	项　目	指　标	
		C30～C60	大于C60
1	含泥量(按质量计)(%)	<1	<0.5
2	泥块含量(按质量计)(%)	<0.5	<0
3	吸水率(按质量计)(%)	<2	<1.0
4	空隙率	<47	
5	针片状颗粒(按质量计)(%)	<15	<5

续上表

序号	项　　目	指　　标	
		C30-C60	大于 C60
6	硫化物及硫酸盐含量（按质量计）（%）	<1.0	<0.5
7	卵石中有机物含量	合格（比色法）	
8	坚固性（%）	<8	<5
9	压碎指标（%）	<20	<18
10	岩石抗压强度（MPa）	火成岩	>80
		变质岩	>60
		水成岩	>30
11	岩石抗压强度与混凝土抗压强度比	>1.5	
12	碱活性（碱-硅酸反应膨胀率或碱-碳酸盐反应膨胀率）（%）	<0.1	

注：通过参考引用《建设用碎石、卵石》（GB/T 14685—2011），选用的卵石应在试生产前进行碱活性试验，不得使用碱-碳酸盐反应的活性卵石和膨胀率大于0.2%的碱-硅酸盐反应的活性卵石。因条件所限不得不采用碱-硅酸反应砂浆棒膨胀率在0.10%～0.20%的活性卵石时，由各种原材料带入混凝土中的总碱量不应超过3.0kg/m^3，并符合《公路桥涵施工技术规范》（JTG/T F50—2011）的要求。

粗集料的有害物质含量限值　　表5-2

项　　目	强度等级	
	C30～C60	>C60
含泥量（%）	<1	<0.5
泥块含量（%）	<0.5	<0
针、片状颗粒总含量（%）	<15	<5
硫化物及硫酸盐含量（按质量计）（%）	<1.0	<0.5
氯化物（以氯化钠计）（%）	<0.02	
卵石中有机物含量	颜色不应深于标准色	

不同粒径的卵石计算模拟及典型卵石现场破碎分析如下：

1）10mm粒径的卵石

从表5-3可以看出：10mm粒径的卵石破碎1次后，新产生的面积为78.79mm^2，破碎后破碎体中累计新面积约占破碎体表面积43.95%～55.70%。破碎1次后粒径在5～10mm范围内（具体依据破碎角度不同，破碎体的粒径也各不相同，这里仅给出范围，以下研究的各粒径在不同破碎次数后所言的粒径范围均与此相同，以下将不再赘述）。

10mm粒径卵石破碎1次后表面积变化值　　表5-3

粒径（mm）	卵石表面积（mm^2）	破碎次数	破碎体编号	总面积（mm^2）	新产生面积（mm^2）	累计新产生面积（mm^2）	累计新产生面积与破碎体表面积比（%）
10	160.37	1	1	129.04	39.40	78.79	43.95
			2	110.12	39.40		55.70

从表5-4可以看出：10mm粒径的卵石破碎2次后，新产生的面积为107.08mm^2，破碎后破

碎体中累计新面积约占破碎体表面积38.61%～41.75%。破碎2次后粒径在2.5～5mm。

10mm粒径的卵石破碎2次后表面积变化值 表5-4

粒径(mm)	卵石表面积(mm^2)	破碎次数	破碎体编号	总面积(mm^2)	新产生面积(mm^2)	累计新产生面积(mm^2)	累计新产生面积与破碎体表面积比(%)
10	129.04	2	11	80.78	8.5	107.08	38.61
			12	65.25	8.5		38.61
	110.12		21	61.53	5.65		41.75
			22	59.89	5.65		41.75

从图5-8～图5-10及表5-3、表5-4分析可知：粒径为10mm的卵石自身的大小已经满足粒径要求，但经过两次破碎后粒级已不满足要求，而且新产生的面积占原面积的比例较小，无法满足规范及施工质量要求。

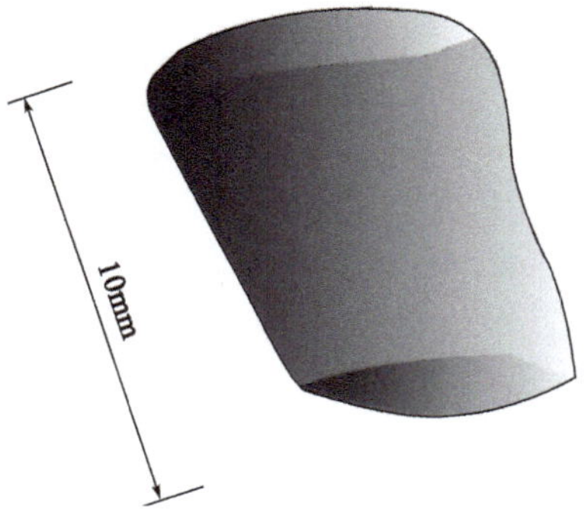

图5-8 10mm粒径的卵石

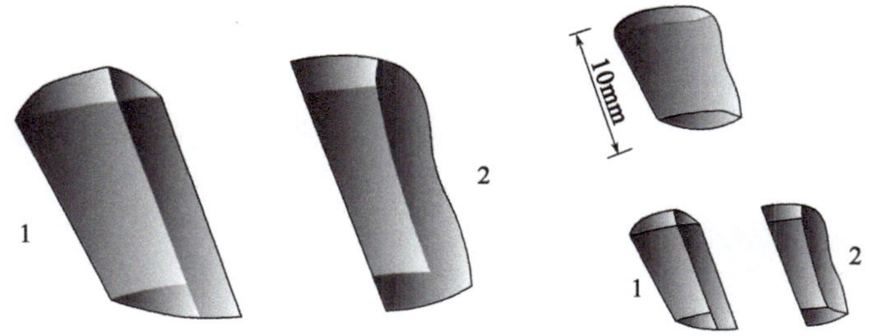

图5-9 10mm粒径的卵石破碎1次

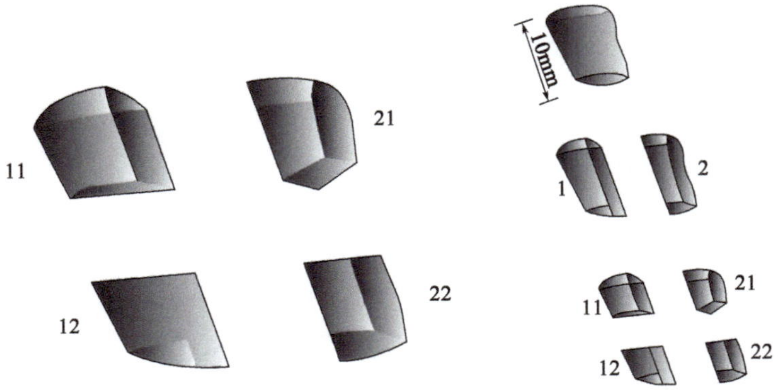

图5-10 10mm粒径的卵石破碎2次

2）20mm粒径的卵石

从表5-5可以看出：20mm粒径的卵石破碎1次后，新产生的面积为102.91mm^2，破碎后破碎体中累计新面积占破碎体表面积13.28%～14.43%。破碎1次后粒径在10～20mm范围内。

20mm 粒径的卵石破碎 1 次后表面积变化值 表 5-5

粒径(mm)	卵石表面积(mm^2)	破碎次数	破碎体编号	总面积(mm^2)	新产生面积(mm^2)	累计新产生面积(mm^2)	累计新产生面积与破碎体表面积比(%)
20	641.09	1	1	387.34	51.46	102.91	13.28
			2	356.66	51.46		14.43

从表 5-6 可以看出:20mm 粒径的卵石破碎 2 次后,新产生的面积为 285.09mm^2,破碎后破碎体中累计新面积占破碎体表面积 30.68% ~30.87%。破碎 2 次后粒径在 5 ~10mm 范围内。

20mm 粒径的卵石破碎 2 次后表面积变化值 表 5-6

粒径(mm)	卵石表面积(mm^2)	破碎次数	破碎体编号	总面积(mm^2)	新产生面积(mm^2)	累计新产生面积(mm^2)	累计新产生面积与破碎体表面积比(%)
20	387.34	2	11	247.73	49.28	285.09	30.87
			12	238.16	49.28		30.87
	356.66		21	212.33	41.82		30.68
			22	227.96	41.82		30.68

从表 5-7 可以看出:20mm 粒径的卵石破碎 3 次后,新产生的面积为 601.76mm^2,破碎后破碎体中累计新面积占破碎体表面积 43.57% ~52.87%。破碎 3 次后粒径在 2.5 ~5mm 范围内(具体依据破碎角度而定)。

20mm 粒径的卵石破碎 3 次后表面积变化值 表 5-7

粒径(mm)	卵石表面积(mm^2)	破碎次数	破碎体编号	总面积(mm^2)	新产生面积(mm^2)	累计新产生面积(mm^2)	累计新产生面积与破碎体表面积比(%)
20	247.73	3	111	178.67	31.45	601.76	43.57
			112	131.95	31.45		43.57
	238.16		121	174.43	23.23		43.57
			122	110.18	23.23		43.57
	212.33		211	148.01	58.5		52.87
			212	181.32	58.5		52.87
	227.96		221	142.93	45.17		52.87
			222	175.36	45.17		52.87

从图 5-11 ~图 5-14 及表 5-5 ~表 5-7 分析可知:粒径为 20mm 的卵石经过第 1 次和第 2 次的破碎虽然粒径能够满足要求,但破碎体新产生的破碎面积所占比例很小,分别仅为 13.28% ~14.43% 和 30.87% ~30.68%;经过第 3 次破碎虽然破碎体新产生的面积在 43.57% ~52.87%,仍然不能满足新破碎体新产生的面积与新产生破碎体表面积比大于 70% 的要求,而且不能满足有些破碎体的粒径小于 5mm 的要求。20mm 粒径的卵石自身的粒径已经满足粒径要求,但经过破碎其新破碎体从破碎面及破碎体粒径两个方面分析,其不能满足规范及施工质量要求。

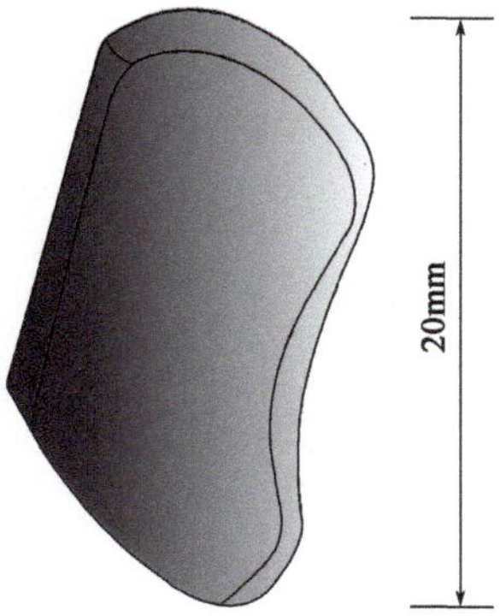

图 5-11　20mm 粒径的卵石

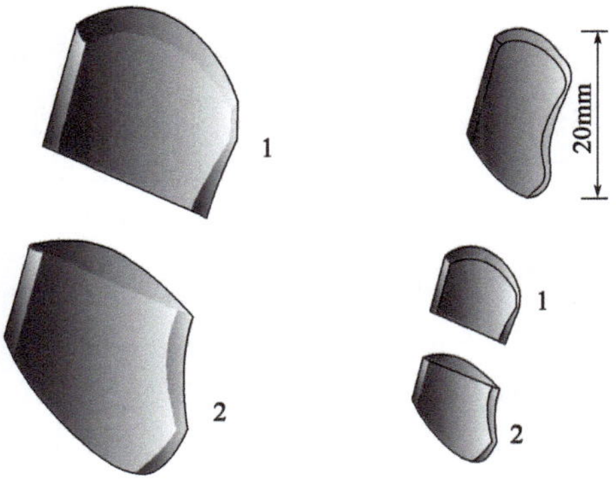

图 5-12　20mm 粒径的卵石破碎 1 次

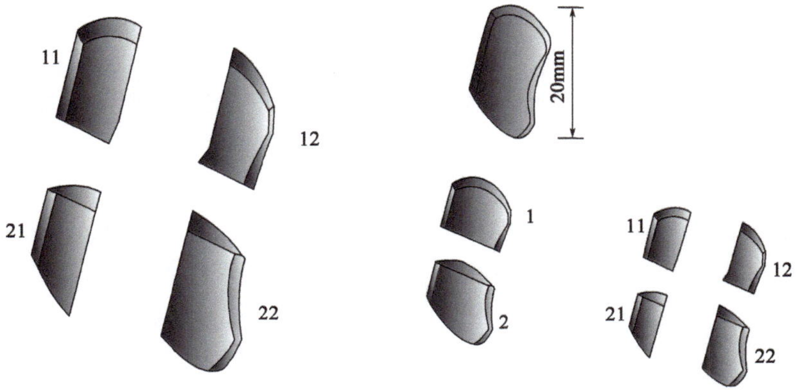

图 5-13　20mm 粒径的卵石破碎 2 次

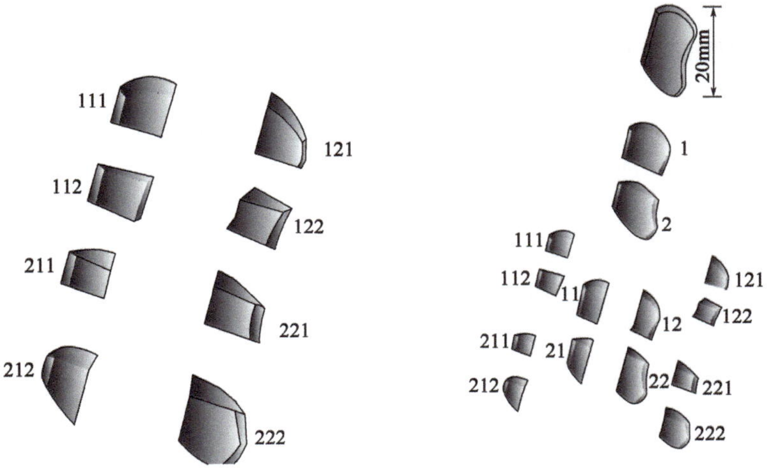

图 5-14　20mm 粒径的卵石破碎 3 次

采用相同的研究方式，以粒径 10mm 递增梯度，对 30～320mm 的卵石破碎面进行了研究，得出的结果如下。

判别卵石是否可以应用的条件如下。

条件一：破碎体新产生的面积与新产生破碎体表面积比≥70%。

条件二：破碎体的粒径为5～31.5mm。

根据以上两个条件，破碎的卵石必须满足以上两个条件，方可将卵石应用到实际工程中，通过实际对典型的卵石进行现场破碎及借助技术软件对卵石的模拟破碎的分析，应用数理统计的方法对卵石的应用情况进行分析，可以得出如下结论：

①对于粒径为90mm以下(不含90mm)的卵石，无论经过几次破碎均不能同时满足条件一和条件二，故90mm以下的卵石不可应用于实际工程中。

②对于粒径为90mm、100mm、110mm、120mm、130mm、140mm、150mm的卵石，只能破碎5次(破碎少于5次难以保证破碎体新产生的面积与新产生破碎体保留的原面积比≥70%；若超过5次，则难以满足破碎体的粒径在5～31.5mm)。分别对上述粒径单一破碎5次后，分别有24.89%、41.86%、55.83%、67.53%、77.48%、86.03%、93.47%的破碎体可以同时满足条件一和条件二。

③对于粒径为160mm的卵石，破碎5次后可以同时满足条件一和条件二，可以破碎6次，但是单一对160mm的卵石经过6次破碎仅有3.85%的破碎体可以同时满足以上的条件一和条件二。

④对于粒径为170mm、180mm、190mm、200mm、210mm、220mm、230mm、240mm、250mm、260mm、270mm、280mm、290mm、300mm、310mm的卵石，破碎5次均可以同时满足条件一和条件二；也可以破碎6次，分别对上述粒径单一破碎6次后，分别有7.69%、24.14%、30.30%、40.63%、47.06%、54.29%、59.46%、66.56%、72.5%、76.19%、81.40%、84.44%、89.13%、91.67%、95.92%的破碎体可以同时满足条件一和条件二。

⑤对于粒径为320mm的卵石，破碎5次及6次后可以同时满足条件一和条件二。

综上所述：破碎5次为最佳破碎次数；粒径在90mm以下(不含90mm)的卵石不可应用的实际工程中；粒径在160mm以上(含160mm)的卵石破碎5次的粒径为最佳粒径。如果卵石中掺杂有粒径为90～160mm(包括大于160mm的卵石)的卵石时，90mm粒径的卵石含量不得超过4.55%；100mm粒径的卵石含量不得超过7.82%；110mm粒径的卵石含量不得超过10.43%；120mm粒径的卵石含量不得超过12.61%；130mm粒径的卵石含量不得超过14.47%；140mm粒径的卵石含量不得超过16.07%；150mm粒径的卵石含量不得超过17.46%；160mm粒径以上(含160mm)的卵石含量不得少于18.69%。

5.1.3 试验设计

1)试验目的

为了充分利用地方资源，选择卵石，碎卵石及碎石为研究对象，分别采用卵石、碎卵石及碎石配制混凝土，测试各龄期抗压强度，分析粗集料对混凝土性能的影响。

2)试验方案

分别采用卵石、碎卵石及碎石配制L型混凝土和Z型混凝土，成形强度试件及氯离子渗透试件，在标准条件下养护至规定龄期测其强度及电通量。

3）试验用原材料

（1）碎石

按照《公路工程集料试验规程》（JGJ E42—2005）和《公路桥涵施工技术规范》（JTG/T F50—2011），测试碎石1和碎石2的性能指标。

①碎石1。

碎石1取自乌鲁木齐段一砂石料场，该碎石符合公称粒级5～31.5mm的级配要求，紧密堆积状态差，空隙率大（紧密空隙率45%），针片状颗粒含量较多（6.0%），压碎指标值偏大（6.6%），如表5-8所示。

碎石1的主要性能指标　　表5-8

<table>
<tr><td colspan="2" rowspan="2">试验项目</td><td colspan="6">标准规定值</td><td colspan="2" rowspan="2">试验结果</td></tr>
<tr><td colspan="2">Ⅰ类</td><td colspan="2">Ⅱ类</td><td colspan="2">Ⅲ类</td></tr>
<tr><td colspan="2">表观密度（kg/m³）</td><td colspan="6">>2500</td><td colspan="2">2880</td></tr>
<tr><td colspan="2">松散堆积密度（kg/m³）</td><td colspan="6">>1350</td><td colspan="2">1500</td></tr>
<tr><td colspan="2">空隙率（%）</td><td colspan="6"><47</td><td colspan="2">48</td></tr>
<tr><td colspan="2">紧密空隙率（%）</td><td colspan="6"><40</td><td colspan="2">15</td></tr>
<tr><td colspan="2">含泥量（%）</td><td colspan="2"><0.5</td><td colspan="2"><1.0</td><td colspan="2"><1.5</td><td colspan="2">0.1</td></tr>
<tr><td colspan="2">泥块含量（%）</td><td colspan="2">0</td><td colspan="2"><0.5</td><td colspan="2"><0.7</td><td colspan="2">0.1</td></tr>
<tr><td colspan="2">针片状颗粒含量（%）</td><td colspan="2"><5</td><td colspan="2"><15</td><td colspan="2"><25</td><td colspan="2">6</td></tr>
<tr><td colspan="2">坚固性指标（%）</td><td colspan="2"><5</td><td colspan="2"><8</td><td colspan="2"><12</td><td colspan="2">3.5</td></tr>
<tr><td colspan="2">吸水率（%）</td><td colspan="2"><1.0</td><td colspan="2"><2.0</td><td colspan="2"><2.5</td><td colspan="2">0.35</td></tr>
<tr><td colspan="2">有机物含量判定（%）</td><td colspan="6">浅于标准色</td><td colspan="2">合格</td></tr>
<tr><td colspan="2">碱活性（%）</td><td colspan="6">≤0.1</td><td colspan="2">0.005</td></tr>
<tr><td colspan="2">压碎指标值（%）</td><td colspan="2"><18</td><td colspan="2"><20</td><td colspan="2"><30</td><td colspan="2">14.4</td></tr>
<tr><td rowspan="4">颗粒级配</td><td>筛孔尺寸（mm）</td><td>37.5</td><td>31.5</td><td>26.5</td><td>19</td><td>16</td><td>9.5</td><td>4.75</td><td>2.36</td></tr>
<tr><td>累计筛余（%）</td><td>0</td><td>0～5</td><td></td><td>15～45</td><td></td><td>70～90</td><td>90～100</td><td>95～100</td></tr>
<tr><td>实际筛余（%）</td><td>0</td><td>0</td><td></td><td>39</td><td></td><td>75</td><td>92</td><td>98</td></tr>
<tr><td>符合粒径</td><td colspan="2">5～31.5</td><td colspan="3">最大粒径（mm）</td><td colspan="3">31.5</td></tr>
</table>

②碎石2。

碎石2取自另一碎石场，该碎石符合公称粒级5～31.5mm的级配要求，空隙率较小（紧密空隙率39%），其堆积紧密，针片状颗粒含量较少（3.0%），压碎指标值小（3.4%），如表5-9所示。

碎石2的主要性能指标　　表5-9

<table>
<tr><td rowspan="2">试验项目</td><td colspan="3">标准规定值</td><td rowspan="2">试验结果</td></tr>
<tr><td>Ⅰ类</td><td>Ⅱ类</td><td>Ⅲ类</td></tr>
<tr><td>表观密度（kg/m³）</td><td colspan="3">>2500</td><td>2620</td></tr>
<tr><td>松散堆积密度（kg/m³）</td><td colspan="3">>1350</td><td>1520</td></tr>
<tr><td>空隙率（%）</td><td colspan="3"><47</td><td>42</td></tr>
<tr><td>紧密空隙率（%）</td><td colspan="3"><40</td><td>39</td></tr>
</table>

续上表

试验项目		标准规定值						试验结果	
		Ⅰ类		Ⅱ类		Ⅲ类			
含泥量(%)		<0.5		<1.0		<1.5		0.4	
泥块含量(%)		0		<0.5		<0.7		0.2	
针片状颗粒含量(%)		<5		<15		<25		3	
坚固性指标(%)		<5		<8		<12		3	
吸水率(%)		<1.0		<2.0		<2.5		0.56	
有机物含量判定(%)		浅于标准色						合格	
碱活性(%)		≤0.1						0.06	
压碎指标值(%)		<18		<20		<30		15.6	
颗粒级配	筛孔尺寸(mm)	37.5	31.5	26.5	19	16	9.5	4.75	2.36
	累计筛余(%)	0	0~5		15~45		70~90	90~100	95~100
	实际筛余(%)	0	3		33		82	97	100
	符合粒径	5~31.5		最大粒径(mm)			31.5		

(2)碎卵石

按照《公路工程集料试验规程》(JGJ E42—2005),《公路桥涵施工技术规范》(JTG/T F50—2011)❶,测试碎卵石1和碎卵石2的性能指标。

①碎卵石1。

碎卵石1取自乌鲁木齐一石场,该碎卵石符合公称粒径5~31.5mm的级配要求,空隙率大(紧密空隙率42%),紧密堆积状态好,针片状颗粒含量很多(10%),压碎指标(5.6%),该碎卵石的破碎面比例较大,约为55%,如表5-10所示。

碎卵石1的主要性能指标　　表5-10

试验项目	标准规定值			试验结果
	Ⅰ类	Ⅱ类	Ⅲ类	
表观密度(kg/m^3)	>2500			2750
松散堆积密度(kg/m^3)	>1350			1510
堆积空隙率(%)	<47			45
紧密空隙率(%)	<40			42
含泥量(%)	<0.5	<1.0	<1.5	0.5
泥块含量(%)	0	<0.5	<0.7	0.15
针片状颗粒含量(%)	<5	<15	<25	10
坚固性指标(%)	<5	<8	<12	2
吸水率(%)	<1.0	<2.0	<2.5	1

❶ 现行规范编号JTG/T 3650—2020。

续上表

试验项目		标准规定值						试验结果	
		Ⅰ类		Ⅱ类		Ⅲ类			
有机物含量判定(%)		浅于标准色						合格	
碱活性(%)		≤0.1						0.11	
压碎指标值(%)		<18		<20		<30		11.6	
颗粒级配	筛孔尺寸(mm)	37.5	31.5	26.5	19	16	9.5	4.75	2.36
	累计筛余(%)	0	0~5		15~45		70~90	90~100	95~100
	实际筛余(%)	0	0		31		65	96	99
	符合粒径	5~31.5		最大粒径(mm)			31.5		

②碎卵石2。

碎卵石2取自另一碎石厂,该碎卵石符合公称粒径5~31.5mm的级配要求,空隙率小(紧密空隙率35%),紧密堆积状态好,针片状颗粒含量少(3.5%),压碎指标(5.4%),该碎卵石的破碎面比例较大,约为80%,如表5-11所示。

碎卵石2的主要性能指标 表5-11

试验项目		标准规定值						试验结果	
		Ⅰ类		Ⅱ类		Ⅲ类			
表观密度(kg/m^3)		>2500						2710	
松散堆积密度(kg/m^3)		>1350						1600	
堆积空隙率(%)		<47						41	
紧密空隙率(%)		<40						35	
含泥量(%)		<0.5		<1.0		<1.5		0.2	
泥块含量(%)		0		<0.5		<0.7		0	
针片状颗粒含量(%)		<5		<15		<25		3.5	
坚固性指标(%)		<5		<8		<12		2.8	
吸水率(%)		<1.0		<2.0		<2.5		1.1	
有机物含量判定(%)		浅于标准色						合格	
碱活性(%)		≤0.1						0.1	
压碎指标值(%)		<18		<20		<30		12.4	
颗粒级配	筛孔尺寸(mm)	37.5	31.5	26.5	19	16	9.5	4.75	2.36
	累计筛余(%)	0	0~5		15~45		70~90	90~100	95~100
	实际筛余(%)	0	3		40		82	99	100
	符合粒径	5~31.5		最大粒径(mm)			31.5		

(3)卵石

按照《公路工程集料试验规程》(JGJ E42—2005)、《公路桥涵施工技术规范》(JTG/T F50—2011)❶,测试卵石1和卵石2的性能指标。

❶ 现行规范编号为JTG/T 3650—2020。

①卵石 1。

卵石 1 取自鄯善至乌鲁木齐段一砂石料场，该碎卵石符合公称粒径 5～31.5mm 的级配要求，空隙率大(紧密空隙率 42%)，针片状颗粒含量较多(14%)，如表 5-12 所示。

卵石 1 的主要性能指标 表 5-12

<table>
<tr><td colspan="2" rowspan="2">试验项目</td><td colspan="6">标准规定值</td><td colspan="2" rowspan="2">试验结果</td></tr>
<tr><td colspan="2">Ⅰ类</td><td colspan="2">Ⅱ类</td><td colspan="2">Ⅲ类</td></tr>
<tr><td colspan="2">表观密度(kg/m³)</td><td colspan="6">>2500</td><td colspan="2">2720</td></tr>
<tr><td colspan="2">松散堆积密度(kg/m³)</td><td colspan="6">>1350</td><td colspan="2">1510</td></tr>
<tr><td colspan="2">堆积空隙率(%)</td><td colspan="6"><47</td><td colspan="2">44</td></tr>
<tr><td colspan="2">紧密空隙率(%)</td><td colspan="6"><40</td><td colspan="2">42</td></tr>
<tr><td colspan="2">含泥量(%)</td><td colspan="2"><0.5</td><td colspan="2"><1.0</td><td colspan="2"><1.5</td><td colspan="2">0.5</td></tr>
<tr><td colspan="2">泥块含量(%)</td><td colspan="2">0</td><td colspan="2"><0.5</td><td colspan="2"><0.7</td><td colspan="2">0.1</td></tr>
<tr><td colspan="2">针片状颗粒含量(%)</td><td colspan="2"><5</td><td colspan="2"><15</td><td colspan="2"><25</td><td colspan="2">14</td></tr>
<tr><td colspan="2">坚固性指标(%)</td><td colspan="2"><5</td><td colspan="2"><8</td><td colspan="2"><12</td><td colspan="2">2</td></tr>
<tr><td colspan="2">吸水率(%)</td><td colspan="2"><1.0</td><td colspan="2"><2.0</td><td colspan="2"><2.5</td><td colspan="2">0.5</td></tr>
<tr><td colspan="2">有机物含量判定(%)</td><td colspan="6">浅于标准色</td><td colspan="2">合格</td></tr>
<tr><td colspan="2">碱活性(%)</td><td colspan="6">≤0.1</td><td colspan="2">0.006</td></tr>
<tr><td colspan="2">压碎指标值(%)</td><td colspan="2"><18</td><td colspan="2"><20</td><td colspan="2"><30</td><td colspan="2">11.6</td></tr>
<tr><td rowspan="4">颗粒级配</td><td>筛孔尺寸(mm)</td><td>37.5</td><td>31.5</td><td>26.5</td><td>19</td><td>16</td><td>9.5</td><td>4.75</td><td>2.36</td></tr>
<tr><td>累计筛余(%)</td><td>0</td><td>0～5</td><td></td><td>15～45</td><td></td><td>70～90</td><td>90～100</td><td>95～100</td></tr>
<tr><td>实际筛余(%)</td><td></td><td></td><td></td><td>27</td><td></td><td>85</td><td>99.3</td><td>100</td></tr>
<tr><td>符合粒径</td><td colspan="2">16～31.5</td><td colspan="3">最大粒径(mm)</td><td colspan="3">31.5</td></tr>
</table>

②卵石 2。

卵石 2 取自新疆另一砂场，该卵石符合公称粒径 5～31.5mm 的级配要求，空隙率较小(紧密空隙率 37%)，其堆积紧密，针片状颗粒含量很少(1.3%)，压碎指标值小(3.3%)，如表 5-13所示。

卵石 2 的主要性能指标 表 5-13

<table>
<tr><td rowspan="2">试验项目</td><td colspan="3">标准规定值</td><td rowspan="2">试验结果</td></tr>
<tr><td>Ⅰ类</td><td>Ⅱ类</td><td>Ⅲ类</td></tr>
<tr><td>表观密度(kg/m³)</td><td colspan="3">>2500</td><td>2710</td></tr>
<tr><td>松散堆积密度(kg/m³)</td><td colspan="3">>1350</td><td>1640</td></tr>
<tr><td>堆积空隙率(%)</td><td colspan="3"><47</td><td>39</td></tr>
<tr><td>紧密空隙率(%)</td><td colspan="3"><40</td><td>37</td></tr>
<tr><td>含泥量(%)</td><td><0.5</td><td><1.0</td><td><1.5</td><td>0.2</td></tr>
<tr><td>泥块含量(%)</td><td>0</td><td><0.5</td><td><0.7</td><td>0.1</td></tr>
<tr><td>针片状颗粒含量(%)</td><td><5</td><td><15</td><td><25</td><td>0.3</td></tr>
<tr><td>坚固性指标(%)</td><td><5</td><td><8</td><td><12</td><td>3.5</td></tr>
</table>

续上表

试验项目		标准规定值						试验结果	
		Ⅰ类		Ⅱ类		Ⅲ类			
吸水率(%)		<1.0		<2.0		<2.5		1.5	
有机物含量判定(%)		浅于标准色						合格	
碱活性(%)		≤0.1						0.11	
压碎指标值(%)		<18		<20		<30		10.6	
颗粒级配	筛孔尺寸(mm)	37.5	31.5	26.5	19	16	9.5	4.75	2.36
	累计筛余(%)	0	0~10		85~100			95~100	
	实际筛余(%)	0	0		86			99.3	
	符合粒径	16~31.5		最大粒径(mm)			31.5		

(4)河砂

河砂取自新疆乌鲁木齐,按照《公路工程集料试验规程》(JGJ E42—2005)、《公路桥涵施工技术规范》(JTG/T F50—2011),测试砂的性能指标,如表5-14所示。

河砂的主要性能指标　　表5-14

试验项目	标准规定值			试验结果
	Ⅰ类	Ⅱ类	Ⅲ类	
表观密度(kg/m^3)	>2500			2660
堆积密度(kg/m^3)	>1350			1640
堆积空隙率(%)	<47			38
含泥量(%)	≤2.0	≤3	≤5	1.5
泥块含量(%)	≤0.5	≤1	≤2	0.2
云母含量(%)	≤1.0	≤2.0	≤2	0.3
坚固性指标(%)	≤8	≤8	≤10	2.9
氯化物含量(%)	<0.01	<0.02	<0.06	0.003
硫化物含量(%)	≤1.0	≤1.0	≤1.0	0.35
有机物含量判定(%)	颜色不应深于标准色			合格
轻物质含量(%)	≤1			0.4
碱活性(%)	<0.1			0.11

颗粒级配	筛孔尺寸(mm)	标准规定累计筛余值(%)	试验结果			
			累计筛余(%)	级配区	细度模数	粗细程度
	9.5	0	0			
	4.75	0~10	6.7			
	2.36	0~25	21.9	Ⅱ区	2.5	中砂
	1.18	10~50	30.3			
	0.6	41~70	42.3			

续上表

颗粒级配	筛孔尺寸(mm)	标准规定累计筛余值(%)	试验结果			
			累计筛余(%)	级配区	细度模数	粗细程度
	0.3	70～92	78.9			
	0.15	90～100	97.2			
	实际筛余(%)	0	99.7	级配合格		

5.1.4 卵石、碎石、碎卵石配制混凝土的性能对比

Z 型混凝土:水胶比大,掺和料少,砂率大;

L 型混凝土:水胶比小,掺和料多,砂率小。

1)采用不同粗集料配制 Z 型混凝土的性能对比

本试验混凝土中掺 30% 优化掺和料。

卵石 1 配制的混凝土,记为 LC1;卵石 2 配制的混凝土,记为 LC2;碎石 1 配制的混凝土,记为 SC1;碎石 2 配制的混凝土,记为 SC2;碎卵石 1 配制的混凝土,记为 SLC1;碎卵石 2 配制的混凝土,记为 SLC2。

控制各组混凝土拌和物的坍落度为 200～220mm,黏聚性和保水性良好。各组混凝土均采用标准养护。

(1)各组混凝土的配合比

各组混凝土的配合比参数如表 5-15 所示。

不同粗集料 Z 型混凝土的配合比参数　　表 5-15

项目		卵石		碎卵石		碎石	
		LC1	LC2	SLC1	SLC2	SC1	SC2
水胶比		0.38	0.38	0.38	0.38	0.38	0.38
单位体积用水量(kg/m^3)		145	145	145	145	145	145
砂率(%)		40	40	42	42	44	44
粗集料(kg/m^3)	碎石					1038	1038
	碎卵石			1038	1038		
	卵石	1112	1112				
高效减水剂掺量(%)		1.2	1.1	1.2	1.2	1.3	1.3

(2)试验结果

不同粗集料 Z 型混凝土的强度试验结果如表 5-16 所示。

不同粗集料 Z 型混凝土的性能　　表 5-16

项目	卵石		碎卵石		碎石	
	LC1	LC2	SLC1	SLC2	SC1	SC2
7d 强度(MPa)	23.7	26.7	26.3	34.8	27.5	30.1
7d 强度(MPa)	37.9	40.6	40.1	48.7	42.8	44

(3)结果分析及结论

从目前测出的强度数据来看,对于较低强度的混凝土,各类石子针、片状颗粒含量及压碎指标对混凝土的强度影响较大,尤其碎卵石的影响明显,需要严格控制。总体而言,卵石混凝土强度较低,针、片状颗粒含量及压碎指标低的,破碎面积80%以上的碎石混凝土强度相差不大。

2)采用不同粗集料配制L型混凝土的性能对比

本试验混凝土中掺40%优化掺和料。卵石1配制的混凝土,记为LC1;卵石2配制的混凝土,记为LC2;碎石1配制的混凝土,记为SC1;碎石2配制的混凝土,记为SC2;碎卵石1配制的混凝土,记为SLC1;碎卵石2配制的混凝土,记为SLC2。

控制各组混凝土拌和物的坍落度为180~200mm,黏聚性和保水性良好。各组混凝土均采用标准养护。

(1)各组混凝土的配合比

各组L型混凝土的配合比参数如表5-17所示。

不同粗集料L型混凝土的配合比参数　　表5-17

项目		卵石		碎卵石		碎石	
		LC1	LC2	SLC1	SLC2	SC1	SC2
水胶比		0.30	0.30	0.30	0.30	0.30	0.30
单位体积用水量(kg/m^3)		145	145	145	145	145	145
砂率(%)		36	36	38	38	40	40
粗集料(kg/m^3)	碎石					1075	1075
	碎卵石			1111	1111		
	卵石	1147	1147				
高效减水剂掺量(%)		1.1	1.0	1.2	1.2	1.3	1.4

(2)试验结果

不同粗集料Z型混凝土的强度试验结果如表5-18所示。

不同粗集料Z型混凝土的性能　　表5-18

项目	卵石		碎卵石		碎石	
	LC1	LC2	SLC1	SLC2	SC1	SC2
7d强度(MPa)	29.4	33.0	32.0	40.9	34.9	37.2
7d强度(MPa)	45.6	51.5	48.3	58.4	52.3	57.5

(3)试验结论

从测出的强度数据来看,对于强度较高的混凝土,各类石子针、片状颗粒含量、压碎指标对混凝土的强度影响比高强度混凝土更大,尤其碎卵石的影响明显,需要严格控制。总体而言,卵石混凝土不适于配制高强度混凝土,针、片状颗粒含量小、破碎面积80%以上的碎卵石与碎石混凝土相差不大。但考虑抗裂性、耐磨性,C50及以上混凝土仍然用碎石作集料,C50以下混凝土可用碎卵石作集料。

5.1.5 碎卵石的破碎面对混凝土性能的影响

粗集料的颗粒形貌会引起混凝土和易性的变化，碎石的表面粗糙，其表面积较大；卵石的表面光滑，其表面积较小；而将卵石破碎成碎卵石后，碎卵石的表面积比光滑卵石大，表面也粗糙，所以润湿碎卵石表面的需水量也相应增加，从而使拌合物黏度变大，而且粗糙的表面，易在浆体流动时造成相互之间的胶结力增大，使摩擦力增大，流动性变差。可见，破碎卵石配制的混凝土，其和易性虽然比光滑卵石稍差，但强度比光滑卵石的要高得多。

另外，碎卵石的破碎面对混凝土性能的影响非常大，因此，特别对碎卵石破碎面与混凝土性能之间的关系做了试验研究。一般来说，破碎面所占总表面积的比例越大，其与胶凝材料表面的黏结就越好，所配制混凝土的强度越高。

本次试验采用的碎卵石，其破碎面比例为 80%；卵石破碎面比例为 0；50% 卵石和 50% 碎卵石混合的粗集料，其破碎面比例为 40%，记为 H1，；25% 卵石和 75% 碎卵石混合的粗集料，其破碎面比例为 60%，记为 H2。

采用不同破碎面比例的粗集料分别配制混凝土，研究粗集料的破碎面比例对混凝土性能的影响规律。

1）碎卵石破碎面对 Z 型混凝土性能的影响

（1）混凝土配合比

卵石 2 配制的混凝土，记为 LC；碎卵石 2 配制的混凝土，记为 SLC；50% 卵石 2 和 50% 碎卵石 2 配制的混凝土，记为 H1C；25% 卵石 2 和 75% 碎卵石 2 配制的混凝土记为 H2C。

控制各组混凝土拌和物的坍落度为 200～220mm，黏聚性和保水性良好。各组混凝土均采用标准养护。

各组混凝土的主要配合比参数如表 5-19 所示。

各组混凝土的主要配合比参数　　表 5-19

项　目		LC	H1C	H2C	SLC
水胶比		0.38	0.38	0.38	0.38
单位体积用水量（kg/m³）		145	145	145	145
砂率（%）		40	42	42	42
高效减水剂掺量（%）	碎卵石		538	806	1075
	卵石	1112	538	269	
高效减水剂掺量（%）		1.0	1.0	1.1	1.1

（2）试验结果

采用破碎面比例不同的粗集料配制的混凝土，其性能如表 5-20 所示。

碎卵石破碎面对混凝土性能的影响　　表 5-20

项　目	LC	H1C	H2C	SLC
7d 强度（MPa）	26.7	29.2	32.6	34.8
7d 强度（MPa）	40.6	42.8	45.1	48.7

(3)结果分析

对 Z 型混凝土来说,7d 强度受破碎面比例的影响较为显著,破碎面比例提高约 20%,其强度提高约为 10%;而 28d 强度受破碎面比例的影响已不太明显,破碎面比例提高约 20%,强度约提高 5%。

对 Z 型混凝土来说,卵石混凝土的强度可以满足要求。

2)粗集料破碎面对 L 型混凝土性能的影响

(1)混凝土配合比

本试验所用水泥、水、粉煤灰、矿粉、减水剂等原材料的主要性能指标满足要求,混凝土中掺 40% 优化掺和料。

卵石 2 配制的混凝土,记为 LC;碎卵石 2 配制的混凝土,记为 SLC;50% 卵石 2 和 50% 碎卵石 2 配制的混凝土,记为 H1C;25% 卵石 2 和 75% 碎卵石 2 配制的混凝土记为 H2C。

控制各组混凝土拌和物的坍落度为 180 ~ 200mm,黏聚性和保水性良好。各组混凝土均采用标准养护。

各组混凝土的主要配合比参数如表 5-21 所示。

各组混凝土的主要配合比参数　　表 5-21

项　目		LC	H1C	H2C	SLC
水胶比		0.30	0.30	0.30	0.30
单位体积用水量(kg/m^3)		145	145	145	145
砂率(%)		36	38	38	38
高效减水剂掺量(%)	碎卵石		556	833	1111
	卵石	1147	556	278	
高效减水剂掺量(%)		0.9	1.0	1.0	1.0

(2)试验结果

采用破碎面比例不同的粗集料配制的混凝土,其性能如表 5-22 所示。

碎卵石破碎面对混凝土性能的影响　　表 5-22

项　目	LC	H1C	H2C	SLC
7d 强度(MPa)	33.0	36.4	37.3	40.9
7d 强度(MPa)	51.5	53.9	56.0	58.4

(3)结果分析

对 L 型混凝土来说,碎卵石破碎面对强度的影响规律类似于 Z 型混凝土,由于 L 型混凝土的水胶比较小,胶凝材料用量大,所以强度受碎卵石破碎面的影响程度比 Z 型混凝土低。

3)试验结论

随破碎面所占颗粒总表面积比例的提高,碎卵石粗糙的表面积增多,与胶凝材料的黏结得到加强,因为仍有部分光滑面积,所以所配制的混凝土和易性仍然良好,而强度有所提高。随破碎面比例的提高,粗集料与胶凝材料之间的接触面增大,胶凝材料与集料之间的黏结面积也增大,混凝土强度增加较多。

采用碎卵石配制混凝土时,应增大其破碎面比例;采用天然卵石加工碎石时,宜采用大卵石，以增大卵石的破碎面。实践表明，其天然卵石粒径应在碎卵石最大粒径的3倍以上。用小卵石作粗集料，黏附力、胶合力均小，应经技术经济充分论证。

可以采用碎卵石配制Z型混凝土，而不建议将碎卵石用于配制L型混凝土。

5.1.6 粗集料对混凝土抗裂性能的影响

采用圆环试件测试混凝土的抗裂性能，对比两种养护方式下混凝土的裂缝开展情况。本次试验混凝土采用的养护方式1（记为CT）为试件拆模后包裹塑料膜，养护方式2（记为WS）为试件拆模后包裹保温保湿膜；采用室内养护7d，室外养护7d后，观察并测量裂缝情况。

1）试验配合比

卵石2配制的混凝土，记为LC；碎卵石2配制的混凝土，记为SLC；碎石2配制的混凝土，记为SC。各组混凝土的主要配合比参数如表5-23所示。

各组混凝土的主要配合比参数　　表5-23

项目		LC	SLC	SC
水胶比		0.38	0.38	0.38
单位体积用水量（kg/m^3）		145	145	145
砂率（%）		40	42	44
粗集料（kg/m^3）	碎卵石		1075	
	卵石	1111		
	碎石			1038
粉煤灰掺量（%）		15	15	15
矿粉掺量（%）		15	15	15
高效减水剂掺量（%）		1.0	1.0	1.0

2）CT养护方式下，不同粗集料混凝土的抗裂性能

CT养护方式下，采用不同粗集料配制出混凝土的裂缝开展情况如表5-24所示。

CT养护方式下各组混凝土的裂缝开展情况　　表5-24

混凝土裂缝情况	裂缝编号	裂缝长度（mm）	裂缝宽度（mm）	备注
LC	1	160	2.5	贯通
	2	60	0.1	
	3	50	0.1	
	4	50	0.1	
	5	50	0.1	
SLC	1	160	2.5	贯通
	2	45	0.1	
	3	40	0.1	
SC	1	160	2.0	贯通
	2	40	0.1	

3）WS养护方式下不同粗集料混凝土的抗裂性能

试件拆模后，立即包裹保温保湿膜对混凝土进行养护，在这种养护方式下采用各种粗集料配制的混凝土，在14d后均没有开裂。

4)试验结果分析及结论

在使用传统塑料膜养护混凝土的条件下,各种粗集料混凝土在养护 14d 后均产生裂缝,其规律为:3 种粗集料混凝土均产生了 1 条贯通裂缝,而除此之外,碎石混凝土仅出现一条非贯通裂缝;碎卵石混凝土产生了 2 条非贯通裂缝,且裂缝长度总体要大于碎石混凝土;卵石混凝土出现 3 条非贯通裂缝,且裂缝长度是其中较长的。

因此得出以下结论:从抗裂性角度分析,在选择粗集料时,尽量选用碎石,而不用卵石,可以选用破碎卵石配制混凝土。

5.1.7 破碎卵石效益性的研究

1)经济效益性研究

卵石破碎石价格较低,碎石价格低,为 75 ~ 90 元/m^3。混凝土采用卵石破碎石目前价格为 43 ~ 55 元/m^3。乌鲁木齐东二环第二合同段混凝土用量为 67.6 万 m^3,基本上全部使用破碎卵石,按一立方米混凝土用 1040kg 破碎卵石,约为 0.64m^3 破碎卵石,合计为 $67.6 \times 0.64 = 43.26$ 万元/m^3,每立方米节约 34 元,合计节约成本 1470.98 万元。

2)碎石的生产成本高于破碎卵石

进入 2015 年以来,许多地方政府因对于生态环境的保护而禁止岩石开采,碎石的开采点变得越来越少,有限的产量面对广阔的需求量造成了单价的持续升高,进而造成了建筑企业的施工成本不断升高,成为影响企业利润的重要因素。与碎石相比,破碎卵石的价格优势一目了然,而且生产破碎卵石的设备价格因该行业的竞争而一再降低,成为在保质的情况下降低混凝土成本的一线希望。

3)破碎卵石不需长距离运输

合同段距离碎石产地比破碎卵石产地远(破碎卵石产地距离合同段拌合站平均为 15km,碎石产地距离拌合站平均为 50km),运输不仅增加了材料成本,而且受市政交通影响较大,环境保护要求较高,加上碎石供应源较少,碎石源供应远,中途可能随时断供,严重影响施工进度,造成一定程度的窝工,直接给项目带来了经济损失。

破碎卵石、碎石单价及运距比较见表 5-25。

破碎卵石、碎石单价及运距比较表　　表 5-25

序号	物资名称	规格	生产商	出厂单价(元/m^3)	分部	分部距离(km)	运费单价[元/(m^3·km)]	合价(元/m^3)
1	卵石破碎石		1 号砂石厂	45	五分部(燕北立交桥)	15	0.9	58.5
2	卵石破碎石		2 号砂石厂	40 ~ 45	五分部(燕北立交桥)	15	0.9	56
3	卵石破碎石	5 ~ 10mm	3 号砂石厂	45	五分部(燕北立交桥)	17	0.9	60.3
	卵石破碎石	10 ~ 19mm		45			0.9	60.3
	卵石破碎石	19 ~ 31.5mm		45			0.9	60.3

续上表

序号	物资名称	规格	生产商	出厂单价（元/m^3）	分部	分部距离（km）	运费单价[元/(m^3·km)]	合价（元/m^3）
4	卵石破碎石	5～10mm	4号砂石厂	45～50	五分部（燕北立交桥）	15	0.9	63.5
	卵石破碎石	10～19mm		45～50		15	0.9	63.5
	卵石破碎石	19～31.5mm		45～50		15	0.9	63.5
5	碎石		5号砂石厂	80元/t	五分部（燕北立交桥）	26	0.5元/（t·km）	148.8
6	碎石		6号砂石厂	115元/t	五分部（燕北立交桥）	48	0.5元/（t·km）	222.4

4）破碎卵石和易性

在保证混凝土施工质量的前提下，改变混凝土配比中粗集料（破碎卵石代替碎石），保证试配出的混凝土仍能够满足施工性能和强度等各项指标要求，通过减少碎石的使用来增加项目的经济效益。采用破碎卵石以后，破碎卵石混凝土（每立方米质量相同时）的和易性明显优于人工碎石配制的混凝土。混凝土在搅拌和泵送过程中与搅拌机、泵、泵管摩擦阻力减小，不易堵管、易于泵送，减少设备磨损，延长了设备使用寿命。

5）采用破碎卵石取得的社会效益

破碎卵石替代碎石后，减少了碎石用量，减少了采石场山体的开挖，对生态保护起到了一定促进作用，材料短距离的运输减少了对市政环境及市政道路的破坏，同时减少了对周边居民的噪声污染，为环境保护做出了一份贡献。

5.1.8 研究成果分析

1）破碎卵石混凝土在实体工程中的应用

配合比批复完成后，项目部进行了首件墩柱的浇筑。这是破碎卵石代替碎石在混凝土中的首次实体浇筑。相关图片如图5-15～图5-18所示。

图5-15　破碎卵石原材

图5-16　混凝土浇筑

图 5-17 坍落度检测

图 5-18 试验柱成品

混凝土浇筑 7d 后，对混凝土进行了 7d 同条件养生试块的抗压强度试验。抗压强度见表 5-26。

抗压强度 表 5-26

部 位	7d 抗压平均强度（MPa）
试验柱	40.2

通过试验梁验收，以及验收过程中混凝土工作性能的检测，采用破碎卵石代替碎石进行混凝土生产能够满足规范要求、质量标准。

目前，乌鲁木齐东二环第二合同段项目混凝土采用破碎卵石代替碎石，各项配合比获得驻地办、总监办、指挥部批准。

2）破碎卵石混凝土在工艺控制

施工工艺对混凝土的质量有重要影响，混凝土从配料、浇筑到养护的过程中每一个环节都相互依靠、相互联系，任何一个环节出现纰漏，都会导致混凝土的质量不合格。而保证混凝土的质量就要保证其具有良好的强度、外形和整体性，所以要保证每个施工步骤实施到位，确保混凝土最终质量。

3）有待解决的问题和建议

（1）破碎卵石混凝土施工使用时，应注意西北地区高蒸发、高温差等天气因素影响，混凝土养护初期易存在不及时养护现象，对混凝土外观质量和强度产生影响。

建议：再生产破碎卵石混凝土时，应加强保温、保湿养护措施，同时在混凝土的表面涂刷混凝土养护剂。

（2）现场卵石的破碎次数和破碎质量不达标，导致破碎卵石品质指标不达标。

建议：现场严格控制破碎卵石的破碎次数和破碎后的新增表面积，对进场破碎卵石针片状等品质指标严格控制，检测不合格的破碎卵石材料严禁进场。

5.2 超低温大体积混凝土质量控制技术

5.2.1 现浇箱梁总体施工方案研究

米东高架桥以现浇箱梁施工为重点，现浇梁底模采用维萨板，侧模采用定型钢模，支架系统采用盘扣支架和少钢管支架，提升系统采用塔式起重机及汽车起重机（图 5-19），混凝土采用泵车浇筑。施工现场布置见图 5-20。

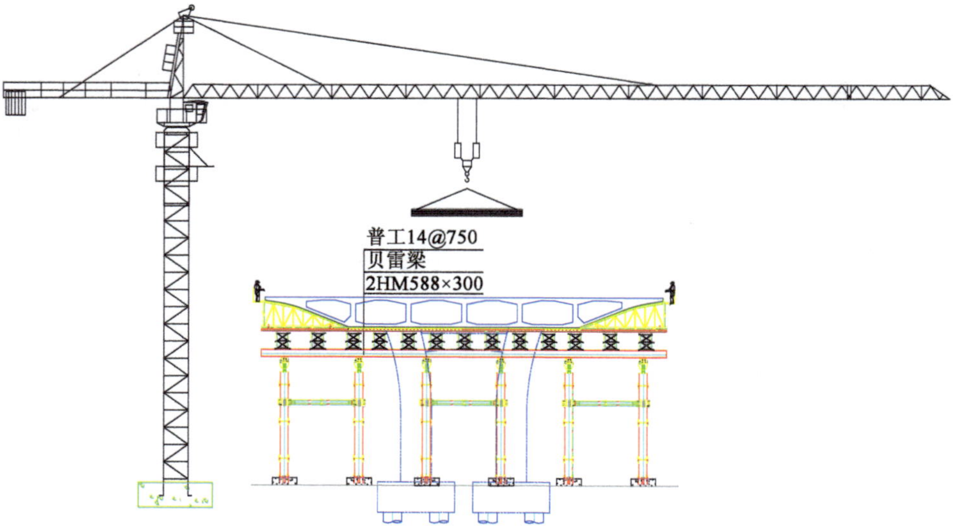

图 5-19　横桥向吊装示意图

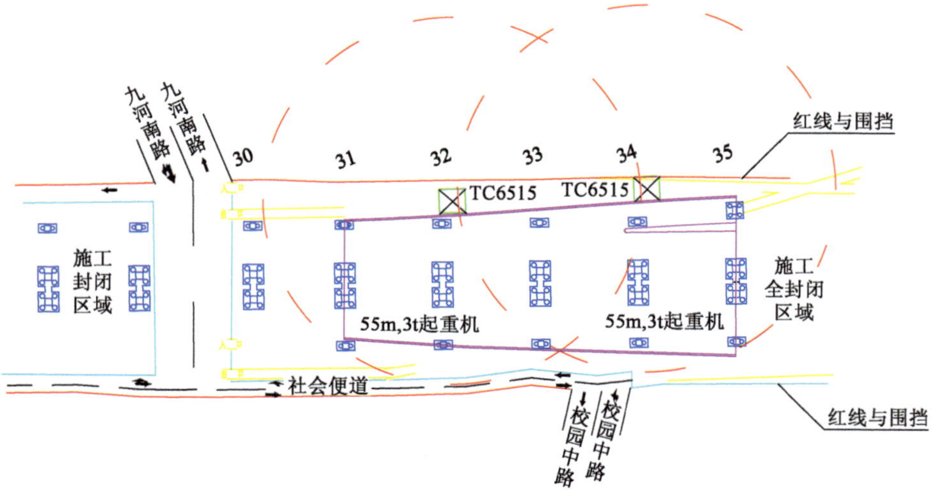

图 5-20　现浇箱梁施工现场布置

现浇箱梁具体施工工艺流程见图 5-21。

本项目位于新疆乌鲁木齐市，每年 11 月至次年 3 月平均气温均低于 -5℃，最寒冷期间达到 -20 ~ -15℃，年有效施工时间短（仅 7 个月时间），为保证项目整体进度，需进行冬季施工。

5.2.2　混凝土配合比设计研究

5.2.2.1　设计要求

①强度要求：混凝土 7d 抗压强度不小于配置强度的 90%，28d 抗压强度大于配置强度，但不超过设计强度的 150%。

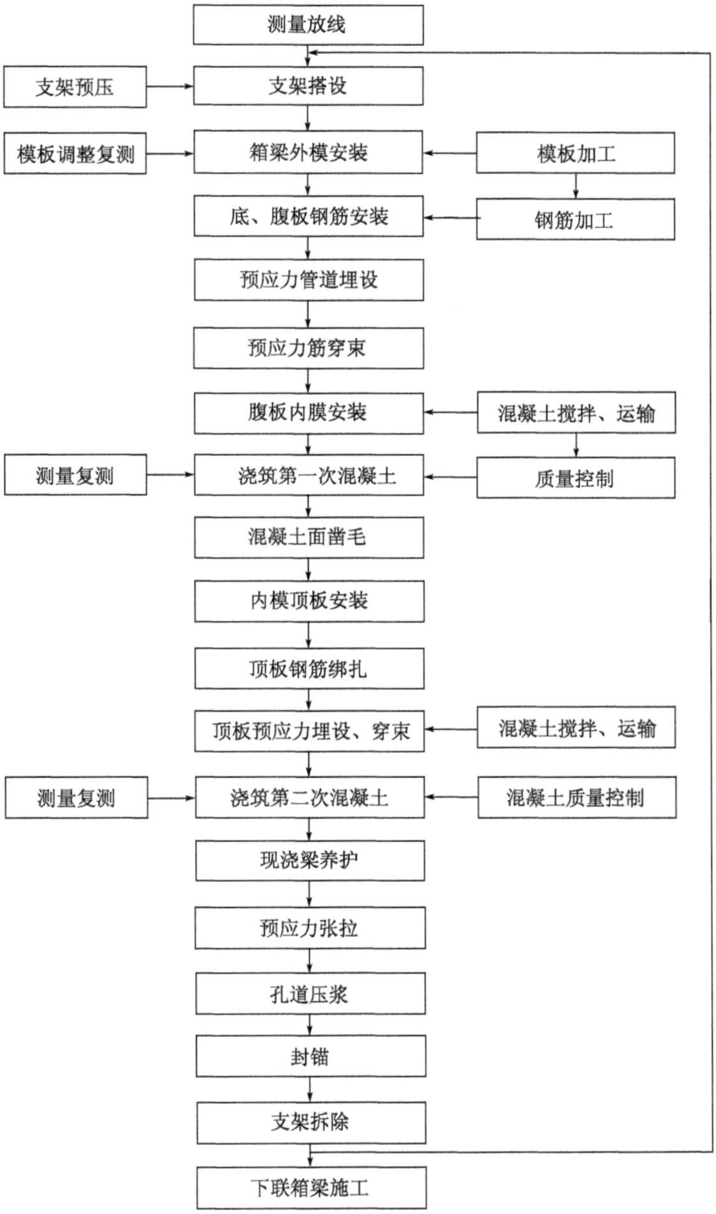

图5-21　现浇箱梁施工工艺流程图

②工作性要求：混凝土的运输方式为混凝土搅拌运输车搅拌运输，要求混凝土的出罐流动性好，出罐坍落度不低于160mm，现场浇筑坍落度介于160～220mm，试验测得减水剂的半小时经时坍落度损失为30mm，因此要求混凝土拌合物的出机坍落度>180mm。同时混凝土拌合物须具有良好的流动性、和易性、黏聚性、保塑性，以满足质量及施工工艺的要求。

③耐久性要求：用于有冻害的潮湿环境和钢筋混凝土的最大水灰比不超过0.55及最小水泥胶合用量不低于300kg/m^{3}的情况。在满足规范及强度要求的前提下尽量减少水泥用量，以降低混凝土绝热温升。在满足混凝土黏聚性要求的前提下，尽量降低砂率，以减少混凝土的干

缩。在满足流动性的前提下降低单位体积用水量，以保证混凝土的耐久性。

④经济性要求：在混凝土中掺入一级或二级粉煤灰、矿渣超细粉等外掺料，以降低水泥单位体积用量，在满足耐久性、强度、工作性的前提下，配制最佳单位体积水泥用量，降低单位体积减水剂用量，节约成本。

5.2.2.2 混凝土用原材料

(1)水泥

水泥选用应符合下列要求：

①水泥品种与强度等级应根据设计、施工要求，以及工程所处环境条件确定。

②普通混凝土宜选用通用硅酸盐水泥；有特殊需要时，也可选用其他品种水泥。

③有抗渗、有抗冻要求的混凝土，宜选用硅酸盐水泥或普通硅酸盐水泥。

本项目选用的 P. O42.5 普通硅酸盐水泥，要求进场复试合格后方可用于混凝土拌制。

(2)粗集料

粗集料选用粒径良好、质地坚硬的洁净碎石或卵石，并应符合下列规定：

①粗集料最大粒径不应超过构件截面最小尺寸的 1/4，且不应超过钢筋最小净间距的 3/4；对实心混凝土板，粗集料的最大粒径不宜超过板厚的 1/3，且不超过 40mm。

②粗集料宜采用连续粒级，也可用单粒级组合成来满足连续粒级。

③含泥量、泥块含量指标应符合规范规定。

本项目选用二级破碎 5～20mm 碎石，压碎指标值 9.3%，针片状颗粒含量 4.7%，5～10mm 掺配比例为 20%，10～20mm 掺配比例为 80%。

(3)细集料

细集料选用粒径良好、质地坚硬、颗粒洁净的天然砂或机制砂，并应符合下列规定：

①细集料宜选用Ⅱ区中砂。当选用Ⅰ区砂时，应提高砂率，并应保持足够的胶凝材料用量，同时应满足混凝土的工作性要求；当采用Ⅲ区砂时，宜适当降低砂率。

②混凝土细集料中氯离子含量，对钢筋混凝土，按干砂质量百分率计算不得大于 0.06%；对预应力混凝土，按干砂质量百分率计算不得大于 0.02%。

③含泥量、泥块含量指标符合规范规定。

④海砂应符合现行《海砂混凝土应用技术规范》(JGJ 206)的有关规定。

本项目选用采用天然河砂，细度模数为 3.0。

(4)矿物掺和料

矿物掺和料的选用应根据设计、施工要求，以及工程所处环境条件确定，其掺量应通过试验确定。

本项目选用的粉煤灰，掺量 8%；矿粉选用 S75 级矿粉，掺量 5%。

(5)外加剂

外加剂的选用应根据设计、施工要求，混凝土原材料性能及工程所处环境条件等因素通过试验确定，并应符合下列规定：

①当使用碱活性集料时，由外加剂带入的碱含量(以氯化钠计)不宜超过 1.0kg/m^3，混凝土总碱含量尚应符合《混凝土结构设计规范》(GB 50010—2010)等的有关规定；

②不同品种外加剂首次复合使用时，应检验混凝土外加剂的相容性。

本项目外加剂选用聚羧酸高性能减水剂，掺量1.2%。

(6)拌和及养护用水

混凝土拌和及养护用水，应符合《混凝土用水标准》(JGJ 63)的有关规定。

混凝土拌和及养护用水为乌鲁木齐本地自来水，经检验各项指标符合要求。

5.2.2.3 初步配合比设计

试验室C50混凝土配合比如表5-27所示。

C50混凝土配合比　　表5-27

材料	水泥	粉煤灰	矿粉	砂	碎石(卵石)	外加剂	水
比例	1	0.093	0.058	1.79	2.37	0.014	0.36

根据配合比可知，现浇箱梁最大浇筑混凝土量5508m^3，钢筋混凝土每立方米质量2.35t，最大混凝土每立方米质量为$5508\times2.35=12943.8$(t)。由各材料配合比使用量计算$(1+0.093+0.058+1.79+2.37+0.014+0.36)\times A=12943.8$(t)，可知$A=2277$t。根据$A$可求得水泥2277t，粉煤灰211.8t，矿粉132.1t，砂4075.8t，碎石(卵石)5396.5t，外加剂31.9t，水819.7t。

5.2.2.4 配合比试配及调整

箱梁混凝土为泵送混凝土，其配合比须经严格试配，满足要求后才允许进行混凝土浇筑。

箱梁混凝土的要求：混凝土缓凝时间不小于20h；混凝土强度等级C50；坍落度160～200mm；拌制的混凝土应均匀，其流动性、和易性要好，以方便泵送。C50现浇箱梁混凝土在场内坍落度损失试验见图5-22～图5-25。

图5-22　材料称重

图5-23　混凝土搅拌

经试验，采用此配合比拌制现浇箱梁混凝土，经过2h放置后坍落度损失为0，扩展度由610mm×605mm变为590mm×560mm。

乌鲁木齐市12月平均气温为-115℃，在这种条件下进行冬季混凝土施工，尤其是高强度等级(C50)的现浇箱梁混凝土，既要满足强度要求，又要满足泵送，对混凝土的配制技术要求较高。根据不同条件，共试配多组配合比。同时在配合比相同的条件下，分别放在不同的环境中进行养护，一组放在标准养护室内养护，另一组放在室外模拟现场养护。

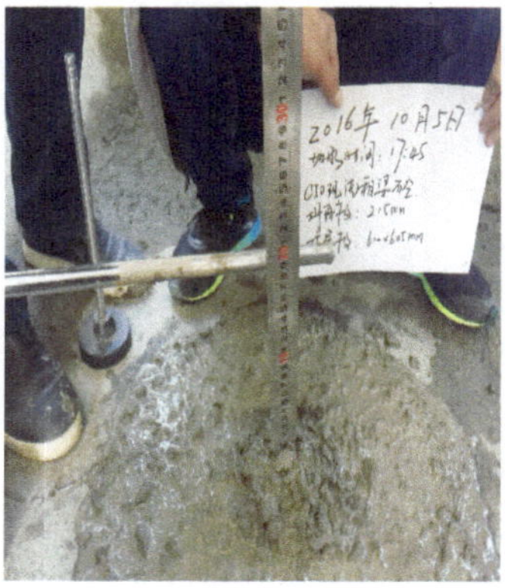

图 5-24　坍落度测定

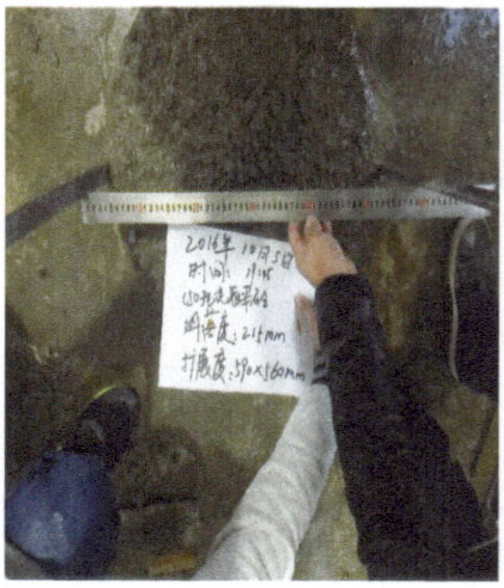

图 5-25　2h 后坍落度测定

通过试配，综合考虑各种因素，最后确定了箱梁混凝土的配合比，水泥：砂：石：水 = 490:775:1028:157，粉煤灰掺量为 5%，外加剂掺量 1.2%，坍落度为 200mm，含砂率 43%，碎石规格为 5～20mm。该配合比的混凝土在试拌气温 3～10℃时标准养护 7d 的抗压强度为 53MPa，达到设计强度的 96%，且满足泵送要求，试件的 28d 抗压强度为 67.2MPa。与之前的配合比（水泥：砂：石：水 = 497:774:1025:154）相比，外加剂掺量 1.2%，水泥用量每立方米减少 7kg。

5.2.3　混凝土冬季施工保温技术

5.2.3.1　冬期施工混凝土控制目标

结合本工程项目的特点，当工地昼夜日平均气温连续 5d 稳定低于 5℃时，应采用冬期施工措施，并满足以下目标：

（1）冬期施工的混凝土在入模后，混凝土强度未达到设计强度 40% 以前不得受冻。

（2）混凝土拌合物的出机温度不宜低于 10℃，入模温度不低于 5℃。

5.2.3.2　拌合站保温措施

（1）拌合站主机

对拌合站主机采取挡风和保温措施，提前备料，降低粒料含水率，砂石料采用棉篷布进行覆盖，以避免其结冰。

（2）拌和用水

拌合站蓄水池用保温材料覆盖并密封，热水采用容量为 5t 热水锅炉直接加热，加热温度不小于 50℃，但混凝土搅拌时应将水和砂石料搅拌均匀后方可投入水泥，以避免水泥和热水直接接触。

搅拌用水锅炉加热器、搅拌用水水温显示器分别如图 5-26、图 5-27 所示。

冬期混凝土施工热工计算：为便于热工计算，对拌合水、胶材、砂和集料的温度进行假定（根据 2015 年 11 月天气情况，最高温度 11℃，最低温度 -5℃），现以 $t_w = 60$℃、$t_c = 3$℃、$t_s = 3$℃、$t_g = 3$℃分别表示水、胶材、砂、石的温度，其中胶材、砂和集料的温度为大气平均温度。

现浇梁 C50 混凝土配合比见表 5-28。

图5-26　搅拌用水锅炉加热器示意图

图5-27　搅拌用水水温显示器

现浇梁 C50 混凝土配合比(kg/m³)　　表5-28

水胶比	砂率	水泥	粉煤灰	矿粉	砂	碎石(5～10)(mm)	碎石(10～20)(mm)	水	外加剂
0.31	43%	432	40	25	774	205	820	154	5.96

因此胶材:砂:集料:外加剂 =1:1.56:2.06:0.012,其中胶凝材料质量为497kg,砂774kg,石子1025kg,水和外加剂159.96kg。

①混凝土拌合物的理论温度,可按式(5-1)计算:

$$T=\frac{0.9(Ct_c+St_s+Gt_g)+4.2t_w(W-p_sS-p_gG)}{4.2W+0.9(C+S+G)}+\frac{b(p_sS_s+p_gGt_g)-B(p_s+p_gG)}{4.2W+0.9(C+S+G)} \quad (5\text{-}1)$$

式中:　T——拌制时混凝土拌合物的理论温度(℃);

W、C、S、G——水、胶材、砂、石的用量(kg);

t_w、t_c、t_s、t_g——水、胶材、砂、石的温度(℃);

p_s、p_g——砂、石的含水率(%),根据实测p_s取6%,p_g取0.5%;

b、B——比热及溶解热;当集料温度>0℃时,水的$b=4.2$,$B=0$;当集料温度<0℃时,水的$b=2.1$,$B=335$;此处取$b=4.2$,$B=0$。

②混凝土自搅拌机倾出时的温度(出机温度)可按下式(5-2)计算:

$$T_1=T-0.16(T-T_d) \quad (5\text{-}2)$$

式中:T_1——混凝土自搅拌机中倾出时的温度(简称出机温度)(℃);

T——混凝土拌合物的理论温度(℃);

T_d——搅拌机棚内的温度(℃),取10℃。

③混凝土经运输和灌注成形后的温度(入模温度):

混凝土由出机到灌注过程中的温度损失,因运输工具、倒运次数、运输时间、出机温度和室外温度的变化而异,混凝土经过运输和成形后的温度(入模温度)可按式(5-3)计算:

$$T_2=T_1-(at+0.032n)(T_1-T_s) \quad (5\text{-}3)$$

式中:T_2——混凝土经过运输和成形后的温度(℃);

t——混凝土自运输至成形的时间(h);平均取1.0h;

n——混凝土倒运的次数；取2次；

T_s——室外气温(℃)；平均取5℃；

a——温度损失系数(h^{-1})，取0.25；当用混凝土运输车时 $a=0.25$，开敞式自卸车时 $a=0.20$，用封闭式自卸车时 $a=0.10$，用手推车时，$a=0.50$。

当暖棚内胶材和集料的温度均为12℃时，不同温度的拌合水所拌制的混凝土的理论、出机、入模温度见表5-29。

混凝土施工不同时段温度计算表　　表5-29

水温(℃)	理论温度(℃)	出机温度 T(℃)	入模温度 T(℃)	备　注
50	10.67	10.56	8.81	冬季混凝土施工时入模温度不低于5℃，负温时不低于10℃
60	12.33	11.96	9.78	
70	14	13.36	10.73	
80	15.65	14.75	11.69	
90	17.32	16.15	12.64	

综上所述，为保证冬季混凝土施工质量，室外平均温度为负温时建议拌和水加热至50～90℃。

④锅炉计算。

本项目拟采用5t热水锅炉对拌合站搅拌用水进行加热，查阅5t锅炉相关资料可知，5t锅炉理论功率为 3×10^6kcal/h，功效按0.8考虑。

因为1kcal=4.187kJ，所以5t锅炉产生热量 $Q=3\times10^6\times0.8\times4.187=10048800$(kJ/h)。

根据冬期混凝土搅拌时间加长的需要，冬期施工期间每小时搅拌混凝土按100m³考虑，根据C50混凝土配合比(表5-30)可得，水和外加剂159.96kg/m³，计算中按160kg/m³考虑。

C50混凝土配合比(kg/m³)　　表5-30

编号	水胶比	砂率	水泥	粉煤灰	矿粉	砂	碎石(5～10)mm	碎石(10～20)mm	水	外加剂
1	0.31	43%	432	40	25	774	205	820	154	5.96

单位小时用水量 $N=100\times0.16=16$t，查《建筑施工计算手册》表18-21，水的 $\rho=1000$kg/m³，$c=4.19$kJ/(kg·K)。取 $K_a=1.4$、$K_t=0.7$，根据热工计算取 $t_1=3$℃，将上述数据带入式(5-4)得：

$$Q_1=cN\rho(t_2-t_1)K_a/K_t \tag{5-4}$$

因此 $Q_1=134080t_2-402240$。

当 $Q=Q_1$ 时，$10048800=134080t_2-402240$，因此 $t_2=77.95$℃。

该温度状况下，出机温度及入模温度满足规范要求，因此在混凝土产量为100m³左右时，采用5t热水锅炉满足要求。

⑤标准煤用量计算。

标准煤低位发热量为29308kJ/kg；

5t 锅炉产生热量 $Q=3\times10^{6}\times0.8\times4.187=10048800(\text{kJ/h})$；

每小时燃煤量 $=10048800/29308=342.9(\text{kg})$；

每天(全负荷生产)燃煤量 $=342.9\times24=8229.6(\text{kg})$。

(3)粒料传送带和进料斗

搅拌楼的粒料传送带和进料斗采用彩钢瓦封闭，传送带和配料斗封闭区域内安装暖气片(图5-28、图5-29)，避免粒料冻结。

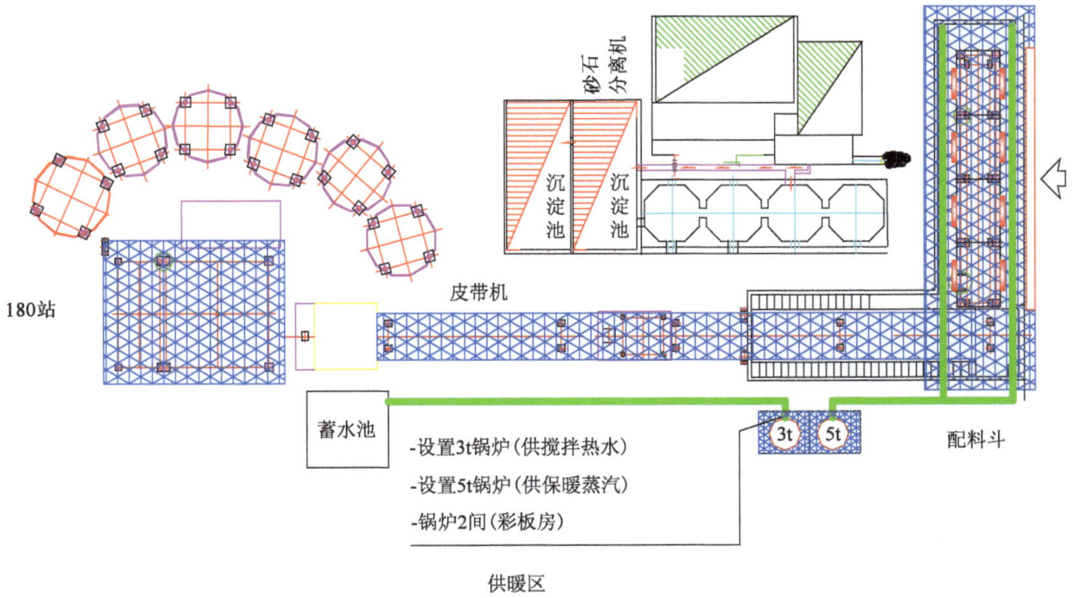

图5-28　拌合站冬期施工平面布置图

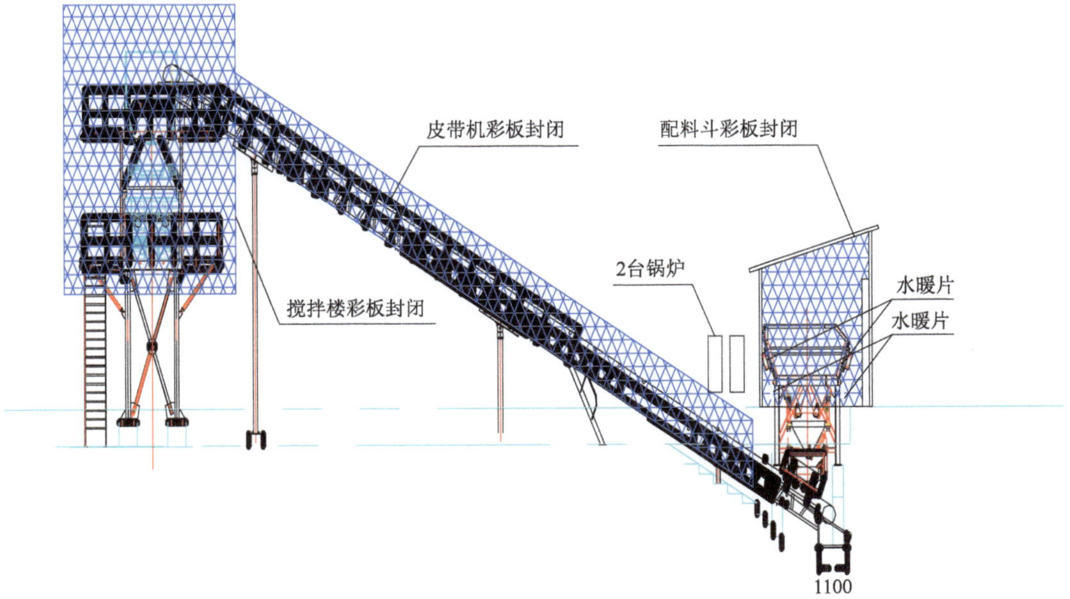

图5-29　拌合站冬期施工侧面布置图

(4)温度监测

砂石料在不同部位放置不少于3个温度计，试验室、拌合站技术人员在施工期间每小时测量一次保温棚温度、砂石料温度、水温度、混凝土拌合物温度。

(5)拌制要求

在进行实验室混凝土配合比试验时，具体拌制及性能要求如下：混凝土搅拌机采用强制式搅拌机，每盘混凝土搅拌时间不小于60s；混凝土缓凝时间不小于20h；混凝土坍落度160～200mm；混凝土出机至入模时间不大于混凝土的初凝时间。

为了保证混凝土质量，原材料称量必须准确，允许误差为：水泥1%，砂石2%，外加剂、水1%。施工前要检查设备是否正常，开机前要用热水冲洗搅拌机。搅拌时间一般要延长50%(搅拌时间不少于90s)。投料顺序为集料、水、水泥，投水泥时水温不能超过60℃。运输罐车使用前要用热水冲洗，运输速度要快。

5.2.3.3 混凝土运输保温措施

(1)场外运输路线规划

为保证箱梁混凝土顺利浇筑，针对大方量混凝土浇筑要求，拟采用本合同段K10+400处混凝土拌合站、三一混凝土搅拌站(也称商混站)及中建西部建设商混站共同供应箱梁混凝土，从而保证梁体混凝土浇筑要求。其中K10+400处混凝土拌合站至施工现场约11.1km，三一商混站至施工现场约12.2km，中建西部建设商混站至施工现场约16.6km。具体混凝土运输线路详见图5-30～图5-32。

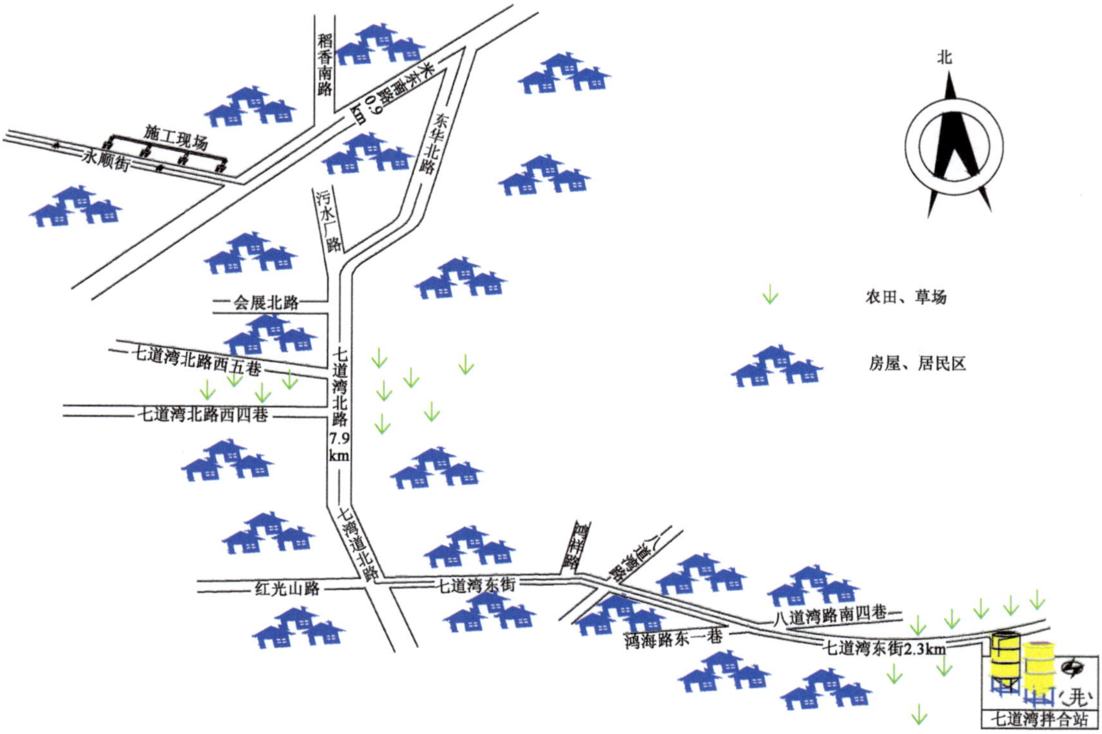

图5-30 拌合站混凝土运输线路图

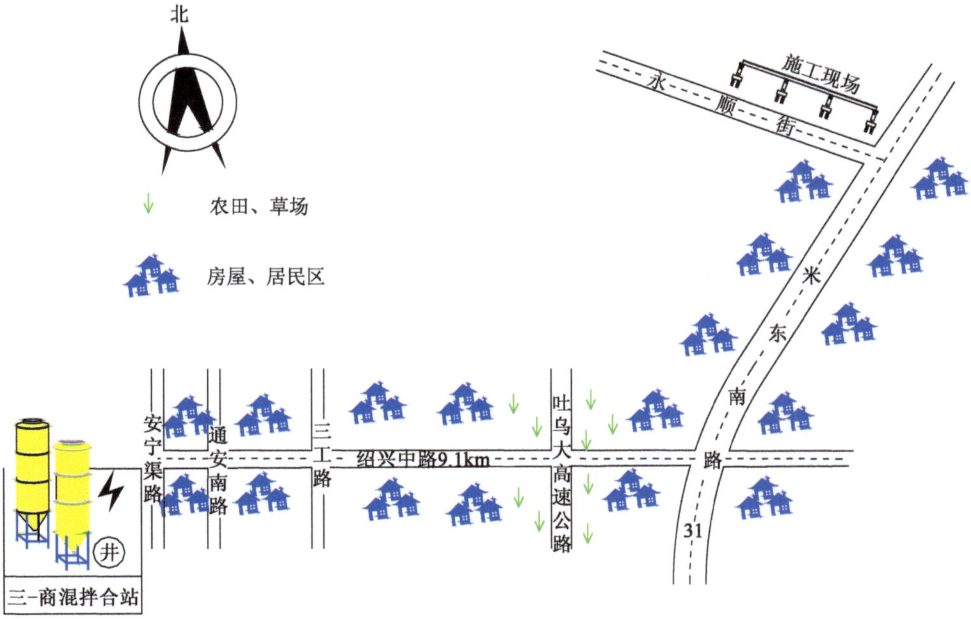

图 5-31　三一商混站混凝土运输线路图

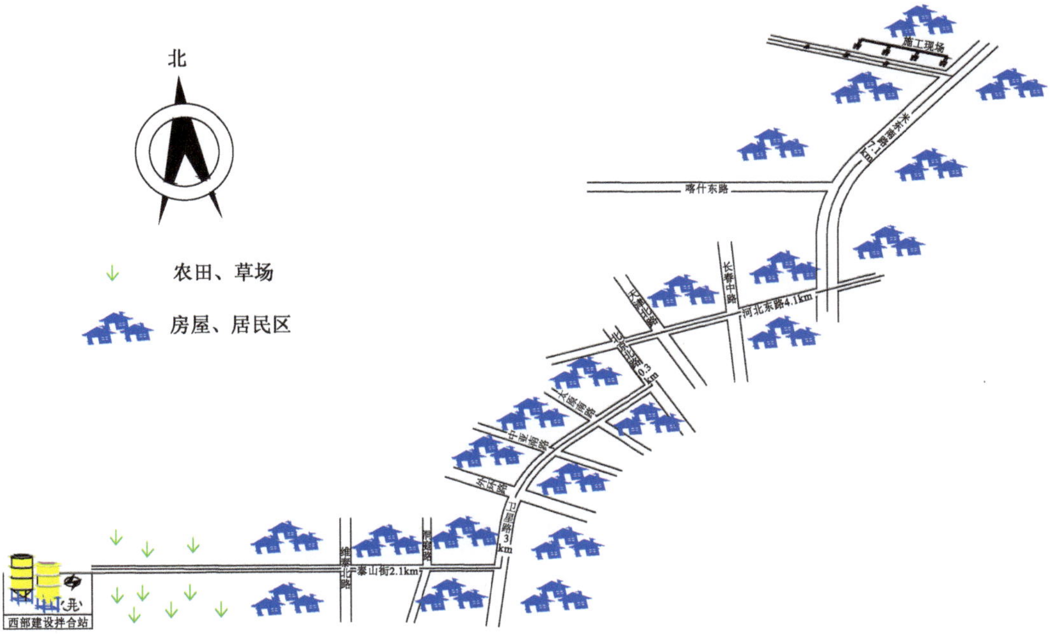

图 5-32　中建西部建设商混站混凝土运输线路图

(2)混凝土搅拌运输车

混凝土运输采用搅拌运输车,用地泵或泵车进行混凝土浇筑。为减少混凝土在运输过程中的温度损失,采取如下措施:

①混凝土搅拌运输车采用多层保温棉包裹(图 5-33),运输过程中混凝土运输车搅拌速度放慢,混凝土运输由专人跟车,浇筑现场与拌合楼时刻保持联系,尽量缩短运输时间,减少浇筑

过程中的等待时间。

②拌合楼值班人员根据运距大小、现场泵送快慢合理调配车辆，保证现场不积压车辆，以减少混凝土过程中温度损失，确保混凝土入模温度。

③浇筑前应清除现场的冰雪和污垢，现场各工序全部完成，确保混凝土能及时入模。混凝土到场后，立即进行混凝土的浇筑，并应确保混凝土入模温度不低于5℃。

④现场严禁对混凝土进行二次搅拌，严禁随意向混凝土中加水；试验室派专人加强监督，严格测量、控制现场混凝土的入模温度及出料温度。

图5-33　混凝土搅拌运输车保温图

(3)天泵或混凝土搅拌运输车需用量

①小时生产率。

混凝土固定泵的理论小时生产率可按式(5-5)计算：

$$P_h = 60VZnK_c a \tag{5-5}$$

$$P_h = 60 \times 0.1 \times 2 \times 31.6 \times 0.7 \times 0.7 = 81.8(m^3/h)$$

②混凝土泵需要台数。

$$N_1 = \frac{Q}{q_m T} \tag{5-6}$$

$$q_m = p_h a_1 \eta$$

式中：N_1——混凝土泵需要台数(台)，$N_1 = \frac{5508}{39.3 \times 40} = 3.5 \approx 4$(台)；

Q——混凝土浇筑数量(m^3)；

q_m——每台混凝土泵的实际输出量(m^3/h)；

T——工期(h)；

a_1——配管条件系数，取0.8～0.9；

η——泵车作业效率，一般取0.5～0.7。

经计算，$q_m = 81.8 \times 0.8 \times 0.6 = 39.3$。

③混凝土搅拌运输车所需配套数量。

当混凝土泵连续作业时，每台混凝土泵所需配备的混凝土搅拌运输车台数，可按式(5-7)

计算：

$$N_2 = \frac{q_m}{60V_1}\left(\frac{60L_1}{v} + t\right) \tag{5-7}$$

式中：N_2——混凝土搅拌运输车所需配套数量(台)；

V_1——混凝土搅拌运输车容量(m^3)；

L_1——拌合站到施工现场往返距离(km)；

v——拌合站运输车车速(km/h)，一般取30km/h；

t——由客观原因造成的停车时间(min)，一个运输周期总停歇时间，包括装料、卸料、停歇、冲洗等时间。

经计算，$N_2 = \frac{39.3}{60\times10}\left(\frac{60\times28}{30} + 45\right) = 6.6 \approx 7$

故搅拌运输车 =4×7 =28(台)。

5.2.3.4　混凝土保温浇筑措施

(1)准备工作

外露结构混凝土浇筑前，应清除模板和钢筋上的冰雪。模板外侧和梁体底部支架四周采用防水帆布包裹，梁底模板增加电热膜(图5-34、图5-35)，上底模采用8mm竹胶板(1220mm×2440mm)，兼作导热板；中间为电热膜(800mm×1500mm)，横向净距按420mm设置，纵向净距940mm；下底模采用18mm木胶板，兼作保温板。暖棚搭设及效果分别如图5-36、图5-37所示。以此减少混凝土浇筑过程中的热量损失，保证混凝土浇筑完毕后的混凝土温度。

图5-34　电热膜施工

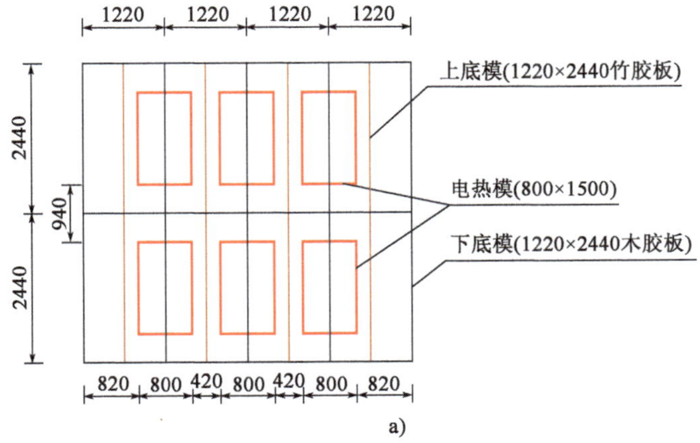

图　5-35

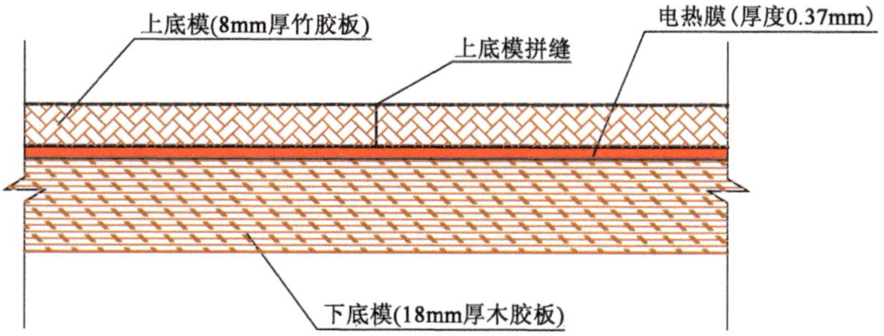

b)

图 5-35 底模增加电热膜布置示意(尺寸单位:mm)

图 5-36 暖棚搭设

图 5-37 暖棚整体效果

在冬期施工期间,由专门人员分别负责对大气温度、水泥、石子、砂、水等原材料温度、混凝土出盘温度、入模温度、养护温度进行测定并记录。

混凝土浇筑前,在现浇箱梁的中线实腹板处和两侧翼缘板模板处预埋 I10。箱梁底板与实腹板相交的倒角处和中横梁、端横梁等结构尺寸变化较大的地方预埋温差电偶。I10 预埋件和温差电偶布置分别见图 5-38、图 5-39。

为保证混凝土浇筑顺利进行,拟按第 10 联(最大方量)进行现场布设,具体布置形式见图 5-40,其余各联均参照此图进行布设。

(2)第一次混凝土浇筑

混凝土输送管道用保温棉包裹进行保温(图 5-41),并采用温度不低于 10℃的砂浆润湿管道,清理模板内杂物。混凝土浇筑分层分段进行,箱室及纵横梁根据混凝土浇筑顺序及时进行覆盖。浇筑过程采用 $\phi30$ 和 $\phi50$ 型插入式振捣器,特别注意钢筋密集处倒角部位的振捣,避免破坏预应力管道。

(3)第二次混凝土浇筑

箱梁顶面混凝土采用整平机进行整平,后配合收面设备进行收面拉毛,为确保温度达到规范要求,混凝土浇筑和暖棚搭设循环交替进行施工,每完成 4m 浇筑段,焊接横向钢筋及绑扎顶层加厚土工膜。其余浇筑措施同第一次混凝土浇筑。浇筑顺序见图 5-42。

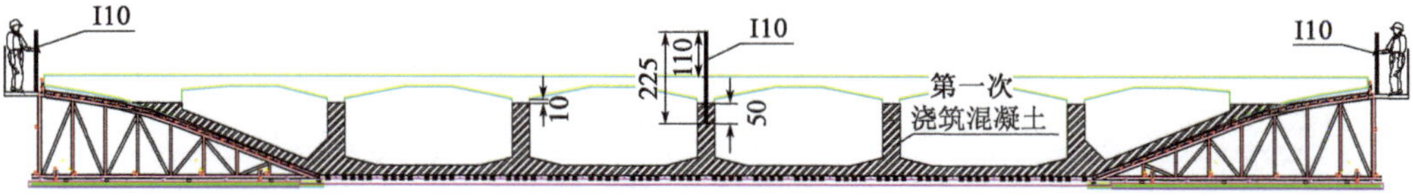

图 5-38　I 10 预埋件示意图(尺寸单位:cm)

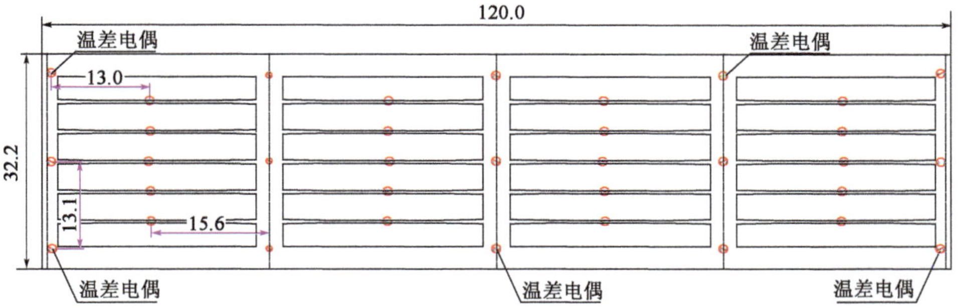

图 5-39　温差电偶布置图(尺寸单位:m)

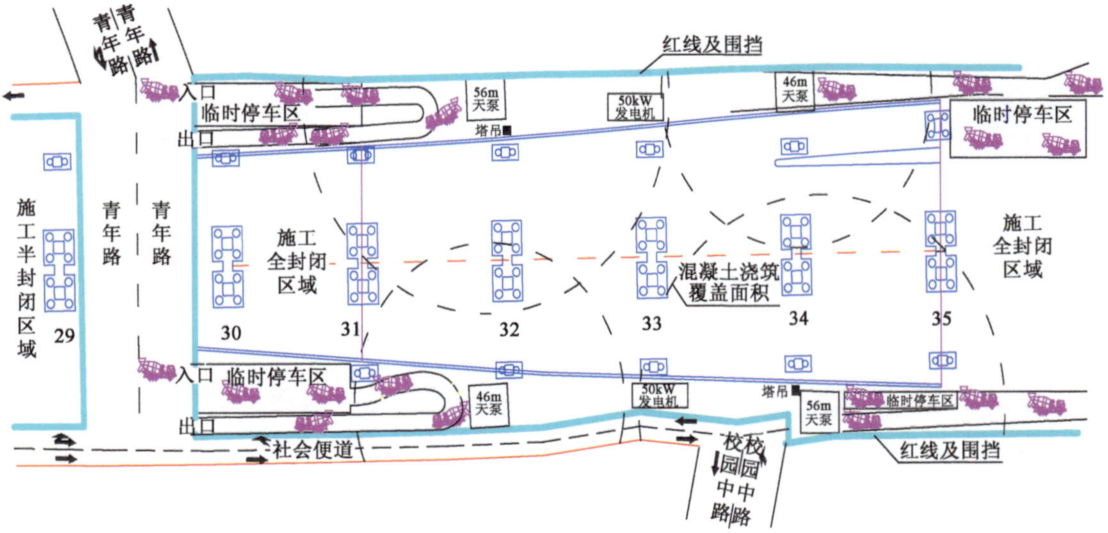

图 5-40　现场平面布置图

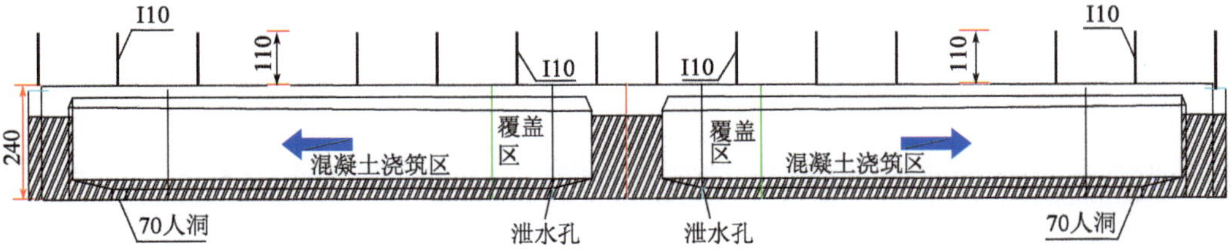

图 5-41　混凝土养护覆盖示意图(尺寸单位:cm)

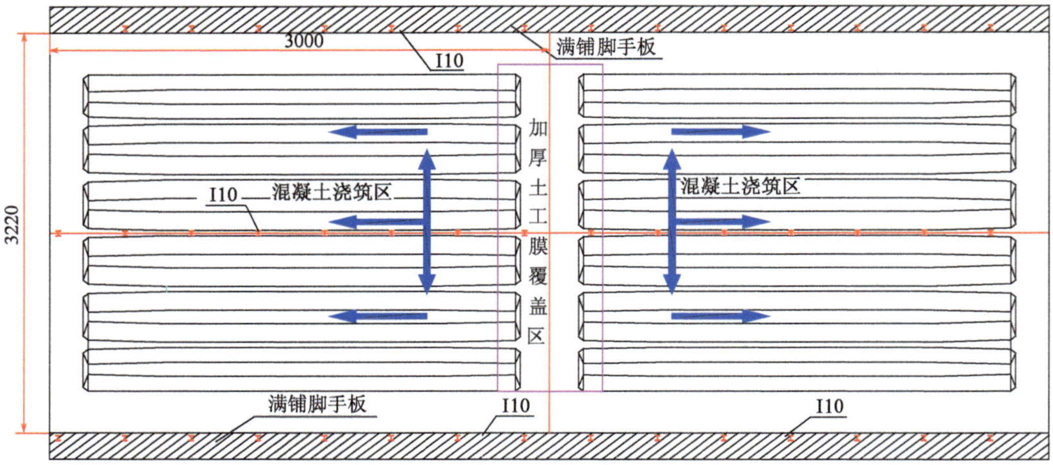

图 5-42　第二次混凝土浇筑顺序示意图(尺寸单位:cm)

如顶板混凝土浇筑时,浇筑及整平设备不足亦可采取从一端向另一端推进方式进行混凝土浇筑。

暖棚长×宽×高分别为 120m×32.5m×1.1m,棚体表面采用加厚土工膜覆盖,棚底为现浇箱梁的木模板构成的保温层,暖棚采用Ⅰ10 作为骨架,ϕ5mm 钢丝绳作对拉杆,Ⅰ10 分别与现浇箱梁翼缘板模板、腹板钢筋相连接。另外每跨现浇箱梁暖棚内设置两台 SW125K 型暖风机和蒸汽煤炉,确保暖棚内温度到达规范要求。暖棚布置见图 5-43、图 5-44。暖棚内煤炉烧水蒸气保湿与混凝土浇筑如图 5-45 所示。

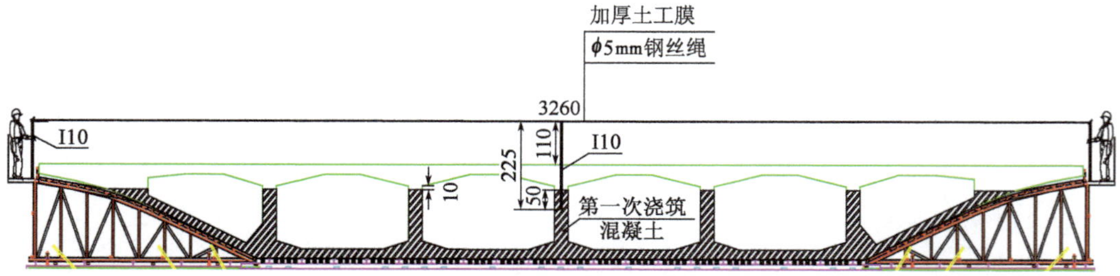

图 5-43　暖棚立面布置示意图(尺寸单位:cm)

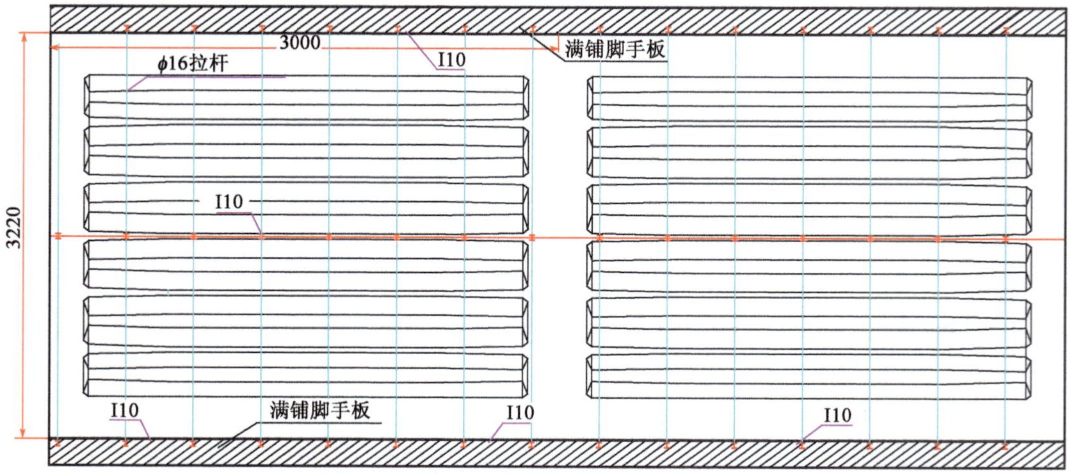

图 5-44　暖棚平面布置示意图(尺寸单位:cm)

a)

b)

图5-45　暖棚内煤炉烧水蒸气保温与混凝土浇筑

5.2.3.5　保温养护技术

混凝土浇筑完成后,及时覆盖暖棚,通过在箱室内布置碘钨灯、梁顶布置暖风机和梁底布置电加热膜对箱梁进行保温养护。暖风机布置数量根据暖棚空间所需的热量进行计算。根据计算,在每跨现浇箱梁内布置两台SW125K型暖风机。暖风机、碘钨灯布置见图5-46。箱室内布设的碘钨灯见图5-47。

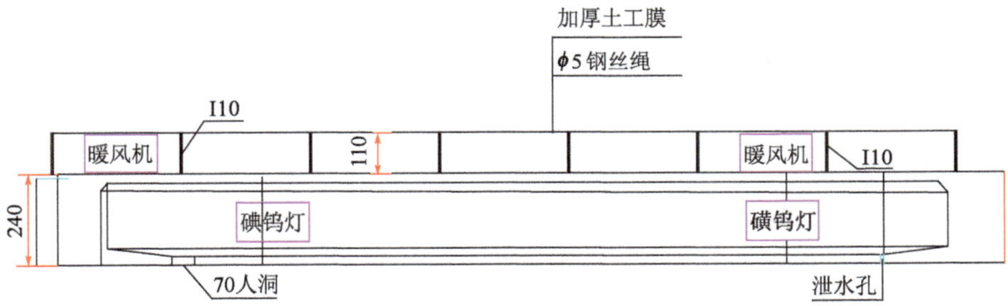

图5-46　暖风机、碘钨灯布置示意图(尺寸单位:cm)

图5-47　箱室内布设的碘钨灯

当混凝土强度大于40%设计强度后,方可停止供热保暖,但大棚内降温应满足冬期施工规范要求,即降温速度每小时不大于10℃。

5.2.3.6 温度监控技术

提前埋设温差电偶检测现浇箱梁混凝土温度变化,确保混凝土养护质量。测温点的布置在底板与实腹板相交的倒角处和中横梁、端横梁等结构尺寸变化较大的地方。测定的次数为:

(1)升温及降温期间每小时检查1次,恒温期间每2小时检查1次,对室外环境的温度每昼夜定时定点检查4次。

(2)对拌合材料的温度、混凝土出盘温度、入模温度(图5-48)每工作班两次或视情况需要测定记录。

(3)测定记录浇筑完毕和开始养护时的混凝土温度(图5-49)。

(4)测温使用玻璃酒精温度计和温差电偶温度检测仪相结合。

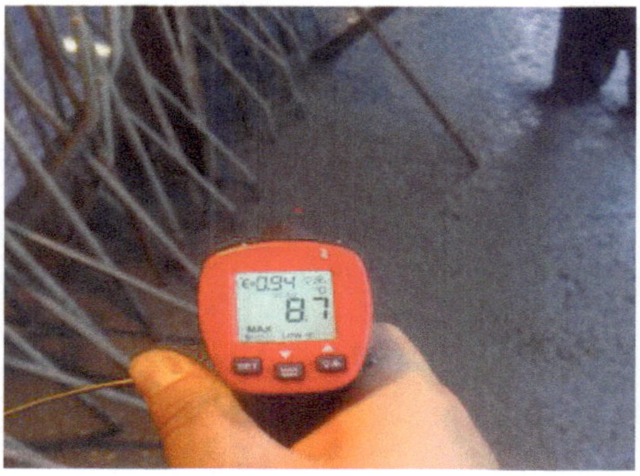

图5-48 混凝土入模温度检测

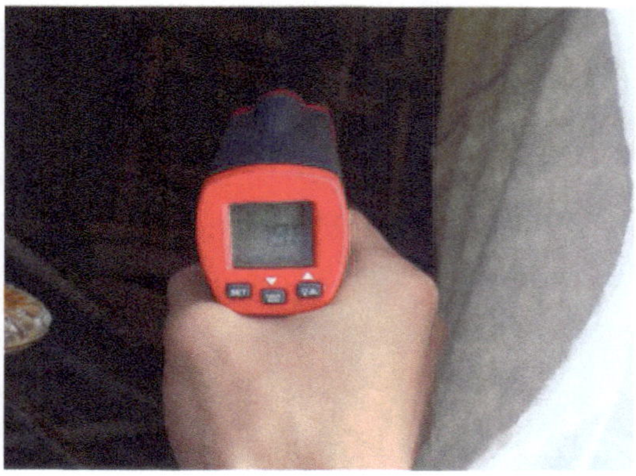

图5-49 混凝土养护温度检测

5.3 高温差地区桥梁混凝土外观质量控制技术

随着高等级公路和大型桥梁的建设对环保等方面要求的不断提高,建设单位对混凝土构件外观质量的要求也越来越高。因此,混凝土外观质量控制技术成为工程建设中混凝土质量控制技术的重要组成部分,尤其在没有外饰的交通工程中更为严格。同时,混凝土外观质量的好坏也在一定程度上反映了施工单位的施工水平的高低。

乌鲁木齐东二环道路项目第WDRH-2合同段路线全长22.279km,其中高架桥路段居多。市政工程因其地理位置特殊性,对外观、质量尤其重视。混凝土外观质量控制的着重点在源头和过程中通过从模板工程和混凝土工程两方面对混凝土外观质量进行控制,争取把外观质量缺陷消除在源头和过程中,避免后期的修饰。混凝土外观质量控制不仅减少人力投入和人为因素对施工的影响,使桥面系混凝土达到外实内美,提高桥面铺装、防撞护栏的外观和质量,还能为其他位置桥面施工提供借鉴。

5.3.1 混凝土外观质量控制的目标

(1)混凝土在同一视觉空间内,表面颜色一致,色泽均匀;自然光下,应在距混凝土5m处肉眼看不到明显的颜色差别。

(2)立面垂直度、表面平整度和阴阳角方正达到设计及规范的指标;起拱线、拱面几何尺寸准确,圆滑。

(3)混凝土表面不得出现蜂窝、麻面、砂带、冷接缝和表面损伤等;不得受到污染和出现斑迹。

(4)混凝土表面 $1m^2$ 面积上的气泡面积总和不大于 $6 \times 10^{-4} m^2$,最大气泡直径不大于5mm,深度不大于5mm。

(5)混凝土表面无漏浆、流淌及冲刷痕迹,无油迹,墨迹及锈斑,无粉化物。

(6)混凝土分层缝直线度偏差分别不大于2mm。模板拼缝印迹整齐、均匀,印迹宽度不大于2mm。

(7)混凝土表面平整度偏差不应大于2mm。

5.3.2 混凝土外观质量控制施工工艺及质量控制要点

5.3.2.1 模板工程

模板工程直接影响混凝土外观质量,如出现错台、粘模、色差、漏浆、烂根、外观变形等外观质量缺陷,所以对模板工程的严格控制是混凝土质量控制的重点。

(1)模板选型

根据对木模板、小型拼装钢模板、定型钢模板进行对比分析,定型钢模板具有拼装简易、结构尺寸控制容易、加固牢固、不容易变形、重复利用率高等优点。

项目部通过联系模板生产厂家定制定型钢模板,项目部提供具体结构物尺寸细部图,并与模板生产厂家一起绘制定型钢模板加工图,并对各类受力进行验算,对模板在制作之初就严格把关,使其适用于现场施工,避免模板出现不适用、不好用、不能用等现象。模板加工完成后,项目部组织工程部、质检部、安保部、现场工段对模板进行出厂验收,进行试拼装,实行模板准入制度,确保模板进入施工现场之前无缺陷且适用。模板进入施工现场,现场工段组织技术人员进行进场验收,对模板进行二次验收,保证模板在使用过程中无缺陷。

(2)模板精细打磨

模板在进入现场验收合格后,现场工段针对验收中出现的局部运输路途损坏、细微错台等问题进行修补、打磨,确保模板与混凝土接触面光亮如镜。

对于运输过程中磕碰形成的模板个别部位凹陷问题,如凹陷过大,打磨后仍不平整,验收过程中应严格注意此类现象。若发现此类问题,立即联系模板生产厂家,拒绝接收进场,要求模板生产厂家做返工处理;对于轻微凹陷,利用手持式砂轮机打磨平整,然后用砂纸磨平。

对于拼装过程中出现的局部错台问题,如错台严重,立即联系模板生产厂家,拒绝接收进场,要求模板生产厂家做返工处理;对于轻微错台,利用手持式砂轮机打磨平整,然后用砂纸磨平。

模板在施工使用过程中不可避免地会造成一部分损耗及变形,针对此类问题,模板在施工使用过程中,应随时注意进行保养、维修。拆模时应按顺序进行,严禁敲打拆模,防止模板棱角破坏;拆模后应随时清除模板表面的残渣,并涂刷防护剂。如发现模板变形、损坏应及时进行整修。

(3)模板防锈措施

在模板清除混凝土残渣、打磨平整后,应对模板刷模板漆,利用滚筒式工具均匀涂抹,然后用干净的滚筒式工具再次涂抹均匀,并吸附个别模板漆富余的地方,最后用塑料薄膜覆盖,防止灰尘掉落模板漆上,防止空气与模板直接接触,产生锈迹。

模板应下垫方木堆放,防止模板与地面直接接触、磕碰,破坏模板背面油漆,造成模板钢板与空气、雨水直接接触,从而生锈。如发现局部掉漆,立即补刷油漆覆盖,防止生锈。

模板漆的应用:在常规的模板刷油工艺施工时,模板油容易污染钢筋,调配不好容易发生混凝土表面粘油、外观色差等混凝土外观质量缺陷。在“四新”技术的指引下,项目部选用模板漆,模板漆具有涂膜光亮,防腐防锈,使混凝土外观颜色均匀,平整光滑、有光泽,与混凝土颜色一致等优点。因此项目部选用模板漆作为脱模剂来保护模板。

5.3.2.2 混凝土工程

1)混凝土原材料质量的控制

混凝土原材料质量的不稳定会对混凝土质量及施工工艺造成很大的影响。在混凝土生产过程中,试验室应加大对混凝土原材料的控制。原材料进场时,供货方应提供相对应进场原材料的质量合格证明书、出厂检验单、出厂批次、数量等证明文件,还应提供相应的外加剂使用说明书。

水泥:水泥强度波动会影响混凝土的强度。应根据实际施工环境、要求及工艺等因素选择生产水平相对稳定并符合《通用硅酸盐水泥》(GB 175—2007)规范要求的水泥厂家,并严格按照规范要求对水泥细度、凝结时间、安定性、胶砂强度等方面进行检测。水泥限期使用不得超过3个月,逾期应进行复检,检验合格方可使用。

集料:应符合《普通混凝土用砂、石质量及检验方法标准》(JGJ 52—2006)规范要求。碎石的颗粒级配与针片状碎石含量不但会影响混凝土的和易性、混凝土浇筑成形外观,还会对混凝土的强度产生较大影响。砂、碎石中的含泥量及含水率对混凝土的工作性能也有重要影响,因此在混凝土生产过程中应该严格将砂、碎石的含泥量分别控制在不大于3%和不大于1%范围内。

外加剂:混凝土外加剂使用一般不超过水泥用量的5%。加入少量外加剂可提高混凝土质量、改善混凝土性能、减少用水量、节约水泥、降低成本、加快施工进度。

外加剂的选用首先要检测其与水泥的适应性,其次对掺外加剂混凝土工作性能和外加剂均匀性两个方面进行检测。混凝土工作性能检测内容主要为减水率、凝结时间差和抗压强度比;均匀性检测内容主要为pH值、氯离子含量和碱含量。

2)混凝土工作性能

混凝土拌合物应满足施工设计及规范要求,同时符合《普通混凝土拌合物性能试验方法标准》(GB/T 50080—2002)要求。

(1)混凝土拌合物可采用坍落度与坍落扩展度法和维勃稠度试验法进行检测。坍落度与坍落扩展度法适用于最大粒径不大于40mm,坍落度不小于10mm的混凝土拌合物;维勃稠度法适用于集料粒径不大于40mm,维勃稠度在5~30s之间的混凝土拌合物。

(2)混凝土拌合物坍落度在满足施工条件的情况下,尽可能采用较小的坍落度;泵送混凝土坍落度不应大于180mm。

(3)混凝土拌合物坍落度经时损失应满足施工要求。

(4)混凝土拌合物凝结时间应该满足施工要求并符合规范标准规定。

(5)混凝土拌合物应具有较好的和易性,不得出现泌水、离析。

3)混凝土生产及施工控制

(1)混凝土生产

①混凝土拌合物在运输和浇筑过程中严禁加水。

②混凝土生产前应根据《混凝土质量控制标准》(GB 50164—2011)中的混凝土原材料计量的允许偏差进行检测,并符合表5-31要求。

质量控制表 表5-31

原材料种类	计量允许偏差	原材料种类	计量允许偏差
胶凝材料	±2	拌和用水	±1
粗、细集料	±3	外加剂	±1

注:对于原材料计量,应根据现场检测砂、碎石含水率,及时调整混凝土施工配合比。

③混凝土的搅拌时间应根据混凝土的强度等级及拌和均匀性适当增加或减少,最短时间不应低于60s。

④冬季混凝土施工时应把水加热提高拌合物温度,应先加入水及集料进行搅拌,后加入胶凝材料。

⑤在混凝土运输过程中应保障混凝土不分层、不离析,控制混凝土施工工作性能。使用混凝土搅拌运输车运输卸料前应采用快挡旋转混凝土罐不小于30s。混凝土拌合物从拌和机出场到施工现场使用不得超过90min。

(2)施工现场

①混凝土浇筑前,应检查并控制模板、钢筋、保护层和预埋件等数量及位置,其偏差应符合国家现行标准要求,并检查模板支撑的稳定性及接缝紧密情况,以免出现跑模及漏浆现场。

②施工现场温度:夏季浇筑混凝土入模温度不应高于35℃,高于35℃宜夜间浇筑;冬季施工时,混凝土拌合物入模温度不得低于5℃,并应有保温措施。

③混凝土浇筑过程中应有效控制混凝土的均匀性、密实性和整体性,不得出现分层或时间间隔太长情况。

④混凝土自由倾落高度大于3.0m时,宜采用串筒、溜管或振动溜管等辅助设备。

⑤混凝土振捣宜采用机械振捣。施工无特殊要求时,可用振捣棒进行捣实;连续多层浇筑时,振捣棒应插至下层拌合物50mm进行振捣。当浇筑厚度不大于200mm的较大平面或结构物时,宜采用表面振动捣实成形。振捣时间宜按拌合物和振捣部位等情况,控制在10~30s内,混凝土拌合物表面泛浆、基本无气泡溢出,可视为捣实。

⑥混凝土施工养护:可根据满足施工养护方案或生产养护制度要求采用浇水、覆盖保温、冬季蓄热等方法进行养护。

对于大体积混凝土,养护过程中应进行温度控制,混凝土内部和表面温差不宜超过25℃,表面与外界温差不宜大于20℃。冬季混凝土养护应符合:①日均气温低于5℃时,不得采用浇水自然养护。②混凝土受冻前的强度不得低于5MPa。③模板和保温层应在混凝土冷却到5℃方可拆除，或是表面与外界温差不大于20℃时拆模。拆模后混凝土应及时覆盖，使其缓慢冷却。④混凝土强度达到设计强度等级的50%时，可撤除养护设施。

5.3.2.3 施工工艺方面

1）箱梁模板改造

本项目箱梁模板通过3个部位改造，达到模板在不同横坡、缓和曲线段施工的目的。①台座边设置高程调节带（∟45角钢），通过计算，在不同台座边预埋不同高度的∟45角钢，避免通过垫木楔来调整横坡，减少人为误差。②模板背后增加背楞，通过丝杠连接地面与模板作为支撑；根据设计缓和曲线，通过调节丝杠，使模板整体成弧线，上丝杠还可小角度调整模板高度，适应横坡的变化。

工作原理说明：①通过计算在台座间预埋高程调节带（∟45角钢）调整模板竖曲线度；②在台座边预埋底座，利用丝杠与模板背楞链接，通过丝杠收缩调整箱梁圆曲线（弧度）；③如图5-50所示，伸长A位置丝杠长度使模板向内收缩，缩短B位置丝杠长度使模板向外拉伸，伸长C位置丝杠长度使模板向内收缩，达到调整箱梁弧度的目的。相关施工图片如图5-51～图5-54所示。

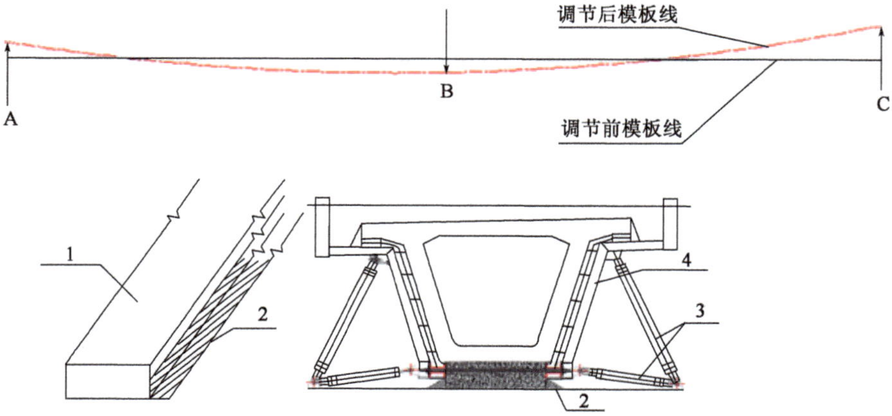

图5-50 箱梁改造原理图

1-预制箱梁台座；2-高程调节带（三角铁）；3-丝杠；4-模板背楞

图5-51 箱梁模板增加丝杠

图5-52 箱梁模板改造与常规模板对比

图5-53 丝杠大样1

图5-54 丝杠大样2

2)振捣工艺

壁较薄、高度较大的结构,钢筋多的部位主要采用 ϕ30mm 和 ϕ50mm 两种规格的振捣棒振捣,每次振捣时间控制在5~10s;对于锚固区等钢筋密集处,除用振捣棒充分振捣外,还应配以人工插捣及模皮锤敲击等辅助手段;钢筋密集处可采用带刀片的振捣棒来振捣。

振捣时先使用插入式振捣器振捣梁腹混凝土,使其下部混凝土溢出与箱梁底板混凝土相结合,然后再充分振捣,使两部分混凝土完全融合在一起,从而消除底板与腹板之间出现脱节和空虚不实的现象。

3)拆模注意事项

(1)拆模时间的控制

混凝土拆模时间根据当时的气候及混凝土上强度时间确定,一般不超过12h,具体以试验检测同条件混凝土试块的强度数据为准。

(2)拆除模板

拆模要自上而下进行,遵守"先支后拆,后支先拆"的原则。拆除边角部位要特别小心,防止混凝土棱角面受到碰击。如有必要撬动模板时,应先用木楔顶出缝隙,然后在撬棍底部垫方木撬动,防止撬棍直接与混凝土接触,破坏混凝土外观;禁止敲击模板,以免造成混凝土表面裂隙。在起重机吊动模板时,应缓慢起吊,避免吊力过大,扯坏混凝土表面和撞击混凝土表面。

因项目所在地气候炎热加上混凝土水化热,混凝土温度较高,结构物拆模前应对模板洒水降温,待达到合适温度后,再拆模。

4)混凝土养护

因项目所在地昼夜温差大,混凝土养护采取全覆盖,形成一个独立的温度区域,减少外界温度变化对结构物的影响。

(1)箱梁养护

采用喷淋+土工布覆盖+水袋法养护:箱梁拆模后立即对混凝土表面洒水降温,待温度达到合适温度后,用土工布全覆盖,形成一个密闭空间。侧面的养护采用园林式喷淋设备随时进行洒水,排除人工洒水不及时的影响;顶面养护采用水袋法,采购专用塑料水袋,水袋内填充养护水,然后在水袋四周根据箱梁养护需求适当地戳小洞,保证顶部随时保持湿润;箱梁内室采用储水法养护,在箱梁内室两端砌筑挡墙,内填充养护水,形成独立湿润养护空间。

(2)挡墙、承台、墩柱、盖梁、护栏等的养护

采用土工布覆盖+水袋法养护:结构物拆模后,立即对混凝土表面洒水降温,待温度达到合适温度后,用土工布进行全覆盖,形成一个密闭空间。在结构物顶面安装塑料水袋,水袋内填充养护水,然后根据结构物尺寸、养护水需求,适当戳小洞,保证顶面水能沿结构物外裹的土工布湿润,从而保证混凝土表面的养护。

5.3.2.4 养护后装修措施

1)蜂窝麻面、气泡

拆模后如出现蜂窝麻面、气泡,应立即洒水,然后沿质量外观缺陷四周2~3cm,清除表皮及浮浆,根据现场调配与混凝土外观颜色一致的水泥砂浆(白、黑水泥调配)补浆、打磨平整。

2)棱角损坏、花边

拆模后立即洒水,然后沿质量外观缺陷四周2~3cm,清除表皮及浮浆,根据现场调配与混凝土外观颜色一致的水泥砂浆(白、黑水泥调配),利用模具重新补齐,待强度上来后,拆模养护,打磨平整。

3)错台、胀模

轻微处,采用手持式砂轮打磨错台、胀模部分,然后用砂纸精磨;对于较大的错台、胀模,利用风镐、钢钎逐级剔除多余混凝土,然后用风镐打磨,最后用砂纸精磨。

4)外观色差

由于模板脱模剂引起的色差,采用砂纸打磨清除表面脱模剂;由于混凝土自身引起的色差,在拆模后立即调配与混凝土外观颜色一致的干水泥(白、黑水泥调配,可适当添加专用胶水)涂抹混凝土表面。

5.3.2.5 质量控制要点

混凝土外观质量控制主要注意以下几点:

(1)把好混凝土原材料进场关;

(2)控制混凝土拌合物关键工序;

(3)模板安装与清洁;

(4)混凝土布料与振捣;

(5)混凝土拆模和养护的技术措施。

5.3.3 效益评估

本项目的研究成果应用在混凝土外观质量控制,预计节省工期30d,节省人工费和机械费共计539335元,经济效益十分明显。研究成果使桥面系混凝土能够达到外实内美,提高桥面铺装、防撞护栏的外观和质量,并为其他位置桥面施工提供借鉴;应用于同类型的工程,可大大减少经济、人力投入,具有很好的参考价值。

第6章

城市快速路品质工程建设技术

6.1 项目管理标准化

1)构建管理体系,实行管理标准化

围绕“源头把关、过程控制、精细化管理”思路,从制度建设入手,制定出台了包括工程管理、质量管理、安全生产、文明施工、环境保护、技术管理、党群工作、党风廉政等11个方面内容的“乌鲁木齐东二环道路项目管理办法”,构建质量、安全、文明、环保一体化管理体系。

2)以标准化为引领、规范现场管理

(1)根据“新疆维吾尔自治区公路施工标准化手册”,编制了适合自身特点的“乌鲁木齐东二环标准化管理手册”,项目的理念和认识得到了细化和提升。

(2)首先,重视前期策划工作,形成“事前有规划,事中有控制,事后有检查”的良好循环机制;其次,注重管理落实,把“管理促现场、现场推工艺、工艺保质量”的管理模式延伸到每一个环节,真正实现施工过程标准化,最终达到结果标准化;最后,注重管理创新集成,形成阶段性施工成果。

3)落实动态考核,确保管理标准化建设落到实处

(1)立体巡视,实时教育,项目班子成员坚持日常工作巡视,划分详细的管理责任区,确保了在不同的时间、空间的监督检查中,实现补位到位,不留空隙死角。

(2)采用信息化手段,在重点施工部位安装了摄像头,实现了对施工现场的24h实时监控,确保动态监管实施到位。

(3)坚持管理人员在现场跟班作业,发现问题、处理问题、教育宣讲在现场;促进管理触角延伸全覆盖,标准观念灌输全员。

4)推行样板引路,树立安全质量标准化的典范

(1)推行样板制。根据分项工程的特点,在施工现场建立了不同的样板模块,通过各类样板工程观摩会展示,总结推行作业指导书,加强横向连接,组织分部之间相互学习,达到共同提高的目的。

(2)坚持自检自评,实现自我管理、自我提升。项目部不定期开展标准化建设小组自检自评活动,由项目经理带队检查落实,形成了横向到边,纵向到底的常态化模式。特别是在每月标准化自评活动中,对发现的薄弱环节、违章操作的班组或个人,及时进行培训、谈话,帮助改

正提升,全力确保安全质量标准化。

5)强化标准化理念,夯实思想基础

将标准化管理要求贯彻落实到施工质量安全控制的每个环节中,加强对一线施工作业班组、人员的培训和管理,让“标准成为习惯、习惯符合标准、结果达到标准”的理念扎根于每名工人心中。

6)全力开展班组作业标准化活动

为使班组标准化理念深入施工人员心中,形成规律,项目部采取在施工现场摆放班组标准化展板(图6-1)、制作班组标准化宣传卡、严格执行班组首件工程制、实行6S管理、与班组签订承诺书等措施,现场文明施工、施工环境有明显改观,施工工效大幅提升。班组作业标准化启动仪式如图6-2所示。

图6-1 班组作业标准化“6S”管理现场展示

图6-2 班组作业标准化启动仪式

6.2 工艺控制标准化

以“合理组织、标准施工、规范管理”为原则,积极创新、探索新材料、新技术、新工艺、新设备的应用,加强管理创新和技术创新,实现“成本降低、负荷减轻、工效增强”的目的。

6.2.1 新材料应用

(1)采用穿心垫块,提高混凝土保护层合格率

箱梁腹板采用厚2.5cm的穿心圆形垫块(图6-3),腹板外侧共设置3排垫块,内侧设置2排,同排垫块间距0.5m,按照梅花形布置,并满足垫块数量不少于4个/m^2,保证混凝土保护层厚度合格率达90%以上。备用组合穿心垫块,在遗漏处可以用活动穿心垫块(图6-4)补充。

成效:保护层厚度合格率提高到90%以上。

(2)钢筋笼焊接采用二氧化碳保护焊(图6-5)

成效:焊接成本低、生产效率提高50%,操作简便、不烧伤钢筋、不用敲焊渣、焊后变形小、焊接飞溅小,焊接质量大幅提高。

图 6-3 箱梁腹板采用穿心圆形垫块

图 6-4 活动穿心垫块

图 6-5 二氧化碳保护焊焊接钢筋笼

6.2.2 工艺改进

(1)钢筋车丝前后将端头打磨平整(图 6-6)

钢筋用砂轮机将端头先磨平再车丝,保证丝数准确。车丝后再次进行精磨。车丝后打磨效果如图 6-7 所示。

图 6-6 车丝前打磨

图 6-7 车丝后打磨效果

成效:保证了丝头的一次合格率达90%以上,端头断面平整,提高了机械连接质量,合格率达到95%以上。

(2)波纹管精确定位,浇筑前穿入塑料衬管

在绑扎台座侧面每50cm标明坐标高度,工人操作明了,有效保证了波纹管坐标准确,钢绞线受力明晰。混凝土浇筑前将波纹管内穿入塑料衬管(图6-8),防止波纹管在浇筑混凝土时漏浆堵塞波纹管。

图6-8 波纹管穿入塑料衬管

(3)箱梁采用喷淋+覆膜+土工布全覆盖+水袋滴灌法养护

成效:①养护全程节水率20%;②混凝土整体外观效果好,强度增长均匀;③保证箱梁养护不留死角。

梁板养护如图6-9所示。

a)

b)

图6-9 梁板养护

(4)结构物采用节水养护膜+滴灌养护

新疆地区气候干燥、蒸发量大,节水养护膜+滴灌养护可以保证养护期间混凝土表面一直处于湿润状态,保证了养护质量。

成效:①养护全程节水率60%;②有效避免了混凝土干缩裂缝的产生。

墩柱养护如图6-10所示。

(5)环切法破除桩头

首先人工用切割机至桩顶高程桩头处环切一周,然后用风镐凿除至设计桩顶高程,有效防止凿除桩头时破坏钢筋(图6-11)。

图6-10 墩柱养护

a)

b)

图6-11 环切法破除桩头

成效:①保证了桩头平整;②保证了外露高度满足设计要求,也确保了承台钢筋绑扎的规范统一。

6.2.3 设备改造引进

(1)弯曲机在操作平台钢板上设置定位挡板(图6-12)。

图6-12 弯曲机设置定位挡板

定位挡板控制钢筋长度,提高了钢筋长度精确度。

成效:弯起钢筋误差从原来的±20mm提高到±5mm。

(2)钢筋振动下料平台、半自动上料台应用(图 6-13)。

图 6-13　钢筋振动下料平台、半自动上料台

钢筋切断平台改造为振动平台 + 气泵的方式进行下料,钢筋切断后采用半自动上料平台转至车丝区,形成半自动化流水作业。

成效:①提高钢筋加工效率;②节省一半人工。

(3)采用数控弯曲机进行钢筋弯曲加工(图 6-14)。

图 6-14　数控弯曲机加工钢筋

成效:①提高钢筋加工效率;②提高钢筋弯曲精确度,半成品一次性合格率提高到 95% 以上;③节省了人工,由原来 2 ~ 3 人完成的操作,现 1 人可以完成。

(4)采用数控弯箍机(图 6-15)进行小尺寸钢筋弯曲加工。

图 6-15　数控钢筋弯箍机

成效:①极大提高了钢筋加工速度;②提高钢筋弯曲精确度。

（5）采用全自动钢筋液压调直切断机（图6-16），提高效率70%以上。

a)　　b)

图6-16　全自动钢筋液压调直切断机

（6）箱梁模板改造（地锚、丝杠）：通过模板设计，地面预埋地锚（图6-17），通过丝杠连接地锚和侧模作为支撑，台座边设置高程调节带（∟45角钢），侧模角度通过背面丝杠调节。

图6-17　预埋地锚、丝杠连接

成效：①节省钢材用量，降低成本；②高程固定，减少工人操作误差（原来模板要通过楔形木块调节模板高度）；③方便拆卸，减少工人劳动强度；④特别适合曲线段箱梁混凝土的预制，成形的实体外观弧线优美。

（7）为防止箱梁内膜上浮，每2m设置一道压杆（图6-18）。

图6-18　防内膜上浮压杆

成效：顶板厚度合格率大幅提高，合格率达90%以上。

(8)箱梁采用智能张拉设备(图6-19)。

a)　　b)

图6-19　预应力智能张拉设备

成效:①实现预应力全程自动化,杜绝人为因素干扰,确保了张拉安全;②有效确保预应力张拉施工质量;③能够实时跟踪、智能控制、及时纠错。

(9)箱梁采用大循环智能压浆系统(图6-20)。

a)　　b)

图6-20　大循环智能压浆系统

压浆采用大循环智能压浆系统,配比更精确。灌浆过程无需人工干预,一键完成灌浆工作。

成效:①压浆料计算机控制上料,保证了施工配合比计量精确;②确保注浆压力精确;③确保了关闭出浆口的时机准确;④能精确控制保压时间;⑤确保管道压浆饱满密实。

(10)桩基钢筋笼采用数控钢筋笼滚焊机进行加工(图6-21)。

成效:①节省了人工投入;②缩短了施工时间;③提高了钢筋间距一次合格率,避免二次调筋。

加工一节9m长、直径为1.5m桩基钢筋笼效率对比见表6-1。

加工一节9m长、直径为1.5m桩基钢筋笼效率对比表　　表6-1

项　目	传统工艺	数控钢筋笼滚焊机	提高率(%)
人工	焊工3人,上料工3人,共6人	焊工1人,上料工2人,共3人	100
时间	4h	2h	100
钢筋间距一次成形合格率(%)	85	100	15

图 6-21 数控滚焊机加工桩基钢筋笼

(11)采用液压夯进行台背回填。

台背回填及边角处采用液压夯锤进行夯实(图 6-22)处理后,再用强夯机补强(图 6-23),保证桥台与路基衔接紧密,保证施工质量。

图 6-22 液压夯锤夯实

图 6-23 强夯机补夯

成效:确保了边角处台背回填压实度达到 97% 以上,工效提高 80% 以上。

6.3 工序现场标准化

项目部突出“源头把关、过程控制、精细化管理”的理念,将标准化管理贯穿于整个施工过程,达到施工生产实施全过程标准化。

6.3.1 源头把关

1)大型临时设施建设“三集中、集约化”管理

场站建设体现“三集中”原则,即钢筋集中加工、混凝土集中拌和、梁板集中预制,充分发挥设备利用率高、管理集中、质量有效控制的“集约化”优势。花儿沟路场站效果图如图 6-24 所示。

图 6-24　花儿沟路场站效果图

(1)钢筋加工场(图 6-25)

钢筋实行工厂化集中加工,封闭式管理,钢筋加工实现工厂化、机械化、专业化。

a)　b)　c)

图 6-25　1 号钢筋加工场

(2)混凝土拌合站

为了体现集中的原则,避免资源浪费,综合考虑交通运输条件、水源保护区的影响,集中建设了水泥混凝土拌和站,统一供应(图 6-26 ~ 图 6-29)。

(3)预制场

充分体现总部集中管理特色,预制场建设推行集约化、工厂化管理,对预制场的建设统一了标准。从钢筋下料到成品运输,均按流水作业的模式进行,工厂化生产效果显著,形成了预制构件生产工厂化。预制梁场全景图如图 6-30 所示。

图 6-26　拌合站搅拌楼

图 6-27　自动警报系统

图 6-28　拌合站砂石分离机

图 6-29　PM10 扬尘在线监测

图 6-30　预制梁场全景图

2）实施模板准入制度

根据结构施工图，项目部统一进行了模板专项设计，交付模板生产厂家统一定制。加工完成后组织三方验收，在模板组装平台上，按模板设计图进行试拼装，拼装后进行编号，施工前按编号顺序组合安装（图 6-31），验收合格后方可进场，保证了结构物的尺寸和质量。

a)　　b)

图 6-31　模板厂验收模板

6.3.2　过程控制

1）强力推行胎具、模具、卡具在工序控制中的运用

（1）采用腹板胎卡具（图 6-32）和顶板胎卡具（图 6-33）；使钢筋位置准确、线形美观，能够使工人形成标准化施工习惯，有效保证钢筋骨架的高度、间距尺寸，提高了工作效率。

成效：①钢筋间距合格率由 50 ~ 65% 提高到 90% 以上；②确保了波纹管定位准确；③提高

了绑扎效率,施工时间缩短了40%。

图6-32　腹板胎卡具

图6-33　顶板胎卡具

(2)箱梁模板顶板使用梳齿板(图6-34),保证钢筋间距、位置准确。胎卡具两侧设置定位挡板(图6-35),保证钢筋线形一致美观。

图6-34　模板顶板梳齿板

图6-35　顶板钢筋定位挡板

(3)下部结构预埋筋采用胎卡具。承台上墩柱预埋筋采用胎卡具(图6-36),保证钢筋位置准确。

图6-36　墩柱预埋筋采用胎卡具

成效:①墩柱保护层合格率提高到95%;②钢筋间距合格率提高到100%。

(4)上部结构钢筋采用胎卡具。盖梁骨架片钢筋采用两端设立胎卡具进行定位(图6-37),

保证了骨架片的间距一致。

图 6-37 盖梁胎卡具定位

2)箱梁钢筋整体吊装

箱梁腹板、顶板钢筋在胎卡具上绑扎完成后,钢筋骨架整体吊装(图 6-38)入模,保证了钢筋骨架的整体质量,提高了劳动效率。

a)

b)

图 6-38 钢筋骨架整体吊装

3)吊梁部位设置 U 形、L 形保护钢板

为防止箱梁吊装时翼缘板和底板受钢丝绳挤压受损,翼缘板采用 U 形钢板(图 6-39)、底板采用 L 形钢板(图 6-40)加以保护,保证了梁体不受损坏。

图 6-39 翼缘板 U 形钢板

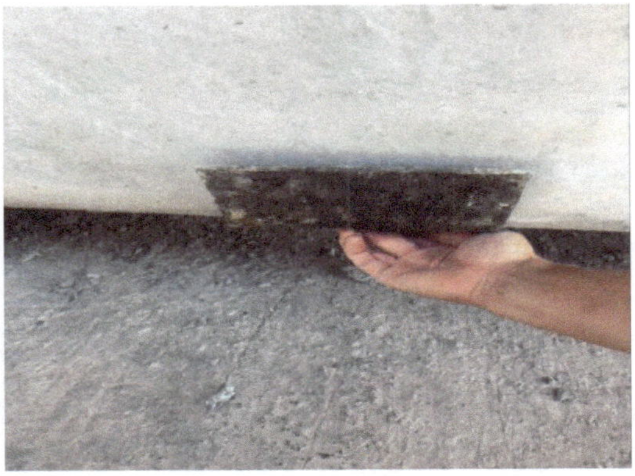

图 6-40 底板 L 形钢板

4)承台与墩柱连接处、湿接头部位混凝土精细凿毛

凿毛前弹线,采用电动凿毛锤进行凿毛(图6-41、图6-42),既提高了效率,又保证了质量。

图6-41　承台顶与墩柱连接处弹线凿毛

图6-42　电动凿毛锤凿毛

5)外露钢筋的处理

外露钢筋刷水泥浆防锈处理(图6-43),减少二次除锈费用。

a)

b)

图6-43　外露钢筋刷水泥浆防锈处理

6.4　安全施工标准化

6.4.1　源头控制

(1)思想源头控制。

以开展“平安工地”“隐患随手拍”“一月一主题”“专项整治”等主题活动为契机,通过开展安全会议、检查、常态安全教育培训、应急管理等工作,做到“安全观念全员懂,安全知识全员知,安全操作全员会”,构筑“思想保行动,行动保安全”的安全屏障。

(2)对钢筋场、梁场,机械、材料布局提前定位规划,场内所有电气设备固定后,线路通过全部刻槽、穿管、混凝土预埋(图6-44),做到场内用电设备无明线,大大减少了临时用电安全隐患。

a) b)

图6-44 场内电线预埋

(3)设置安全讲堂(图6-45)、安全体验馆(图6-46),让广大管理人员和一线施工人员亲身感受安全就在身边。

a) b)

图6-45 安全讲堂

a) b)

图6-46 安全体验馆

6.4.2 利用科技手段，做到以信促安、以技促安、以投保安

(1)安装风速仪(图6-47)。及时发布预警信息，风速大于6级停止施工，确保现场生产安全。

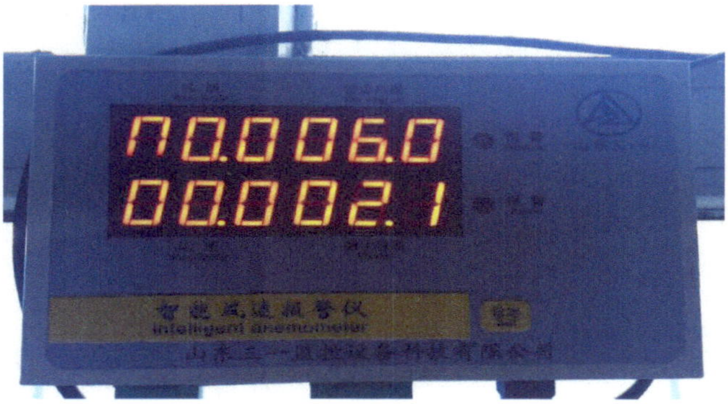

图6-47 风速仪

(2)安装液压自动夹轨器(图6-48)。门式起重机端头设置自动夹轨器，确保设备运行安全。

图6-48 液压自动夹轨器

(3)采用双层门防护型配电箱(图6-49)。双门双锁，避免了私拉乱接现象，确保现场用电安全。

图6-49 双层门防护型配电箱

(4)墩柱、盖梁施工采用“之字形”星形安全爬梯(图6-50)。安装、拆装便捷,周转效率高,有效保证了工人高处上下的安全。

图6-50 安全爬梯

(5)采用盘扣支架(图6-51)。结构形式牢固,安全系数高,安装拆卸方便,节省劳动力成本。

图6-51 盘扣支架

(6)电焊机加装专用防护箱(图6-52)、灭火器,挪动方便,使用安全。

图6-52 电焊机配用防护箱

6.5 信息应用标准化

运用“互联网＋”思维，采取“信息化技术”，高度集中管控，实现管理增效。以“提升效率、降低成本、避责减责、规范管理”为目的，不断强化“风险源头管控＋施工现场监管＋大数据支撑管理决策＋管理痕迹闭合”的信息化安全、质量理念。

（1）在全线存在重大危险源的施工点设置安全监控点，二维码（图6-53）信息包括巡视点信息、巡查责任人及整改责任人信息。目前全线已设置16个安全监控点。

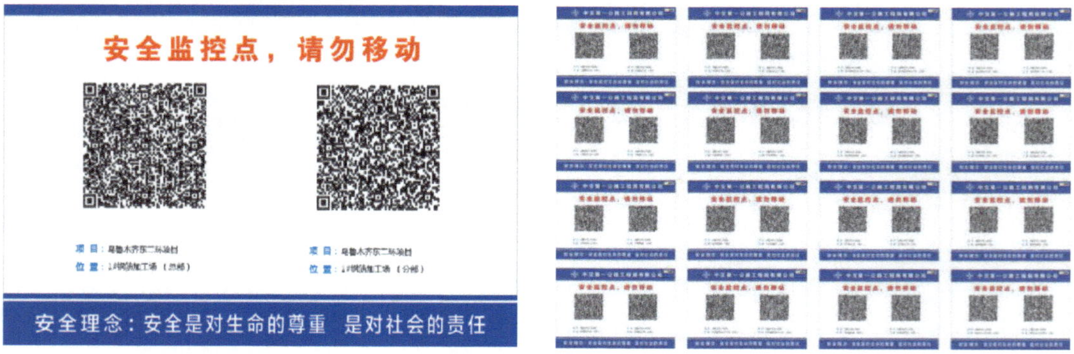

a)　　　　b)

图6-53　安全监控点二维码

（2）巡查人用手机扫描巡视点二维码，将现场隐患信息及整改要求（图6-54）发送至该处施工现场责任人，按照整改时限完成闭合工作。

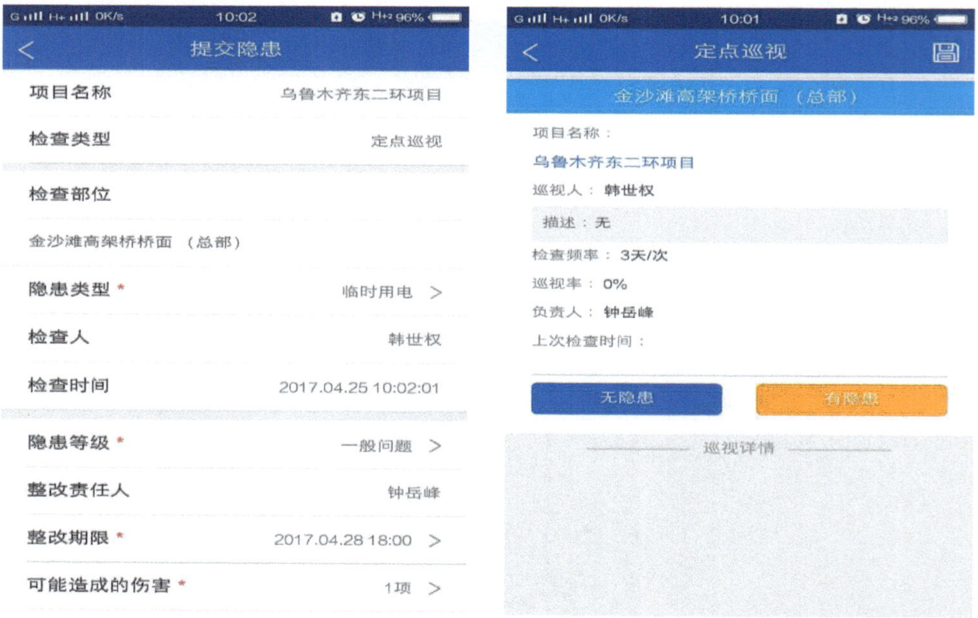

a)　　　　b)

图6-54　手机客户端安全指令发布及整改

(3)人员管理及安全教育方面推行"二维码"信息化管理(图6-55),保证现场工人教育覆盖率达100%。通过定期二维码标识,确定施工人员是否登记在册,是否接受安全教育、交底,扫一扫可以查看工人入场时间、教育内容及次数、违章行为等。

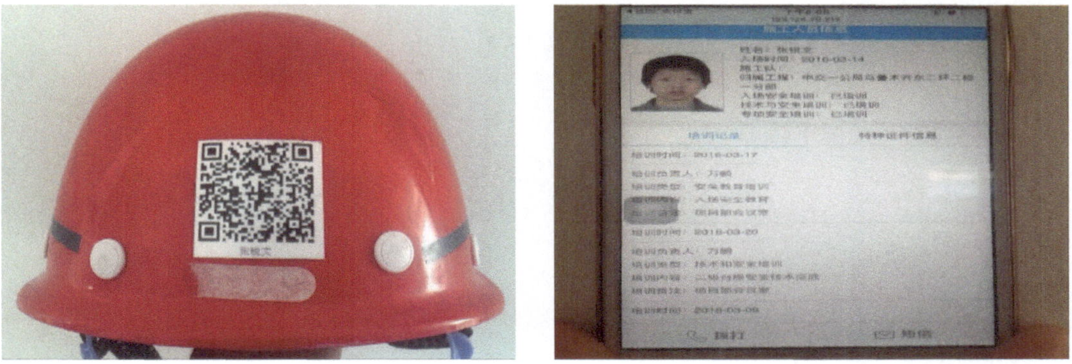

a)　　b)

图6-55　"二维码"信息化管理

(4)使用手机App、微信扫一扫、二维码、发光二极管(LED)信息显示、智能设备引进、物资信息动态管理系统等信息化手段,高度集中管控,实现管理增效(图6-56～图6-61)。

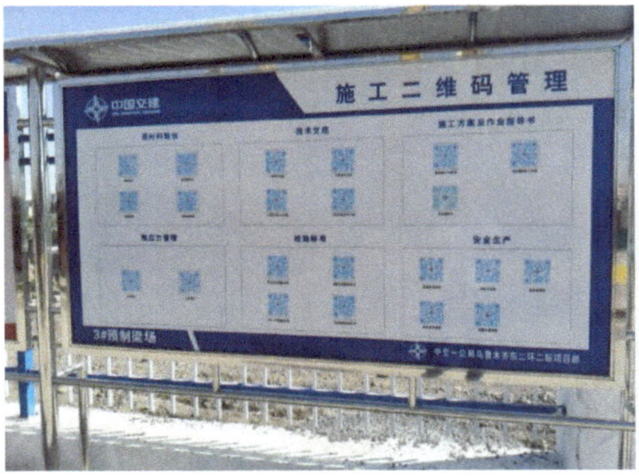

图6-56　施工现场"二维码"信息

图6-57　钢筋材料"二维码"身份信息

图6-58　钢筋加工场半成品二维码

图6-59　塔式起重机二维码

图 6-60　预制箱梁二维码

图 6-61　墩身二维码

第 7 章

基于BIM的城市桥梁施工区域大流量交通组织技术

7.1 工程施工区域交通概况

米东高架桥起点桩号为 K0 +884，终点桩号 K3 +999，西起上沙河立交，沿永顺街经振兴南路，跨米东中路后经华泰街至华泰工业园路。

米东高架桥工程内容主要包括辅道施工、高架桥施工。其中，高架桥施工内容包含桥梁桩基、承台、墩柱箱梁及匝道施工。米东大道为乌奇公路的重要组成部分，是乌鲁木齐往北方向的主要通道，市区范围内规划为城市快速路。施工期间必定影响现行的交通，加剧此地区的交通紧张程度。

做好项目实施过程中的交通组织方案，主要采取交通分流措施，利用周边路网，尽量分流车辆，并禁止货车等大型车辆通过施工区域，减少施工期间使用本项目线路的车辆，缓解施工路段的交通压力。

米东高架桥与永顺街走向一致，永顺街路面宽 48.3m，双向四车道，两侧设非机动车道及绿化带，断面图如图 7-1 所示。

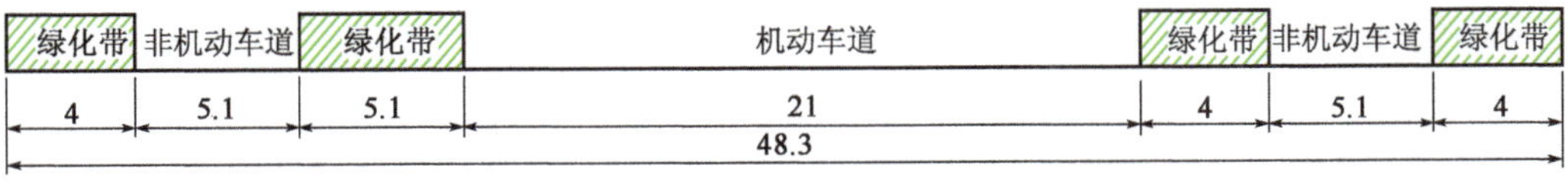

图 7-1 永顺街道路断面图(尺寸单位：m)

米东高架桥跨米东大道，其两条被交道与米东大道走向一致，米东大道路面宽 72.1m，双向六车道两侧设非机动车道及绿化带，断面图如图 7-2 所示。

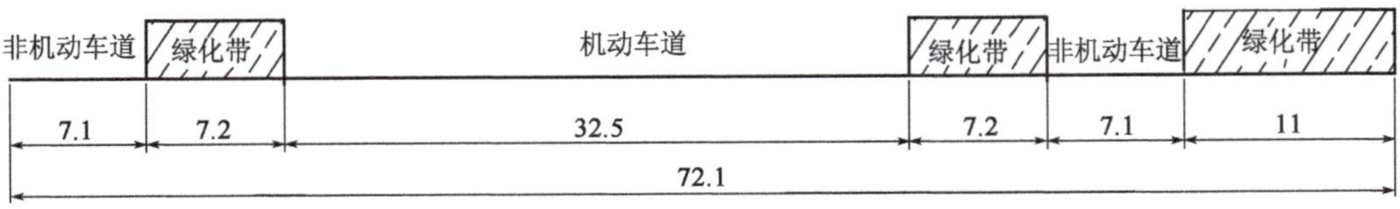

图 7-2 米东大道道路断面图(尺寸单位：m)

永顺街沿线各单位出入口的平面位置如图 7-3 所示。

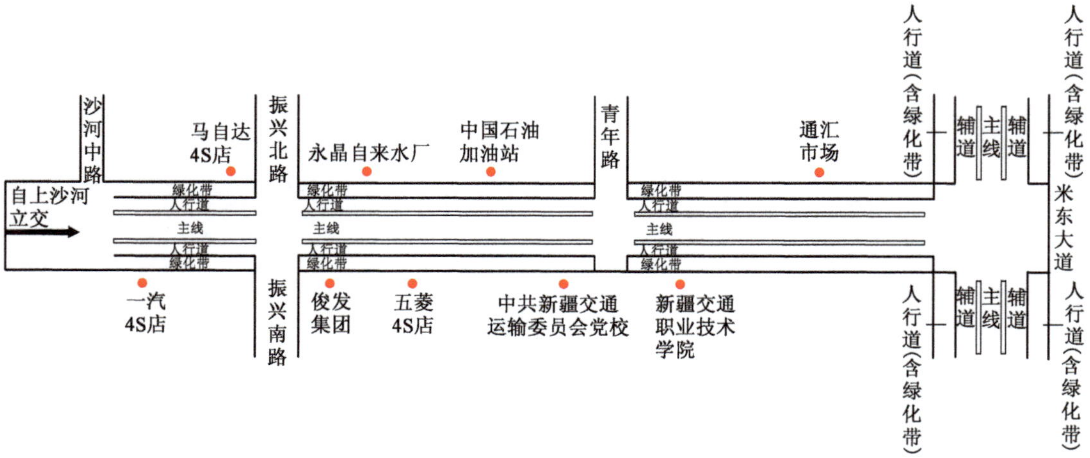

图 7-3　永顺街沿线平面图

7.2　基于 BIM 的交通组织管理信息系统的应用研究

7.2.1　基于 BIM 技术的交通疏解流程

基于建筑信息模型（Building Information Modeling，BIM）作为一种管理理念，产生于 19 世纪 70 年代，目前 BIM 在欧美等发达国家的建筑业已得到较好的推广与应用，近年来在我国也得到一定的应用，特别在建筑工程项目中取得了一定的成效。一方面，为建设项目的设计与施工提供了有效的支持；另一方面，为项目的各参与方提供了一个有效的协同工作与交流平台。从而减少了施工返工、提高了工程质量，节约了建造成本与工期等。

目前，我国一线城市在工程建设和发展方面突飞猛进，进入了高速发展期。道路与桥梁工程一般位于交通流量大、人员密集，交通疏解期数多、车辆疏解困难的繁华地段，传统方法交通疏解困难，难以和交管部门形象表达交通疏解意图。而三维建筑信息模型（Building Information Modeling，BIM）以三维数字技术为基础，集成了建筑工程项目的各种相关信息，在城市轨道交通建设项目中推广应用 BIM 技术，可以发挥其在设计阶段的方案设计、可视化表现、土建及设备各专业协同工作、土建设计及管线综合的自动碰撞检测、施工图设计等诸方面优势，有利于设计变更后的系统校核、对施工深化指导等，可以大大提高建筑工程的集成化程度，将设计水平乃至整个工程的质量和效率显著提升。

国内外学者对 BIM 技术应用的相关研究大部分集中在三个方面：一是概念层面，从宏观角度出发，介绍 BIM 的概念和标准、技术发展及在设计中的应用；二是应用层面，以 BIM 本身为立足点，讨论在各工程建设行业中的使用、实践及推广。三是技术层面，以 BIM 的技术特点为支撑点，做可视化、一体化、协同工作等研究。与国外相比，我国 BIM 技术的应用和发展起步较晚，在工程建设中应用于交通疏解方面的论述较少。

(1)常规交通疏解流程

目前,施工人员在繁华地段道路与桥梁工程施工过程中进行交通疏解的流程为:现状路面情况调查→根据场地情况确定交通疏解期数→编制交通疏解方案→交管部门审核审批。在常规性交通疏解过程中因为没有经过交通流程模拟计算,故在交管部门处常难以通过。

(2)BIM 技术交通疏解流程

采用 BIM 技术应用于道路与桥梁工程交通疏解流程,如图 7-4 所示。

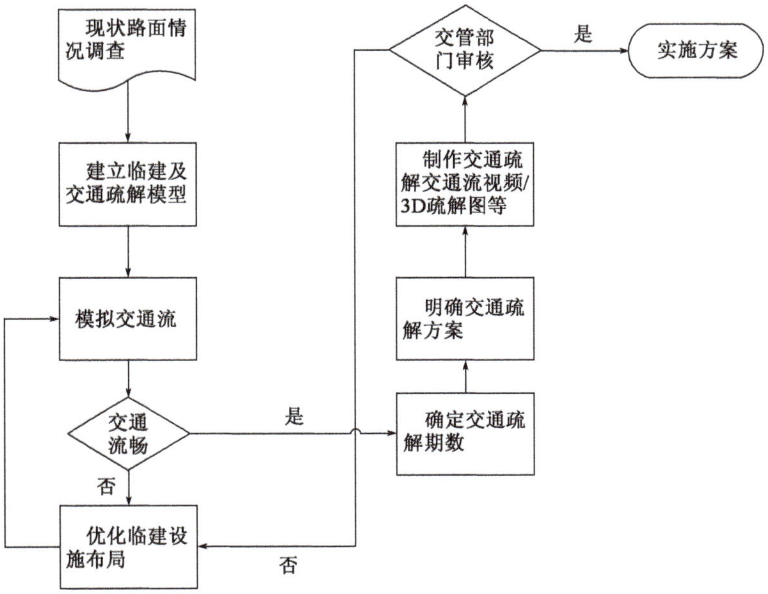

图 7-4　应用 BIM 技术的交通疏解流程

7.2.2　动态拆迁模拟

利用 Autodesk Navisworks Manage 软件可以实现建筑物的拆迁演示(图 7-5),将桥梁结构初建时的状态与建成后的状态形成鲜明对比,为管理人员提供方案和决策,同时可以模拟建筑物的拆迁过程,并对交通疏导进行演示。

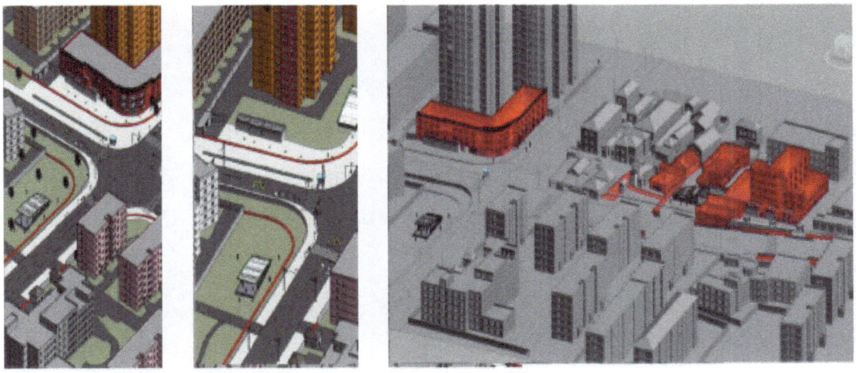

a)现状场地建筑　　b)建成后的状态　　c)待拆迁的建筑

图 7-5　Autodesk Navisworks Manage 软件动态拆迁模拟

7.2.3 管线碰撞检查

Autodesk Navisworks Manage 软件主要用于分析、仿真和项目信息交流的全面审阅解决方案。多领域设计数据可整合到单一集成的项目模型中，以供冲突管理和碰撞检测使用。Autodesk Navisworks Manage 能够帮助设计和施工专家在施工前预测和避免潜在问题。

碰撞分析解决了模型之间不协调的问题，减少不必要的返工。经过碰撞检查，审阅设计图纸，实现桥梁结构的实体阅读。碰撞检查包括整体桥梁的检查和部分构件间的检查。在碰撞检查完成后，系统会自动显示有碰撞冲突的构件或者对象。

交通疏解过程中电缆、军事电缆、雨污水管等管线的改迁工作是重点，设计时，因管线众多而存在管线相互之间交错碰撞以及管线与工程结构碰撞等问题；利用 BIM 技术对改迁之后的管线进行建模，并与围护结构和主体结构模型进行碰撞检查，可检测管线改迁是否合理、是否影响施工，并提前采取补救措施，避免影响施工工期。

7.2.4 工程三维模型

通过 Revit 软件构建模型(图 7-6)以后，将工程三维实体模型展现出来，便于施工人员从更精确的角度对其进行可视化分析。

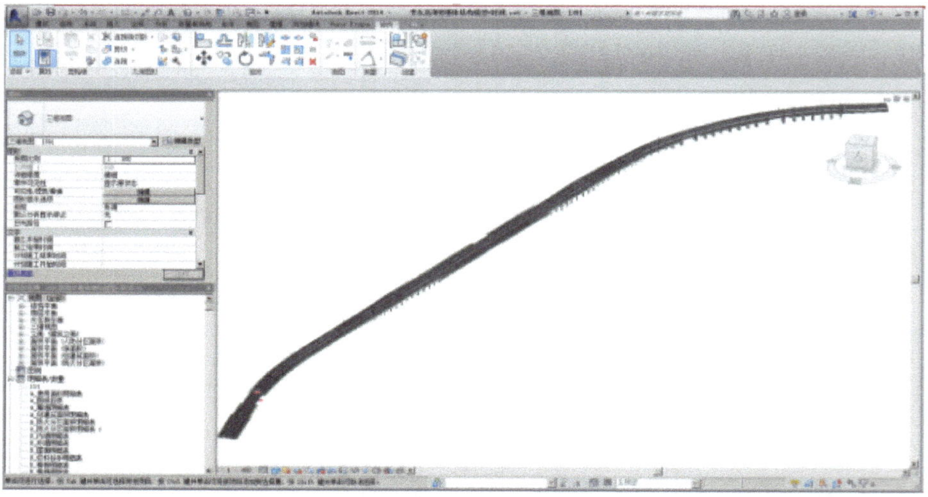

图 7-6 使用 Revit 软件构建桥梁模型

①三维模型的构建：通过建立桥梁的 BIM 模型，各构件尺寸、位置关系、表观材质能在模型中直接反映出来，利用这些参数信息对模型进行各种分析，进而实现 BIM 应用。

②以第一人称视角进行整个施工场景的漫游和施工方案演示(图 7-7)，方便管理人员审查施工工艺和施工方案。

利用 Autodesk Navisworks Manage 软件，将桥梁三维模型和进度计划集成起来，实现基于时间维度的施工进度模拟，从而得出最佳施工方案。

③施工过程中三维模型与设计图纸实时交互(图 7-8)，可实现桥梁各构件的快速定位。

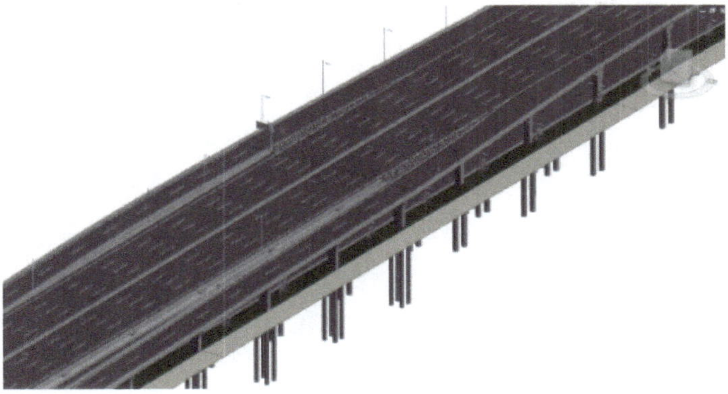

图 7-7　施工场景漫游和施工方案展示

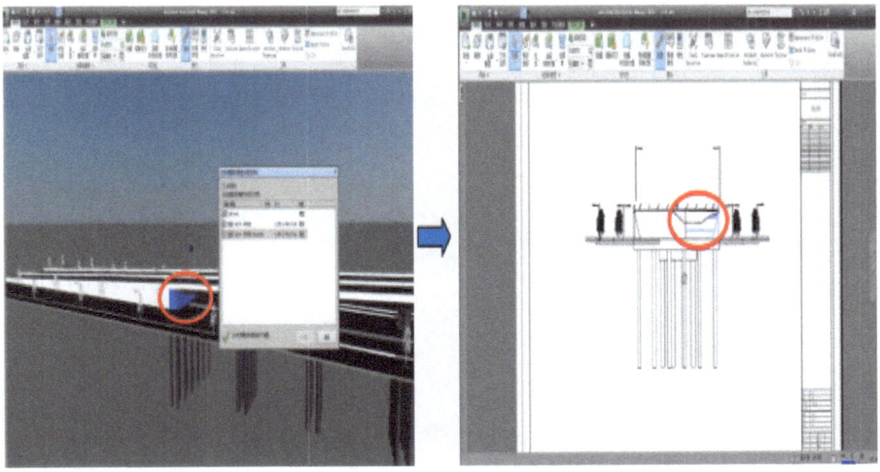

图 7-8　三维模型与二维设计图纸相对应

④点击模型中的链接热点，进行施工过程中模型与施工现场照片的参照对比（图 7-9），从而实现信息化管理。

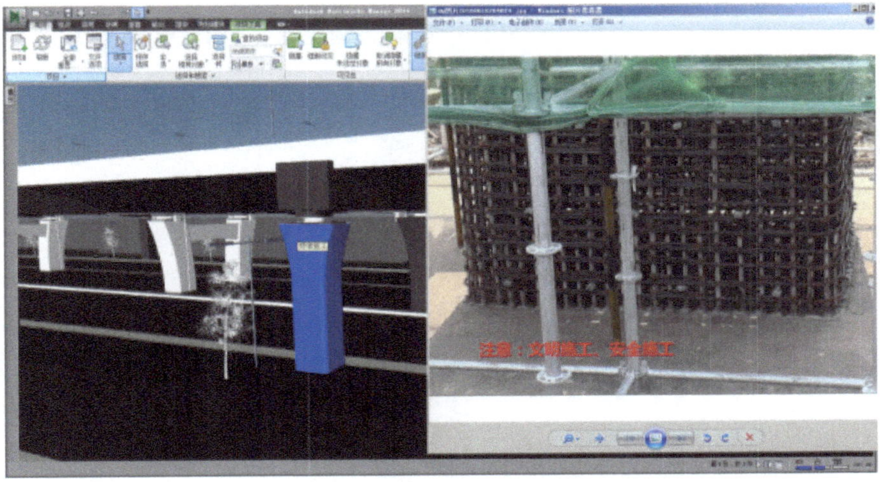

图 7-9　模型与施工现场照片相对应

⑤实现各环节的进度管理和工艺演示，如桩基础施工（图7-10）、承台施工、墩身和梁体施工等。

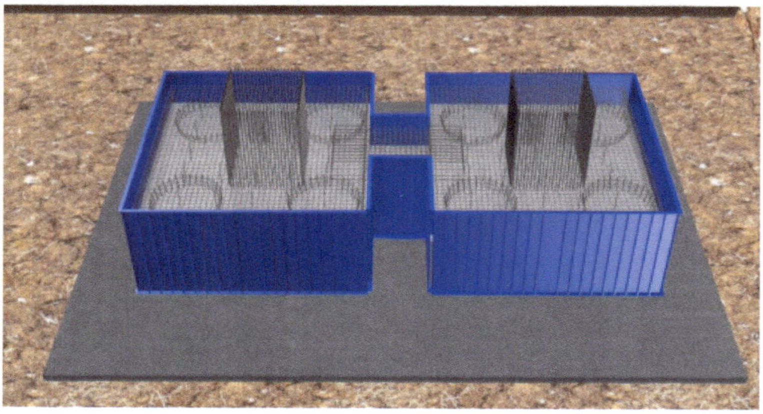

图7-10　模拟和下承台施工模拟

⑥通过施工过程模拟，可优化施工工艺，预测并规避风险，确保施工安全。通过实施4D施工模拟，为项目部合理制订施工计划、精确掌握施工进度、优化使用施工资源及科学进行场地布置提供了依据，并能提前发现施工中可能出现的问题。桥梁施工模拟如图7-11、图7-12所示。

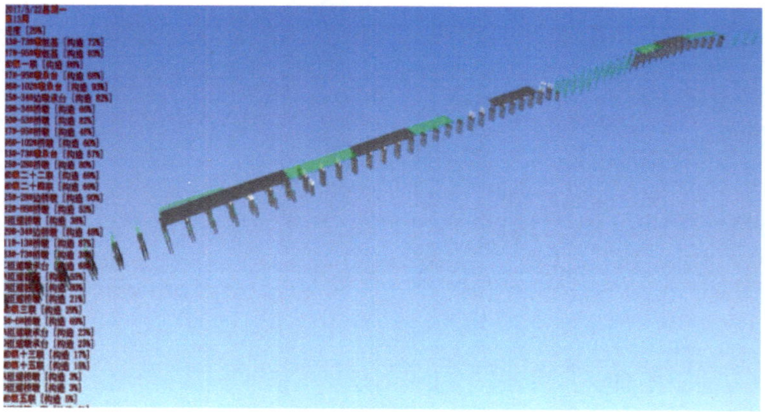

图7-11　桥梁施工模拟（一）

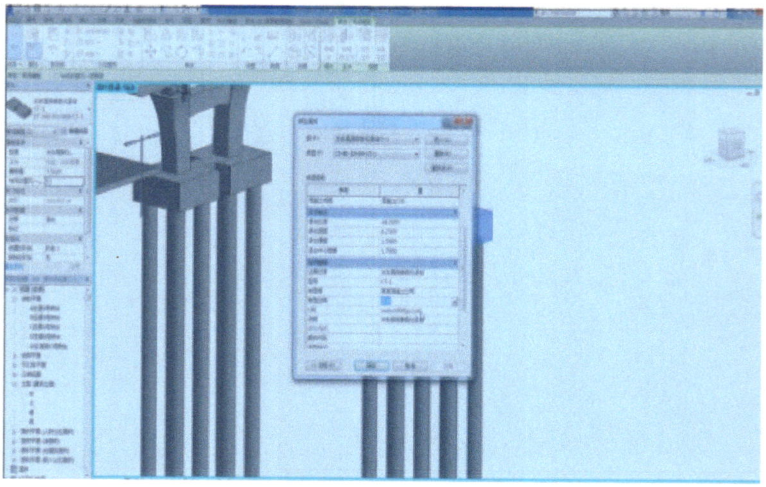

图7-12　桥梁施工模拟（二）

7.2.5 交通组织方案4D模拟

道路与桥梁工程是一个重要的交通枢纽,它的建设投入成本高,时间长,人力、物资需求较大,往往需要占据较多的路面空间,对道路交通流影响较大。因此,必须对工程周围道路进行交通疏解改造,使交通流量满足需求。

在各交通路段设置监控设备,实时采集车流量、道路路况等交通数据,并将道路交通导改方案与建筑物拆迁、地下管线搬迁和桥梁施工等进行4D模拟,提供实施方案;施工期交通组织分期进行,利用BIM模型合理优化布局和材料堆放,满足各期施工阶段对临建设施布局、材料堆放的不同需求;利用BIM技术,优化围挡范围内临建布局,合理占用土地范围;利用BIM技术建立基坑及主体结构模型,合理布设材料占用土地范围;通过合理设置施工区域,优化道路空间布置,最大化道路通行能力,保障慢行空间及车辆正常通行,减轻施工不利影响,对施工道路沿线交通组织精细化管理,实现人流和车流安全、有序通行。

通过BIM技术虚拟建造与漫游,可以模拟交通流,预测施工中可能出现的问题,提出相应的方案,提前布置与准备,为现场施工和设计服务与增值。利用Autodesk Navisworks软件对道路交通流程进行模拟和优化,模拟交通疏解改造后的道路运行状况(图7-13～图7-15),可以发现在二维平面设计中难以发现的空间狭小和高度不足等,以检查交通疏解方案是否满足需求。

应用BIM-Fuzor技术,可以将二维的交通疏解图纸变成三维立体形象的可视化模型。采用Fuzor Mobile手机端软件,可通过该软件自带的三维(3D)引擎,以及模型承受量、展示效果、数据支持都可以与BIM同步的功能,将项目施工过程做成动画,通过虚拟仿真技术提前模拟施工过程,进行碰撞检查、进度管理、材料管理、成本控制、质量安全管理、运维管理等。该软件制作动画的功能不同于其他软件,其角色动画制作能力非常强:增加了真实的3D人物、车辆模拟及一些其他定制人物的模拟,将建筑与动画相结合,通过动画演示出关键节点完整的施工过程。

图7-13 交通疏解方案4D模拟效果(一)

图 7-14　交通疏解方案 4D 模拟效果(二)

图 7-15　交通疏解方案 4D 模拟效果(三)

将该功能用于交通疏解工程中形象表示既有道路通过交通改造以后的情况，可以使施工单位、监理单位以及交管部门等机构在直观可视化的状态下进行中沟通、讨论和决策，使各单位直观明确了解通过交通疏解之后的道路状况，提高交通疏解方案的审核通过率，大大减少了多方交流沟通的时间损耗，提高了工作效率，推动道路与桥梁施工交通疏解工程的进程。

7.3　施工期交通组织方案设计研究

7.3.1　施工期交通组织方案设计总体思路

因施工工期短，为便于安全、快速施工，现拟定以米东高架主线及集散道施工范围为主，先行施工被交道两侧下部构造物，之后依次向两端延伸施工。施工期间将顺街50.5～64.2m宽范围全部封堵,两侧的绿化带作为交通辅道供汽车及行人通行。因米东大道交通量大,考虑到不切断米东大道的交通,将米东大道两侧的辅道硬化作为交通通行的便道。

总体思路:

(1)施工区域外引导:利用线路"米东南路—开源街—振兴南路—广兴西街—广兴东街—米东北路",诱导车辆特别是大型车辆提前分流。

施工区域外交通组织总体平面图如图7-16所示。

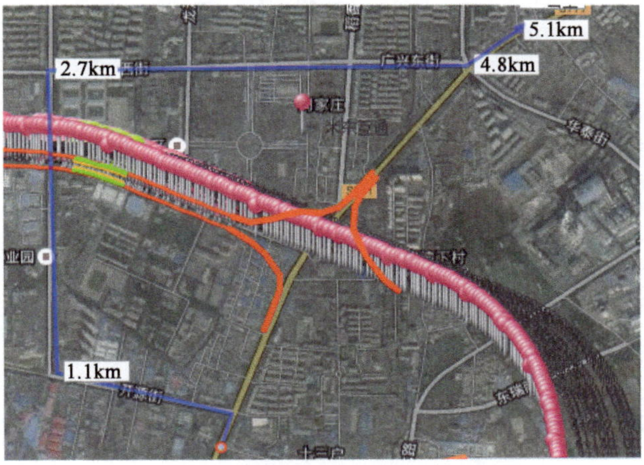

图7-16 施工区域外交通组织总体平面图

(2)施工区域内引导:通过设置围挡与门洞,引导施工区域内交通流。

施工区域内交通组织总体平面图、施工区域交通分流组织平面图、周边道路交通分流组织分别如图7-17~图7-19所示。

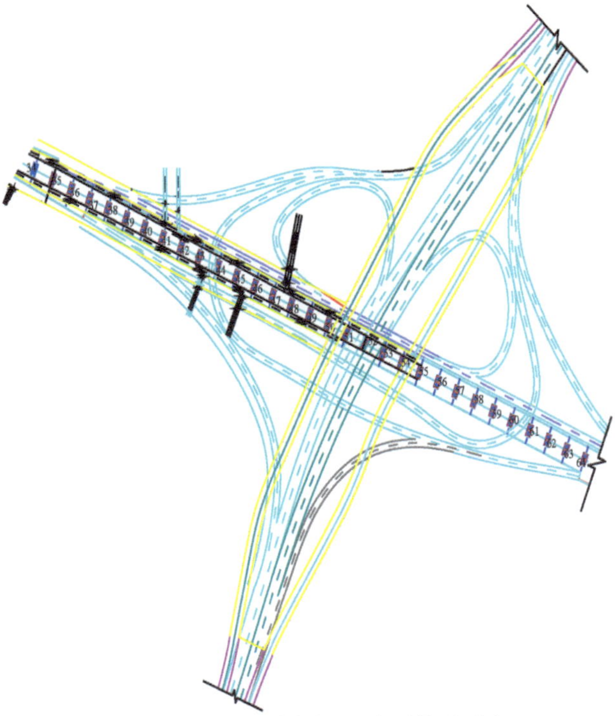

图7-17 施工区域内交通组织总体平面图

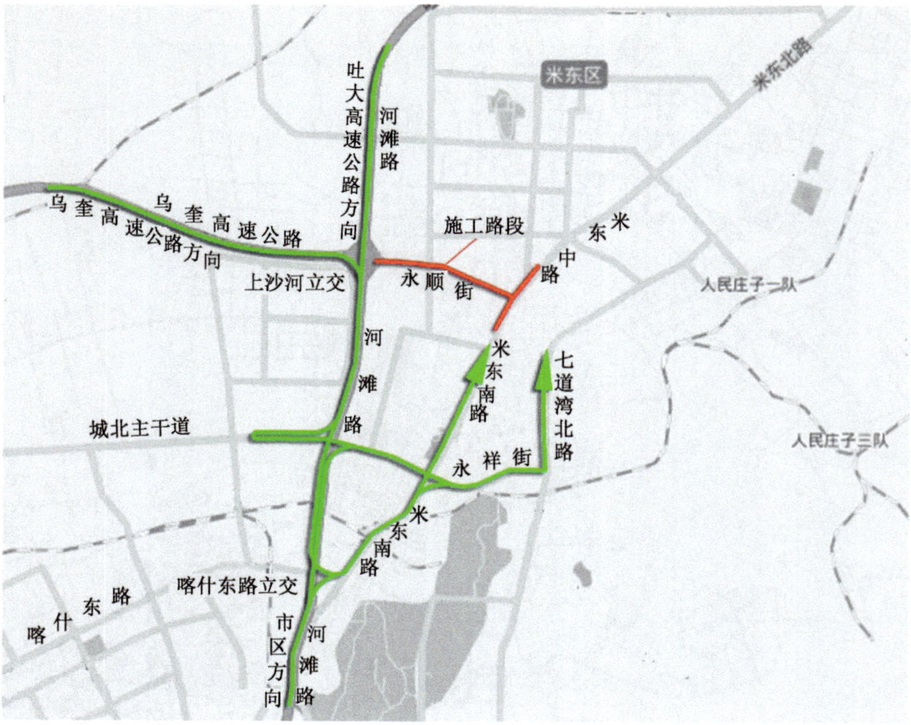

图 7-18　施工区域交通分流组织平面图

图 7-19　周边道路交通分流组织

7.3.2　施工期交通组织期划分

综合考虑施工内容、施工工艺、施工围挡及交通影响，将施工期交通组织划分为五期，管线迁改、绿化带迁移、施工辅道建设均在每一期前完成。

(1)第一期

施工内容:米东高架桥第 15 联 ~ 第 16 联、集散道第 7 联 ~ 第 8 联、C 匝道第 10 联 ~ 第 11 联和 D 匝道第 6 联 ~ 第 7 联桩基、承台、墩身施工。

施工时间:2015 年 6 月 1 日—2015 年 8 月 15 日。

交通条件:围挡区域外米东大道双向六车道,围挡区域内以辅道作为临时便道,辅道双向四车道,其他路段条件不变。

(2)第二期

施工内容:米东高架桥第 8 联 ~ 第 10 联桩基、承台、墩身施工。

施工时间:2015 年 8 月 20 日—2015 年 11 月 15 日。

交通条件:施工段内永顺街大道双向八车道,其他路段条件不变。

(3)第三期

施工内容:米东高架桥第 1 联 ~ 第 7 联桩基、承台、墩身、箱梁施工。

施工时间:2015 年 9 月 20 日—2017 年 6 月 1 日。

交通条件:施工段内永顺街大道双向四车道,其他路段条件不变。

(4)第四期

施工内容:米东高架桥第 8 联 ~ 第 10 联箱梁施工。

施工时间:2016 年 4 月 1 日—2016 年 7 月 15 日。

交通条件:施工段内永顺街至米东大道方向双向一车道,米东大道至永顺街方向二车道,其他路段条件不变。

(5)第五期

施工内容:米东高架桥第 10 联 ~ 第 14 联、米东互通匝道、被交道下部构造物及箱梁施工。

施工时间:2015 年 8 月 20 日—2017 年 6 月 1 日。

交通条件:施工段内永顺街双向四车道,永顺街与米东大道通过辅道连接通行。

7.3.3　围挡施工及交通疏导措施

(1)围挡施工

围挡拟采用砖混基础和彩钢夹心板(暂定)相结合的形式(图 7-20)。其中砖混底座宽度为 24cm,高度为 50cm。每块彩钢夹芯板高 200cm,以方形钢管作为支撑,通过螺栓和专用扣件连接制成,围挡高度为 250cm。

a)　　b)

图　7-20

c)

d)

图 7-20　围挡施工及交通疏导

(2)永顺街交通疏导措施

①乌奎高速公路至米东南路。原从乌奎高速公路出口经永顺街至米东南路的车辆,经通行辅道至米东南路。

②米东南路至乌奎高速公路。原从米东南路经永顺街至乌奎高速公路入口车辆,经永顺街通行辅道至乌奎高速公路入口。

(3)米东南路交通疏导措施

①将米东南路两侧辅道硬化作为临时通行便道,对米东大道红线范围进行围挡。

②在永顺街与米东大道交会的位置修筑上下行弧形辅道作为导行便道。

7.3.4　施工期道路交通组织方案

1)第一期交通组织方案

主要施工内容为米东高架桥第 15 联～第 16 联、集散道第 7 联～第 8 联、C 匝道第 10 联～第 11 联和 D 匝道第 6 联～第 7 联下部构造物,施工时间为 2015 年 6 月 1 日至 2015 年 8 月 15 日,修筑长 502m、宽 7m 的便道,以及长 5870m 的围挡。此区域下部构造物施工完后立即进行支架搭设(预留门洞),拆除围挡,保留双向四车道(限速 40km/h)。

具体交通组织措施如下:

①在米东大道南北各设置一条掉头车道,设置交通诱导标志,诱导大型货车由此处掉头,避免其进入施工区域。

②以米东高架辅道作为导流通道,在辅道未完成前,在施工区域以外 3m 设置围挡,修建 7m 宽的临时便道,连接永顺街和米东大道,并设置交通诱导标志。

③辅道完成后,以辅道连接永顺街和米东大道,在辅道与围挡区域交接处设置门洞,以保证路线畅通。

导行方案如图 7-21 和图 7-22 所示。

此施工区域内永顺街及米东大道封闭施工横断面分别如图 7-23 和图 7-24 所示。

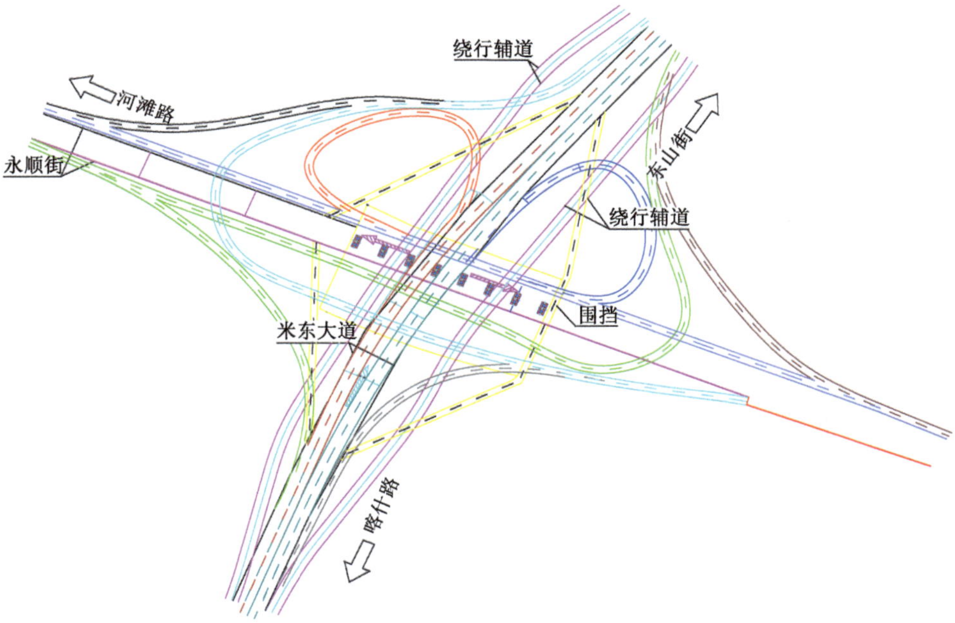

图 7-21　第一期交通导行图(辅道未通前)

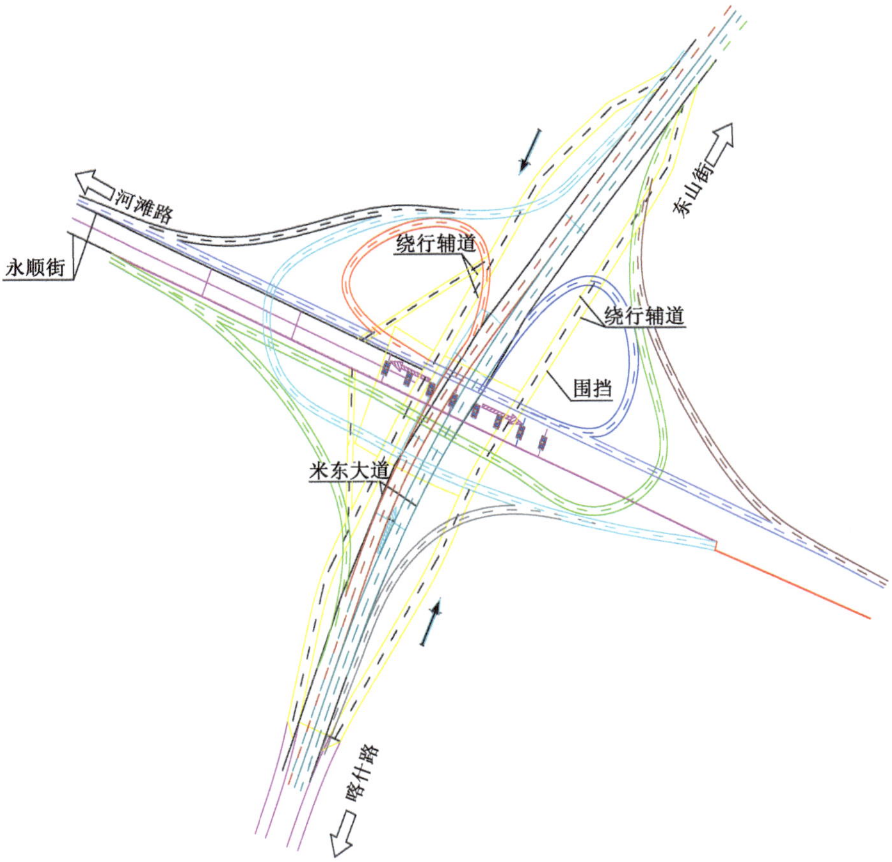

图 7-22　第一期交通导行图(辅道拉通后)

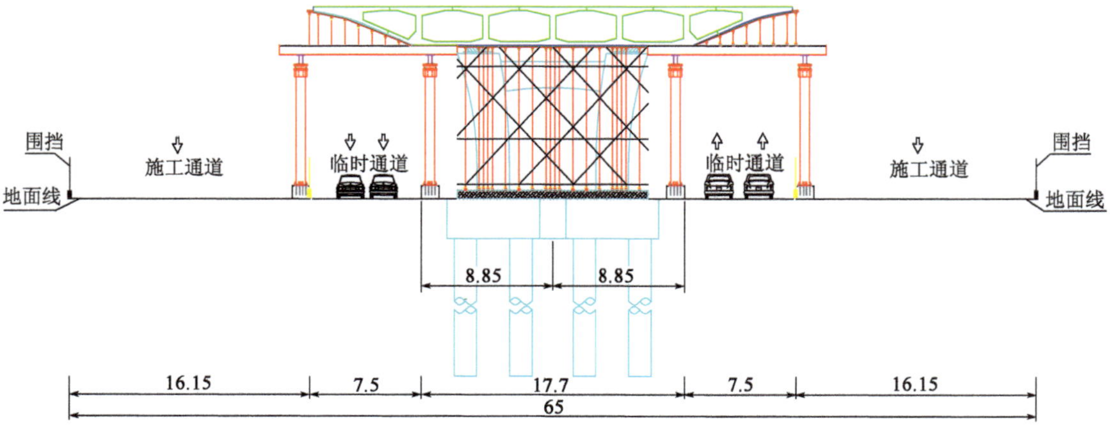

图 7-23　第一期永顺街封闭施工横断面图(尺寸单位:m)

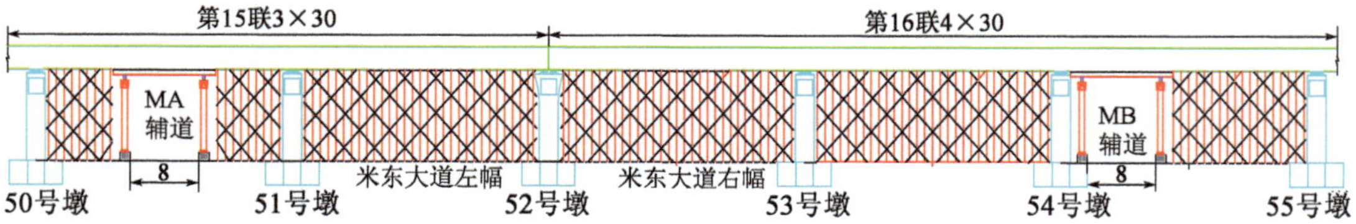

图 7-24　第一期米东大道封闭施工横断面图(尺寸单位:m)

2)第二期交通组织方案

主要施工内容为米东高架桥第 8 联 ~ 第 10 联桩基、承台、墩身施工,修筑围挡长度 1320m,宽度 28m,施工时间为 2015 年 8 月 20 日—2015 年 11 月 15 日。围挡前需将永顺街绿化带进行清除并修建临时辅道(双向四车道),供社会车辆通行,此区域内限速 40km/h。

具体交通组织措施如下:

①将红线范围内绿化带、人行道及非机动车道清理,并修建临时辅道供社会车辆通行。

②在围挡东、西侧设置掉头车道。

③承台边 3m 与红线范围设为围挡区域,在与校园中路的交叉口设置导流标志。

导行方案如图 7-25 所示。

此施工区域内永顺街封闭施工横断面如图 7-26 所示(取 31 号墩截面)。

3)第三期交通组织方案

主要施工内容为米东高架桥第 1 联 ~ 第 7 联桩基、承台、墩身、箱梁施工,修筑围挡长度 3000m,施工时间为 2015 年 9 月 20 日—2017 年 6 月 1 日,围挡前将红线范围内绿化带、树木进行清理,靠近红线边修建双向四车道临时辅道,此区域内限速 40km/h。

具体交通组织措施如下:

(1)将围挡线两侧各 8m 范围内管道迁改、绿化带处进行硬化,作为辅道,保证双向四车道车辆通行。

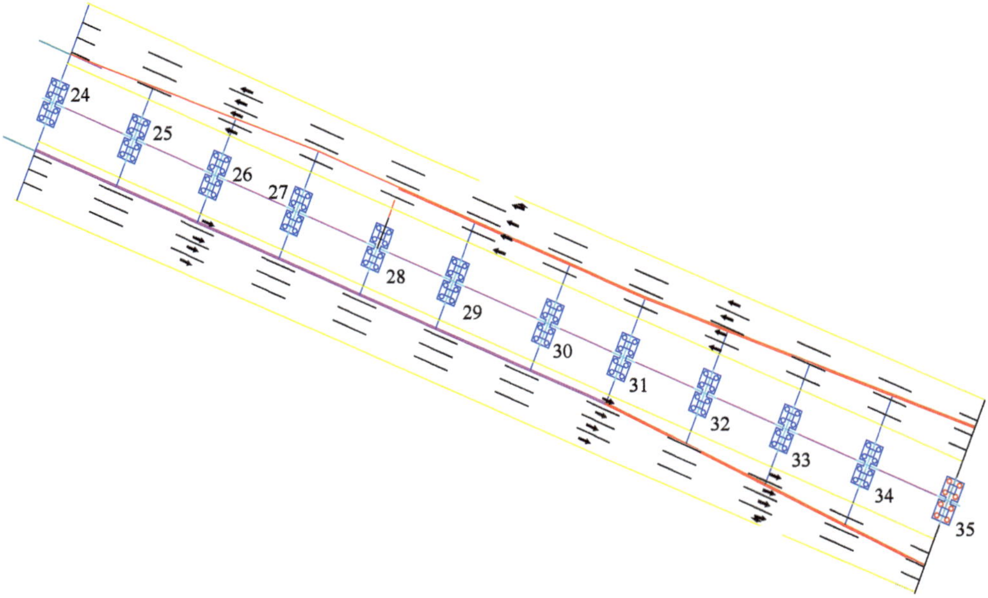

图 7-25　第二期交通导行图

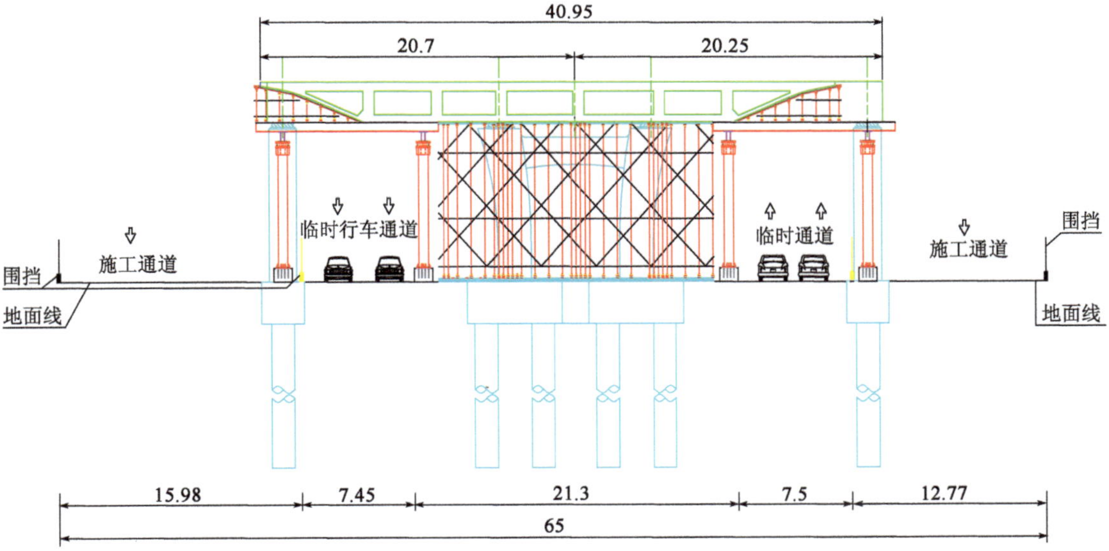

图 7-26　第二期永顺街封闭施工横断面图(尺寸单位:m)

(2)围挡后进行桩基、承台、墩柱及上部结构施工。上部结构施工采用满堂支架施工。

(3)上部结构完成后,及时施工辅道,在辅道施工完成后拆除围挡,在辅道作为社会车辆通行道路后,及时恢复围挡两侧 8m 硬化道路。

(4)保证振兴南路的通畅,在5号、6号墩之间设置门洞。

第三期交通导行方案如图7-27所示。

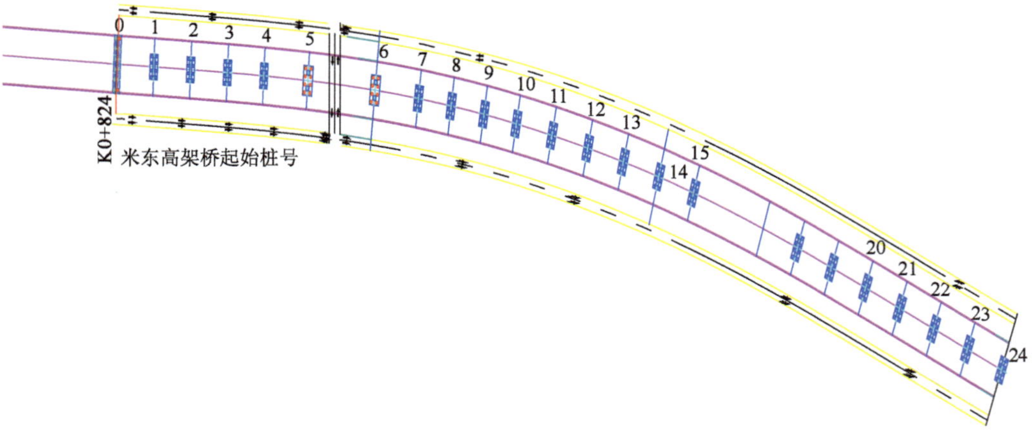

图7-27 第三期交通导行图

此施工区域内永顺街封闭施工横断面如图7-28所示。

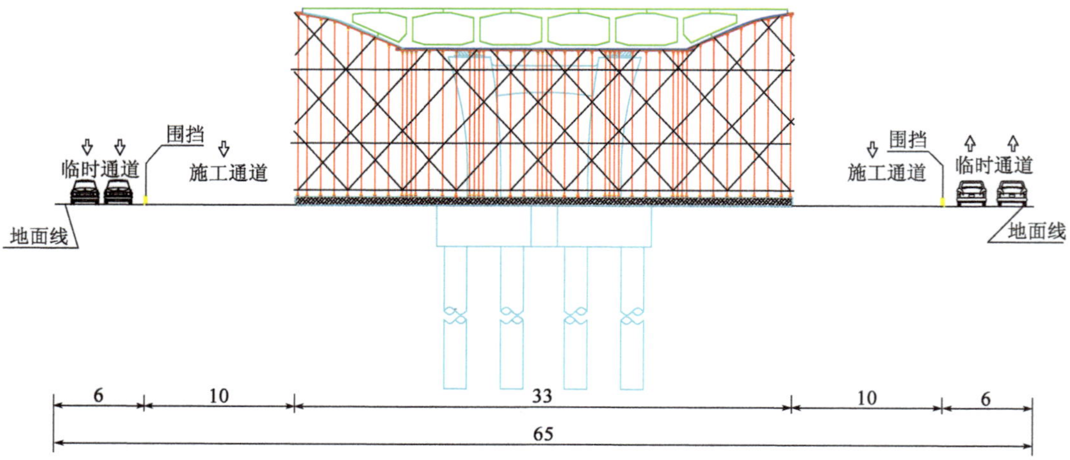

图7-28 第三期永顺街封闭施工横断面图(尺寸单位:m)

4)第四期交通组织方案

主要施工内容为米东高架桥第8联~第10联现浇箱梁施工(24~35号墩),施工时间为2016年4月1日—2016年7月15日,修筑围挡长度1100m。施工段内永顺街至米东大道方向一车道,米东大道至永顺街方向二车道,此区域内行车速度不超过40km/h。

具体交通措施:

(1)搭设门洞支架,保证永顺街至米东大道方向;

(2)在东西两侧设置掉头车道。

交通导行方案如图7-29所示。

此施工区域内永顺街封闭施工横断面如图7-30所示(取28号墩截面)。

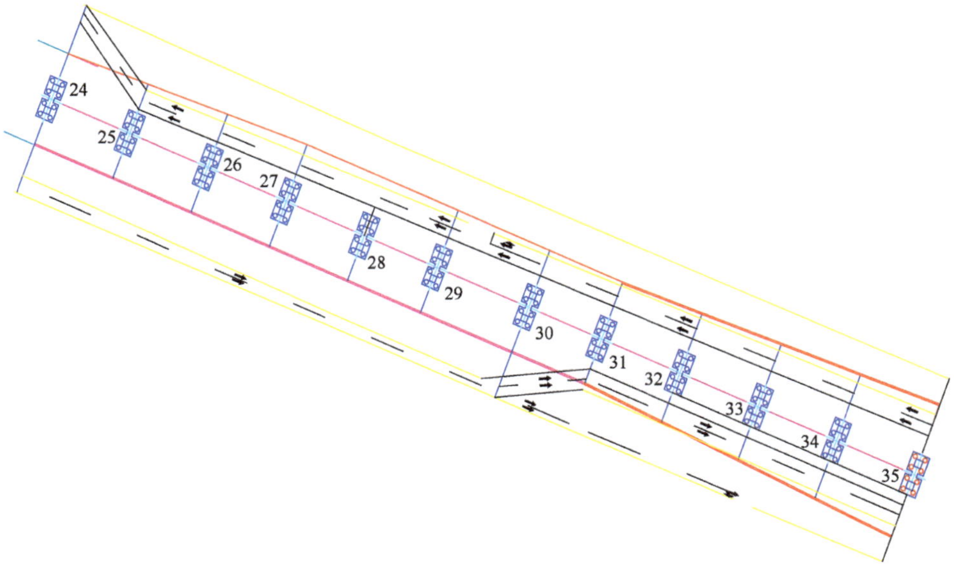

图 7-29　第四期交通导行图

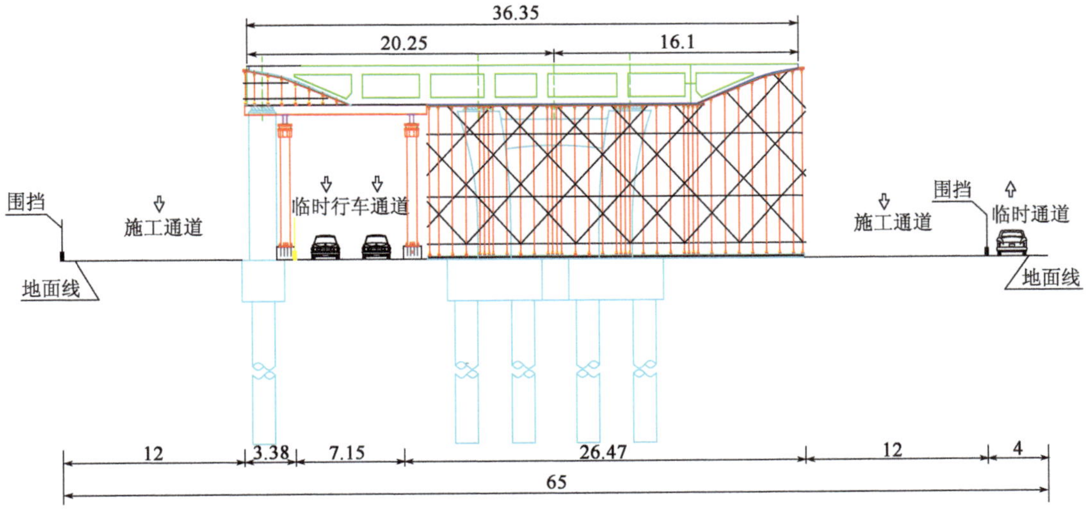

图 7-30　第四期永顺街封闭施工横断面图(尺寸单位:m)

5)第五期交通组织方案

主要施工内容为米东高架第 10 联 ~ 第 14 联、米东互通匝道、被交道下部构造物及箱梁施工,施工时间为 2015 年 8 月 20 日—2017 年 6 月 1 日,利用匝道外修建 2 条弧形临时辅道,保证米东大道和永顺街之间道路的通行,将施工段内永顺街封闭,对弧形辅道进行围挡,使施工区与辅道隔离。围挡长度 2060m。

交通导行方案如图 7-31 所示。

此施工区域内永顺街封闭施工横断面如图 7-32 所示。

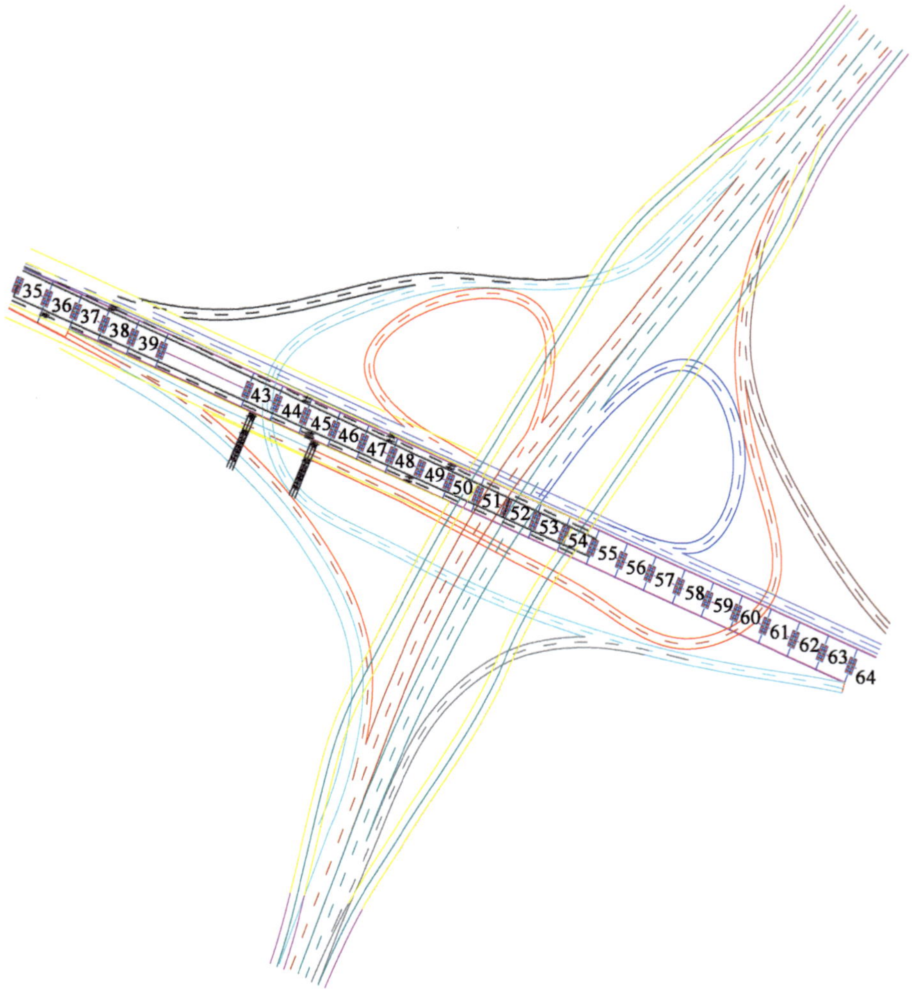

图 7-31　第五期交通导行图

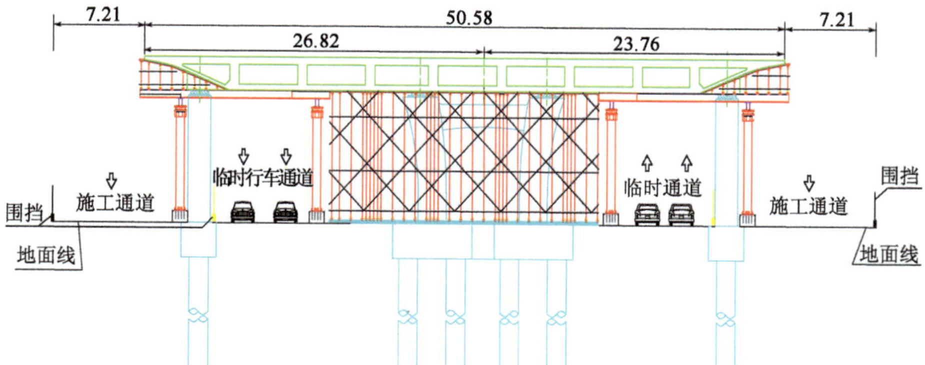

图 7-32　第五期永顺街封闭施工横断面图(尺寸单位:m)

第8章

干旱荒漠区城市快速路环境保护技术

8.1 项目区自然和社会环境概况

8.1.1 地形地貌

乌鲁木齐市位于天山北麓、准噶尔盆地南面，三面环山、东临天山主峰博格达峰，西有卡拉勒山，南依天山支脉喀拉乌咸山，西北有准噶尔盆地。市区南北长16km，东西长2～6km，是一狭长带形城市。市区地形比较平坦，东南高，西北低，海拔高(680～920m)，平均坡降1%～1.5%。市区东西两侧多是丘陵地带，西南紧靠妖魔山，地质构造为山前凹陷带。

8.1.2 气象与水文

乌鲁木齐市属温带大陆性气候，其特点是寒暑变化剧烈，干燥少雨，光照丰富，蒸发量大，冬季寒冷漫长，夏季热而不闷，春季多大风，秋季降温迅速。年平均气温6.4℃。全年中7月最热，月平均气温24.5℃；1月最冷，月平均气温－14.9℃。极端最高气温42.1℃，极端最低气温－41.5℃。地面温度高达67.5℃，最低达－43.6℃，最大冻土深度162cm。平均日照率62%，最高年日照时数3115h，日照率70%，最低年日照时数2404h，日照率54%。

乌鲁木齐市降水量较少，年平均降水量为236mm，年最大降水量401mm，年最少降水量仅131mm。年平均蒸发量2267mm，最大年蒸发量3120mm，最低年平均蒸发量1383mm，年蒸发量约为年降水量的10倍。积雪最大深度48cm，最小深度11cm，平均深度27.5cm，降雪期在10月中旬至次年4月中旬，年平均降雪期185d左右。

乌鲁木齐市主导风向：春季多为东南风，频率最高14.3%，最大风速28m/s；冬季为北风和西北风，频率达8.75%～9.5%，最大风速20m/s。年平均气压936mbar，最高年平均气压947mbar，最低年平均气压914mbar。其中冬季气压高，夏季气压低。年平均相对湿度58.8%，最高年平均相对湿度67%，最低平均相对湿度53%。

乌鲁木齐地区可分为五大水系，即乌鲁木齐河水系、头屯河水系、柴窝堡湖水系、达坂城水系和东山阿拉沟水系，它们均属于内陆河系。拟建公路沿线由北向南途经水磨河、八道湾河及和平渠等河流。

8.1.3 土壤概况

项目区沿线土壤类型主要有灰漠土、棕钙土。

(1)灰漠土

灰漠土是在干旱荒漠气候条件下,通过微弱的生物积累过程,黏化铁质化过程和微弱淋溶过程的共同作用下形成的。项目 K0 ~ K10 穿越的灰漠土类型为灌耕灰漠土,灰漠土成土母质为典型的黄土状物质,冲积相沉积层理明显,质地偏黏,常为重壤和黏土夹层。

剖面特征:地表具多角裂缝,表土为发育良好的荒漠结皮层,呈浅灰色干面包状,此层以下为淡灰色的片层结构,约 2 ~ 5cm 厚;第三层为黏化、铁质化过程形成的浅棕色紧密实层,黏粒含量稍高,腐殖质层不明显,有白色斑点或菌丝状的碳酸钙沉积;在 40cm 以上,有石膏晶粒出现。

(2)棕钙土

棕钙土主要分布在乌鲁木齐市城区及城区南部山前倾斜平原区,海拔 800 ~ 1200m,其母质多为黄土状沉积物,土层较厚,多为壤质,自然植被较好,剖面分化比较明显。表层土壤有机质平均含量 1.67%,土壤速效磷、速效氮含量偏低。本项目 K10 ~ K43 段落大部分位于该类土壤类型。

8.1.4 植被状况

(1)自然植被

沿线范围的植物常见种和优势种为小蓬、驼绒黎、木地肤、多根葱、琵琶柴、角果藜等。沿线范围内没有保护植物分布。

①主要自然植物群落型及一般特征。

K10 ~ K21 +700(11.7km)地处山前洪积扇前缘的黄土塬上,植被类型为叉毛蓬型土质温性荒漠,主要为叉毛蓬、琵琶柴、短叶假木贼等,植被高度 15 ~ 20cm,盖度约为 10% ~20%,每公顷鲜草产量 435 ~615kg。

K33 +100 ~ K36 +900(3.6km)、K40 +500 ~ K43 +300(2.8km)地处西山山地和丘陵区,公路沿线植被主要植被类型为小蓬型温性荒漠类,该类型分布在天山南坡低山和洪积扇分布,伴生种主要有驼绒藜、木地肤、多根葱、角果藜、琵琶柴等,植被高度 5 ~ 10cm,盖度为 10% ~20%,每公顷鲜草产量 600 ~ 1650kg。

②散生荒漠植物。

绿洲区段小块荒地、田间地头的空地、现有道路边坡和头屯河的河滩上散生这一些荒漠植物,主要包括苦豆子、绢蒿、胡卢巴、地肤、滨藜、画眉草、骆驼蓬、叉毛蓬、角果藜等。

(2)人工植被

①农作物。

主要为 K5 ~ K10(5km),穿越七道湾乡的农田和农村居民点,地势平坦,主要种植蔬菜、小麦和油葵等作物。

②林木。

东二环路穿越 K5 ~ K10、K36 +900 ~ K40 +50 现有道路两侧的防风林带，其他线路主要穿越城区的绿化树木，主要集中在 K21 +700 ~ K33 +100 城市郊区段，主要树种为杨树、榆树。

8.1.5　社会环境状况

乌鲁木齐市东二环道路工程起点与吐乌大高速公路上沙河互通立交顺接，终点与乌奎高速公路相接，沿途经过乌鲁木齐市米东区、水磨沟区、天山区、沙依巴克区等主要城区，路线全长 43.079km。本项目的建设将在南北交通走廊内构筑起快速通道，完善乌鲁木齐市城市快速路系统，缓解城市道路交通压力，引导城市向北部发展，拓展城市空间，保护城市核心发展区，适应乌鲁木齐城市发展的需要，对进一步增强乌鲁木齐中心城市自身发展能力具有积极意义。

8.2　项目建设可能产生的环境敏感区域分析

8.2.1　可能产生的声环境敏感点分析

目前国内高速公路采取的声环境保护措施主要有降噪林带、建筑降噪(隔声窗)、声屏障、低噪声路面、搬迁和设置禁鸣标志等。结合本项目环评报告，经沿线现场踏勘、核实，主要声环境敏感点详见表 8-1。

营运期拟建公路沿线声环境敏感点一览表　　表 8-1

序号	敏感点名称	桩 号 范 围	距路中线/红线距离(m)	道路形式
1	新疆交通职业技术学校	K1 +300 ~ K2 +100	右 50/20	高架桥
2	农六师十三户社区	K2 +600 ~ K3 +400	左 40/10、右 40/10	高架桥
3	卡子湾村三组	K3 +500 ~ K3 +600	左 50/20	高架桥
4	卡子湾村四组	K5 +200 ~ K5 +400	右 50/20	路基
5	市三十二中	K10 +800 ~ K10 +900	右 75/45	路基
6	维斯特世纪花园	K15 +400 ~ K15 +900	左 70/40	路基
7	绿城丁香花园	K16 +700 ~ K16 +900	右 40/10	路基
8	鲁班温馨花园	K21 +500 ~ K21 +800	右 40/10	高架桥
9	东大梁社区	K22 +400 ~ K22 +900	右 40/10	高架桥
10	青岛花园	K25 +100 ~ K25 +300	右 60/30	高架桥
11	和顺花园	K25 +300 ~ K25 +800	右 80/50	高架桥
12	新疆体育运动职业技术学院	K25 +800 ~ K26 +100	右 60/30	高架桥
13	新疆大学南校区	K30 +400 ~ K30 +600	右 40/10	高架桥
14	红一电家属区	K30 +800 ~ K31 +100	左 40/10、右 40/10	高架桥
15	大湾乡仓房沟村 5 队	K37 +000 ~ K37 +400	左 40/10、右 40/10	高架桥
16	长胜大队 1 队	K38 +700 ~ K39 +300	左 40/10、右 40/10	高架桥

8.2.2 对水环境可能产生的影响分析

项目施工会对沿线水环境产生一定的影响，施工期间可通过加强管理来减缓公路建设对地表水环境影响，尤其需要加强桥梁建设点、施工营地、施工场地和筑路材料运输的管理。在采取合理有效的各项措施后，项目施工对地表水环境的影响较小。

三屯碑—燕儿窝水源保护区内的桥梁，依相关规范规定在桥面不得设竖向泄水孔，增设桥面径流收集系统，将可能产生的径流导入两端桥头设置的沉淀池中，起到沉淀、蓄毒作用，禁止直接排入水体。对于其他Ⅲ类以下水体的桥梁，采用多处分散的方式排入水体，相对于河流水体流量，路面径流携带污染物对水体水质的影响甚微。

本项目 K32 +430 ~ K32 +930 段紧邻三屯碑—燕儿窝一级水源保护区应采取工程措施严格管理。

8.2.3 对自然环境的影响分析

项目的建设会对保护区产生一定的影响，尤其在施工期间，施工机械及人员的噪声，施工机械对保护区土地的压占，施工机械的跑、冒、滴、漏等现象改变保护区土壤性质，施工便道、临时性工程占地等对保护区土地功能的临时改变等。

项目的建设将会对沿线附近的自然景观产生一定的影响，但对沿线较远的自然景观不会产生大的影响。

对沿线自然生态环境产生的影响主要表现为施工造成的水土流失及工程占地对土地利用、工农业生产、野生动植物、生态景观等的影响。

环境保护设计中应力求与原有自然景观融为一体，防治结合，减少水土流失；绿化多选用乡土树种种植、减少植被破坏，保护自然环境。

8.2.4 取弃土产生的影响分析

项目区位于乌鲁木齐市天山北麓、准噶尔盆地南，根据《土壤侵蚀分类分级标准》(SL 190—2007)，本项目所在地区为风力侵蚀Ⅱ类型区，兼有部分冻融侵蚀，项目区水土流失比较严重，是新疆水土流失重点防治地区之一。

由于本项目路基填料全部利用挖堑土石方，故不考虑设置取土场。弃土在桩号 K11 +680 右侧约 3.2km 处的乌鲁木齐市欣景源环保有限公司和桩号 K35 +600 左侧约 1.2km 处的乌鲁木齐市绿色源泉工贸有限公司进行集中处理。

8.3 设计理念、指导思想和设计原则

8.3.1 设计理念

环境保护与景观设计坚持以人为本的设计理念，并以“三同时”为指导，摒弃“先破坏，后

恢复”的陋习，使项目建设与环境恢复同步；坚持“安全、经济、实用，适当照顾美观”的指导原则，环境保护设计以恢复公路生态、防治水土流失为出发点，追求人、车、路与自然环境和社会环境的和谐统一，在满足基本功能情况下，尽可能节约工程造价，降低成本，恢复当地生态环境，实现投资的最佳效益。

8.3.2 指导思想

设计中坚持“保护环境、绿化美化、融入自然、经济合理”的指导思想，通过公路沿线的环境保护与绿化建设，达到美化和提高公路的运行条件和环境质量、保护原有自然资源、带动公路沿生态建设、扩大公路绿化面积和丰富生物多样性、防治水土流失对公路的侵蚀、降低车辆尾气排放和噪声对环境的污染、推动区域经济发展、实现经济建设与环境治理同步发展的效果，最终将本项目建设成具有多种功能的现代化公路，与周边的农田、林地、企业、工厂、居民区等形成和谐、高效、可持续发展的综合系统。

8.3.3 设计原则

1)环境保护设计原则

环境保护设计中坚持以“防为主、以治为辅、防治结合”的原则。环境保护方案根据本项目特点进行针对性设计，对可能产生的污染事故进行风险分析，并采取应急措施；最大限度减少生态破坏，保护原有植被和水资源，防止施工活动对周围环境造成污染和破坏。

2)景观设计原则

(1)承载性原则。针对本项目特点，环境景观设计中在一定程度上体现沿线的自然景观、社会风俗文化，使环城快速路成为乌鲁木齐地区自然景观和风俗文化特点的承载体，成为体现项目区特点的文化走廊。

(2)经济性原则。设计中因地制宜、适地种树、综合利用，使设计达到技术上可行、经济上合理，实现资源节约化和集约化。

(3)整体性原则。景观设计过程中，把道路的路侧、互通立交、绿化带、边坡作为一个整体通盘考虑。主线和连接线绿化带内采用乔木、灌木、地被植物互相搭配的布置手法，大分段间隔逐步过渡，形成连续不断、动中有变的“绿化长廊”。互通立交绿化以大片乔木为基调，乔木、灌木相结合，与立交周围环境融为一体，达到融入自然又高于自然的景观效果。路基边坡以草、灌木结合工程防护进行绿化，达到稳定边坡、减少坡面径流冲刷、美化路容的作用。

(4)创新性原则。景观设计中，针对本项目特点，结合沿线生态环境，采用自然式散植、透景、高低搭配、视线分析等方法进行创新设计。在满足绿化美化功能的基础上，探索和发展公路景观绿化设计理念，创新设计手法，最终将本项目打造成一条绿色廊道。

8.4 各专业设计考虑的环境保护措施

8.4.1 路线设计

路线坚持环保选线，最大限度的保护生态环境。

(1)沿线地形复杂,结合路线地形起伏严格控制填挖高度,尽量避免大填大挖,减少植被破坏和水土流失。

(2)路线方案布设时,避让燕北水源保护区,保护当地水资源,防止对保护区产生水污染。

(3)路线布设中尽量少占良田,减少对土地资源的占用。

总体而言,路线充分考虑了当地环境保护要求,做到了合理布线。

8.4.2 路基设计

路基防护设计中贯彻绿色环境保护理念,在充分考虑边坡稳定的前提下,以植物生态防护为主,工程防护为辅,采用工程防护和植物防护相结合的原则,确保路基稳定,并使其与生态环境相协调。

8.4.3 桥梁设计

桥梁作为道路中的重要构造物,在塑造道路风格中扮演着重要角色。本项目桥梁设计中精心布跨,遵循"安全、适用、经济、美观"的原则,除考虑结构本身的合理性与安全性外,也考虑到桥面驾驶人员的视觉感受,特别注重桥型设计与周围自然景观相协调。

8.4.4 路线交叉

本项目共布设喀什路互通、河南路互通、乌奎互通 3 处立交。立交布置除满足交通功能外,依据地形合理布设,结合立交景观绿化,使立交很好地与周围自然环境相融,突出立交作为本项目重要景观节点的作用。

8.4.5 环境保护与景观设计

本项目的环境保护设计中,对于超过噪声标准的路段,通过设置隔声窗、声屏障等进行降噪处理。绿化中充分考虑当地水土保持要求,根据不同路段的不同地貌和自然环境选择适宜的乡土树种进行分段设计,并运用多种设计手法进行绿化,使整个公路工程与周围环境相协调。

8.5 环境保护设计

为了保证沿线地区的声环境敏感点在运营后符合《声环境质量标准》(GB 3096—2008)中的 1 类、2 类和 4a 类标准相关要求,本次设计根据各敏感点噪声预测情况、环评结论情况,对近期噪声超标的敏感点进行噪声防护,针对噪声超标的敏感点通过降噪措施方案比选,提出切实可行的噪声防治对策。针对环评结论,对 12 个敏感点进行声屏障设置,具体见表 8-2。

声屏障设置一览表　　表 8-2

序号	敏感点名称	对应道路桩号范围	侧　位	声屏障总长度(m)
1	新疆交通职业技术学校	K1 +285 ~ K2 +115	右侧设置	830
2	农六师十三户社区	K2 +585 ~ K3 +415	左右均设	1660
3	农六师十三户学校	K3 +085 ~ K3 +215	左侧设置	130
4	农六师十三户医院	K3 +135 ~ K3 +235	右侧设置	100
5	卡子湾村三组	K3 +485 ~ K3 +615	左侧设置	130
6	卡子湾村四组	K5 +185 ~ K5 +415	右侧设置	230
7	新建社区	K10 +185 ~ K10 +615	右侧设置	430
8	市三十二中	K10 +785 ~ K10 +915	右侧设置	1230
9	丰华社区	K10 +585 ~ K11 +115	左侧设置	530
10	绿坝社区	K11 +585 ~ K12 +015	右侧设置	430
11	维斯特世纪花园	K15 +385 ~ K15 +915	左侧设置	530
12	绿城丁香花园	K16 +685 ~ K16 +915	右侧设置	230

该项目 K31 +790 ~ K33 +550 段穿越三屯碑—燕儿窝地下水源地二级保护区内，穿越长度 1.76km，其中 0.5km 紧邻一级水源保护区。

根据《中华人民共和国环境保护法》和《中华人民共和国水污染防治法》规定：禁止在生活饮用水地表水源二级保护区内新建、扩建向水体排放污染物的建设项目。

三屯碑—燕儿窝水源保护区内的桥梁，在桥面不得设竖向泄水孔，增设桥面径流收集系统，将可能产生的径流导入河滩快速路排水体系中，禁止漫流。

8.6　景观绿化设计

8.6.1　绿化景观工程概况

(1)东二环路主线

东二环路起点接现有吐乌大高速公路的上沙河互通立交，终点位于乌奎高速公路，总长约 43km。绿化带主要由中央分隔带，主辅路分隔带、辅道与人非混行道分隔带以及新建的 3 个互通立交组成。总绿化面积约 112 万 m^2。

沿线新建的互通立交包括：喀什路东延互通立交、河南路东延互通立交、乌奎高速公路互通立交。总绿化面积约 18.1 万 m^2。

(2)道路横断面(推荐方案)

地面道路标准段断面如图 8-1 所示。

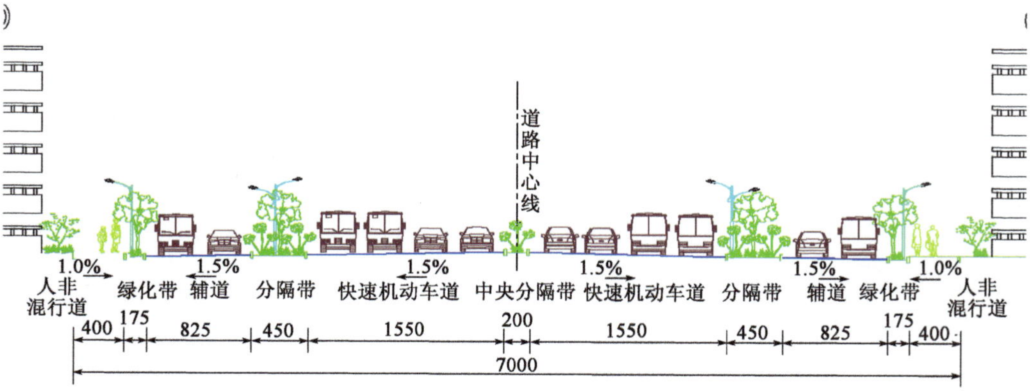

图 8-1 地面道路标准段断面图(尺寸单位:cm)

高架桥标准段断面如图 8-2 所示。

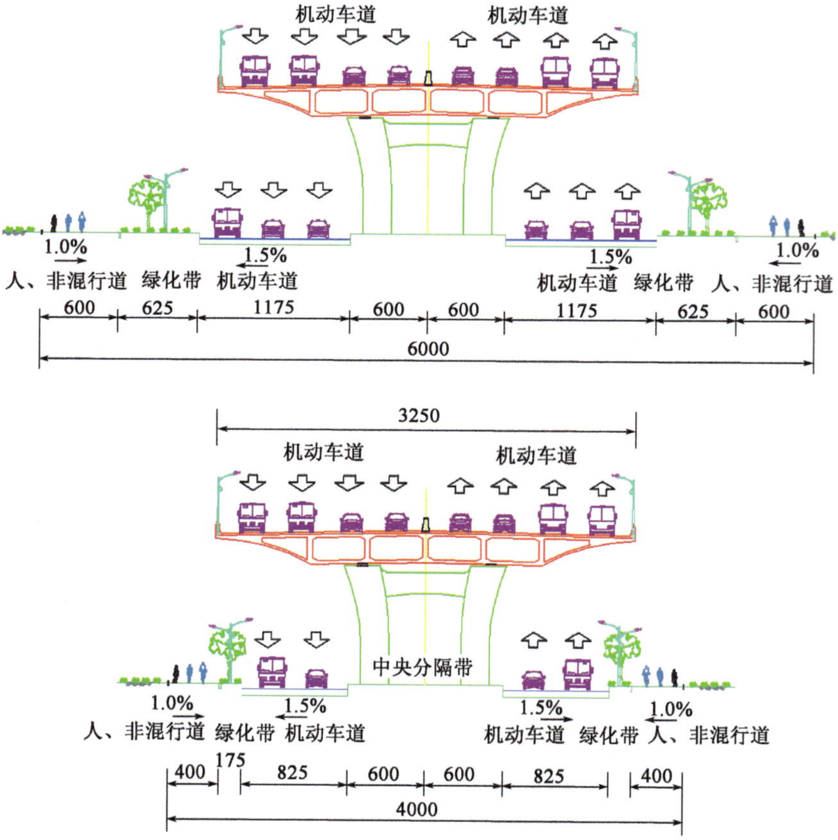

图 8-2 高架桥标准段断面图(尺寸单位:cm)

道路等级：主线为城市快速路，辅道为城市次干路。

设计速度：主线设计速度 80km/h，辅道设计速度 40～50km/h。红线宽度 60～70m。

其他连接线设计速度：40～50km/h。

8.6.2　道路绿线控制

根据《城市快速路设计规程》(CJJ 129—2009)关于绿地率指标的规定：快速路的绿地率宜为 25%～30%；《城市道路绿化规划与设计规范》(CJJ 75—1997)、《乌鲁木齐市行道树绿化指导意见》(乌鲁木齐市林业局)关于道路绿地率指标的规定：红线宽度大于 50m 的道路绿地率不得小于 35%；红线宽度在 40～50m 的道路绿地率不得小于 30%；红线宽度小于 40m 的道路绿地率不得小于 25%。

主线高架路标准段道路红线宽度 60m，绿地率 15.3%；地面道路路段标准段道路红线宽度 70m，绿地率 17.8%。

为满足道路绿地率的规范要求，保证道路的绿化景观效果，起到防风隔音、固土护坡、引导视线的作用，并提高行驶的安全性、协调景观、改善环境，使基础设施建设和生态环境建设协调发展，建议在道路红线外侧增加绿线控制规划：

道路红线外绿化带的宽度根据道路两侧的用地情况，在道路两侧建筑物或构筑物相对密集路段每侧按照 3～5m 宽，有条件的路段可加宽到 5m 以上；其他路段根据现状实际情况，每侧按照 50m 宽进行重点绿化和防护。立交桥周围设置不少于 30m 的绿化带。

8.6.3　设计范围

设计范围包括二环路主线和所有连接线道路红线范围内的绿化带、立交范围内绿化及沿线边坡绿化。

本次绿化景观设计在道路红线外两侧各预留一定宽度的绿化带，主要目的是为了防风隔音、固土护坡、引导视线、提高行驶的安全性、协调景观、改善环境，使基础设施建设和生态环境建设协调发展。

8.6.4　景观设计设计原则

项目作为乌鲁木齐的城市快速路，农田、村落、山体、水库、公园等构成东二环路沿线的主要景观特色，富有田园情趣。因此，道路绿化景观设计应以沿线的自然风貌为基础，将自然山体和田园风光引入道路景观中，突出景观设计的地域性原则，以沿线层次丰富的植物景观和各互通立交的绿化景观为特色，通过大尺度和大手笔来营造与快速路和周围的大环境景观相协调的绿色交通环境。

在景观设计中应遵循以下设计原则。

(1)功能优先原则

快速路的首要功能是运营，绿化设计必须服从满足高速公路的“功能性”要求，在行车视线通透和安全的前提下，根据周边环境考虑景观设计。

①充分利用视觉原理和心理作用，利用植物引导视线的功能，通过合理的植物配置和色彩运用，发挥绿化的引导、示意和心理调节作用，使驾驶员在视觉上可预知前方坡度变化和方向变化，营造安全、舒适、高效的交通环境。

②中央分隔带种植植物，防夜间眩光。

③在禁区内不可种植妨碍视线的乔木、灌木，以免影响行车安全，但可以种植地被植物覆盖地面。

(2)生态防护效益优先原则

充分考虑道路沿线的水资源利用和植物景观层次，将道路景观和原有的生态要素相结合，改善道路生态环境，减少对原有生态环境的破坏。

选用乔木、灌木和地被植物时，考虑其降噪、防尘、减低风速、净化空气等功能，使快速路集绿化、美化、净化与一身，成为绿色生态走廊。

路基两侧挖方路段以生态防护为主，生态防护与结构防护并举，保护沿线生态环境。

(3)景观舒适性原则

①树立大绿化、大环境思想，采用大手笔设计手法，将快速路绿化景观和沿途两侧风光相结合，注意整体性和节奏感，注意主观赏点的选择，形成良好、舒适的视觉冲击效果。

②注意植物生长特性，花期、花色以及树形合理搭配，并在不同的地段，选择多种植物营造不同氛围，体现植物多样性、层次性与季节性。力求设计精致，创造具有时代感，反映风土人情及具有高艺术水平的植物景观。

(4)生态适用性原则

绿化景观设计中，选用植物，首先应具有最佳适应性，表现为抗逆性强、生长发育正常、病虫害少及易繁殖等性状；其次水土保持能力强，生物防护性能好；最后要遵循因地制宜、适地适树原则，快速路植物生长的立地条件差，应选择生长强健、管理粗放的植物，以乡土植物为主。

(5)突出地域特色原则

绿化整体景观在形象上体现简洁、大气、统一流畅的风格，色调上应和谐明快，并充分考虑动态的观赏效果，达到统一中有变化，变化中求统一的效果，同时注重展示其地方性和文化性，突出二环路的地域性景观。

(6)经济适用性原则

在植物配置和地形处理上绿化应突出经济性原则，并将生态效益放在第一位，充分考虑建设单位的经济利益，尽量降低造价和后期绿化养护费用。绿化设计选用植物要考虑易于施工、便于养护、适应性强、管理粗放和价格低廉的植物种类，以达到减少投资的目的，将交通、景观、后期养护这三者统筹兼顾。

(7)协调性原则

对于沿线环境不良区域，可以通过密集绿化，将不良景观隔离，改善视觉环境。

8.6.5 东二环路景观格局

1)景观元素

河道、村庄田野、居住小区、道路、铁路、山体、公园、水库、部队训练场等构成道路沿线主要的景观元素。道路绿化设计将上述元素加以绿化组合，与道路两侧环境融为一体。

东二环路景观现状分析图如图 8-3 所示。

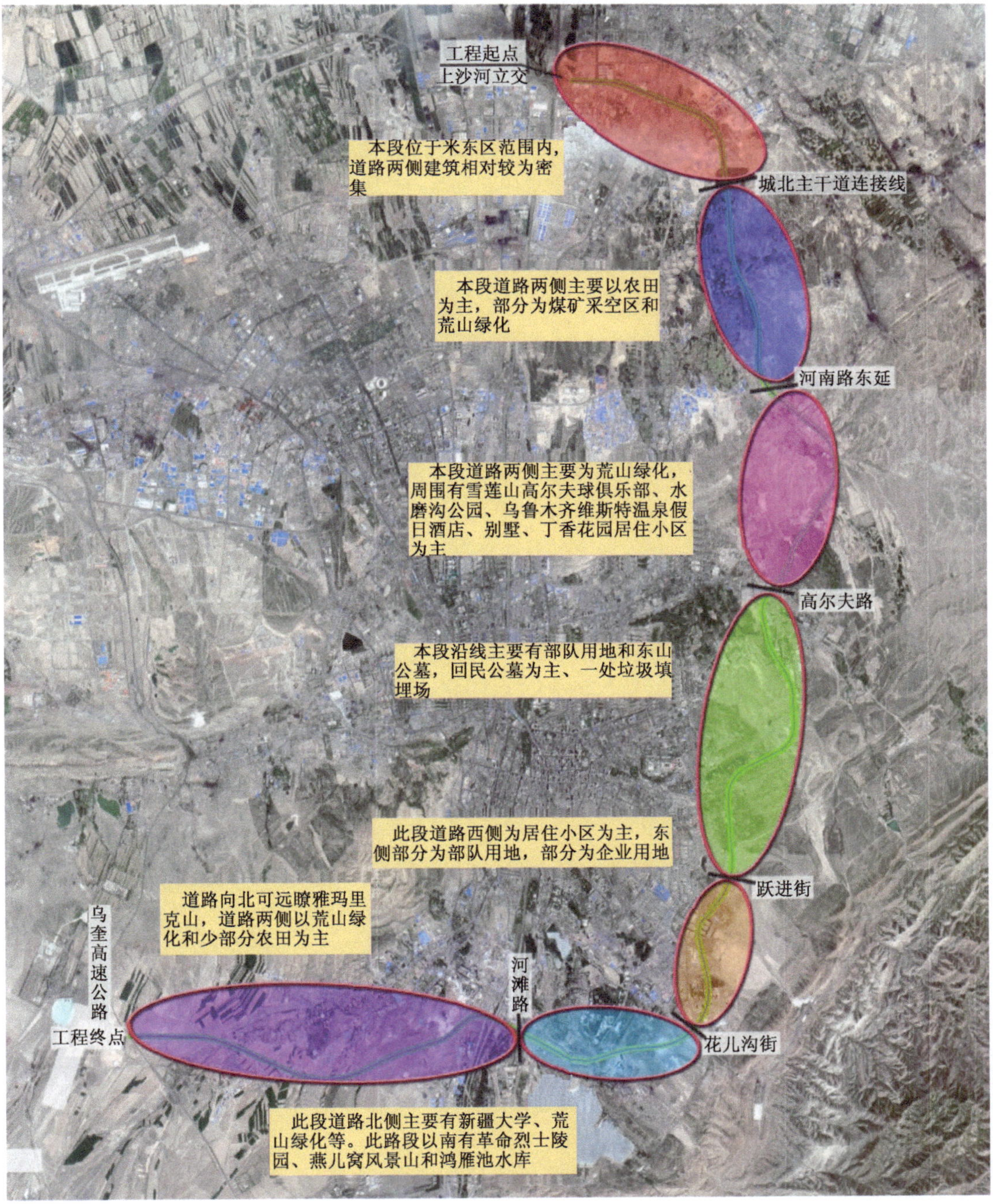

图 8-3　东二环路景观现状分析图

2）总体景观设计构思

根据路线的走向和线形设计，以及各段落的沿线景观特色，从上沙河立交到乌奎高速公路，将全路段划分为 7 个景观段，并赋予不同的景观主题，7 个立交景观节点，形成富有节奏和韵律变化的各具特色的景观走廊。东二环路景观结构分析图如图 8-4 所示。

图 8-4　东二环路景观结构分析图

根据现状用地分析，全线大致划分为 7 个绿化景观段，以 6 个互通立交为景观节点，体现不同路段不同景观，形成富有节奏和韵律变化的格局特色的景观走廊。

8.6.6　绿化标准段设计

(1)上沙河立交—城北主干道(K0 +000 ~ K4 +900)：以“稻米之乡”为主题。

本段位于米东区,米东区盛产稻米,是新疆水稻主要产区之一,素有"塞外江南"之美誉,本段以"稻米之乡"为主题。

绿化设计造型提取稻叶和稻米的外观形态,种植体现桃李满园的春季景观。一年之计在于春,春耕下种,"春天"是一个富有生命力的季节,带给人希望,与米东区盛产水稻的特点相融合。

设计道路两侧绿化带宽度 6.25m,绿化植物:乔木选择金叶榆、2 排小叶白蜡;花灌木选择水蜡绿篱、金叶榆绿篱、草芙蓉。

上沙河立交—城北主干道绿化设计标准段示意见图 8-5。

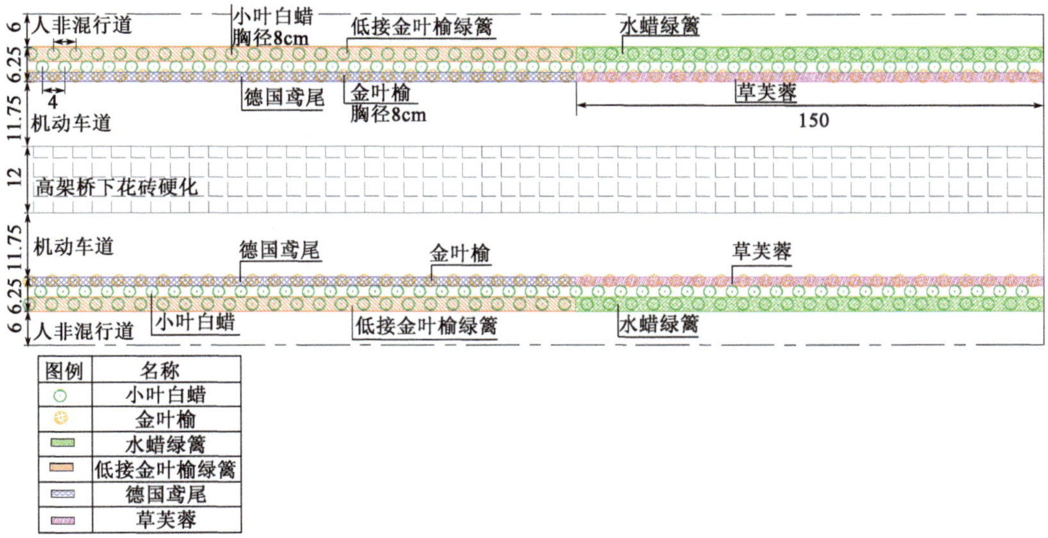

图 8-5　上沙河立交—城北主干道绿化设计标准段示意图(尺寸单位:m)

(2)城北主干道—河南路东延(K4 +900 ~ K10 +400):以"田园风光"为主题。

本段道路两侧多为农田,绿化设计采用半开敞空间,使道路两侧自然景观相互渗透,将道路与自然融为一体。种植体现收获的秋季景观,与两侧农田相互应。

道路两侧各 4.5m 和 1.75m 绿化分隔带。

乔木:黄榆、大叶白蜡、新疆杨。花灌木:千屈菜、黄刺梅、红花多枝柽柳、红瑞木、二月兰、紫穗槐、忍冬、地被菊、新疆小白榆。

城北主干道—河南路东延绿化设计标准段示意见图 8-6。

(3)河南路东延—观园路(K10 +400 ~ K16 +400):本段重点体现新疆民族文化特色,种植体现四季景观。

本段位于天山博格达峰脚下,道路两侧主要为荒山绿化(为天山前山区)。周围有新疆乌鲁木齐雪莲山高尔夫球俱乐部、水磨沟公园、乌鲁木齐维斯特温泉假日酒店、别墅、丁香花园居住小区为主。道路两侧自然环境优美,是旅游、度假的黄金地段。

道路两侧各 4.5m 和 1.75m 绿化分隔带。

绿化植物配置:本段共为 2 个标准段,每段约 1km 进行交替种植。

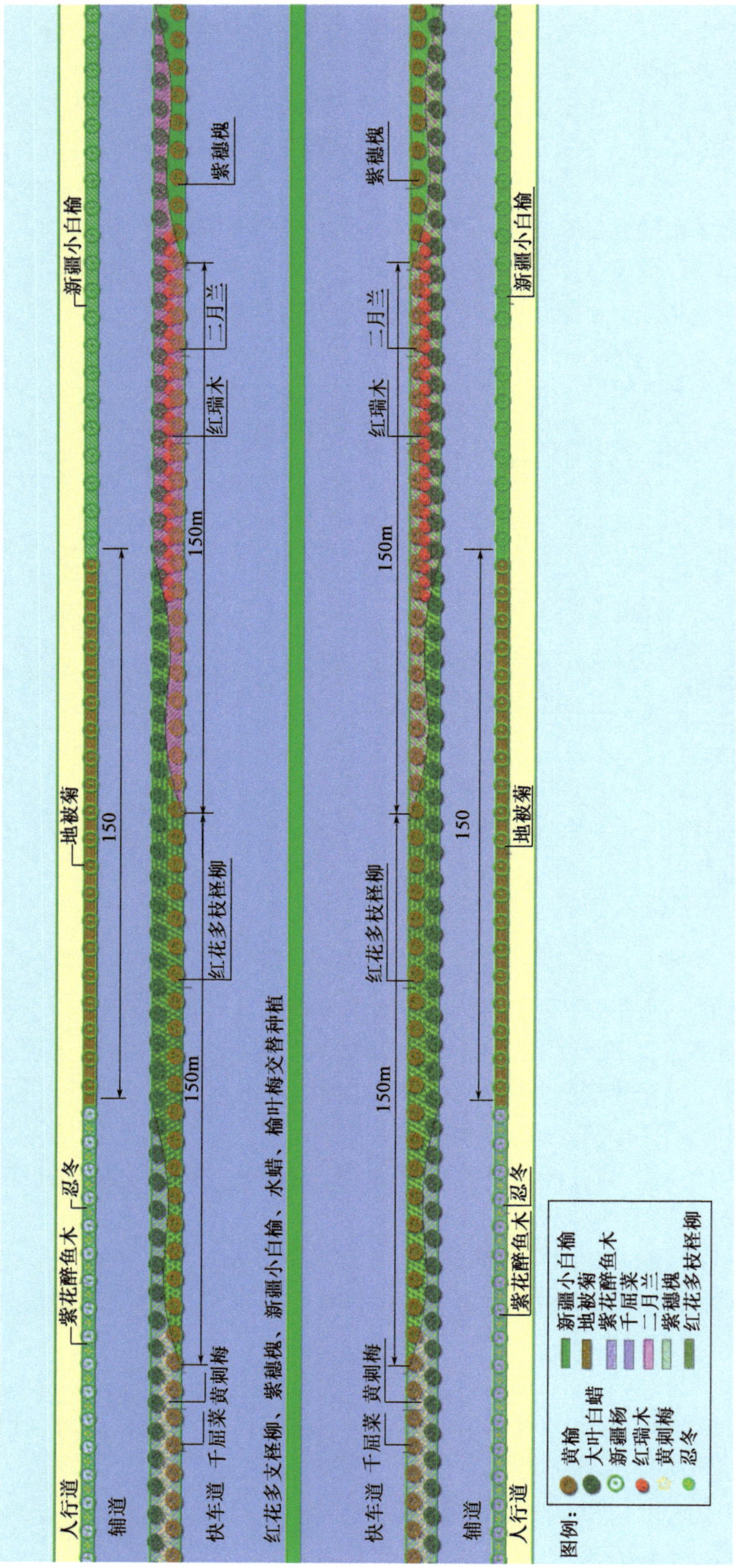

图8-6 城北主干道—河南路东延绿化设计标准段示意图(尺寸单位：m)

①标准段1。

乔木：圆冠榆、大叶榆、银新杨。

花灌木：金鸡菊、水蜡、紫丁香、野牛草、低杆野花组合、紫松果菊、紫穗槐。

河南路东延—观园路绿化设计标准段1示意见图8-7。

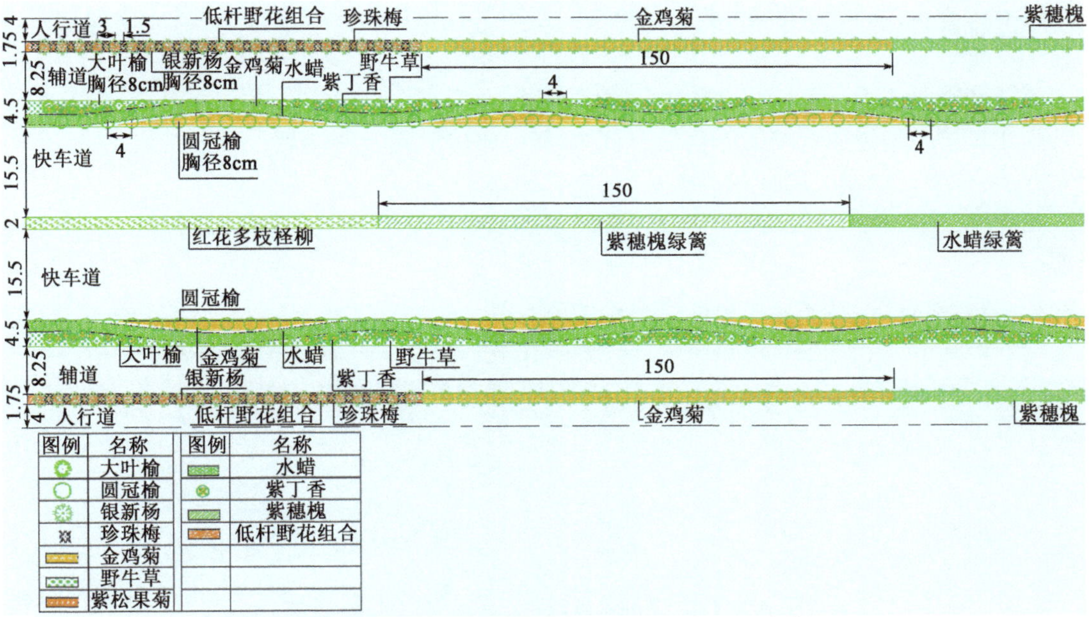

图8-7 河南路东延—观园路绿化设计标准段1示意图(尺寸单位：m)

②标准段2。

乔木：黄榆、小叶白蜡、杂交白榆。

花灌木：金叶莸、大花萱草、胡枝子、二月兰、红瑞木、低杆野花组合、绣线菊、蜀葵、雪柳。

河南路东延—观园路绿化设计标准段2示意见图8-8。

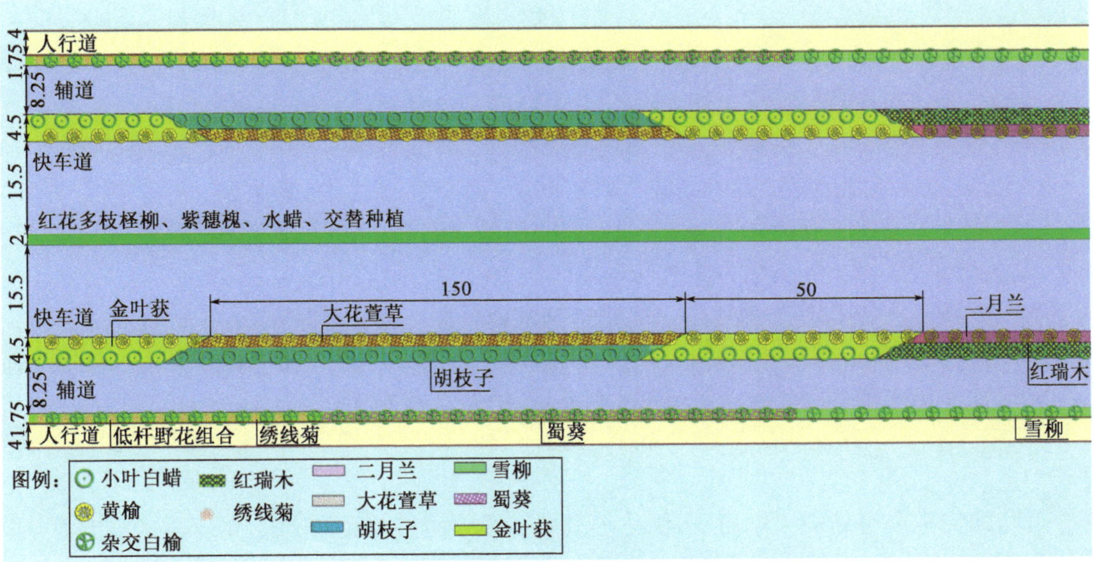

图8-8 河南路东延—观园路绿化设计标准段2示意图(尺寸单位：m)

(4)观园路—跃进街(K16 +400 ~ K24 +500):本段附近多为部队用地,以“雄师劲旅”为主题,体现军人为维护国家主权和领土完整,为维护国家统一和为国家发展创造和平的环境、和谐的社会环境所作的巨大贡献。

本段沿线除部队用地外,还有东山公墓、回民公墓、垃圾填埋场等影响视觉及情绪,绿化设计通过采用密植,起到遮挡和改善视觉环境的作用。种植以高大乔木为主,形成浓绿树荫,重点体现夏季景观。

道路两侧各 4.5m 和 1.75m 绿化分隔带。

绿化植物造型提取长城的外观形态,以新疆小白榆形成绿色骨架。

乔木:沙枣、长枝榆、箭杆杨。

花灌木:重瓣榆叶梅、新疆小白榆、千屈菜、红瑞木、月见草、野牛草、沙打旺、树锦鸡儿、柽柳。

观园路—跃进街绿化设计标准段示意见图 8-9。

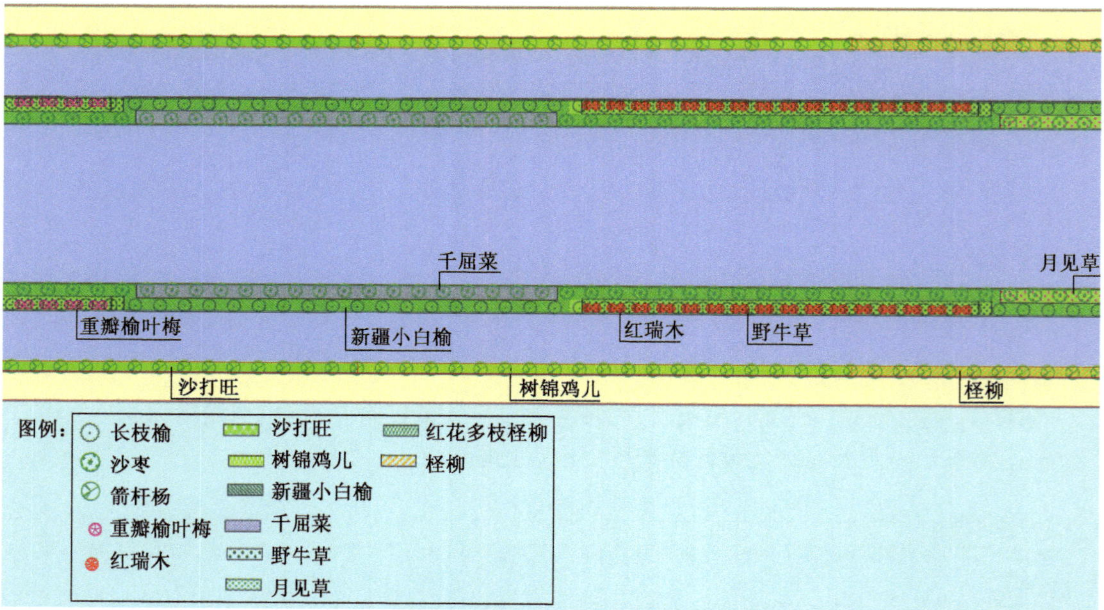

图 8-9 观园路—跃进街绿化设计标准段示意图

(5)跃进街—花儿沟街(K24 +500 ~ K28 +460):以“山花烂漫”为主题。

道路西侧为居住小区为主,东侧部分为部队用地,部分为企业用地。本段种植重点体现春夏景观,创造景色优美、充满活力的人居环境。

本段道路两侧各 1.75m 绿化带。绿化植物配置采用三段交替种植。

绿化植物:乔木选择小叶白蜡;花灌木选择月见草、欧荚蒾、野牛草、紫穗槐、重瓣榆叶梅。

跃进街—花儿沟街绿化设计标准段(半幅路)示意见图 8-10。

(6)花儿沟街—燕北立交(K28 +460 ~ K33 +160):以“大鹏展翅”为主题,以绿意盎然的夏景为主。

道路北侧主要有新疆大学、荒山绿化等。此路段以南有革命烈士陵园、燕儿窝风景区和鸿雁池水库。

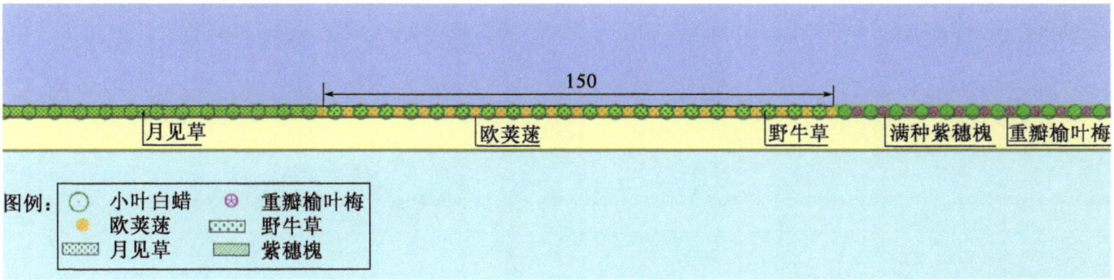

图 8-10　跃进街—花儿沟街绿化设计标准段(半幅路)示意图(尺寸单位:m)

新疆已迎来大建设大开放大发展的历史性重大机遇,此段以"大鹏展翅"为主题,预示着新疆正像大鹏展翅一样,进入了飞速发展的新阶段。

本段道路两侧绿化带宽度分别为 4.6m 和 1.75m。

①6.25m 宽绿化带内乔木种植 3 排,采用裂叶榆和大叶榆,乔木下灌木提取翱翔的鸟的外观形态形成造型,通过花卉地被菊和二月兰和密植灌木紫穗槐的种植,以雪柳作为分隔,表达本段"大鹏展翅"的主题。

花儿沟街—燕北立交绿化设计标准段 1 示意见图 8-11。

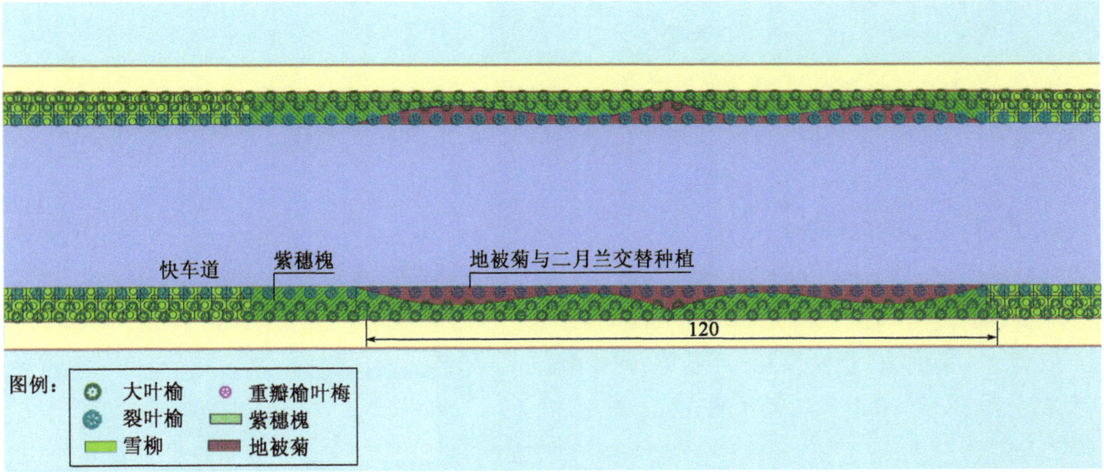

图 8-11　花儿沟街—燕北立交绿化设计标准段 1 示意图(尺寸单位:m)

②1.75m 宽绿化带内乔木种植一排,采用大叶榆。乔木下地被植物采用 3 个标准段进行分段交替种植,形成韵律变化。采用的花灌木有胡枝子、月见草、重瓣榆叶梅和雪柳。

花儿沟街—燕北立交绿化设计标准段 2 示意见图 8-12。

(7)燕北立交—乌奎高速公路(终点)(K33+160~K43+079)。

道路北侧可远眺雅玛里克山,道路两侧以荒山绿化和少部分农田为主。本段以"山清秀美"为主题。

本段道路两侧较为空旷,风沙大,人烟稀少,植物立地条件差。绿化设计种植以乔木为主,地被植物选用当地自然生长的盐生和旱生植物,以达到减少人工养护,粗放管理的目的。

本段总长约 10.5km,为避免品种单一造成沿途景观单调乏味,将该段划分为 2 个段。

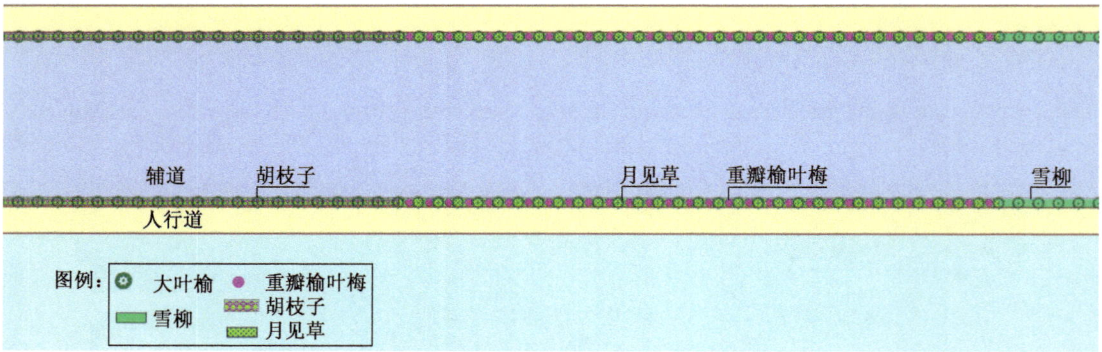

图 8-12　花儿沟街—燕北立交绿化设计标准段 2 示意图

第一段：燕北立交—K38 +000（图 8-13）。

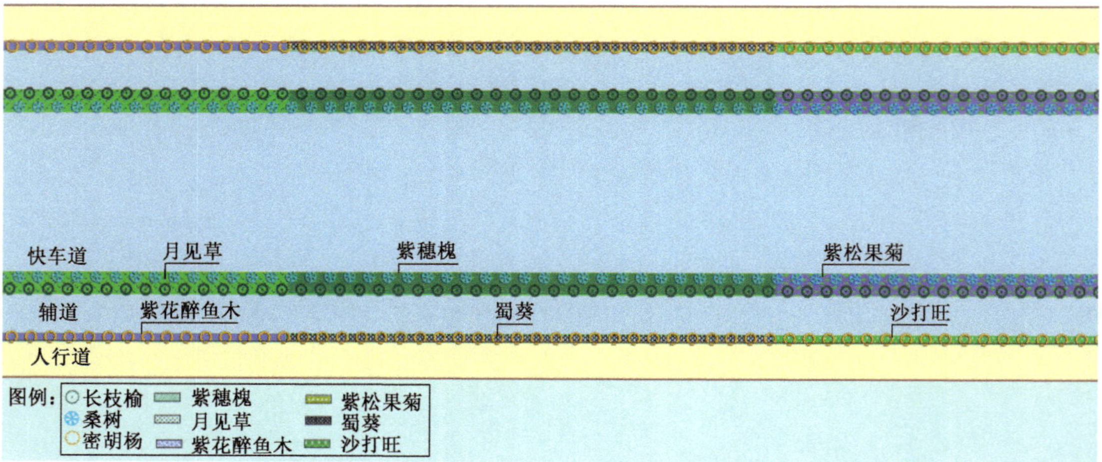

图 8-13　燕北立交—K38 +000 绿化设计标准段示意图

乔木：长枝榆、密胡杨。

花灌木：紫穗槐、紫松果菊、月见草、紫花醉鱼木、蜀葵、沙打旺。

第二段：K38 +000—乌奎互通立交（图 8-14）。

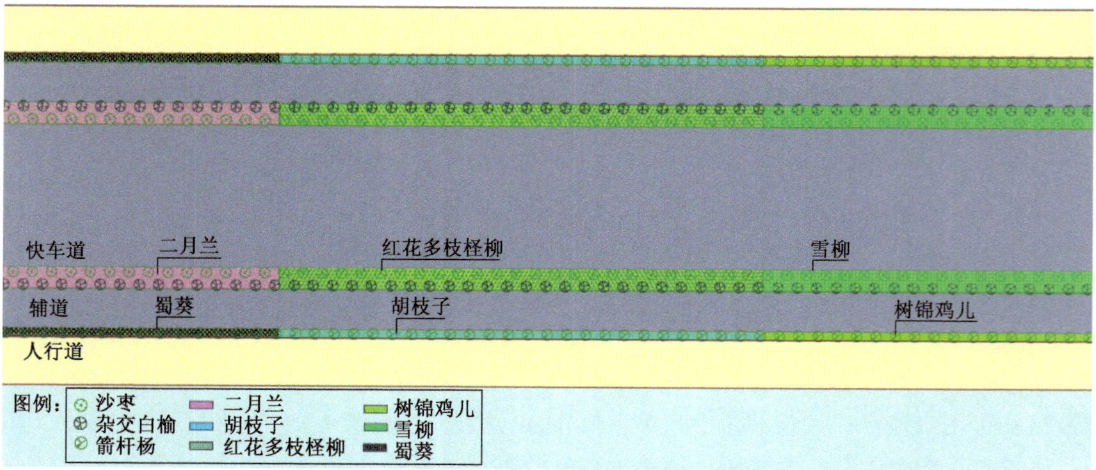

图 8-14　K38 +000—乌奎互通立交绿化设计标准段示意图

乔木:沙枣、杂交白榆、箭杆杨

花灌木:红花多枝柽柳、雪柳、二月兰、胡枝子、树锦鸡儿、蜀葵。

由仓房沟路—乌奎互通立交段由于近期辅道、分隔带、人非共行道不实施,道路两侧各宽14m,近期种植乔木,待远期实施辅道等断面时再对乔木进行迁移。

乔木种植采用2排箭杆杨、2排杂交白榆和1排沙枣,株行距为3米,胸径采用5cm。

仓房沟路—乌奎互通立交段绿化设计标准段示意见图8-15。

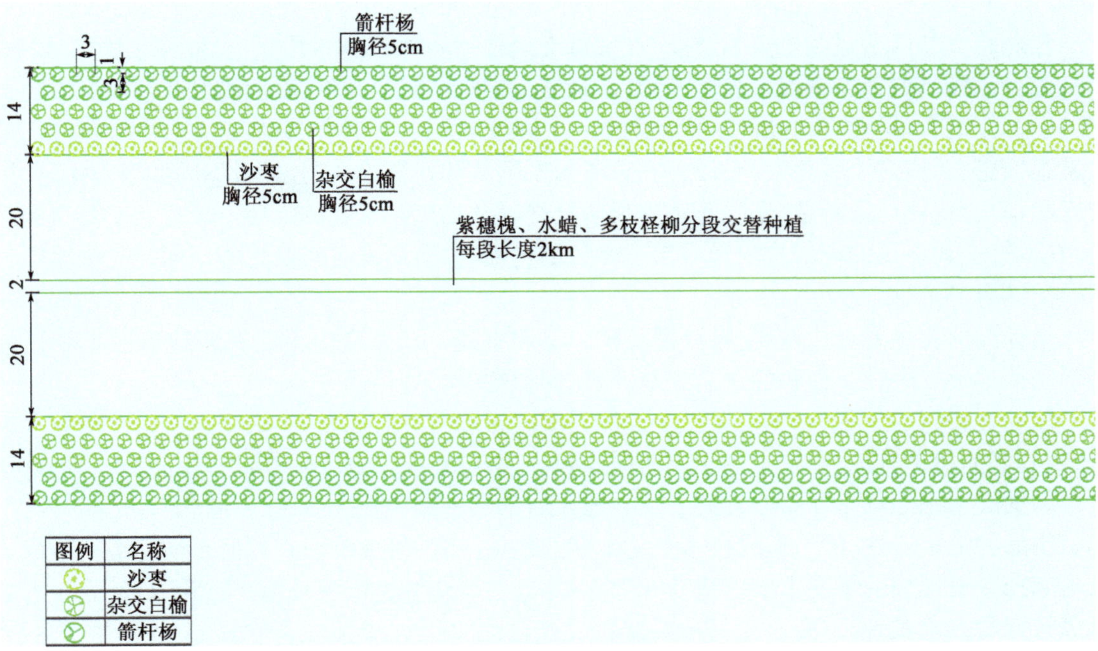

图8-15 仓房沟路—乌奎互通立交段绿化设计标准段示意图(尺寸单位:m)

8.6.7 中央绿化分隔带设计

(1)中央分隔带绿化主要功能是满足防眩效果,保证行车安全。在满足此功能的基础上同时还要考虑其经济性,景观效果以及后期的养护投入。

(2)中央分隔带从造景角度出发,不易有太多变化,但从简单重复的韵律节奏以及线形上同样具有一定观赏美的效果。植物选用乡土植物,选择生长缓慢,耐修剪、耐干旱贫瘠、抗污染植物,以深绿、浅绿等各种不同绿色进行搭配。高度控制在1.2~1.5m,植物成型后成型高度为1.5~1.7m,选用红花多枝柽柳、紫穗槐、水蜡作为景观变化调节树种,形成动态景观,舒展流畅、美观防眩。在高架桥路段的中央隔离采用硬隔离。

(3)为了使沿线的景观富于变换,而又不能太跳跃,连续种植长度在2km左右。

8.6.8 绿化边坡设计

边坡绿化设计:道路挖方段多挂铁丝网或三围植被网,少部分为拱形护坡,填方段多为路基下边坡,立交桥区多为路基边坡。

(1)对于路基两侧的下边坡,可视性差,绿化设计以种植攀爬类的植物为主,如五叶地锦。

(2)对与路基上边坡根据不同路段,选择不同植物进行绿化,使沿途形成景色变化,避免千篇一律。

绿化植被:多年生黑麦草、野花组合、紫花苜蓿、沙打旺、胡枝子、紫穗槐、野牛草、美国五叶地锦、山葡萄、二月兰、金银花等。也可采用以上多种草籽混播,加快边坡的复绿进度,使边坡生态环境在人工干预下,逐步向当地自然环境演替。

8.6.9 立交桥绿化设计

快速路立交区是道路重要的节点,在城市交通及城市景观构成中占有重要的地位。立交桥区的景观既是快速路景观印象的延续,又是整个带状空间的升华,必然能给在城市穿梭的人们留下深刻的印象,更是向外展示形象的窗口。立交桥区一般整体环境复杂,主线与匝道、地面辅道交错,形成多个绿化空间,设计充分考虑不同的观赏视线,结合各段不同的景观主题,结合现状情况,挖掘地方特色,使二环路立交桥景观以及二环路景观成为城市景观的重要组成部分,在发挥交通作用的同时也成为城市环境的绿色廊道,凸显城市新景观的作用。

1)喀什路互通立交

喀什路立交主要分为两层,喀什路上跨二环路主线。该立交由主线和匝道形成4个近似圆形的绿地和8个较小面积的三角绿地,绿化面积约10.2万m^2。

该立交桥较为规则,其中位于4个近似圆形的绿地采用对称布置,绿化主要以种植乔木为主,由外侧向中央聚拢,绿地中央形成通透空间,以造型模纹形成图案,成为核心景观。且喀什路以南的2个绿地与喀什路以北的2个绿地在植物品种和色调上采用了完全不同的品种,丰富植物品种的多样性,同时形成色彩变化丰富的植物景观,避免单调。其他8个小型三角绿地在不遮挡行车视线的情况下以种植乔木为主,靠近二环路主线一侧采用花卉和灌木,二者搭配形成较好的视觉景观。

喀什路以南部分采用的植物主要有箭杆杨、小叶白蜡、金叶榆、杜梨、丛生火炬、红花多枝柽柳、红瑞木、水蜡、红王子锦带、重瓣榆叶梅、千屈菜等。

喀什路以北部分采用的植物主要有新疆杨、大叶白蜡、沙枣、金叶榆、樟子松、山桃、丛生火炬、红叶海棠、水蜡、金叶榆绿篱、重瓣榆叶梅、千屈菜等。

喀什路互通立交绿化设计平面图如图8-16所示。

2)河南路互通立交

河南路立交主要分为两层,河南路上跨二环路主线。该立交由主线和匝道形成4个近似长椭圆形的绿地,绿化面积约6.5万m^2。

绿化设计外观造型采用新疆民族图案,通过不同色彩的植物搭配形成颇具民族特色的植物景观。

绿化设计整体布局采用对称布置,在植物配置上采用对角对称的手法,形成不同的色彩和景观效果,达到统一中求变化的目的。

绿化植物选择主要有两种:一是,大叶榆、银新杨、红叶海棠、圆冠榆、水蜡、紫叶矮樱、金焰绣线菊、低接金叶榆绿篱、红王子锦带、紫叶矮樱、樟子松。二是,银新杨、黄榆、大叶白蜡、山桃、水蜡、低接金叶榆、四季玫瑰、紫叶矮樱、樟子松。

二环路道路两侧人行道从绿地边缘穿过,道路东侧还有一河道穿越,道路两侧各形成一带状绿地。该绿地内主要以种植低矮花卉为主，形成花境，同时避免遮挡绿地内景观。

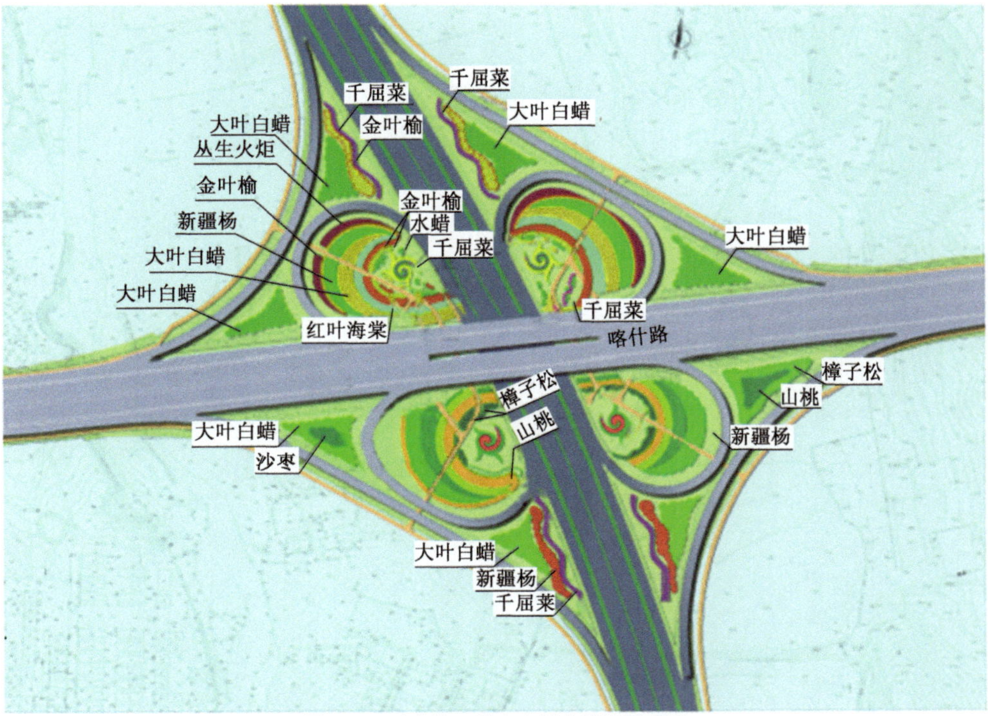

图 8-16　喀什路互通立交绿化设计平面图

河南路互通立交绿化设计平面图如图 8-17 所示。

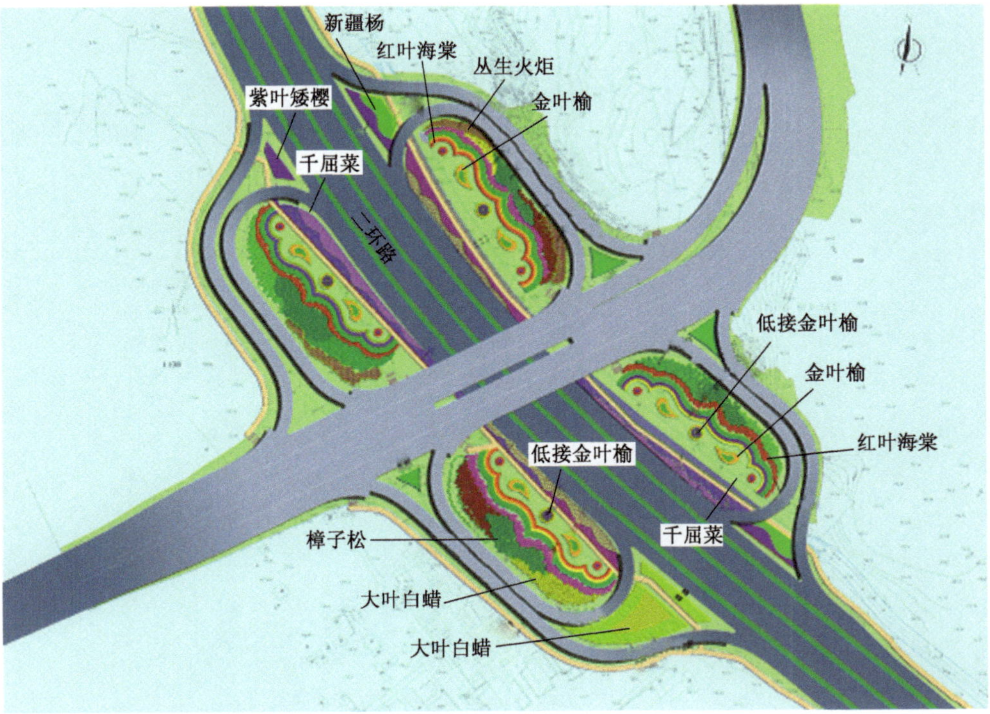

图 8-17　河南路互通立交绿化设计平面图

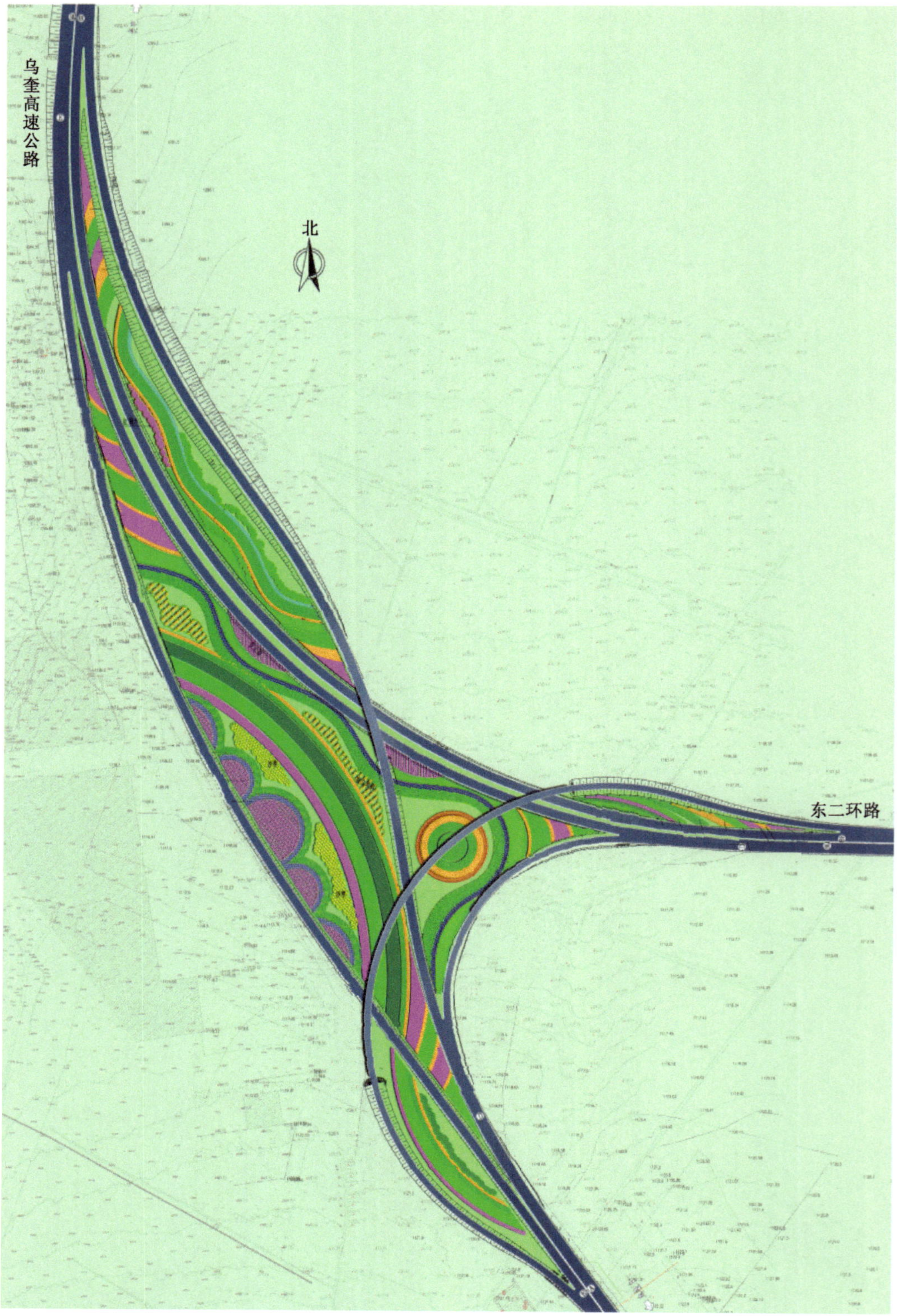

图 8-18　乌奎高速公路互通立交绿化设计平面图

3）乌奎高速公路互通立交

乌奎高速公路互通立交由主线和匝道形成1个较大的三角绿地和3个小绿地，绿化面积约29.1万m^2。

该立交位于最后一段，景观主题为“山清秀美”。绿化设计以简洁、由曲线组成流畅的图案，与周边秀丽的山峦相呼应，把人们的视线引向大自然，让人们感受到自然风光秀美的同时，也领略到人工精妆后的自然更美丽。

新疆是盛产水果的地方，种植山桃、桑树等果树和红瑞木、紫穗槐、多枝柽柳等花灌木，创造一个花果飘香、绿意盎然的生态景观，突出地方特色。

绿化植物选择主要以抗旱、抗寒和耐粗放管理的植物为主，主要有箭杆杨、小叶白蜡、大叶榆、金叶榆、直立苹果、山桃、紫穗槐、千屈菜等。乌奎高速公路互通立交绿化设计平面图如图8-18所示。

8.6.10　灌溉设计

1）灌溉水源

道路沿线新建市政给水管道，本次道路红线内和立交区绿化灌溉近期采用自来水，市政给水管道设计已预留DN200给水口，供近期红线内和远期红线外防护林带的绿化用水。但远期道路红线外的绿化防护林带面积大，用水量较大，待远期绿化实施时，建议全线采用中水进行灌溉。

2）灌水方式的选择

目前常用的灌水方式有漫灌、沟灌、喷灌、滴灌。

漫灌和沟灌适用于大面积和规则式的林带内，而且需水量大，对地形要求严格，且沟灌需要灌水渠道，占用绿地且影响美观。

喷灌、微喷在城市绿化灌溉中较为常用，其水利用系数高，节水和景观效果较好。

滴灌是最为节水的灌溉方式，多数适用于乔木。

综上所述，建议本项目根据不同的绿化配置采用如下2种灌溉方式：

道路红线内绿化带的绿化种植设计采用乔木、灌木、花卉等多层次的绿化配置，灌溉方式采用微喷灌溉的方式较为适用。

立交区的绿化灌溉采用喷灌、滴灌相结合的方式进行灌溉。即乔木种植密集区域采用滴灌，其余花灌木、草坪等采用喷灌，喷头可选用摇臂喷头，喷射半径大，造价低。

3）灌溉制度的拟定

根据项目区现地自然条件及其他项目的灌溉管理运行经验，针对新疆降水量少、蒸发量大的特点，结合本工程的绿化设计，喷灌年灌溉定额选用600m^3/亩，并拟定灌溉制度，见表8-3。

灌溉制度　　表8-3

时间	4月	5月	6月	7月	8月	9月	10月	11月	合计
次数（次）	1	2	4	5	5	4	2	1	24
灌水定额（m^3/亩）	25	25	25	25	25	25	25	25	600

项目区灌水定额选用25m^3(亩·次),全年灌溉共8个月,从4月份开始,11月结束,全年灌水24次,灌溉定额600m^3/亩。

4)管材、设备选择

目前常用的管材主要有UPVC管、球墨铸铁管、PE管、钢管等多种管材,项目区最大管径DN200。根据对各种管材的综合性价比分析,灌溉系统干管推荐采用PE100级给水管。

5)管网系统布置

绿化灌溉干管就近接市政给水工程预留的给水口,每个给水口均为独立系统,每个给水口需设水表井。主管线管顶覆土0.7m,支管线管顶覆土0.3m。近期道路红线范围内绿化带内灌溉主管线采用DN110、DN63PE管,支管为DN32PE管接微喷头。

8.7 道路工程建设项目环境保护与景观设计依据

(以下规范为本项目实施期间现行有效)

(1)《全国生态环境保护纲要》(国务院2000年11月16日);

(2)《公路环境保护设计规范》;

(3)《造林技术规程》;

(4)《公路工程技术标准》;

(5)《声屏障声学设计和测量规范》;

(6)《声环境质量标准》;

(7)《开发建设项目水土保持方案技术规范》;

(8)《土壤侵蚀分类分级标准》;

(9)《水土保持综合治理　技术规范》;

(10)《交通建设项目环境保护管理办法》(交通部〔2003〕第358号);

(11)《公路工程基本建设项目设计文件编制办法》(交公路发〔2007〕358号);

(12)《城市道路绿化规划与设计规范》;

(13)《城市绿地分类标准》;

(14)《城市绿化和园林绿地用植物材料　木本苗》;

(15)《城市绿化工程施工及验收规范》;

(16)《城市道路工程设计规范》;

(17)《城市快速路设计规程》;

(18)《灌溉与排水工程设计规范》。

8.8 设计期环境保护措施

8.8.1 设计期环境影响分析

设计对社会经济和生态环境影响较大,特别是对直接影响区的社会经济发展、区域规划、土地利用、居民生活、自然生态及景观等将产生重大影响。

(1)线位的布设将影响米东区、水磨沟区、天山区、沙依巴克区等区的规划,影响沿线附近居民生活质量。

(2)线位的布设可能对煤矿采空区产生一定影响,同时涉及与沿线自然景观协调性问题。

(3)线位的布设对沿线水磨沟河地下水源准保护区、红雁池水库等水体产生影响。

(4)本工程全线永久性占地共548.07hm^2,将造成征地范围内土地利用形式的变化、耕地减少、人口迁移,给当地社会经济和生态环境带来影响,尤其对沿线土地利用、人民生活及自然景观带来一定影响。

8.8.2 可行性研究报告中已考虑的环境保护措施

(1)路线全长约43.039km,其中高架桥13.786km/10座,高架桥占比1/3;减少路基占地和征迁。

(2)为减少阻隔影响,全线设置高架桥13.786km,互通立交3处,分离式立交7座。满足沿线居民的生活和车辆通行需求。

(3)按国家相关法规,线路选线应避让现有饮用水源一级保护区。2011年1月6日,乌鲁木齐市环境保护局组织召开了专题会,天山区政府、市规划局、水务局、交通局、水务监察支队、新疆天山源水管理经营有限公司、环评单位和设计单位,对东二环路穿越水源保护区段进行了研究讨论。

对避绕乌鲁木齐饮用水源保护区进行充分论证和征求相关部门意见,从选线上减少对饮用水安全隐患。2010年10月工程可行性研究报告中的方案,位于八一闸地表水取水口的上游,该方案对饮用水安全存在较大的隐患,水源保护区主管部门建议从八一闸地表水取水口以北的燕北立交桥处通过,三屯碑—燕儿窝水源地全部为地下水水源,从该处穿越饮用水安全隐患最小。

(4)线路选线阶段已经合理避让煤矿采空区域,无法避绕的八道湾煤矿从采空区中部八道湾河河床煤柱穿过。

(5)为降低事故风险概率,减轻环境影响,在工程设计方面,对桥梁采取强化加固防撞护栏和防侧翻措施。

(6)可行性研究报告中已制定交通分流路径,对米东区团结路、天山区东泉路及红雁路等路段制订了分流计划。

(7)经过调研沿线的各单位出行通道和居民出行规律,通道位置、高度的设计,最大限度地满足沿线人民正常出行和生产的要求。

8.8.3 设计阶段进一步采取的环保措施

(1)对于线路穿越的三屯碑—燕儿窝地下水源保护区段,在下一步设计时应与环境保护局协调,严禁布设在一级水源保护区内。

(2)二级水源保护区和准保护区内的路段,需设置防渗的排水系统,通过河滩路排水系统排出水源保护区外,防止运营期雨水和交通事故产生的污染物进入水源保护区。

(3)合理确定选线方案,减少占地和拆迁;尽可能避开基础设施,特别是注意与兰新铁路和兰新客运专线的交叉。

(4)做好占地拆迁调查,适时公布占地范围、拆迁计划及补偿方案,落实补偿资金。提前做好拆迁安置计划,征询安置方案意见,并得到拆迁人员认可,补偿资金要切实补偿到有关单位及个人手中。

(5)应统筹规划考虑改扩建道路地下附属设施建设,如电力、通信(含有线电视)、燃气、热力、给水、雨水、污水、中水及其他一些专业管线等基础设施建设,防止重复建设,造成浪费。

(6)合理设置施工场地、施工营地,施工活动范围控制在永久占地范围内,不得新增占用农田、林地。

(7)农田排灌设施必须结合道路工程提前设计,在路基施工前完成农田排灌设施的施工,要求设计规模不低于目前水平,泄洪区应满足其最大泄洪标准。同时合理安排工期,农田灌渠在10月20日至次年4月20日无水期农田灌溉期以前完成。

(8)下一阶段设计时,应在山坡地中间平台和坡脚设置排水沟,排除坡面径流,设置护坡工程,坡面防护应以植被防护为主。

(9)路基填料、砂石料、预制件、沥青均为外购,商品料储量丰富,禁止设置在二级水源保护区内设置施工营地。

(10)对K31+905~K33+680的桥梁设置防撞设施和防护网,并在防止运营期车辆抛洒物进入一级水源保护区,桥面不得设竖向泄水孔,收集桥面径流,导入两端桥头设置的事故应急池后排入河滩路排水系统。

8.9 施工期环境影响减缓措施

8.9.1 施工期工程影响分析

1)水环境

(1)本工程穿越水磨河、八道湾河、和平渠桥梁施工时,施工机械跑、冒、滴、漏及露天机械被雨水冲刷后产生的油对这些水体将造成污染。

(2)施工营地的生活污水、生活垃圾,如果不经过处理,随意排入附近水体后,将对水体造成污染。

(3)堆放的建筑材料被雨水冲刷后流入河流,也会对水体造成污染。

2)生态环境

(1)工程推荐线占用土地548.07hm^2,其中耕地47.7hm^2,占永久占地的4.63%;林地36.25hm^2,比例为5.91%;草地7.17hm^2,比例为4.44%。公路占用耕地使其绝对数量减少,从而对沿线地区的土地资源产生影响。

(2)拟建工程填方、挖方地段将会使沿线的植被遭到破坏及地表裸露,从而造成局部生态环境的破坏;裸露的地面被雨水冲刷后将造成水土流失,进而降低土壤肥力,影响局部水文条件和陆生生态系统的稳定性。此外,工程取弃土场、施工便道等处理不当会引起水土流失和景观的破坏。

3)声环境

公路施工期间,作业机械种类较多,如土路基填筑时有推土机、装载机、平地机等;桥梁施工时有钻机、内燃发电机、卷扬机、推土机、压路机等;公路面层施工时有铲运机、平地机、压路机、沥青混凝土摊铺机等。这些机械运行时距离声源1.5m处的噪声为95~105dB(A),这些突发性非稳态噪声源及施工运输车辆噪声将影响沿线学校、居民等的正常教学、工作及生活。

4)环境空气

(1)扬尘污染

施工期的空气污染主要是扬尘污染。筑路材料的运输、装卸、拌和过程中有粉尘散落;建筑材料堆放时,风吹会引起扬尘污染,尤其是在风速较大或装卸、汽车速度较快的情况下,粉尘的污染更为严重。

(2)沥青烟等的污染

本工程路面工程采用沥青混凝土路面。沥青的熬炼、搅拌和摊铺过程中产生沥青油烟,其中含有烃类及芳烃类等有毒有害物质,对操作人员和周围居民的身体健康将产生损害。

目前公路施工采用的是密闭型的沥青熬制、拌和设备,因此在沥青熬制、拌和过程中产生的污染物很少,只是在间歇性的出料及摊铺过程由于热油蒸发中有少量的沥青烟、总悬浮颗粒物(TSP)以及极少量的苯并[a]芘产生,对周围环境的影响很小。

5)社会环境

(1)施工期使路两侧居民通行交往受到阻隔。

(2)沿线受征地拆迁影响的居民的补偿及安置问题。

(3)施工期对民族文化设施的影响。

(4)施工期沿线农田灌溉水利设施将产生暂时的不畅通现象。

8.9.2 施工期社会经济影响减缓措施

1)对居民生活质量影响的减缓措施

(1)有利影响

在工程实施阶段,应做好以下工作:

①项目施工招标时,将耕地保护的有关条款列入招标文件,并严格执行。合同段划分要以能够合理调配土石方,减少取、弃土数量和临时用地数量为原则;项目实施中要合理利用所占耕地地表的耕作层,用于重新造地;要合理设置取土坑和弃土场,取土坑和弃土场的施工防护要符合要求,防止水土流失。

②建设单位要增强耕地保护意识,统筹工程实施临时用地,加强科学指导;监理单位要加强对施工过程中占地情况的监督,督促施工单位落实土地保护措施。在组织交工验收时,应对土地利用和恢复情况进行全面检查。

③施工单位要严格控制临时用地数量,施工便道、各种料场、预制场要根据工程进度统筹考虑,尽可能设置在公路用地范围内或利用荒坡、废弃地加以解决,不得占用农田。施工过程中要采取有效措施防止污染农田,项目完工后临时用地要按照合同条款要求认真恢复。

④进行公路绿化时,要认真贯彻《国务院关于坚决制止占用基本农田进行植树等行为的

紧急通知》(国发明电〔2004〕1号)的有关要求,对公路沿线是耕地的,要严格控制绿化带宽度。在切实做好公路用地范围内绿化工作的同时,要在当地人民政府的领导下,配合有关部门做好绿色通道建设。对不符合规定绿化带宽度的,不得给予苗木补助等政策性支持。

在公路建设中实行最严格的耕地保护制度是各级交通主管部门的重要责任,利在当代,功在长远。建设单位一定要提高认识,加强组织领导,强化监督检查,做到规范用地、科学用地、合理用地和节约用地,以推动公路交通事业的全面、协调、可持续发展。

(2)拆迁不利影响的减缓措施

涉及拟建公路拆迁区域,为减少对当地的不利影响,建议采取如下措施:

①在项目正式开工前,公路建设单位要成立拆迁办公室,在当地政府的积极配合下,充分听取沿线拆迁户的意见,尽可能满足其合理的要求。

②建设单位要对拆迁建筑物进行分类统计,严格按照地方人民政府有关文件规定的拆迁建筑物赔偿标准发给房屋所有者。补偿款项应全部发至拆迁户或单位,有关部门不得截留、挪用。

③拆迁安置应在工程开工前完成。再安置的居民住房不低于现有水平,或有所改善。对特困户、脆弱群体给予照顾支持,让项目建设发挥更好的社会效益。

(3)减少施工对居民生活出行干扰的措施

公路及桥梁的建设对社会环境的不利影响主要在施工期。由于施工活动将会造成现有道路通行不畅,同时会影响施工路段居民的生活,但这种不利影响是短暂、临时的,随着施工活动的结束将逐渐消失。为了减少施工活动对居民生活带来的不便,建议采取以下措施:

①施工单位应同公安交通管理部门加强联系,切实做好交通疏导,并在所使用的运输通道交通高峰时间停止或减少车辆运输,以减少车辆拥挤度,降低噪声。

②对施工运输车辆加强管理,运土方车辆采取苫盖等措施减少遗撒和扬尘,对运输道路定时洒水抑尘;合理堆放建筑材料。

③沿线路段施工经过少数民族区域时,加强对施工人员的管理,让施工人员了解维吾尔族风俗习惯,尤其是有关禁忌的言行。施工人员尊重少数民族的生活习惯,严禁在少数民族区域出现民族禁忌的言行。

④针对具体的阻隔点,设置了具体的通行方式,方便沿线居民和车辆进入快速路和满足日常出行需要。

2)对资源利用影响的减缓措施

(1)对土地资源影响的减缓措施

公路为社会各行业服务,既有利于节约运输费用,缩短运输时间,加快货物周转等直接经济效益,又有广泛的社会效益,能促进社会流通和各行业的发展,因此公路用地价值较高。但土地是不可再生资源,农业用地价值是其他用地无法代替的,因此在项目设计和施工中必须注意土石方的填挖平衡,尽量减少借方和弃方,避免破坏当地生态环境。

(2)对文物资源影响的减缓措施

在公路施工中,应注意加强施工人员的文物保护意识,如在工程施工过程中发现文物遗址,应严格按照《中华人民共和国文物保护法》的要求,保护现场,立即报告当地文物行政部门,在文物保护管理部门鉴定并采取妥善保护、处理措施并经其认可后方可继续施工。

(3)对矿产资源影响的减缓措施

路线选择时充分考虑了煤矿采空区对路基桥梁等的影响,路线合理避绕煤矿采空区并且不压覆矿产资源。

3)对基础设施影响的减缓措施

(1)工程对铁路设施不利影响的减缓措施

公路对铁路的影响主要来自施工期施工车辆的来往频繁,需对局部施工便道的交通进行合理的指挥。

(2)工程对水利排灌不利影响的减缓措施

项目在灌区农田灌溉系统不被破坏的前提下,对于河流及较大干渠均设置桥梁跨越,对于水沟等设置涵洞通过。

(3)工程对公用设施不利影响的减缓措施

公路施工期交通与公安部门充分协商,进行专门的施工期交通指挥疏导,尽量减少公路施工对现有公路交通的影响,同时也有利于工程顺利进行。施工中对地方道路造成损坏应立即修复,或将赔款交给当地公路管理部门修复。

(4)工程对涉及墓地不利影响的减缓措施

涉及迁移墓地的施工期活动和影响均可以通过严格监管及加强教育得以避免。

4)对交通阻隔影响的减缓措施

由于本项目位于市东郊,城镇化水平较低,对交通组织的影响较小。沿线需进行交通分流的路段主要集中在米东区团结路、天山区东泉路及红雁路等路段。

施工期应通过媒体发布施工公告和分流路径,并在施工路段设置分流指示牌,指引通行车辆绕行。

8.9.3 施工期生态环境保护措施

1)城市郊区段

城市郊区段主要是米东区城郊段 K0 ~ K5(5km)、戒毒所—燕儿窝段 K21 + 700 ~ K33 + 100(11.4km),在乌鲁木齐市近郊,涉及占地、拆迁和砍伐树木,对生态环境影响较大。工程设计中本段路面绿化面积小,连接线段沿街店面破损,交叉路口交通混乱,需要本项目建设后,加强景观设计,加大绿化力度,增加美感。

2)绿洲区

绿洲区主要为 K5 ~ K10(5km)和 K36 + 900 ~ K40 + 500(12.6km)穿越的农田和农村居民点。

(1)在路基施工期一定要文明施工,按时每日洒水两次,在干旱季节每日需洒水多次,必要时还需进行维修,以防对沿线农业生产造成影响,引起不必要的纠纷。此段施工还应做好农业交通和农灌及洪水的分流疏导,尽可能减少道路施工对沿线居民生产生活的影响。

(2)本次公路可行性研究报告中涉及的农田均为一般农田,应采取补偿措施,保证被征地农户的生活水平不下降。需要特别注意的是,不要破坏水利灌溉渠系,本着先修缮水利设施,后公路施工的原则进行作业,在施工期间和营运期都要维护好水利设施。

(3)严格按照设计施工,禁止新增临时占地;规定运输车辆行驶路线,不得随意碾压该段的农作物及植被。

(4)严格限定施工的工作范围,严禁自行扩大施工用地范围。合理规划使用永久占地范围内的土地,施工活动控制在永久占地范围内,减少对生态环境的影响,临时征用土地,必须补报。

(5)严禁乱砍滥伐该段林木,爱护一草一木。

(6)加强对施工人员的教育、监督和管理,积极倡导文明施工。

(7)占用的农田应进行清表,将清表土暂存于指定弃土场,用于道路绿化换填。

3)荒漠草场段

荒漠区主要是K10+000~K21+700(11.7km)、K33+100~K36+900(3.6km)、K40+500~K43+300(2.8km)分布于天山山前低山荒漠草原,工程施工会进一步加剧对植被的破坏,使植被更不易生长,不利于保护地表形态,也不利于荒漠化的控制。永久占用草场7.17hm^2占用是等级较低的草场(四等七级),工程建设对草地生态环境的影响较小。

(1)施工中要加倍爱惜荒漠草场的植被,首先施工活动控制在永久占地范围内;其次施工人员不得破坏任何植被。

(2)在施工过程中合理调配土石方,禁止设置取弃土场,路基填料全部购买商业料,弃方拉运至环境保护部门指定的弃土场。

(3)本项目的保通便道充分利用道路已有的公路以及项目永久占地。不新增临时占地,严禁车辆随意行驶,规范车辆行驶路线。

(4)完善路基边坡和护坡道的防护设计,减少水土流失对路基的影响。

(5)规定施工营地的安扎地点,宜选址在永久征地范围内或者城区空地,充分利用沿线现有房屋(可采取租赁的形式)。

(6)加强施工人员的管理,要求施工单位和人员严格遵守国家法令、坚决禁止捕猎任何野生动物,爱护施工活动附近所有的动植物。

(7)施工后期对施工迹地进行适当平整,保持一定粗糙度,以利于植被恢复。

4)景观影响减缓措施

(1)避免使用过多不同类别的噪声屏障、防眩板,防止造成凌乱感觉;避免在公路附近设置垃圾堆场,防止白色污染进入视野。

(2)严格按设计要求,合理按指定地点堆放工程弃渣,在工程结束后,做好各类施工迹地的恢复工作。

(3)对施工场地的隔离围墙做适当装饰,通过喷绘广告、宣传画等形式淡化其简陋、粗糙感。

(4)对施工场地定期清扫、冲洗,保持施工场地的干净、整洁;合理安排各不同工序布局,保持场地井然有序。

8.9.4 施工期环境空气影响的减缓措施

在工程施工过程中,主要防止施工扬尘的污染,建议在施工期采取以下措施:

1）施工道路降尘

道路沿线敏感区较为密集，因此在这些路段施工过程中应采取相应的环境保护措施，在居民点附近施工应及时洒水，一般2～3次/d，以降低施工扬尘对城市居民生活的影响。

出入料场的道路及未铺装的道路应经常洒水，以减少粉尘污染。路基施工时应及时分层压实，并注意洒水降尘。

2）施工材料降尘

粉状材料如水泥等应罐装或袋装，禁止散装运输，严禁运输途中扬尘、散落，堆放应有篷布遮盖。

3）文明施工

文明施工，做好施工机械的保养和维护，以减少施工作业中大气污染物的排放。

8.9.5　施工期声环境的减缓措施

（1）尽量采用低噪声机械设备，施工过程中还应经常对设备进行维修保养，避免由于设备性能差而导致噪声增强现象的发生。

（2）高噪声施工机械严禁在沿线的声环境敏感点附近夜间（24：00—次日8：00）施工；昼间施工时也要进行良好的施工管理和采取必要的降噪措施，以符合《建筑施工场界环境噪声排放标准》（GB 12523—2011）相关标准。

（3）根据《建筑施工场界环境噪声排放标准》（GB 12523—2011）确定合理的工程施工场界，建议施工场界距敏感点至少保持300m的距离。

（4）加强施工期噪声监测，发现施工噪声超标并对附近居民点产生影响，应及时采取有效的噪声污染防治措施。

8.9.6　施工期水环境的减缓措施

1）施工废水污染防治措施

（1）工程承包合同中应明确筑路材料（如沥青、油料、化学品、粉煤灰、水泥、砂、石料等）的运输过程中防止洒漏条款，堆放场地不得设在水体岸边，以免随雨水冲入水体造成污染。

（2）施工材料如沥青、油料、化学品等有害物质堆放场地应设篷盖，以减少雨水冲刷造成污染。沿线距河流100m范围内严禁设立料场、废弃物堆放场、施工营地等。

（3）跨水体桥梁施工时，施工废水不能直接排入水体。施工废水应循环回用，以有效控制施工废水超标排放造成当地的水质污染问题。

（4）砂砾料冲洗废水应经临时沉淀池沉淀后回用于场地洒水降尘。距沿线河流100m范围内不得设置预制场与拌合站。

2）含油污水控制措施

（1）采用施工过程控制，利用清洁生产的方案，进行含油污水的控制。

（2）尽量选用先进的设备、机械，以有效减少跑、冒、滴、漏的数量及机械维修次数，从而减少含油污水的产生量。

（3）在不可避免冒油、滴油、漏油的施工过程中，尽量采用固体吸油材料（如棉纱、木屑等）

将废油收集转化到固体物质中，避免产生过多的含油污水。对渗漏到土场的油污应及时利用刮削装置收集封存，运至垃圾场集中处理。

(4)机械设备及运输车辆的维修保养，尽量集中在各路段处的维修点处进行，以方便含油污水的收集；在不能集中进行的情况下，由于含油污水的产生量一般小于0.5m^3/d，因此可全部用固体吸油材料吸收混合后封存焚烧。

3)生活污水控制措施

(1)施工人员的就餐和洗涤采用集中统一形式进行管理，如集中就餐、洗涤等，尽量减少生活污水量。洗涤过程中控制洗涤剂的用量，采用热水或其他方法替代，以减少污水中洗涤剂的含量。

(2)在施工生活区利用现有城市下水管道，对于不能排入城市下水管网的生活区设置临时化粪池，禁止将生活污水直接排入附近河渠。

4)桥梁施工的防护工程措施

桥梁钻孔施工时应设置围堰，钻出泥渣应遵循有关规范的要求，采取相应的保护措施，防止弃渣落入渠中，并将弃渣及时运至环境保护部门指定的弃渣场。

桥梁施工过程中，应加强现场管理，禁止将施工固体废物、废油、废水等弃入水体。同时，桥梁施工作业完毕后，要清理好施工现场，以防止施工废料等垃圾随雨水进入水体。

5)水源保护区施工活动控制措施

(1)禁止在水源保护区内设置各种临时施工场地，减少对二级水源保护区的扰动。

(2)定期维护和保养车辆，减少建设过程中滴漏的油污。禁止在二级水源保护区内维修和清洗车辆。

(3)加强管理和宣传，禁止施工人员在二级水源保护区内丢弃任何污染物。

(4)K32+430~K32+930段紧邻三屯碑—燕儿窝一级水源保护区，应进行严格的管理和监督，严禁施工活动进入一级水源保护区。

(5)施工期间，严禁在一级和二级水源保护区排放任何污染物。

6)水环境防止措施

(1)在农田区施工时，应与当地农业生产部门协商施工时间，以保证农业灌溉不受影响，在农田区施工桥涵产生的弃方应及时清运，不要因施工影响农田灌溉。

(2)取水时应在指定地点取水，不得随处取水，同时取水车辆应保持清洁，不能使油污进入水体，以保证渠水清洁。

8.9.7 施工期固体废弃物防治措施

(1)不得在运输过程中沿途丢弃、遗撒固体废物。

(2)充分利用弃方作为路基填料，剩余弃方清运至环境保护部门指定的弃渣场。

(3)在施工生活区设置化粪池和垃圾箱，由承包商按时清除垃圾、清理化粪池。

(4)按计划和施工的操作规程，严格控制并尽量减少余下的物料。一旦有余下的材料，将其有序地存放好，妥善保管，可供周边地区修补乡村道路或建筑使用。

(5)对收集、储存、运输、处置固体废物的设施、设备和场所，应当加强管理和维护，保证其正常运行和使用。

8.10　运营期环境影响减缓措施

8.10.1　营运期工程影响分析

1)交通噪声

本段快速路建成后,二环路将全线贯通,交通量将不断增加,过往车辆的交通噪声将不断加大;由于公路路面平整度等原因使公路上行驶的汽车产生整车噪声。主要受影响的是距路较近的村庄、居民区、学校。

2)空气

随着交通量的增加,汽车尾气中排放的污染物 NO_2 会污染环境空气。本段公路沿线比较空旷,因此汽车尾气排放的污染物 NO_2 对环境质量影响较小。

3)水环境

(1)路面及桥面径流污染主要是雨雪冲刷路面产生的废水,如果将路面的泥沙、油污冲入水体,将污染水体。但根据相关部门的监测,路面径流水的 pH 值、化学需氧量(COD)、石油类均达到《污水综合排放标准》二级,仅悬浮固体或悬浮物(SS)超标。

(2)运输过程中装有有毒、有害物质的车辆因交通事故造成的泄漏或洒落后对水体和饮用水源保护区的影响较大。根据目前公路运输情况来讲,发生这种事故的概率很小。但一旦发生污染事故,将对河流、水源保护区产生严重的影响。

4)生态环境

公路建成后,互通立交、中央隔离带、边坡防护、公路两侧绿化带等绿化,不仅使征地范围内植被恢复率达到约 30% 以上,对防止水土流失有着积极有效的作用,而且对减少汽车扬尘、降低汽车噪声等有较好的效果。

由于局部工程防护需要稳定,植被恢复尚需时间,尤其临时施工占地的恢复,需要更长时间。

5)社会环境

(1)公路建成后,打破乌鲁木齐市南北交通瓶颈,提高南北通道通行能力对,路线沿线居民出行便利性产生一定的积极影响。

(2)公路营运后将强化乌鲁木齐核心辐射作用,便利的交通会带动沿线旅游资源的开发和发展,将使工程沿线区域内经济的大幅增长,对当地人民群众生活水平的提高起到积极作用。

(3)快速路作为永久性的带状建筑,其外观特征将对社会心理、群众文化产生一定的影响。

8.10.2　运营期社会经济影响的减缓措施

(1)经常巡查公路及其桥涵、通道,发现问题及时维修。

(2)按照《交通安全法》要求,经常检查并维护安全设施。

8.10.3 运营期生态环境保护措施

1)景观绿化

(1)保障道路附属设施的清洁,增强景观协调性。

(2)严格按设计要求保质保量完成绿化,对施工迹地进行全面恢复和清理。

(3)本项目建设绿化带和草坪,绿化的树种主要为乔木、大叶榆、圆冠榆、白榆、馒头柳、水蜡苗、紫丁香等,原有生态与景观得到改善。

2)施工迹地的恢复和平整

对于荒漠段的路基边施工迹地要适当平整。对于取土坑,要用工程弃方予以填埋,并保证其安全。对于施工营地、便道、预制厂、拌合场等施工迹地需挖除所铺设的硬质地面,并铺以清表土,以利于植被恢复。

在取料坑的迎水面边坡修平,可以进入部分洪水,使得植被自然恢复。

3)立交桥绿化

立交桥依靠就近水源对立交桥两侧进行绿化,绿化要求以"保持水土、美化环境"为原则,乔木、灌木、草共植。

8.10.4 运营期环境空气影响的减缓措施

加强对运输散装物资如煤、水泥、砂石材料及简易包装的化肥、农药等车辆的组织管理,对上路车辆进行检查,禁止车况差、超载、装卸物品遮盖不严、容易洒落的车辆上路。

8.10.5 运营期声环境影响的减缓措施

1)沿线规划控制建议

乌鲁木齐城市规划部门应严格控制规划,在距离公路200m以内尽量布置仓储和工厂等对声环境不敏感的建筑;若规划建设居民区、学校等声环境敏感建筑,由开发商采取合适的减噪措施,确保室内噪声达标。

2)公路交通噪声防治措施对比

对于公路交通噪声超标问题,可采取的防治对策和措施有:声屏障、建筑物设置吸(隔)声设施(隔声窗)、调整建筑物使用功能、环保搬迁、栽植绿化林带等。这些措施的利弊、防治效果及其实施费用,见表8-4。

公路交通噪声防治　　表8-4

防治措施	优　点	缺　点	防治效果	实施费用
声屏障	节约土地、简单、实用、可行、有效、一次性投资小,易在公路建设中实施	距离公路中心线60m以内的敏感点防噪效果好,造价较高;影响行车安全	声屏障设计应由专业环保设计和结构设计单位承担,且首先应做好声屏障声学设计,即合理设计声屏障位置、高度、长度、插入损失值、声学材料等。一般可降低噪声5~15dB(A)	1400~3500元/延米(根据声学材料区别)

续上表

防治措施	优　　点	缺　　点	防 治 效 果	实 施 费 用
建筑物隔声	可用于公共建筑物，或者噪声污染特别严重、建筑结构较好的建筑物	需解决通风问题	根据实际采用经验，在窗户全关闭的情况下，室内噪声可降低11～15dB(A)，双层玻璃窗比单层玻璃窗降低10dB(A)左右，可大大减轻交通噪声对村庄和学校的干扰	250～500元/m^2
调整公路线位	可有效解决交通噪声污染问题	受工程因素限制	好	增加或减少约370万元/km
低噪声路面	经济合理、保持环境原有风貌、行车安全、行车舒适	耐久性差、空隙易堵塞造成减噪效果降低	可降低噪声2～5dB(A)	约300万元/km（与非减噪路面造价基本相同）
调整建筑物使用功能	可在一定程度上缓解噪声吵闹问题	实用性差，而且很难实施	难以估量	难以估算
搬迁	具有可永久性“解决”噪声污染问题的优点，环境效益和社会效益显著	考虑重新征用土地进行开发建设，综合投资巨大，同时实施搬迁也会产生新的环境问题	可彻底解决噪声扰民问题	约3～5万元/户（不含征地费）
栽植绿化林带	防噪、防尘、水土保持、改善生态环境和美化环境等综合功能，对人的心理作用良好	占地较多，公路建设部门要面临购买土地及解决林带结构和宽度问题，一般对绿化林带的降噪功能不可估计过高	与林带的宽度、高度、位置、配置方式及植物种类有密切关系	150元/m（只包括苗木购置费和养护费用）

3）敏感点噪声控制措施

本项目沿线的26处声环境敏感点的噪声值均超过标准要求，本次环境影响评价根据各敏感点的特点及噪声超标程度，提出对农六师十三户学校采取搬迁的措施，对新疆交通职业技术学校、东菜园社区、幸福花园和新疆警官高等专科学校采取设置通风隔声窗的措施，对农六师十三户医院等20处超标敏感点采取设置声屏障的措施，对新疆体育运动职业技术学院不采取措施（因其临近道路处为运动场，教室及宿舍位于评价范围外）。同时，运营期加强对主线和连接线沿线敏感点噪声的跟踪监测，根据监测结果及时增补、完善本项目敏感点降噪措施。

8.10.6　营运期水环境影响的减缓措施

1）营运期一般水环境防治措施

（1）严禁各种泄漏、散装超载的车辆上路运行，以防止公路散失货物造成沿线水体污染。

（2）加强危险品运输车辆管理，制订应急预案。

2）营运期水源保护区防治措施

（1）K31＋790～K33＋550二级水源保护区和K15＋900～K20＋600准保护区内的路段，需设置防渗的排水系统，将污水排出水源保护区外，防止运营期雨水和交通事故产生的污染物进入水源保护区。

(2)在水源保护区两端设置警示牌,提醒过往车辆,禁止丢弃垃圾。

(3)跨越三屯碑—燕儿窝水源保护区两端醒目位置设置限速、禁止超车标志。

3)营运期固体废弃物防治措施

(1)通过制定和宣传法规,禁止乘客在公路上乱丢饮料袋、易拉罐等垃圾,以保证行车安全和公路两侧的清洁卫生。

(2)运营期道路养护产生的固体废弃物,须按照相关规定运输至乌鲁木齐市环保部门指定地点堆放。

(3)道路管理部门应严控未进行有效遮盖的车辆上路,以防止洒落。

8.11 水土保持

8.11.1 水土流失危害分析

1)水土流失特点

(1)项目沿线不良地质较多。项目沿线所经不良地质主要为采空区和采砂坑,可能对主体工程安全构成威胁,本项目施工也可能引发水土流失危害。

(2)水土流失类型相对单一。项目区地处天山山脉中段北麓、准噶尔盆地南缘。受中温带半干旱大陆性气候的影响,线路所经地区土壤侵蚀类型以微度~中度水力侵蚀和微度~轻度风力侵蚀为主,基本不受到重力和冻融侵蚀影响。

(3)新增水土流失呈线性分布特点。本项目为线形工程,路基填筑、弃渣排放等均呈线性分布,同时根据施工需要沿线需布置弃渣场、施工场地、施工生产生活区等,各种施工活动均将产生一定量的水土流失,其分布呈线性分布特点。

(4)水土流失具有不均衡性。公路建设对土地造成不同程度的扰动,各分区新增水土流失具有不均衡性。路基边坡和互通工程水土流失最大,其次是弃渣场的水土流失,而附属管线工程、施工便道及施工生产生活区的水土流失相对较小。

(5)水土流失治理难度较大。推荐方案线路主要经过低山丘陵区、山前倾斜平原区等区域,自然条件较差,降水稀少,风力较大,生态环境十分脆弱,一旦受工程建设扰动,侵蚀模数剧增,恢复难度较大。除公路主体工程外,沿线还布置其他施工迹地,如弃渣场、施工便道、施工生产生活区等,新增水土流失面积和方式较多,其防治措施量较大,治理难度大。

2)水土流失危害分析评价

项目建设过程中开挖地面、修筑路基、修建桥涵、埋设附属管线等人为活动造成水土流失的原因主要是扰动不良地质、破坏地表植被及土壤结构、破坏荒漠表层结皮、砾幕以及弃渣(土)的堆放,可在重力、大风和暴雨作用下产生较大水土流失。根据本工程地形地貌和施工建设的特点分析,本工程建设虽然不会引发泥石流,但可能引发地面塌陷、崩塌、滑坡等灾害,还可能会对项目区及周边产生如下影响和危害。

(1)占压、扰动土地资源。工程建设占压的耕地形成了人工建筑物,使可利用的土地资源减少,增加了人、地矛盾。同时,施工场地受到机械、车辆大碾压,破坏耕地及其他农业用地的土壤结构,使土壤下渗和涵养水分的能力降低,降低了土壤肥力和土地生产力,对当地农民生活产生一定影响。

(2)对下游河流可能造成的影响。拟建公路沿线由北向南途经葛家沟、水磨沟河及乌鲁木齐河等河流。桥梁施工临近河道,基础开挖将产生一定量的临时堆土,若施工期施工单位对这些堆放物不按规划任意堆放,且不进行及时治理或处理不当,靠近冲沟和河道堆放弃渣遇暴雨洪水就会顺流而下,将造成河流含沙量增加,严重时将淤积下游河(沟)道、水库,造成河床抬高,阻碍河道行洪。其他河渠交叉建筑物建设后,改变了河道原来形态,若不对上下游河道进行整治,将对两侧堤岸产生冲刷等不良影响。

(3)对周边环境可能造成影响。施工期大面积的扰动地表对周边环境可能造成的影响集中体现在以下两方面:

①低山丘陵区生态系统相对较脆弱,工程施工过程中产生的扬尘将对项目区周边环境产生影响。

②施工期堆放较松散的土方及施工车辆对施工便道的不断碾压,增加了项目区风沙来源。

8.11.2　水土保持措施设计原则与标准

1)工程措施设计

由于主体设计单位对路基工程防治区、桥涵工程防治区、互通工程防治区做了较为详细的工程措施设计,本方案新增路基工程防治区土地平整、互通及附属设施防治区土地整治,同时对施工生产生活区、施工便道防治区、取土(料)场(含弃渣场)防治区施工结束后采取土地平整措施。

2)植物措施设计

(1)设计原则。植物措施设计以经济实用、方便施工和美观大方为原则;植物种类主要选择适应性强的当地树种。

(2)立地条件分析。工程区大部分区域的土壤以栗钙土和灰漠土为主,局部地段土壤为潮土和灌淤土,地表腐殖质层较厚。项目立地条件分析见表8-5。

项目立地类型划分及特征　　表8-5

防治分区		可绿化面积(hm^2)	立地条件特征
山前倾斜平原	路基工程防治区	16.95	土壤为潮土和灌淤土,地表腐殖质层较厚,具备绿化条件。线路距离城区较近,可利用城市灌溉管网作为灌溉水源,灌溉方式为喷灌
	互通工程防治区	27.66	土壤为潮土和灌淤土,地表腐殖质层较厚,具备绿化条件。可以利用城市灌溉管网作为灌溉水源,灌溉方式为喷灌
低山丘陵区	路基工程防治区	41.43	土壤可利用主线路基占用耕地区域预先剥离的表土,具备绿化条件
	互通工程防治区	29.76	土壤可利用主线路基占用耕地区域预先剥离的表土,具备绿化条件。可利用服务区内生活管理区的供水设施进行灌溉,灌溉方式为喷灌
合计		115.80	

(3)草种的选择。根据本工程所在区域气候特征及不同施工区的立地条件,所确定的造林树种基本原则是“适地适树、适地适草”。以乡土树种为主,其次为经多年种植已适应环境的引进树种和草种。结合公路建设对水土保持防护要求,选择的树种要具备抗寒、抗旱、耐瘠薄、根系发达、固土能力强、易种植、易管理等特点;草种要耐寒、耐瘠薄、繁殖容易、根系发达、抗逆性强。为防止由于树(草)种单一易受病虫害破坏,应尽量选择抗病性强的树(草)种并有较合理的配置,所选择的树(草)种应具有良好的景观效果,与高速公路相协调,达到防护性和观赏性相结合的目的。本区域种植较成功的树(草)种见表8-6。

项目区常见树(草)种　　表8-6

防治分区		优选树(草)种
山前倾斜平原	路基工程防治区	乔木:圆柏、侧柏、榆树、沙枣、白蜡;灌木:红柳、丁香、红(黄)刺玫、榆叶梅、珍珠梅、连翘;草本植物:扁穗冰草、苦豆子、紫花苜蓿等
	互通工程防治区	
低山丘陵区	路基工程防治区	
	互通工程防治区	

(4)栽植、抚育管理及灌溉要求。为了提高树木的成活率,在栽植乔木过程中带土球移植、栽植,栽植前要检查苗木的质量,种植后应在略大于植穴直径的周围,筑成高10~15cm的灌水土堰进行灌水,树木定植后24h内浇第一遍水,以后根据当地气候情况及时补水。互通工程防治区和路基工程防治区可以考虑利用自然河流或城市灌溉管网绿化。

3)临时措施设计

(1)开挖施工前应对工程占用农田区域采取表土剥离措施,表土剥离采用循序渐进的方式进行,避免增大侵蚀破坏。

(2)施工期间,临时堆土、剥离的表土应集中就近堆放,并对堆放场地采取临时防护措施,减少水土流失。

附　　录

钻孔编号：JC1　　孔深：90.0m　　钻孔距激震点距离(L)板孔距=1.5m

深度H (m)	剪切波到时T_s (ms)	剪切波速度V_s (m/s)	剪切波平均速度$\overline{V}_s$ (m/s)	地层
1	9.7	186.8		碎石土
2	13.0	199.6		碎石土
3	16.7	220.4		碎石土
4	20.4	236.8	249.7	碎石土
5	24.1	249.6		碎石土
6	27.8	261.2		碎石土
7	30.8	312.4		碎石土
8	33.8	330.7		碎石土
9	35.8	470.1		泥岩
10	37.6	523.1		泥岩
11	39.4	546.9		泥岩
12	41.0	597.8		泥岩
13	42.7	603.0		泥岩
14	44.3	617.3	612.4	泥岩
15	45.8	622.4		泥岩
16	47.4	650.1		泥岩
17	48.8	663.4		泥岩
18	50.3	672.4		泥岩
19	51.8	689.4		泥岩
20	53.2	693.4		泥岩
21	54.6	710.2		砂岩
22	55.9	753.5		砂岩
23	57.2	793.2	815.6	砂岩
24	58.3	835.6		砂岩
25	59.5	887.9		砂岩
26	60.5	913.4		砂岩
27	61.7	876.5		泥岩
28	62.8	883.2		泥岩
29	63.9	896.7		泥岩
30	65.0	903.4		泥岩
31	66.1	912.5		泥岩
32	67.2	910.3		泥岩
33	68.3	901.2		泥岩
34	69.4	897.9		泥岩
35	70.5	904.5		泥岩
36	71.6	912.3	1003.7	泥岩
37	72.7	921.4		泥岩
38	73.8	936.7		泥岩
39	74.8	947.2		泥岩
40	75.9	957.8		泥岩
41	76.9	968.9		泥岩
42	77.9	973.4		泥岩
43	78.9	982.5		泥岩
44	79.9	990.3		泥岩
45	80.9	1007.9		泥岩

深度H (m)	剪切波到时T_s (ms)	剪切波速度V_s (m/s)	剪切波平均速度$\overline{V}_s$ (m/s)	地层
46	81.9	1012.1		泥岩
47	82.9	1023.5		泥岩
48	83.9	1033.7		泥岩
49	84.8	1042.1		泥岩
50	85.8	1053.6		泥岩
51	86.7	1079.8		泥岩
52	87.6	1085.8		泥岩
53	88.5	1103.4	1003.7	泥岩
54	89.4	1100.0		泥岩
55	90.3	1112.4		泥岩
56	91.2	1118.7		泥岩
57	92.1	1125.6		泥岩
58	93.0	1134.7		泥岩
59	93.9	1130.0		泥岩
60	94.8	1142.1		泥岩
61	95.6	1147.8		泥岩
62	96.5	1152.3		砂岩
63	97.3	1160.1		砂岩
64	98.2	1189.9		砂岩
65	99.0	1234.5		砂岩
66	99.8	1230.3		砂岩
67	100.6	1247.9		砂岩
68	101.4	1259.4		砂岩
69	102.2	1267.8		砂岩
70	103.0	1273.1		砂岩
71	108.3	1303.4		砂岩
72	108.7	1312.4		砂岩
73	109.3	1320.1		砂岩
74	109.8	1325.6		砂岩
75	110.0	1320.7		砂岩
76	110.6	1321.4	1385.3	砂岩
77	110.4	1330.6		砂岩
78	110.9	1365.4		砂岩
79	111.6	1370.9		砂岩
80	112.1	1403.5		砂岩
81	112.8	1417.8		砂岩
82	113.5	1450.9		砂岩
83	114.1	1532.1		砂岩
84	114.7	1543.8		砂岩
85	115.3	1539.6		砂岩
86	115.9	1570.7		砂岩
87	116.5	1613.2		砂岩
88	117.1	1659.7		砂岩
89	117.6	1721.3		砂岩
90	118.1	1733.9		砂岩

结论：剪切波速局部有变化，整体趋势正常，无明显异常。

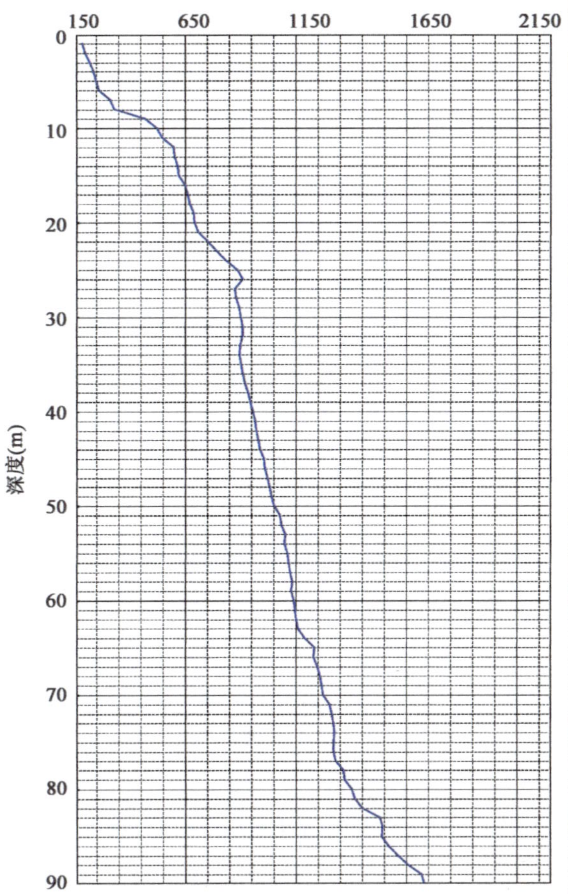

附图1　G216线乌鲁木齐过境公路段公路工程煤矿采空区治理工程WCKQ-1合同段钻孔剪切波波速测试成果表

钻孔编号：JC2　　孔深：50. 75m　　钻孔距激震点距离(L)板孔距= 1.5m

深度H(m)	剪切波到时T_s(ms)	剪切波速度V_s(m/s)	剪切波平均速度$\overline{V}_s$(m/s)	地　层	深度H(m)	剪切波到时T_s(ms)	剪切波速度V_s(m/s)	剪切波平均速度$\overline{V}_s$(m/s)	地　层
1	8. 6	210. 3		碎石土	32	59. 4	1063. 2		砂岩
2	11. 0	247. 8		碎石土	33	60. 3	1057. 3		砂岩
3	13. 7	286. 9		碎石土	34	61. 3	1055. 9		砂岩
4	16. 8	293. 2		碎石土	35	62. 2	1063. 1		砂岩
5	19. 7	312. 4	302. 4	碎石土	36	63. 1	1073. 4		砂岩
6	22. 7	317. 8		碎石土	37	64. 1	1085. 0		砂岩
7	25. 7	325. 6		碎石土	38	65. 0	1092. 3		砂岩
8	28. 6	334. 9		碎石土	39	65. 9	1103. 4		砂岩
9	31. 4	343. 4		碎石土	40	66. 8	1112. 6		砂岩
10	34. 2	351. 3		碎石土	41	67. 7	1097. 3	998. 9	砂岩
11	36. 4	453. 7		砂岩	42	68. 6	1117. 3		砂岩
12	38. 3	523. 1		砂岩	43	69. 5	1123. 4		砂岩
13	39. 7	679. 3		砂岩	44	70. 3	1135. 6		砂岩
14	40. 9	792. 4		砂岩	45	71. 2	1130. 0		砂岩
15	42. 1	813. 5		砂岩	46	72. 1	1133. 7		砂岩
16	43. 3	862. 3		砂岩	47	73. 0	1142. 1		砂岩
17	44. 4	850. 1		砂岩	48	73. 9	1146. 9		砂岩
18	45. 6	857. 0		砂岩	49	74. 7	1152. 7		砂岩
19	46. 7	914. 6		砂岩	50	75. 6	1160. 0		砂岩
20	47. 7	936. 7		砂岩					
21	48. 7	978. 4	998. 9	砂岩					
22	49. 7	993. 5		砂岩					
23	50. 8	976. 9		砂岩					
24	51. 7	1012. 3		砂岩					
25	52. 7	1026. 7		砂岩					
26	53. 7	1017. 8		砂岩					
27	54. 6	1027. 9		砂岩					
28	55. 6	1043. 5		砂岩	结论：剪切波速趋势正常，无异常。				
29	56. 6	1036. 9		砂岩					
30	57. 5	1052. 5		砂岩					
31	58. 4	1060. 0		砂岩					

波速-深度关系图

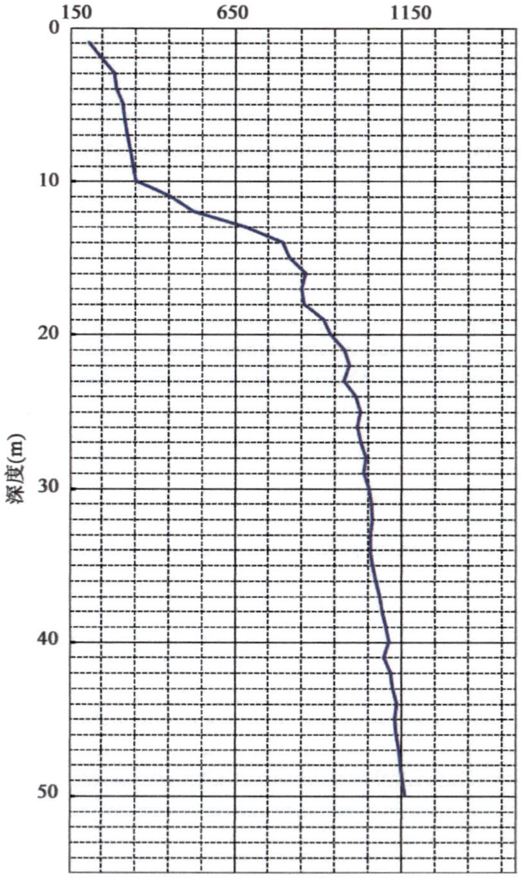

附图2　G216线乌鲁木齐过境公路段公路工程煤矿采空区治理工程WCKQ-1合同段钻孔剪切波波速测试成果表

钻孔编号：JC4　　孔深：174. 0 m　　钻孔距激震点距离 (L) 板孔距= 1.5m

深度 H (m)	剪切波到时 T_s (ms)	剪切波速度 V_s (m/s)	剪切波平均速度 $\overline{V}_s$ (m/s)	地层
1	13.1	137.9	——	杂填土
2	15.1	207.6	235.2	卵石土
3	18.2	237.8		卵石土
4	21.5	260.1		卵石土
5	23.8	379.8	673.7	泥岩
6	25.7	465.0		泥岩
7	27.4	520.1		泥岩
8	29.1	573.4		泥岩
9	30.6	612.4		泥岩
10	32.1	637.8		泥岩
11	33.6	657.9		泥岩
12	35.1	663.2		泥岩
13	36.5	675.7		泥岩
14	38.0	682.1		泥岩
15	39.4	703.4		泥岩
16	40.8	704.7		泥岩
17	42.2	709.2		泥岩
18	43.6	711.3		泥岩
19	44.9	713.5		泥岩
20	46.3	720.0		泥岩
21	47.7	727.0		泥岩
22	49.0	733.5		泥岩
23	50.4	745.6		泥岩
24	51.7	753.2		泥岩
25	53.0	763.5		泥岩
26	54.3	770.1		泥岩
27	55.6	773.4		泥岩
28	56.9	771.8		泥岩
29	58.0	857.9	887.9	煤矸石
30	59.2	893.4		煤矸石
31	60.2	912.5		煤矸石
32	61.4	876.9	866.4	泥岩
33	62.6	837.6		泥岩
34	63.7	852.1		泥岩
35	64.9	861.2		泥岩
36	66.1	867.6		泥岩
37	67.2	870.2		泥岩
38	68.3	872.4		泥岩
39	69.5	866.5		泥岩
40	70.6	893.2		泥岩
41	71.7	912.4	1152.2	砂岩
42	72.7	970.2		砂岩
43	73.7	1013.6		砂岩
44	74.6	1079.5		砂岩
45	75.5	1114.2		砂岩
46	76.4	1126.8		砂岩
47	77.3	1133.9		砂岩
48	78.2	1148.9		砂岩
49	79.0	1152.3		砂岩
50	79.9	1160.0		砂岩
51	80.8	1173.9		砂岩
52	81.6	1183.5		砂岩
53	82.4	1190.3		砂岩
54	83.3	1205.6		砂岩
55	84.1	1197.8		砂岩
56	84.9	1211.3		砂岩
57	85.7	1223.5		砂岩
58	86.6	1237.8		砂岩
59	87.4	1245.7		砂岩
60	88.2	1253.9		砂岩
61	88.9	1260.1		砂岩
62	89.7	1321.7	1362.0	结石体
63	90.4	1402.3		结石体
64	91.1	1367.8	1547.9	砂岩
65	91.9	1405.7		砂岩
66	92.6	1377.5		砂岩
67	93.3	1390.1		砂岩
68	94.0	1405.7		砂岩
69	94.7	1410.3		砂岩
70	95.4	1423.4		砂岩
71	100.3	1431.5		砂岩
72	100.7	1439.6		砂岩
73	100.1	1430.2		砂岩
74	100.4	1451.8		砂岩
75	100.8	1447.6		砂岩
76	101.3	1470.1		砂岩
77	101.9	1493.2		砂岩
78	102.5	1512.9		砂岩
79	103.1	1520.3		砂岩
80	103.7	1524.7		砂岩
81	104.4	1517.8		砂岩
82	105.0	1510.3		砂岩
83	105.6	1519.6		砂岩
84	106.3	1521.4		砂岩
85	106.9	1537.3		砂岩
86	107.6	1541.7		砂岩
87	108.2	1544.9		砂岩
88	108.8	1613.2	1549.8	砂岩
89	109.4	1620.4		砂岩
90	110.0	1637.8		砂岩
91	110.6	1642.1		砂岩
92	111.2	1652.9		砂岩
93	111.8	1661.7		砂岩
94	112.4	1672.4		砂岩
95	112.9	1702.4		砂岩
96	113.5	1712.1		砂岩
97	114.0	1720.0		砂岩
98	114.5	1735.7		砂岩
99	115.1	1730.9		砂岩
100	115.7	1721.4		砂岩
101	116.3	1803.5		砂岩
102	116.8	1812.9	1890.7	煤矸石
103	117.4	1823.5		煤矸石
104	117.9	1912.5		煤矸石
105	118.4	1897.8		煤矸石
106	118.9	1900.0		煤矸石
107	119.4	1911.1		煤矸石
108	119.9	1923.5		煤矸石
109	120.4	1934.9		煤矸石
110	120.9	1900.1		煤矸石
111	121.4	1879.0	1938.2	泥岩
112	121.8	1890.2		泥岩
113	122.3	1887.5		泥岩
114	122.9	1880.0		泥岩
115	123.4	1883.7		泥岩
116	123.9	1891.2		泥岩
117	124.4	1893.4		泥岩
118	125.0	1890.0		泥岩
119	125.5	1892.1		泥岩
120	126.0	1894.6		泥岩
121	126.5	1901.2		泥岩
122	127.0	1912.4		泥岩
123	127.6	1921.3		泥岩
124	128.1	1922.7		泥岩
125	128.6	1930.0		泥岩
126	129.1	1931.2		泥岩
127	129.6	1927.8		泥岩
128	130.1	1916.7		泥岩
129	130.6	1922.3		泥岩
130	131.1	1931.5		泥岩
131	131.6	1934.5		泥岩
132	132.1	1941.3		泥岩
133	132.6	1951.5		泥岩
134	133.1	1962.3		泥岩
135	133.6	1971.7		泥岩
136	134.1	1970.0		泥岩
137	134.6	1966.5		泥岩
138	135.1	1968.9		泥岩
139	135.6	1974.3		泥岩
140	136.1	1983.1		泥岩
141	136.6	2003.4		泥岩
142	137.1	1995.2		泥岩
143	137.6	2010.5		泥岩
144	138.6	2010.4		泥岩
145	139.1	2012.4		泥岩
146	139.6	2020.3		泥岩
147	140.1	2025.7	2277.5	砂岩
148	140.6	2037.6		砂岩
149	141.1	2047.5		砂岩
150	141.5	2120.2		砂岩
151	142.0	2089.4		砂岩
152	142.5	2110.1		砂岩
153	142.9	2134.6		砂岩
154	143.4	2157.8		砂岩
155	143.8	2237.8		砂岩
156	144.3	2243.1		砂岩
157	144.7	2250.1		砂岩
158	145.1	2263.4		砂岩
159	145.6	2273.8		砂岩
160	146.0	2280.4		砂岩
161	146.5	2281.2		砂岩
162	146.9	2280.9		砂岩
163	147.3	2291.3		砂岩
164	147.7	2293.7		砂岩
165	148.2	2304.5		砂岩
166	148.6	2312.1		砂岩
167	149.0	2326.7		砂岩
168	149.5	2330.9		砂岩
169	149.9	2345.5		砂岩
170	150.3	2471.2		砂岩
171	150.7	2514.3		砂岩
172	151.0	2529.8		砂岩
173	151.4	2603.4		砂岩
174	151.8	2613.9		砂岩

结论：剪切波速局部有变化，整体趋势正常，无明显异常。

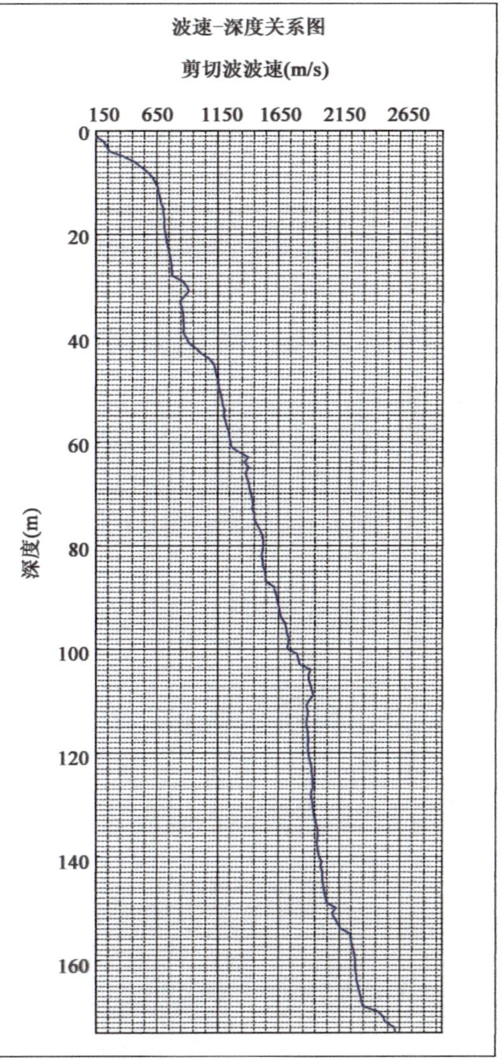

附图3　G216线乌鲁木齐过境公路段公路工程煤矿采空区治理工程WCKQ-1合同段钻孔剪切波波速测试成果表

钻孔编号：JC1　　孔深：136.0m　　钻孔距激震点距离(L)板孔距= 1.5m

深度 H (m)	剪切波到时 T_s (ms)	剪切波速度 V_s (m/s)	剪切波平均速度 $\overline{V}_s$ (m/s)	地层
1	6.7	270.1	351.4	卵石
2	9.0	283.4		卵石
3	11.8	301.2		卵石
4	14.8	305.7		卵石
5	17.7	323.4		卵石
6	20.6	326.7		卵石
7	23.6	325.6		卵石
8	26.5	330.2		卵石
9	29.5	335.6		卵石
10	32.3	341.3		卵石
11	35.2	348.7		卵石
12	38.0	353.4		卵石
13	40.7	363.5		卵石
14	43.4	372.1		卵石
15	46.0	382.7		卵石
16	48.5	392.3		卵石
17	51.0	396.7		卵石
18	53.5	401.2		卵石
19	55.9	404.6		卵石
20	58.4	410.3		卵石
21	60.8	411.2		卵石
22	63.2	420.3	696.7	泥岩
23	65.4	446.7		泥岩
24	67.6	451.3		泥岩
25	69.6	489.7		泥岩
26	71.6	513.2		泥岩
27	73.5	525.7		泥岩
28	75.3	539.8		泥岩
29	77.1	546.7		泥岩
30	79.0	540.3		泥岩
31	80.8	567.8		泥岩
32	82.5	573.2		泥岩
33	84.2	583.4		泥岩
34	85.7	657.9		泥岩
35	87.2	690.3		泥岩
36	88.5	735.7		泥岩
37	89.8	780.9		泥岩
38	91.0	814.5		泥岩
39	92.2	823.4		泥岩
40	93.5	820.2		泥岩
41	94.7	819.7		泥岩
42	95.9	837.8		泥岩
43	97.0	851.2		泥岩
44	98.2	860.9		泥岩
45	99.3	893.5		泥岩
46	100.4	912.1		泥岩
47	101.5	926.7		泥岩
48	102.6	934.5		泥岩
49	103.6	951.2		泥岩
50	104.6	979.6	1032.2	砂岩
51	105.6	1010.3		砂岩
52	106.6	1017.8		砂岩
53	107.6	1023.4		砂岩
54	108.5	1019.8		砂岩
55	109.5	1021.3		砂岩
56	110.5	1034.5		砂岩
57	111.5	1027.8		砂岩
58	112.4	1039.8		砂岩
59	113.4	1043.2		砂岩
60	114.3	1056.8		砂岩
61	115.3	1063.4		砂岩
62	116.2	1057.8		砂岩
63	117.2	1055.1		砂岩
64	118.1	1060.0	1164.3	煤层
65	119.0	1067.8		煤层
66	120.0	1059.8		煤层
67	120.9	1073.4		煤层
68	121.8	1079.0		煤层

深度 H (m)	剪切波到时 T_s (ms)	剪切波速度 V_s (m/s)	剪切波平均速度 $\overline{V}_s$ (m/s)	地层
69	122.8	1075.3	1164.3	煤层
70	123.7	1081.3		煤层
71	127.9	1087.9		煤层
72	128.8	1090.3		煤层
73	129.5	1084.5		煤层
74	130.4	1088.9		煤层
75	131.3	1093.4		煤层
76	132.2	1098.9		煤层
77	133.0	1134.5		煤层
78	133.9	1140.1		煤层
79	134.7	1143.6		煤层
80	135.5	1137.8		煤层
81	136.3	1133.4		煤层
82	137.1	1145.7		煤层
83	137.9	1153.2		煤层
84	138.7	1163.4		煤层
85	139.5	1173.7		煤层
86	140.4	1183.2		煤层
87	141.2	1190.0		煤层
88	142.0	1193.5		煤层
89	142.8	1190.5		煤层
90	143.6	1203.4		煤层
91	144.3	1210.5		煤层
92	145.1	1211.3		煤层
93	145.7	1203.1		煤层
94	146.5	1198.7		煤层
95	147.3	1190.5		煤层
96	148.1	1214.6		煤层
97	148.8	1225.6		煤层
98	149.7	1237.9		煤层
99	150.4	1230.9		煤层
100	151.2	1243.5		煤层
101	151.9	1251.7		煤层
102	152.5	1263.4		煤层
103	153.3	1271.7		煤层
104	154.0	1281.3		煤层
105	154.6	1340.5		煤层
106	155.3	1439.6	1635.2	砂岩
107	155.9	1427.8		砂岩
108	156.6	1479.8		砂岩
109	157.3	1530.1		砂岩
110	157.9	1535.8		砂岩
111	158.5	1579.1		砂岩
112	159.1	1614.5		砂岩
113	159.7	1620.3		砂岩
114	160.3	1633.9		砂岩
115	160.9	1647.8		砂岩
116	161.4	1740.9		砂岩
117	162.0	1835.7		砂岩
118	162.5	1907.8		砂岩
119	163.0	1900.3		砂岩
120	163.5	1876.5	1920.5	泥岩
121	164.0	1870.3		泥岩
122	164.6	1834.2		泥岩
123	165.1	1840.7		泥岩
124	165.6	1837.8		泥岩
125	166.2	1870.3		泥岩
126	166.7	1903.4		泥岩
127	167.2	1890.5		泥岩
128	167.7	1910.3		泥岩
129	168.2	1923.4		泥岩
130	168.8	1930.6		泥岩
131	169.3	1942.0		泥岩
132	169.8	1973.4		泥岩
133	170.3	1993.2		泥岩
134	170.8	2013.4		泥岩
135	171.3	2015.7		泥岩
136	171.8	2023.3		泥岩

结论：剪切波速趋势正常，无异常。

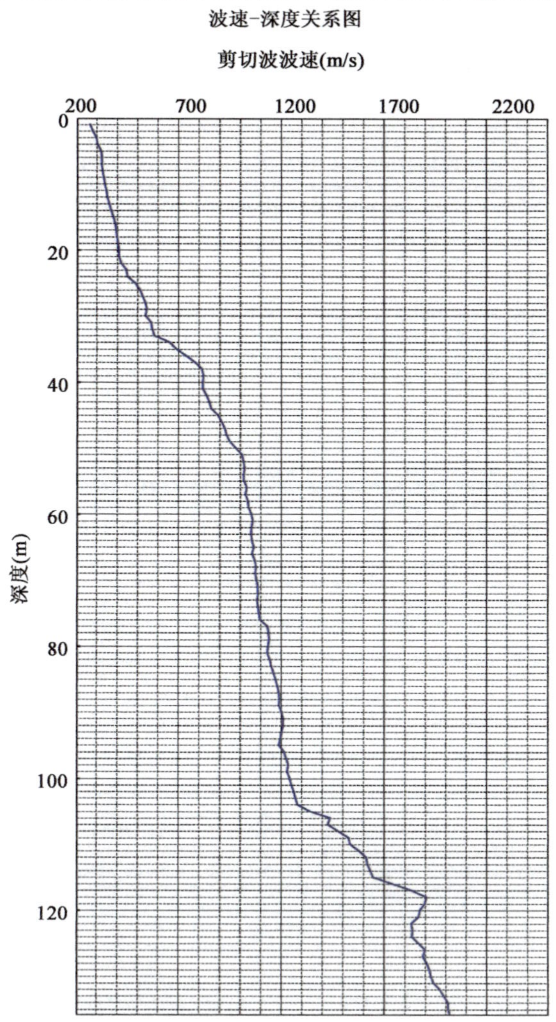

附图4　G216线乌鲁木齐过境公路段公路工程煤矿采空区治理工程WCKQ-2合同段钻孔剪切波波速测试成果表

钻孔编号：JC2　　孔深：132.6 m　　钻孔距激震点距离(L)板孔距= 1.5m

深度H (m)	剪切波到时T_s (ms)	剪切波速度V_s (m/s)	剪切波平均速度$\overline{V}_s$(m/s)	地层
1	7.8	230.3	286.5	角砾
2	10.5	247.8		角砾
3	13.7	260.2		角砾
4	16.8	283.5		角砾
5	20.0	290.0		角砾
6	23.2	297.8		角砾
7	26.3	312.1		角砾
8	29.3	324.5		角砾
9	32.3	332.7		角砾
10	34.3	476.9	874.1	砂岩
11	36.0	593.8		砂岩
12	37.5	617.9		砂岩
13	38.9	697.0		砂岩
14	40.2	758.3		砂岩
15	41.4	803.4		砂岩
16	42.7	817.6		砂岩
17	43.8	836.9		砂岩
18	45.0	857.2		砂岩
19	46.1	904.6		砂岩
20	47.2	887.2		砂岩
21	48.3	896.7		砂岩
22	49.4	913.4		砂岩
23	50.5	916.7		砂岩
24	51.5	920.3		砂岩
25	52.6	931.5		砂岩
26	53.7	937.8		砂岩
27	54.7	930.2		砂岩
28	55.8	942.3		砂岩
29	56.8	956.7		砂岩
30	57.9	963.0		砂岩
31	58.9	970.8		砂岩
32	59.9	992.1		砂岩
33	60.9	1004.6		砂岩
34	61.9	1013.5		砂岩
35	62.9	1027.8		砂岩
36	63.8	1033.5		砂岩
37	64.8	1047.2	1190.3	泥岩
38	65.7	1026.8		泥岩
39	66.7	998.6		泥岩
40	67.7	1067.9		泥岩
41	68.6	1124.5		泥岩
42	69.5	1133.7		泥岩
43	70.3	1115.7		泥岩
44	71.2	1123.4		泥岩
45	72.1	1128.7		泥岩
46	73.0	1134.5		泥岩
47	73.9	1140.0		泥岩
48	74.7	1143.2		泥岩
49	75.6	1150.1		泥岩
50	76.5	1157.8		泥岩
51	77.3	1153.4		泥岩
52	78.2	1150.1		泥岩
53	79.1	1159.8		泥岩
54	79.9	1160.2		泥岩
55	80.8	1161.0		泥岩
56	81.7	1170.3		泥岩
57	82.5	1172.4		泥岩
58	83.4	1175.9		泥岩
59	84.2	1169.7		泥岩
60	85.1	1172.3		泥岩
61	85.9	1179.8		泥岩
62	86.8	1180.2		泥岩
63	87.6	1183.4		泥岩
64	88.4	1186.7		
65	89.3	1180.0		
66	90.1	1191.3		
67	91.0	1193.4		
68	91.8	1195.6		

深度H (m)	剪切波到时T_s (ms)	剪切波速度V_s (m/s)	剪切波平均速度$\overline{V}_s$(m/s)	地层
69	122.7	1197.9	1190.3	泥岩
70	123.5	1203.5		泥岩
71	127.7	1196.8		泥岩
72	128.4	1190.0		泥岩
73	129.1	1197.3		泥岩
74	129.9	1203.4		泥岩
75	130.7	1210.1		泥岩
76	131.5	1219.6		泥岩
77	132.3	1223.5		泥岩
78	133.0	1226.8		泥岩
79	133.8	1217.5		泥岩
80	134.6	1231.4		泥岩
81	135.3	1236.8		泥岩
82	136.0	1243.7		泥岩
83	136.8	1253.1		泥岩
84	137.5	1257.8		泥岩
85	138.3	1250.4		泥岩
86	139.0	1261.4		泥岩
87	139.8	1266.9		泥岩
88	140.6	1260.3		泥岩
89	141.3	1264.1		泥岩
90	142.1	1271.4		泥岩
91	142.7	1273.5		泥岩
92	143.5	1280.1		泥岩
93	144.1	1283.6		泥岩
94	144.8	1287.7		泥岩
95	145.5	1290.0		泥岩
96	146.2	1293.4		泥岩
97	147.0	1295.7	1388.3	煤层
98	147.8	1198.9		煤层
99	148.6	1187.5		煤层
100	149.4	1147.8		煤层
101	150.3	1156.7		煤层
102	150.9	1168.9		煤层
103	151.7	1167.3		煤层
104	152.5	1170.0		煤层
105	153.3	1172.3		煤层
106	154.1	1171.0		煤层
107	154.9	1157.8		煤层
108	155.8	1162.3		煤层
109	156.6	1178.9		煤层
110	157.4	1165.7		煤层
111	158.3	1179.1		煤层
112	159.1	1212.4		煤层
113	159.9	1234.1		煤层
114	160.7	1201.5		煤层
115	161.4	1267.8	1843.8	砂岩
116	162.2	1369.6		砂岩
117	162.8	1457.3		砂岩
118	163.5	1505.8		砂岩
119	164.1	1579.2		砂岩
120	164.7	1632.4		砂岩
121	165.2	1713.7		砂岩
122	165.8	1885.5		砂岩
123	166.3	1995.3		砂岩
124	166.8	2013.4		砂岩
125	167.3	2070.1		砂岩
126	167.7	2135.6		砂岩
127	168.2	2140.4		砂岩
128	168.6	2140.0		砂岩
129	169.1	2139.7		砂岩
130	169.6	2145.7		砂岩
131	170.0	2153.2		砂岩

结论：剪切波速局部有变化，整体趋势正常，无明显异常。

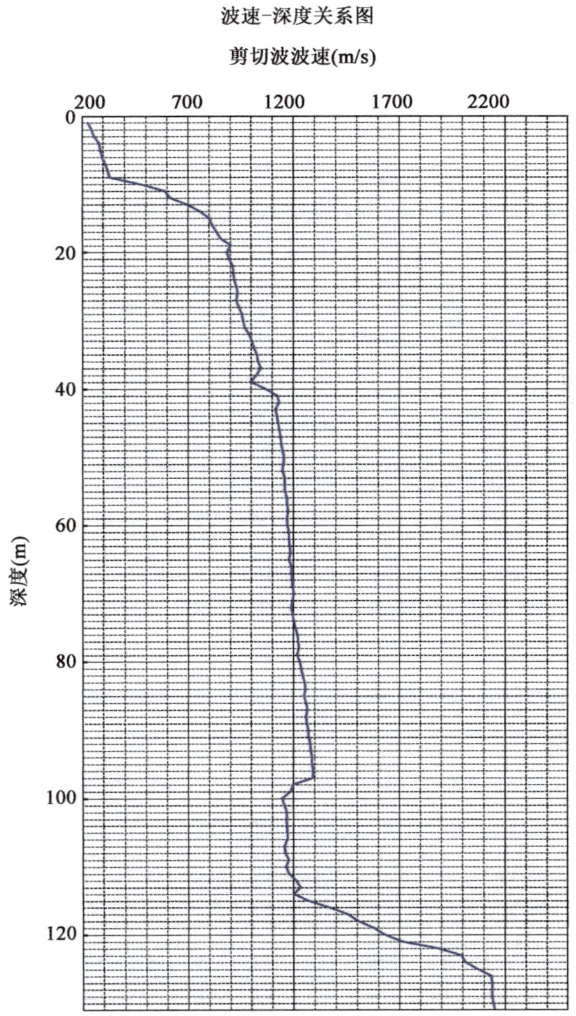

附图5　G216线乌鲁木齐过境公路段公路工程煤矿采空区治理工程WCKQ-2合同段钻孔剪切波波速测试成果表

钻孔编号：JC4　　孔深：140.0m　　钻孔距激震点距离 (L) 板孔距= 2.0m

深度 H (m)	剪切波到时 T_s (ms)	剪切波速度 V_s (m/s)	剪切波平均速度 $\overline{V}_s$ (m/s)	地层	深度 H (m)	剪切波到时 T_s (ms)	剪切波速度 V_s (m/s)	剪切波平均速度 $\overline{V}_s$ (m/s)	地层
1	9.8	228.9		角砾	71	138.1	1212.5		泥岩
2	12.2	234.5		角砾	72	138.7	1223.4		泥岩
3	15.1	256.7		角砾	73	139.3	1236.7		泥岩
4	18.2	267.8		角砾	74	140.0	1244.9		泥岩
5	21.2	289.3		角砾	75	140.6	1252.1		泥岩
6	24.4	291.4		角砾	76	141.3	1267.8		泥岩
7	27.4	311.2		角砾	77	142.1	1271.3		泥岩
8	30.4	319.7		角砾	78	142.7	1270.0		泥岩
9	33.4	324.5		角砾	79	143.4	1275.6		泥岩
10	36.2	339.8		角砾	80	144.2	1283.5		泥岩
11	39.0	346.9		角砾	81	144.9	1292.3	1187.8	泥岩
12	41.8	352.3		角砾	82	145.6	1304.2		泥岩
13	44.5	360.1		角砾	83	146.3	1310.5		泥岩
14	47.2	363.4		角砾	84	147.1	1320.1		泥岩
15	49.9	367.8		角砾	85	147.8	1327.8		泥岩
16	52.6	368.1	349.5	角砾	86	148.6	1339.6		泥岩
17	55.3	370.1		角砾	87	149.3	1342.5		泥岩
18	58.0	371.2		角砾	88	150.0	1356.8		泥岩
19	60.6	373.4		角砾	89	150.8	1367.2		泥岩
20	63.3	374.0		角砾	90	151.5	1380.0		泥岩
21	65.9	375.6		角砾	91	152.2	1387.6		泥岩
22	68.6	376.0		角砾	92	152.9	1395.4		砂岩
23	71.2	377.1		角砾	93	153.6	1403.5		砂岩
24	73.8	378.1		角砾	94	154.2	1423.1	1414.9	砂岩
25	76.4	382.1		角砾	95	154.9	1420.6		砂岩
26	79.0	393.4		角砾	96	155.6	1431.7		砂岩
27	81.4	401.2		角砾	97	156.2	1412.7		泥岩
28	83.9	402.3		角砾	98	156.9	1397.6		泥岩
29	86.4	405.6		角砾	99	157.6	1380.0		泥岩
30	88.8	412.7		角砾	100	158.3	1386.7		泥岩
31	91.2	417.8		角砾	101	158.6	1381.2		泥岩
32	93.5	423.5		砂岩	102	159.2	1383.4		泥岩
33	95.5	513.7		砂岩	103	159.8	1386.9		泥岩
34	97.2	560.1		砂岩	104	160.3	1402.4		泥岩
35	98.9	589.2		砂岩	105	160.9	1410.1		泥岩
36	100.4	679.3	689.4	砂岩	106	161.4	1412.5		泥岩
37	101.7	745.7		砂岩	107	162.0	1419.8		泥岩
38	102.9	879.2		砂岩	108	162.7	1426.8		泥岩
39	104.0	912.3		砂岩	109	163.4	1479.5		泥岩
40	105.1	901.6		砂岩	110	164.1	1523.4		泥岩
41	106.2	903.2		煤层	111	164.7	1520.7		泥岩
42	107.3	907.6		煤层	112	165.4	1533.6		泥岩
43	108.4	913.4	917.2	煤层	113	166.0	1542.6		泥岩
44	109.4	926.8		煤层	114	166.6	1558.9		泥岩
45	110.5	934.9		煤层	115	167.2	1579.8		泥岩
46	111.5	991.9		泥岩	116	167.8	1617.1		泥岩
47	112.5	1004.2		泥岩	117	168.4	1623.5		泥岩
48	113.5	1012.5		泥岩	118	169.0	1645.0	1687.3	泥岩
49	114.5	1019.7		泥岩	119	169.6	1713.9		泥岩
50	115.4	1023.4		泥岩	120	170.2	1736.7		泥岩
51	116.4	1033.5		泥岩	121	170.7	1744.1		泥岩
52	117.4	1041.5		泥岩	122	171.3	1789.6		泥岩
53	118.3	1048.9		泥岩	123	171.8	1812.4		泥岩
54	119.2	1053.2		泥岩	124	172.4	1823.0		泥岩
55	120.2	1060.7		泥岩	125	172.9	1845.2		泥岩
56	121.1	1065.4		泥岩	126	173.4	1912.2		泥岩
57	122.1	1072.3		泥岩	127	173.9	1879.6		泥岩
58	123.0	1082.5	1187.8	泥岩	128	174.5	1892.4		泥岩
59	123.9	1099.7		泥岩	129	175.0	1902.1		泥岩
60	124.8	1103.5		泥岩	130	175.5	1915.7		泥岩
61	125.7	1113.7		泥岩	131	176.0	1924.1		泥岩
62	126.6	1123.4		泥岩	132	176.5	1933.7		泥岩
63	127.5	1137.8		泥岩	133	177.0	1945.8		泥岩
64	128.3	1142.5		泥岩	134	177.5	1952.3		泥岩
65	129.2	1167.9		泥岩	135	178.0	1967.3		泥岩
66	130.0	1170.3		泥岩	136	178.5	2012.3		泥岩
67	130.9	1183.5		泥岩	137	179.0	2020.5		泥岩
68	131.7	1203.4		泥岩	138	179.5	2033.5		泥岩
69	132.5	1210.5		泥岩	139	180.0	2030.1		泥岩
70	133.4	1205.6		泥岩	140	180.5	2032.7		泥岩

结论：剪切波速趋势正常，无异常。

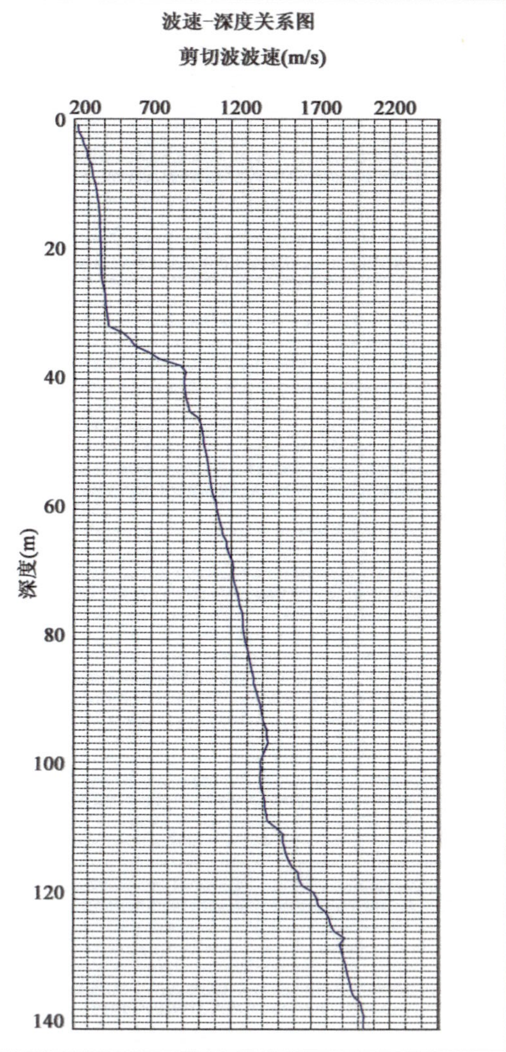

附图6　G216线乌鲁木齐过境公路段公路工程煤矿采空区治理工程WCKQ-2合同段钻孔剪切波波速测试成果表

钻孔编号：JC2　　孔深：189.0m　　钻孔距激震点距离 (L) 板孔距= 1.5m

深度 H (m)	剪切波到时 T_s (ms)	剪切波速度 V_s (m/s)	剪切波平均速度 $\overline{V}_s$ (m/s)	地层
1	8.0	225.7		卵石
2	10.8	239.8		卵石
3	14.2	243.5		卵石
4	17.4	279.6		卵石
5	20.6	291.2		卵石
6	23.6	312.5		卵石
7	26.5	330.0		卵石
8	29.3	349.8		卵石
9	32.1	356.1		卵石
10	34.8	360.0		卵石
11	37.4	373.5	349.3	卵石
12	40.0	379.8		卵石
13	42.6	382.4		卵石
14	45.1	391.0		卵石
15	47.7	393.4		卵石
16	50.2	396.7		卵石
17	52.6	399.0		卵石
18	55.1	403.2		卵石
19	57.6	405.7		卵石
20	60.0	409.7		卵石
21	62.4	412.3		卵石
22	64.3	536.7		煤矸石
23	65.9	603.2		煤矸石
24	67.5	620.7		煤矸石
25	68.9	712.8		煤矸石
26	70.2	780.2		煤矸石
27	71.4	812.4		煤矸石
28	72.6	820.3		煤矸石
29	73.8	826.9		煤矸石
30	75.0	831.2		煤矸石
31	76.2	845.9		煤矸石
32	77.4	853.2		煤矸石
33	78.5	869.7		煤矸石
34	79.7	851.2		煤矸石
35	80.9	857.9		煤矸石
36	82.0	860.1	850.2	煤矸石
37	83.2	872.3		煤矸石
38	84.3	880.9		煤矸石
39	85.4	883.4		煤矸石
40	86.6	876.9		煤矸石
41	87.7	892.3		煤矸石
42	88.8	907.8		煤矸石
43	89.9	913.2		煤矸石
44	90.9	923.5		煤矸石
45	92.0	930.1		煤矸石
46	93.1	945.6		煤矸石
47	94.1	957.8		煤矸石
48	95.2	950.0		煤矸石
49	96.2	953.2		煤矸石
50	97.3	961.4		煤矸石
51	98.3	973.7		煤矸石
52	99.3	980.2		泥岩
53	100.3	981.2		泥岩
54	101.3	975.6		泥岩
55	102.3	1003.4		泥岩
56	103.3	1012.5		泥岩
57	104.3	1023.4		泥岩
58	105.3	1033.4		泥岩
59	106.2	1041.2		泥岩
60	107.2	1039.7		泥岩
61	108.1	1043.6		泥岩
62	109.1	1047.8		泥岩
63	110.1	1052.0		泥岩
64	111.0	1056.7		泥岩
65	111.9	1061.2		泥岩
66	112.9	1063.0		泥岩
67	113.8	1079.8		泥岩
68	114.7	1077.5		泥岩
69	115.7	1061.2		泥岩
70	116.6	1064.4		泥岩
71	121.7	1067.8		泥岩
72	122.1	1073.5		泥岩
73	122.8	1077.0	1140.8	泥岩
74	123.5	1083.6		泥岩
75	124.3	1082.1		泥岩
76	125.0	1092.6		泥岩
77	125.9	1097.8		泥岩
78	126.8	1113.4		泥岩
79	127.5	1121.3		泥岩
80	128.4	1117.8		泥岩
81	129.3	1125.9		泥岩
82	130.1	1135.9		泥岩
83	131.0	1131.2		泥岩
84	131.8	1124.3		泥岩
85	132.7	1127.8		泥岩
86	133.6	1121.3		泥岩
87	134.4	1130.3		泥岩
88	135.3	1131.5		泥岩
89	136.2	1133.7		泥岩
90	136.5	1142.1		泥岩
91	137.1	1145.6		泥岩
92	138.0	1159.7		泥岩
93	138.6	1167.4		泥岩
94	139.3	1157.8		泥岩
95	140.2	1159.0		泥岩
96	141.0	1167.2		泥岩
97	141.8	1173.9		泥岩
98	142.7	1183.6		泥岩
99	143.5	1190.0		泥岩
100	144.3	1182.2		泥岩
101	145.2	1185.0		泥岩
102	146.0	1189.7		泥岩
103	146.8	1193.4		泥岩
104	147.7	1203.5		泥岩
105	148.5	1214.5		泥岩
106	149.3	1220.3		泥岩
107	150.1	1211.3		泥岩
108	150.9	1217.8	1140.8	泥岩
109	151.7	1212.4		泥岩
110	152.5	1220.0		泥岩
111	153.4	1226.8		泥岩
112	154.2	1238.9		泥岩
113	154.9	1246.5		泥岩
114	155.7	1267.1		泥岩
115	156.5	1304.2		泥岩
116	157.2	1311.7		泥岩
117	158.0	1324.5		泥岩
118	158.7	1368.7		泥岩
119	159.4	1402.3		泥岩
120	160.2	1340.0		泥岩
121	160.9	1412.3		煤矸石
122	161.6	1430.0		煤矸石
123	162.2	1435.6		煤矸石
124	162.9	1442.1		煤矸石
125	163.6	1450.5		煤矸石
126	164.3	1467.8		煤矸石
127	164.9	1473.2		煤矸石
128	165.6	1500.0		煤矸石
129	166.2	1578.3		煤矸石
130	166.8	1632.4		煤矸石
131	167.4	1679.8		煤矸石
132	168.0	1703.2		煤矸石
133	168.6	1712.4		煤矸石
134	169.2	1736.9		煤矸石
135	169.7	1803.2		煤矸石
136	170.3	1820.1		煤矸石
137	170.8	1859.1		煤矸石
138	171.3	1903.5		煤矸石
139	171.8	1968.7		煤矸石
140	172.3	1991.1		煤矸石
141	172.8	2034.5		煤矸石
142	173.3	2045.1		煤矸石
143	173.8	2070.3		煤矸石
144	174.3	2103.4		煤矸石
145	174.7	2127.5		煤矸石
146	175.2	2147.8		煤矸石
147	175.6	2213.1		煤矸石
148	176.1	2270.0		煤矸石
149	176.5	2303.4		煤矸石
150	176.9	2316.7		煤矸石
151	177.4	2334.6		煤矸石
152	177.8	2378.9		煤矸石
153	178.2	2405.6		煤矸石
154	178.6	2378.7		煤矸石
155	179.0	2423.1	2315.0	煤矸石
156	179.4	2437.8		煤矸石
157	179.8	2448.9		煤矸石
158	180.2	2453.6		煤矸石
159	180.6	2512.3		煤矸石
160	181.0	2530.7		煤矸石
161	181.4	2541.2		煤矸石
162	181.8	2556.2		煤矸石
163	182.2	2550.4		煤矸石
164	182.6	2563.8		煤矸石
165	183.0	2632.1		煤矸石
166	183.3	2614.8		煤矸石
167	183.7	2640.7		煤矸石
168	184.1	2678.9		煤矸石
169	184.5	2690.3		煤矸石
170	184.8	2712.4		煤矸石
171	185.2	2723.4		煤矸石
172	185.5	2739.8		煤矸石
173	185.9	2812.3		煤矸石
174	186.2	2823.9		煤矸石
175	186.6	2832.1		煤矸石
176	186.9	2845.6		煤矸石
177	187.3	2851.2		煤矸石
178	187.6	2869.7		煤矸石
179	188.0	2871.0		煤矸石
180	188.3	2886.9		煤矸石
181	188.7	2903.4		煤矸石
182	189.0	2910.0		煤矸石
183	189.3	2912.5		煤矸石
184	189.7	2920.3		煤矸石
185	202.9	2933.4		煤矸石
186	190.3	2936.4		煤矸石
187	190.6	2943.1		煤矸石
188	191.0	2947.8		煤矸石
189	191.3	2953.9		煤矸石

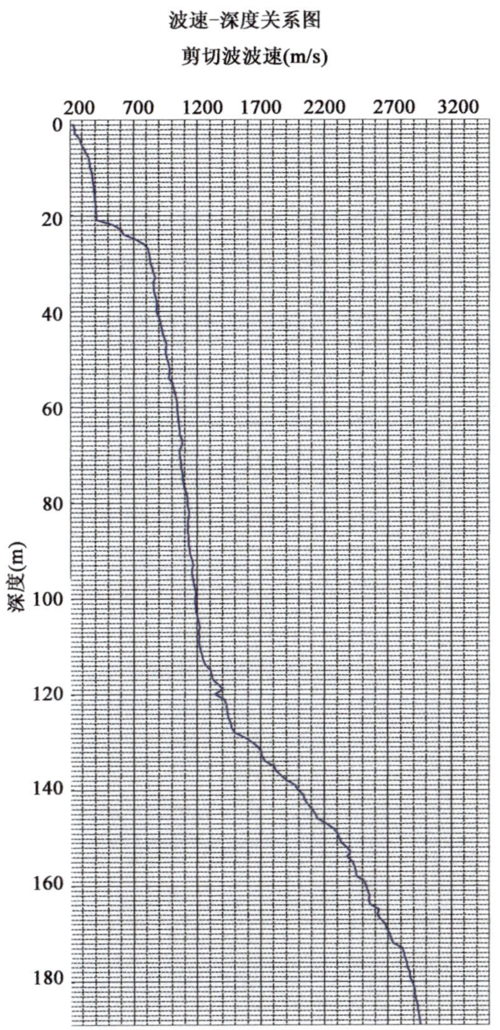

附图7　G216线乌鲁木齐过境公路段公路工程煤矿采空区治理工程WCKQ-3合同段钻孔剪切波波速测试成果表

钻孔编号：JC3　　孔深：50.0m　　钻孔距激震点距离 (L) 板孔距 = 1.5m

深度 H (m)	剪切波到时 T_s (ms)	剪切波速度 V_s (m/s)	剪切波平均速度 $\overline{V}_s$ (m/s)	地层
1	6.6	273.9		卵石
2	8.9	289.7		卵石
3	11.7	295.1		卵石
4	14.7	307.6		卵石
5	17.7	312.4		卵石
6	20.7	318.9		卵石
7	23.7	321.4		卵石
8	26.7	327.8		卵石
9	29.7	330.0		卵石
10	32.6	344.2		卵石
11	35.5	343.1	348.5	卵石
12	38.3	350.3		卵石
13	41.0	365.4		卵石
14	43.7	370.0		卵石
15	46.4	376.8		卵石
16	49.0	379.3		卵石
17	51.6	382.4		卵石
18	54.1	387.6		卵石
19	56.7	392.3		卵石
20	59.2	394.5		卵石
21	61.7	402.3		卵石
22	64.1	411.2		卵石
23	66.4	435.6		煤矸石
24	68.3	520.0		煤矸石
25	69.8	679.6	691.7	煤矸石
26	71.2	712.3		煤矸石
27	72.3	870.2		煤矸石
28	73.4	932.4		煤矸石
29	74.4	946.8		砂岩
30	75.5	973.4	977.3	砂岩
31	76.5	983.2		砂岩

深度 H (m)	剪切波到时 T_s (ms)	剪切波速度 V_s (m/s)	剪切波平均速度 $\overline{V}_s$ (m/s)	地层
32	77.5	1005.7	977.3	砂岩
33	78.4	1014.0		煤矸石
34	79.4	1002.5		煤矸石
35	80.3	1006.7		煤矸石
36	81.4	1011.5		煤矸石
37	82.5	1020.3		煤矸石
38	83.4	1026.7		煤矸石
39	84.3	1032.4		煤矸石
40	85.3	1030.2		煤矸石
41	86.3	1024.5	1034.7	煤矸石
42	87.2	1029.7		煤矸石
43	88.2	1032.6		煤矸石
44	89.2	1041.2		煤矸石
45	90.1	1045.7		煤矸石
46	91.1	1053.2		煤矸石
47	92.0	1060.0		煤矸石
48	93.0	1052.4		煤矸石
49	93.9	1067.8		煤矸石
50	94.8	1073.2		煤矸石

结论：剪切波速趋势正常，无异常。

波速-深度关系图

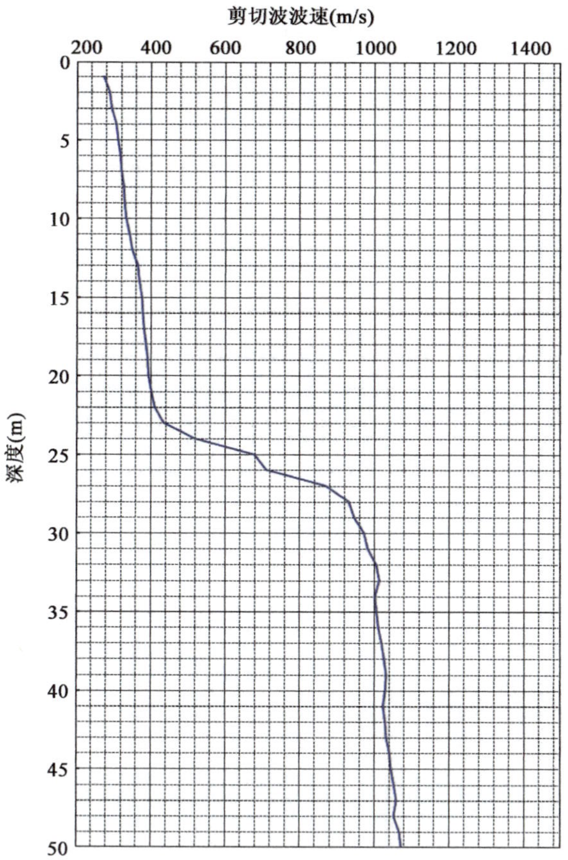

附图8　G216线乌鲁木齐过境公路段公路工程煤矿采空区治理工程WCKQ-3合同段钻孔剪切波波速测试成果表

钻孔编号：JC4　　孔深：50.0m　　钻孔距激震点距离（L）板孔距=1.5m

深度H (m)	剪切波到时T_s (ms)	剪切波速度V_s (m/s)	剪切波平均速度$\overline{V_s}$ (m/s)	地　层	深度H (m)	剪切波到时T_s (ms)	剪切波速度V_s (m/s)	剪切波平均速度$\overline{V_s}$ (m/s)	地　层
1	15.1	260.0		卵石	32	78.0	746.7		煤层
2	15.9	273.4		卵石	33	78.9	760.0		煤层
3	17.5	283.5		卵石	34	79.9	773.4		煤层
4	19.4	298.7		卵石	35	80.9	762.1		煤层
5	21.7	306.9		卵石	36	81.8	783.9		煤层
6	24.1	315.2		卵石	37	82.8	773.4		煤层
7	26.7	318.4	318.2	卵石	38	83.8	782.5		煤层
8	29.3	327.6		卵石	39	84.7	793.1		煤层
9	32.0	332.4		卵石	40	85.7	819.7		煤层
10	34.7	347.8		卵石	41	86.6	815.2	781.1	煤层
11	37.4	352.3		卵石	42	87.6	825.2		煤层
12	40.1	356.1		卵石	43	88.5	832.4		煤层
13	42.7	364.9		卵石	44	89.5	841.7		煤层
14	45.2	457.8		泥岩	45	90.4	853.6		煤层
15	47.7	523.8		泥岩	46	91.4	862.4		煤层
16	50.3	573.8		泥岩	47	92.3	870.1		煤层
17	52.8	592.1		泥岩	48	93.2	875.7		煤层
18	55.3	613.4	602.4	泥岩	49	94.2	880.0		煤层
19	57.7	630.0		泥岩	50	95.1	883.1		煤层
20	60.2	645.2		泥岩					
21	62.6	689.3		泥岩					
22	65.0	696.4		泥岩					
23	67.2	683.2		煤层					
24	69.1	684.5		煤层					
25	70.5	680.2		煤层					
26	71.9	693.1		煤层					
27	73.0	703.5	781.1	煤层					
28	74.1	711.4		煤层					
29	75.0	718.7		煤层					
30	75.9	729.6		煤层	结论：剪切波速局部有变化，整体趋势正常，无明显异常。				
31	77.0	732.4		煤层					

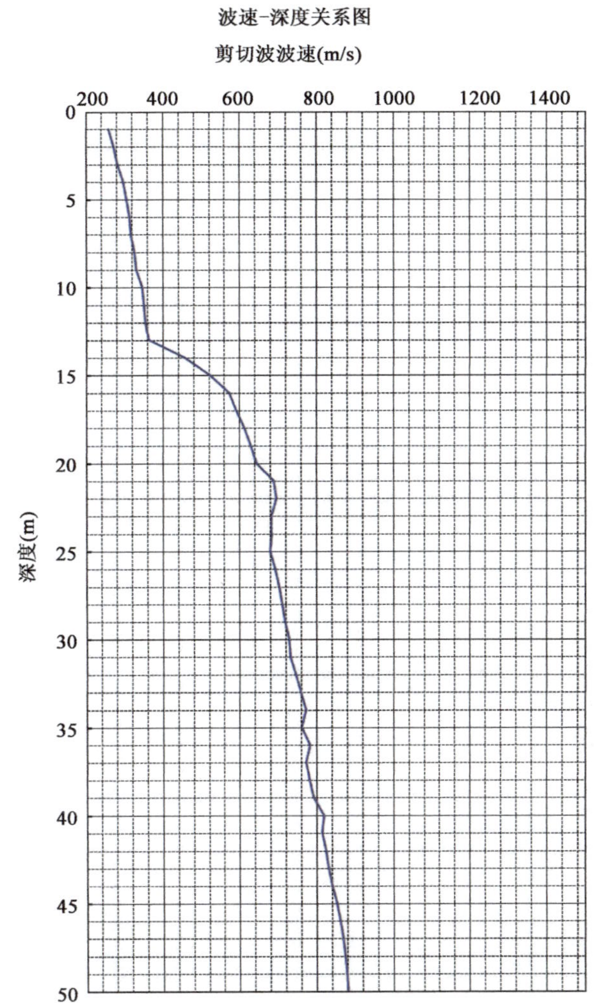

附图9　G216线乌鲁木齐过境公路段公路工程煤矿采空区治理工程WCKQ-3合同段钻孔剪切波波速测试成果表

钻孔编号：JC6　　孔深：150.0m　　钻孔距激震点距离（L）板孔距=1.5m

深度H (m)	剪切波到时T_s (ms)	剪切波速度V_s (m/s)	剪切波平均速度$\overline{V}_s$(m/s)	地层
1	7.8	230.1	374.0	卵石
2	10.3	257.9		卵石
3	13.2	279.3		卵石
4	16.2	296.1		卵石
5	19.1	316.7		卵石
6	22.1	320.3		卵石
7	25.1	326.8		卵石
8	27.9	339.2		卵石
9	30.8	339.8		卵石
10	33.7	343.6		卵石
11	36.5	350.0		卵石
12	39.3	352.7		卵石
13	42.0	363.0		卵石
14	44.7	370.1		卵石
15	47.4	373.4		卵石
16	50.0	379.6		卵石
17	52.6	382.4		卵石
18	55.2	389.6		卵石
19	57.7	390.2		卵石
20	60.2	392.1		卵石
21	62.8	393.7		卵石
22	65.2	403.5		卵石
23	67.7	412.7		卵石
24	70.0	417.9		卵石
25	72.4	423.5		卵石
26	74.7	430.2		卵石
27	77.0	436.9		卵石
28	79.3	442.5		卵石
29	81.5	447.8		卵石
30	83.7	451.3		卵石
31	85.9	453.7		卵石
32	88.1	460.7		卵石
33	90.1	493.4	1621.5	煤矸石
34	92.0	517.8		煤矸石
35	93.9	537.6		煤矸石
36	95.4	634.1		煤矸石
37	96.9	679.8		煤矸石
38	98.3	723.1		煤矸石
39	99.6	747.9		煤矸石
40	100.9	799.2		煤矸石
41	102.1	813.4		煤矸石
42	103.3	836.9		煤矸石
43	104.4	870.1		煤矸石
44	105.6	882.4		煤矸石
45	106.7	903.5		煤矸石
46	107.8	912.7		煤矸石
47	108.9	923.0		煤矸石
48	109.9	950.4		煤矸石
49	110.9	972.1		煤矸石
50	111.9	989.7		煤矸石
51	112.9	1012.4		煤矸石
52	113.9	1023.5		煤矸石
53	114.9	1036.7		煤矸石
54	115.8	1041.5		煤矸石
55	116.8	1052.6		煤矸石
56	117.7	1063.3		煤矸石
57	118.6	1071.2		煤矸石
58	119.6	1083.9		煤矸石
59	120.5	1091.2		煤矸石
60	121.4	1123.5		煤矸石
61	122.3	1137.8		煤矸石
62	123.1	1142.6		煤矸石
63	124.0	1135.6		煤矸石
64	124.9	1130.1		煤矸石
65	125.8	1137.8		煤矸石
66	126.6	1142.5		煤矸石
67	127.5	1150.1		煤矸石
68	128.4	1148.2		煤矸石
69	129.2	1157.9		煤矸石
70	130.1	1163.2		煤矸石
71	134.5	1176.8		煤矸石
72	135.2	1189.3		煤矸石
73	135.8	1192.4		煤矸石
74	136.6	1210.3		煤矸石
75	137.3	1200.3		煤矸石

深度H (m)	剪切波到时T_s (ms)	剪切波速度V_s (m/s)	剪切波平均速度$\overline{V}_s$(m/s)	地层
76	138.0	1278.9	1621.5	煤矸石
77	138.8	1345.6		煤矸石
78	139.5	1290.5		煤矸石
79	140.2	1311.6		煤矸石
80	140.9	1327.8		煤矸石
81	141.6	1359.8		煤矸石
82	142.2	1420.7		煤矸石
83	142.9	1412.4		煤矸石
84	143.6	1437.8		煤矸石
85	144.2	1470.0		煤矸石
86	144.9	1483.9		煤矸石
87	145.5	1501.2		煤矸石
88	146.2	1565.6	1719.6	煤矸石
89	146.8	1593.4		煤矸石
90	147.3	1675.4		煤矸石
91	147.8	1733.9		煤矸石
92	148.3	1803.4		煤矸石
93	148.8	1876.5		煤矸石
94	149.3	1912.7		煤矸石
95	149.8	1960.3		煤矸石
96	150.3	2077.5		煤矸石
97	150.7	2081.4		煤矸石
98	151.2	2080.0		煤矸石
99	151.6	2081.3		煤矸石
100	152.1	2083.5		煤矸石
101	152.4	2080.0		煤矸石
102	152.8	2086.7		煤矸石
103	153.2	2091.0		煤矸石
104	153.4	2093.4		煤矸石
105	153.8	2097.8		煤矸石
106	154.2	2103.6		煤矸石
107	154.6	2100.0		煤矸石
108	155.0	2112.4		煤矸石
109	155.4	2125.7		煤矸石
110	155.9	2135.7		煤矸石
111	156.3	2142.5		煤矸石
112	156.7	2137.6		煤矸石
113	157.2	2139.0		煤矸石
114	157.6	2146.5		煤矸石
115	158.1	2152.1		煤矸石
116	158.5	2156.8		煤矸石
117	159.0	2160.0		煤矸石
118	159.4	2161.2		煤矸石
119	159.8	2163.4		煤矸石
120	160.3	2166.7		煤矸石
121	160.7	2153.6		煤矸石
122	161.2	2158.9		煤矸石
123	161.7	2160.0		煤矸石
124	162.1	2161.2		煤矸石
125	162.6	2162.5		煤矸石
126	163.0	2165.0		煤矸石
127	163.5	2161.2		煤矸石
128	163.9	2170.0		煤矸石
129	164.4	2171.2		煤矸石
130	164.8	2173.4		煤矸石
131	165.3	2175.6		煤矸石
132	165.7	2177.9		煤矸石
133	166.2	2177.0		煤矸石
134	166.7	2169.3		煤矸石
135	167.1	2171.2		煤矸石
136	167.6	2178.9		煤矸石
137	168.0	2183.4		煤矸石
138	168.5	2188.5		煤矸石
139	168.9	2180.2		煤矸石
140	169.4	2184.3		煤矸石
141	169.8	2190.0		煤矸石
142	170.3	2192.4		煤矸石
143	170.7	2195.0		煤矸石
144	171.1	2199.7		煤矸石
145	171.5	2203.4		煤矸石
146	172.0	2200.0		煤矸石
147	172.5	2201.2		煤矸石
148	172.9	2190.1		煤矸石
149	173.4	2207.9		煤矸石
150	173.8	2210.9		煤矸石

结论：剪切波速局部有变化，整体趋势正常，无明显异常。

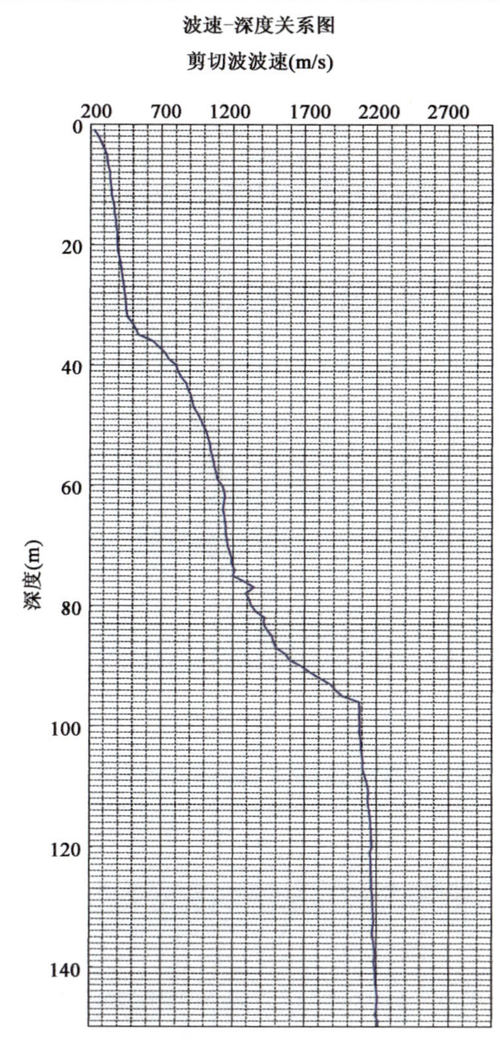

附图10　G216线乌鲁木齐过境公路段公路工程煤矿采空区治理工程WCKQ-3合同段钻孔剪切波波速测试成果表

参 考 文 献

［1］何国清，等. 矿山开采沉陷学［M］. 北京：中国矿业大学出版社，1982.

［2］包卫星，来弘鹏，等. 高速公路下伏急倾斜采空区治理技术［M］. 北京：人民交通出版社股份有限公司，2019.

［3］包卫星，来弘鹏，等. 干旱荒漠区公路建设关键技术［M］. 北京：人民交通出版社股份有限公司，2019.

［4］孙宪魁，等. 果子沟高寒复杂地质区域高速公路建设成套技术［M］. 北京：人民交通出版社股份有限公司，2016.

［5］李杰. 国道G216线乌鲁木齐过境段公路工程项目采空区综合勘察方法的应用［J］. 建筑工程技术与设计，2018（10下）：201-202.

［6］李杰. 国道G216线乌鲁木齐市过境段公路工程项目黄土湿陷性研究［J］. 名城汇（科技与工程），2017（2）：81.

［7］霍治澎，郑海. 采空区地基处理研究应用［J］. 重庆建筑，2019（9）：47-50.

［8］张国堂. 急倾斜煤层采空区地表残余移动变形特征研究［D］. 南京：南京大学，2014.

［9］高建强. 急倾斜煤层采空区覆岩稳定性预测研究［D］. 西安：西安科技大学，2014.

［10］李洪嘉，闫绍波，张超. 综合物探技术在煤矿采空区探测中的应用研究［J］. 工程地球物理学报，2014（5）：714-720.

［11］程建远，孙洪星，赵庆彪，等. 老窑采空区的探测技术与实例研究［J］. 煤炭学报，2008（3）：251-255.

［12］李娟娟，潘冬明，胡明顺，等. 煤矿采空区探测的几种工程物探方法的应用［J］. 工程地球物理学报，2009（6）：728-732.

［13］袁昆，侯根群，廖勇，等. 多炮检距地震映像法在采空区探测中的应用［J］. 工程地球物理学报，2011（2）：166-171.

［14］李文，牟义，张俊英，等. 煤矿采空区地面探测技术与方法优化［J］. 煤炭科学技术，2011（1）：102-106.

［15］邵小平，石平五，赵国梁，等. 急斜特厚煤层开采地表沉陷特征立体实验研究［J］. 岩土力学，2007（8）：1577-1580，1586.

［16］李鹏，张永波. 房柱式开采采空区覆岩移动变形规律的模型试验研究［J］. 华北科技学院学报，2010（4）：38-41.

［17］张定邦. 高陡边坡与崩落法地下开采相互影响机理模型试验研究［D］. 北京：中国地质大学（北京），2013.

［18］章林，孙国权，李同鹏，等. 地下矿山采空区探测及综合治理研究与应用［J］. 金属矿山，2013（11）.

［19］胡熠. 高密度电法岩溶路基注浆质量检测模型试验研究［J］. 水文地质工程地质，2014，41（3）：86-91.

［20］张永波，何万龙，张利民. 基于采空区活化变形规律分析的注浆处治范围确定方法研究［J］. 工程地质学报，2010.

[21] 王兵,杨为民,王辉,等.路基下煤矿采空区地表塌陷特征及其形成机理[J].公路,2007.
[22] 童立元,邱钰,刘松玉,等.高速公路与下伏煤矿采空区相互作用规律探讨[J].岩石力学与工程学报,2010.
[23] 杨路平.某高速公路下伏采空区稳定性计算和处置[D].重庆:重庆交通大学,2013.
[24] 黄小广.注浆效果检测方法的评价[J].煤矿安全,2001(10):38-39.
[25] 童立元,刘松玉,邱钰.高速公路下伏采空区危害性评价与处治技术[M].南京:东南大学出版社,2006.
[26] 张璇.南钦线采空区注浆处理效果综合物探检测方法研究[D].成都:西南交通大学,2014.
[27] 朱川曲,缪协兴.急倾斜煤层顶煤可放性评价模型及应用[J].煤炭学报,2002,27(2):134-138.
[28] 黄建功.大倾角煤层采场顶板运动结构分析[J].中国矿业大学报,2002(6):411-414.
[29] 付武斌,邓喀中,张立亚.房柱式采空区煤柱稳定性分析[J].煤矿安全,2011(1):136-139.
[30] 何志攀.新建公路下伏采空区的稳定性分析和治理技术研究[D].长沙:中南大学,2004.
[31] 杨帆.急倾斜煤层采动覆岩移动模式及机理研究[D].阜新:辽宁工程技术大学,2006.
[32] 张成良,杨绪祥,李风,等.大型采空区下持续开采空区稳定性研究[J].武汉理工大学学报,2010,(8):117-120.
[33] 尹光志,鲜学福,代高飞,等.大倾角煤层开采岩移基本规律的研究[J].岩土工程学报,2001(4):450-453.
[34] 杨育红.干旱、大风、大温差环境下桥梁墩身混凝土的配制与养护技术[J].四川建筑,2018,38(1):238-241.
[35] 赵慧.大风干燥地区混凝土施工技术研究[J].山东工业技术,2015(3):117.
[36] 肖江.破碎卵石在C50混凝土中的应用[J].住宅与房地产,2018(3):119.
[37] 李亚南.利用碎卵石配制混凝土的试验研究[J].新型建筑材料,2019,46(5):76-79.
[38] 王宝令,郝聪慧.智慧城市建设的根基:城市信息模型[N].中国建设报,2019-09-30(008).
[39] 冯全劲,张瑾.论BIM技术在桥梁施工中的应用[J].河南建材,2019(5):1-2.
[40] 黄金甲.桥梁施工中BIM技术运用[J].绿色环保建材,2019(9):117,119.
[41] 杨龙海,朱小刚.城市快速路高架桥段行驶视觉空间的结构特征与行车安全[J].哈尔滨工业大学学报,2020,52(5).
[42] 许鑫.城市快速道路交通指路标志设置研究[J].绿色环保建材,2019(08):89-90.
[43] 张弛.基于实际车行路径分布的城市高架快速路匝道设计[J].交通与运输,2019,32(S1):66-70.
[44] 孙剑,殷炬元,黎淘宁.快速路入口匝道瓶颈宏观交通流模型[J].交通运输工程学报,2019,19(3):122-133.
[45] 阿丽亚·拜都热拉,甄敬,孙倩,等.乌鲁木齐市快速路林带内$PM_{2.5}$、PM_{10}污染特征研究[J].环境科学与技术,2019,42(4):103-108.

[46] 唐可,毛雪松,徐旺,等.掺铁尾矿砂细集料的水泥混凝土性能分析[J].工业建筑,2019,49(8):153-157.
[47] 尹志刚,范巍,董思健,等.基于正交试验设计的再生骨料透水混凝土力学性能研究[J].水利与建筑工程学报,2019,17(4):21-25,44.
[48] 高尚,周昊.Ⅱ级粉煤灰在高性能、大体积混凝土中应用的实例探讨[J].公路,2019(9):120-122.
[49] 贺罗,李雄飞,唐斌峰.桥梁施工中大体积混凝土裂缝成因及处理对策[J].公路,2019(9):98-101.
[50] 王伟方.冬季施工大体积承台温度控制[J].公路,2019,64(8):131-134.
[51] 张万里,杨勇.复杂工况下大跨径变截面现浇箱梁支架设计[J].广东公路交通,2019,45(4):157-160.
[52] 李建刚.现浇箱梁支架类型的合理性分析[J].公路交通科技(应用技术版),2019,15(8):173,174,190.
[53] 刘鹏.现浇箱梁碗扣式支架的设计与施工[J].中国公路,2019(9):104-105.
[54] 项海燕.现浇箱梁满堂式脚手架施工技术[J].交通世界,2019(9):76-77.
[55] 周鑫,黄影,张怡,等.高大钢管支架平移施工技术[J].中外建筑,2019(8):222-224.
[56] 刘成坤.PC 现浇连续箱梁早期施工监测与预应力钢束分阶段张拉工艺研究[D].郑州:郑州大学,2018.
[57] 公新.跨越已运营高速公路变高度预应力连续箱梁施工技术研究[J].公路,2018,63(3):97-100.
[58] 董文立,雒银生.MIDAS/Civil 在巷子口大桥现浇箱梁支架设计中的应用[J].施工技术,2017,46(S1):874-876.
[59] 刘恒辉.30m 高预应力混凝土连续箱梁现浇支架设计与施工技术[J].建材技术与应用,2016(3):35-38.
[60] 王天荣.预应力混凝土跨线桥梁拆除方法研究[J].山西交通科技,2010(4):51-52,60.
[61] 龚永灿,曾明刚.业主管理提升公路桥梁施工品质[J].公路,2019(9):173-176.
[62] 岳锐强,丁玉玲.浅析云南临清高速公路建设项目工程质量管理经验[J].公路交通科技(应用技术版),2019,15(8):10-13.
[63] 马景淳.浅谈高速公路绿化景观现状[J].中国林业产业,2018(Z2):80-84.